本书获上海市浦江人才计划基金项目"高铁网络对上海全球城市建设的影响及对策"（18PJC055）资助。同时，本书得到上海高校社会学 E-研究院、高水平地方高校建设项目的支持和资助。

高铁网络与全球城市

以上海为例

SHANGHAI

黄苏萍 著

中国社会科学出版社

图书在版编目(CIP)数据

高铁网络与全球城市：以上海为例 / 黄苏萍著. — 北京：中国社会科学出版社，2022.10
ISBN 978–7–5227–0532–3

Ⅰ.①高… Ⅱ.①黄… Ⅲ.①高速铁路—铁路网—影响—城市建设—研究—上海 Ⅳ.①F299.275.1

中国版本图书馆 CIP 数据核字（2022）第 129000 号

出 版 人	赵剑英
责任编辑	王莎莎
责任校对	张爱华
责任印制	张雪娇

出　　版	中国社会科学出版社
社　　址	北京鼓楼西大街甲 158 号
邮　　编	100720
网　　址	http://www.csspw.cn
发 行 部	010–84083685
门 市 部	010–84029450
经　　销	新华书店及其他书店
印刷装订	北京市十月印刷有限公司
版　　次	2022 年 10 月第 1 版
印　　次	2022 年 10 月第 1 次印刷
开　　本	710×1000　1/16
印　　张	20.25
插　　页	2
字　　数	338 千字
定　　价	128.00 元

凡购买中国社会科学出版社图书，如有质量问题请与本社营销中心联系调换
电话：010–84083683
版权所有　侵权必究

前　言

面对世界百年未有之大变局，党的十九届五中全会提出加快构建"以国内大循环为主体、国内国际双循环相互促进"的新发展格局。与此同时，中国"十三五"期末高铁营运里程达到3.8万公里，2030年规划达到7万公里，目前覆盖了全国80%以上的地级城市，"八纵八横"已经将东到黑龙绥芬河中俄边境，北至二连浩特中蒙边境，西北至兰州、西宁、乌鲁木齐，西南至昆明、大理，南至海南三亚的国土幅员纳入了高铁覆盖范围，覆盖了中国90%以上的人口和95%以上的GDP，现代化超大规模高铁网络使得传统时空距离大大压缩，已经深深改变着中国人的居住、出行、生产、生活、学习和消费。我国是世界第一人口大国，又处在工业化、城市化的关键时期，高铁网络带来的"一体化"效应加快产业集聚重组，"同城化"效应加快城镇布局调整。作为国家高铁网络最重要的枢纽节点城市之一的上海，规划于2035年建成卓越的全球城市，成为全球城市网络的关键节点和长三角、长江经济带乃至全国夺取国际竞争优势的枢纽平台。高铁正在重塑中国区域发展格局，并从"一带一路"倡议、长江经济带和长三角一体化等层面深入影响上海全球城市建设进程。及时研究高铁网络给上海全球城市建设带来的影响，并提出相应的对策建议，有利于上海提升自身城市等级和高铁中心城市地位，在对内、对外开放和融入国家发展战略中进一步赢得发展先机，具有显著的现实意义。同时，在一个占世界总人口五分之一、处于城镇化关键时期的大国迈向"高铁社会"背景下，研究高铁对城市和城市群发展的影响，对中国乃至整个世界来说都是一个重大课题，值得重视和研究。

1. 分析全球城市理论发展脉络、全球城市未来体系结构变化趋势和世界城市发展战略导向，对上海建设全球城市和高铁网络条件进行分析。上海全球城市建设具有基础交通通信设施良好、综合经济实力强、有竞争力的金融市场、得天独厚的战略区位和制度创新优势、开放包容的海派文化等特点，但与世界顶端全球城市相比，上海经济辐射能力和控制力、全球科技创新能力、国际交流与国际影响力、宜居性等方面都仍有差距。上海全球城市未来应发展"社会问题解决型"产业，注重区域产业间联动发展、绿色发展，注重产业与社会、城市建设、环境的和谐发展，追求枢纽门户地位提升，促进交通服务能力不断优化。

2. 分析高铁影响全球城市发展机理和高铁网络的重塑效应。首先，高铁通过影响产业和就业从而影响城市发展。高铁影响沿线城市的第二、三产业，尤其是旅游业和服务业发展，促进跨城市的通勤就业，新高铁站点开通刺激了当地商业、商务、旅游和其他服务业发展。其次，高铁影响沿线人口流动从而影响城镇化发展。高铁网络建设影响沿线人口流动流向，从而引起大型城市群的大幅度拓展，在长三角、珠三角、京津冀等区域日益形成边界模糊、交流频繁、相互渗透融合的城市群区域或都市连绵带，提升国家城镇化发展质量。最后，高铁影响人们的就业、居住和生活方式，对特定人群的流动影响更为明显。高铁开通对不同规模城市人力资本集聚的重塑作用存在差异，特大城市、I型大城市、中等城市显著为正，而其他规模等级的城市则不显著。

3. 对长三角高铁网络空间溢出及科技创新效应研究表明，长三角区域运营的高铁密度是国内最密集、最完善的，目前已经超过日本、德国、法国、西班牙等高铁发达国家的平均密度，与国家"四纵四横"主干网的连接更加便捷，显著提升了上海集聚辐射的广度和深度。2009年后高铁网络化快速架构，使得空间距离的影响因素逐渐减弱，加快了长三角区域内经济联动发展，促使相邻城市交通基础设施对本地经济增长呈空间正溢出效应。在高铁开通前，长三角城市群内城市间科技创新潜力值差异不大，随着高铁开通，其差异凸显。高铁对沿线城市科技创新有促进作用，但促进作用需要与科技财政投入、人力资本积累、地方化经济实力、交通便利度等协同作用，才能有效发挥其影响力。

4. 对上海全球城市与长三角高铁网络"流"的特征及影响因素进行研究表明，高铁带动的流动人口年龄阶段呈现明显的"两头小、中间大"的特征。以工作出差、通勤为出行目的的旅客年收入明显高于探亲访友的乘客，旅游流主要以高收入与低收入人群为主。地级市出发的人群占五成以上，利用高铁的人有七成是外地人群，本地人群占近三成。高铁可能通过"投机效应"和"刚性消费"影响房价，房价水平的高低会间接地影响"流"。房价上涨不仅使中小城市更易受制于高铁开通的虹吸效应影响，也会驱使长三角城市群内产业、劳动力转移到中西部城市。上海现有高铁网络规模结构也存在短板。高铁网络化下长三角一体化加速发展，其基础性差异在逐渐缩小，但人口管理政策协作方面指数偏低，还有待加强。

5. 上海全球城市依托沪昆高铁与长江经济带加速互动。实证研究表明，上海加强与中西部区域经济联系的关键就是要加强与中西部都市圈中心城市的经济联系。高铁通过提高交通便利性，促进产业集聚，提高固定资产投资和劳动力投入，增加出口，刺激旅游消费等，促进了沿线地级、县级市的经济发展。本书建议依托快速的高铁交通网络加快区域间要素流动，将区域内分散的经济社会活动有机地组织起来，提高长江经济带发展的整体性和联动性。沪昆高铁在总体上明显提高了沿线城市的旅游经济发展水平，但与此同时，一些小城市的旅游经济引力系数并未同比例增长，不同高铁频次对沿线城市旅游经济发展的影响存在显著异质性。各地既要因地制宜地实行差异化定位，推进旅游开发错位发展、错位竞争，也要积极推进区域旅游合作一体化，包括建立交通、旅游等跨部门数据的共享机制等。

6. 高铁网络强化了上海对中小城市发展辐射作用。研究发现，在区域集聚与扩散效应的作用下，中小城市的经济发展排序会因高铁作用而出现上升或下降的情况。对于中西部地区仍处于边缘地位的更多中小城市而言，开通高铁并没有显著改善城市的发展状况。相比于中西部来说，东部中小城市经济潜力的均衡度更高，且受益于高铁开通时间更早、依托好的交通区位优势，加快向高质量发展大步迈进，区域核心地位也日益凸显，典型的如浙江省嘉兴市。

基于上述研究结论和政策含义，本书对未来国内外高铁发展规划前景及其对人口流动影响变动的趋势进行了展望，就推进中国城市群高铁网络发展和空间结构优化，科学规划、建设和运营高铁站点，优化高铁新城与主城的交通衔接，加强高铁建设与人口流动的跨区域协调，促进高铁站点城市与人口流动的良性互动，完善人口流动的高铁票价定价机制等方面，提出了制度完善建议，从而进一步发挥研究成果的经济社会效益。

目 录

第一章 绪论 ………………………………………………………………… 1
  第一节 研究背景 ………………………………………………………… 1
  第二节 研究意义 ………………………………………………………… 10
  第三节 研究思路 ………………………………………………………… 11
  第四节 研究内容 ………………………………………………………… 11

第二章 上海全球城市、高铁网络发展与趋势 ………………………… 13
  第一节 全球城市理论演进 ……………………………………………… 13
  第二节 全球城市发展趋势 ……………………………………………… 17
  第三节 上海全球城市未来发展的重要取向与条件分析 ……………… 27

第三章 高铁影响城市发展机理及大城市的重塑效应 ………………… 47
  第一节 文献梳理 ………………………………………………………… 47
  第二节 高铁重塑全球城市发展：各国案例 …………………………… 51
  第三节 高铁影响全球城市发展机理 …………………………………… 62
  第四节 中国大城市在高铁网络下的重塑效应 ………………………… 65

第四章 上海全球城市与长三角高铁网络：空间溢出与科技创新 …… 87
  第一节 高铁网络影响城市群的理论基础及作用机制 ………………… 87
  第二节 全球城市区域发展与高铁网络的互动 ………………………… 89
  第三节 全球城市区域铁路交通基础设施空间溢出效应特点 ………… 104
  第四节 上海全球城市与轨道上长三角全球城市区域科技创新 ……… 114

第五章 上海全球城市与长三角高铁网络:"流"及影响因素 ⋯⋯⋯⋯ 135
    第一节 轨道上的全球城市区域的"流"的特征分析 ⋯⋯⋯⋯ 135
    第二节 全球城市区域高铁乘客问卷调查 ⋯⋯⋯⋯⋯⋯⋯⋯⋯ 144
    第三节 影响上海全球城市与长三角的"流"的是高铁还是
           房价? ⋯⋯⋯⋯⋯⋯⋯⋯⋯⋯⋯⋯⋯⋯⋯⋯⋯⋯⋯⋯⋯ 152
    第四节 制约上海全球城市、长三角全球城市区域"高铁经济社会"
           发展的因素 ⋯⋯⋯⋯⋯⋯⋯⋯⋯⋯⋯⋯⋯⋯⋯⋯⋯⋯ 174

第六章 依托沪昆高铁加速上海全球城市与长江经济带的互动 ⋯⋯⋯ 194
    第一节 高铁对经济带发展影响的理论分析和国际案例借鉴 ⋯⋯ 194
    第二节 依托高铁促进上海全球城市与长江经济带互动的战略
           意义 ⋯⋯⋯⋯⋯⋯⋯⋯⋯⋯⋯⋯⋯⋯⋯⋯⋯⋯⋯⋯⋯⋯ 201
    第三节 上海全球城市与长江经济带城市间高铁互动 ⋯⋯⋯⋯⋯ 202
    第四节 依托沪昆高铁加快上海全球城市与长江经济带经济发展 ⋯ 208
    第五节 依托沪昆高铁促进上海全球城市与长江经济带旅游业
           发展 ⋯⋯⋯⋯⋯⋯⋯⋯⋯⋯⋯⋯⋯⋯⋯⋯⋯⋯⋯⋯⋯⋯ 225

第七章 高铁网络强化上海全球城市对中小城市发展辐射作用 ⋯⋯⋯ 244
    第一节 中小城市建设高铁的必要性 ⋯⋯⋯⋯⋯⋯⋯⋯⋯⋯⋯ 244
    第二节 大城市与中小城市依托高铁网络的经济潜力变动 ⋯⋯⋯ 245
    第三节 高铁网络对中小城市的影响效应 ⋯⋯⋯⋯⋯⋯⋯⋯⋯⋯ 250
    第四节 高铁影响下中小城市个案分析 ⋯⋯⋯⋯⋯⋯⋯⋯⋯⋯ 259

第八章 高铁影响城市发展趋势及政策建议 ⋯⋯⋯⋯⋯⋯⋯⋯⋯⋯ 271
    第一节 高铁发展趋势展望 ⋯⋯⋯⋯⋯⋯⋯⋯⋯⋯⋯⋯⋯⋯⋯ 271
    第二节 政策完善与建议 ⋯⋯⋯⋯⋯⋯⋯⋯⋯⋯⋯⋯⋯⋯⋯⋯ 280

参考文献 ⋯⋯⋯⋯⋯⋯⋯⋯⋯⋯⋯⋯⋯⋯⋯⋯⋯⋯⋯⋯⋯⋯⋯⋯ 297

后　记 ⋯⋯⋯⋯⋯⋯⋯⋯⋯⋯⋯⋯⋯⋯⋯⋯⋯⋯⋯⋯⋯⋯⋯⋯⋯ 314

第一章 绪 论

第一节 研究背景

一、国内外高铁发展现状

(一) 世界主要高铁国家发展简史

从世界高铁的发展历程来看,共有三次建设的浪潮。一般认为,1964年东京奥运会期间开通营运的日本东海道新干线是世界高铁的鼻祖,线路自日本首都东京至第二大城市大阪,线路长约515公里,新干线初期营运速度定为210公里/小时。日本新干线的修建很快获得了成功,高铁加强了东京、大阪等主要城市之间的交通联系,提升了沿线区域整体资源配置效率,拉动了日本整体经济发展。日本正在建设的东京至大阪的磁悬浮中央新干线,设计时速505公里,一期工程东京至名古屋段于2014年年底开工,预计2025年建成,行驶时间为40分钟。二期工程名古屋至大阪段预计2045年建成,未来从东京至大阪仅用1小时。日本3个大都市圈间的移动时间将会加剧缩短,形成所谓超大城市连绵区域。

表1-1 高铁发展三次浪潮

	时间	国家	代表线路
第一次浪潮	1970年代至1980年代末	日本	东海道、山阳、东北和上越新干线
		法国	东南TGV线、大西洋TGV线

续表

	时间	国家	代表线路
第二次浪潮	1990 年代	法国、德国、意大利、西班牙、比利时、荷兰、瑞典、英国等欧洲大部分国家	修建本国或跨国界高铁欧洲之星
第三次浪潮	21 世纪	亚洲（韩国、中国台湾、中国）、北美洲（美国）、澳洲（澳大利亚）	

资料来源：根据日本国土交通部铁道局资料整理，http://www.mlit.go.jp。

日本的成功，引发了世界高铁第二次建设高潮。1973 年，法国国铁（SNCF, Société Nationals des Chemins de Fer Francois）投入 TGV 系统的开发，于 1981 年开启了巴黎至里昂间营运速度达 270 公里/小时的 TGV 高铁。德国于 1991 年开始高速城际铁路（ICE）商业营运，1992 年西班牙 AVE 系统投入商业营运，此时，高铁开始成为 20 世纪末世界主要高铁国家城际间交通运输的主要工具，高铁技术不断完善，速度不断提升，而拥有高铁系统也成为先进国家的重要标志。2004 年韩国 KTX 高铁开始营运，中国台湾则在 2007 年全部采用日本技术进入高铁运输的时代。截至 2007 年，全球拥有高铁营运的国家已达 16 个。而作为经济最为发达的美国，在 2006 年一份有关美国东北大都市地区的研究报告中，认为联系城市间的飞机航班与快速公路都极度饱和，这也成为影响纽约等大都市繁荣最大的因素，由此提出高铁将是唯一的出路，但由于多方利益博弈等复杂原因，目前进展不大。

表 1－2　各国高铁建设发展一览

国家	列车名	路线	起点/终点站	时速（公里/H）	路线长度（公里）
法国	TGV	东南线	巴黎—里昂	270—300	417
		大西洋线	巴黎—勒芒—图尔		281
		北欧线	巴黎—里昂—加来		333
德国	ICE	汉诺威弗兹堡线	汉诺威—弗兹堡	250	327
		曼海姆图加线	曼海姆—图加		100

续表

国家	列车名	路线	起点/终点站	时速（公里/H）	路线长度（公里）
日本	新干线	东海道及山阳新干线	东京—大阪—博多	250—300	1069
		东北新干线	东京—八户		631
		上越新干线	大宫—新泻		303
瑞典	X-15	斯德哥尔摩—哥藤伯格	斯德哥尔摩—哥藤伯格	180	457
西班牙	AVE	马德里—塞维利亚线	马德里—塞维利亚	300	471
		马德里—巴塞罗那线	马德里—巴塞罗那	350	650
欧洲之星		欧洲之星	伦敦—巴黎—布鲁塞尔	300	1500—1600

资料来源：根据日本、德国、瑞典、西班牙、法国、英国交通部资料整理。

(二) 中国高铁发展历程

"要致富先修路"，中国历朝历代都非常重视交通运输对经济社会发展的推动作用。明清时代以长江、京杭大运河为代表的水上交通的发展，推动了城市贸易的繁荣发展，尤其在航运便捷地区，逐渐形成繁华的集镇。进入近代以后，铁路对城市发展和城市地理布局的变化影响更为深远。比如20世纪初，安徽蚌埠、河北石家庄等都是只有不到一万人口的孤立居民点，津浦、京广铁路开通后，在不到50年的时间里，这两个居民点便发展成拥有数十万人口的城市。20世纪80年代末上海沪嘉高速公路建成通车，实现了中国大陆高速公路史上零的突破。随后短时间内我国相继建成了沈大、京津塘、成渝、济青、京石、沪宁、广深等一大批具有重要区域性带动意义的高速公路项目，高速公路网建设带动了我国城市发展又一次划时代的跨越。伴随着高速公路网络的建设，主要城市之间交通联系越来越紧密，长江三角洲、珠江三角洲等城市群开始初具雏形。而这一次世界最大规模的高铁网络建设，也正在带来城市群发展的新时代。

从明清时代的长江、京杭运河到近代铁路，再到高速公路的建设，每一次交通方式的变革都对当时城市发展和空间布局产生了深远影响。从日本、欧洲、中国自身等国内外已有经验来看，高速铁路使得大容量、高速度和高密度的运输成为可能，将超越高速公路开始承担越来越重要的作用，从根本上促进发展方式、产业结构、城市性质、空间形态和功能结构等一系列转变。这个转变是转折性的、长期的、始终面朝未来的，值得长期跟踪关注与研究。

发展高铁是由我国国情决定的，中国幅员辽阔，东西南北纵横5000公里，四大直辖市、各省会城市之间直线平均距离1400公里。资源和工业布局极不平衡，大量货物需要通过铁路进行跨区域交流。另外，中国是人口大国，地区经济、城乡经济发展不平衡，人均收入水平相对较低，大量的中长途旅客运输主要依靠铁路；人均耕地面积低，石油对外依存度高，要实现全社会可持续发展，铁路大动脉必须发挥更大的作用。中国国情要求必须尽快发展大运量、低能耗、占地少的高速铁路，而统计显示，每年铁路以仅占运输系统20%的能耗完成了全系统50%的运量。

表1-3 中国铁路六次提速以应对铁路需求

次别	时间	内容	速度提升
第一次	1997年4月1日	京广、京沪、京哈三大干线提速，以大城市北京、上海、广州、沈阳等为中心开通了最高时速达140公里、平均旅行时速90公里的40对快速列车和64列夕发朝至列车。	运行速度平均由1993年初每小时48公里提速到每小时55公里。
第二次	1998年10月1日	系在原来第一次提速的如京沪、京广、京哈三大干线的基础上，将最高时速运行达到160公里，而其他非重点提速区段快速列车运行时速达120公里；广深线采用摆式列车最高时速达200公里，最重要的是这次提速延长了距离，如将时速140公里的线路由239公里增加到1454公里，将时速160公里的线路由268公里增加到445公里。	全路客车平均运行速度仅为每小时55.16公里。
第三次	2000年10月21日	提速范围主要为陇海、兰新线与浙赣线、京九线，这与原来已提速的京广、京沪、京哈共同形成了覆盖全国主要地区的"四纵两横"网络。其主要延伸线路里程达到1万公里，列车增加到266列。在列车网络化提速后，全国有400多个车站可进行联网售票，乘客的便捷度大大增加。	全国客车平均运行速度提升为每小时60.3公里。

续表

次别	时间	内容	速度提升
第四次	2001年10月21日	提速的重点范围为京九线、武昌—成都（汉丹、襄渝、达成）、京广线南段、浙赣线和哈大线，本次提速范围较广，基本对全国大部分省区进行了全覆盖，提速线路里程达到6257公里。	全国客车平均运行速度提升仅为每小时61.9公里。
第五次	2004年4月18日	对原来京广、京沪、京哈三大干线进行提速，基本能达到时速200公里；对于那些直达特快客车，如京广、京沪等干线以时速160公里运行，全路时速120公里以上的线路里程达16500公里，其中时速160公里及以上提速线路7700公里，时速200公里的线路里程达1960公里。	全国客车平均运行速度提升仅为每小时65.7公里。
第六次	2007年4月18日	第六次铁路提速范围较广，涉及京哈、京沪、京广、浙赣、沪杭、京沪、陇海、胶济、兰新等18条线路，覆盖范围17个省、直辖市，运行达到120公里及以上的线路里程延伸2.2万公里，比第五次大提速增加了6000公里。尤其是第六次提速使得部分客运区段能达到时速250公里，促使客运承载能力提高近1/5。此次提速可以说对我国既有线提速已至极限，也是中国高铁进入新时期的最重要标志。	全国客车平均运行速度提升仅为每小时70.18公里。

资料来源：根据中国交通部资料整理。

2004年国务院首次批复了专项规划《中长期铁路网规划》，提出构建"四横、四纵"的客运专线，把中国的东部、中部和中西部地区大多数规模较大城市纳入高速铁路网络，同时建设环渤海、长三角和珠三角三个城市群的轨道交通网。在《中长期铁路网规划》批准后的6年，国家批复铁路科研项目达404个，批准铁路新线建设里程超过4万公里，投资规模近3.5万亿元，完成基本建设投资1.4万亿元。仅2009年，全国铁路投产新线5557公里，其中客运专线2319公里。其后政策规划频出，2016年修编《中长期铁路网规划》，2017年出台《铁路"十三五"发展规划》，"十三五"期末高铁线路里程将达3万公里，2030年末形成"八纵八横"高铁格局，高速铁路网将连接主要城市群，基本连接省会城市和其他50万人口以上大中城市，形成以特大城市为中心覆盖全国、以省会城市为支点覆盖周边的高铁网。未来"八纵八横"建成将实现相邻大中城市间1—4小时交通圈，城市群内0.5—2小时交通圈。根据国家最新公布的数据，截至2019年年底，高铁营运里程突破3.5万公里，为世界其他国家总和的两倍，提前实现了《中长期铁路网规划》到2020年"新建高铁1.6万公里以上"的目标。中国铁路已经成就了许多"世界之最"，包括世界上海拔最高的高原铁路——青藏铁路；年运量世界第一的重载货运铁路——大同至秦皇岛铁路；运营里程最长的戈壁沙漠铁路——乌鲁木齐至喀什、包头至兰州铁路；跨越崇山峻岭的山区铁路——南宁至昆明、

表1-4 中国各区域铁路密度（截至2017年）

排序	地区	铁路运营里程（公里）	区域面积（万平方公里）	铁路密度（公里/平方公里）	密度分级	排序	地区	铁路运营里程（公里）	区域面积（万平方公里）	铁路密度（公里/平方公里）	密度分级
1	天津	1149	1.1	1016.8	非常高	17	陕西	4972	20.6	241.8	一般
2	北京	1264	1.7	752.4		18	广东	4201	18.0	233.4	
3	上海	465	0.6	738.1		19	湖北	4216	18.6	226.8	
4	辽宁	5915	14.6	405.4		20	湖南	4745	21.2	224.0	
5	河北	7162	18.8	381.6		21	广西	5191	23.6	220.0	
6	山东	5726	15.4	372.3		22	宁夏	1352	6.6	203.6	
7	山西	5317	15.6	340.2		23	贵州	3285	17.6	186.6	
8	河南	5415	16.7	324.3		24	黑龙江	6232	45.5	137.0	较低
9	安徽	4275	14.0	306.0	较高	25	内蒙古	12675	118.3	107.1	
10	海南	1033	3.4	303.8		26	甘肃	4664	45.4	102.6	
11	江苏	2816	10.3	274.5		27	四川	4832	48.1	100.4	
12	吉林	5044	18.7	269.2		28	云南	3682	38.4	95.8	
13	重庆	2166	8.2	263.2		29	新疆	5947	166.0	35.8	非常低
14	福建	3191	12.1	263.1		30	青海	2349	72.2	32.5	
15	浙江	2624	10.2	257.3		31	西藏	785	122.8	6.4	
16	江西	4280	16.7	256.3							

资料来源：根据《2017年中国统计年鉴》数据计算整理。

重庆至怀化铁路;世界上运营列车试验速度最高、时速达486.1公里的高铁——北京至上海高铁;世界上第一条穿越高寒季节性冻土地区的高铁——哈尔滨至大连高铁;世界上运营里程最长、跨越温带亚热带、多种地形地质和众多水系的高铁——北京至广州高铁;世界上一次建设里程最长、穿越沙漠地带和大风区的高铁——兰州至乌鲁木齐高铁;世界上第一条热带环岛高铁——海南高铁;等等。

从全国区域铁路现状来看,区域不均衡特征较明显。华北、东部沿海一带,铁路密度较高,相比而言,西部铁路密度总体上偏低。值得一提的是,中部地区经济发展并不突出的山西省铁路密度较高,而经济较发达的广东省铁路密度却处于较低水平,仅为233.4公里/平方公里,排名较后,远不及长三角和京津冀城市群的铁路密度。

(三) 中国与世界高铁运营里程比较

从铁路营业里程来看,2020年中国铁路运营里程达到了14.6万公里,与全球高铁典型国家对比来看,中国铁路里程明显比其他国家增速快,在20世纪90年代和21世纪初分别超越了印度、俄罗斯,于2015年年底以约12.1万公里里程位居世界第二;但相较美国的22.8万公里里程仍存在较大差距。

从高铁里程来看,2002年排在前三位的是法国、德国、日本,中国虽然起步较晚,但建设速度较快,从2020年排名来看,中国在世界中稳超其他国家排名第一位,为3.8万公里。中国的高铁里程占全球总里程的64%,远超世界其他国家和地区高铁运营里程总和。

表1-5 世界高铁运营里程比较　　　　　　　　　　(单位:里程)

	中国	西班牙	德国	日本	法国	瑞典	土耳其	英国	意大利	韩国
全长	38155.5	4900	3368	3446	2793	1706	2926	1377	1048	1432
运营中	20000	3100	3038	2765	2658	1706	1420	1377	923	880
施工中	18155.5	1800	330	681	135	0	1506	0	125	552

资料来源:根据2016年各国高铁资料整理。(注:"全长"数据是预计2025年的中国高铁运营里程。)

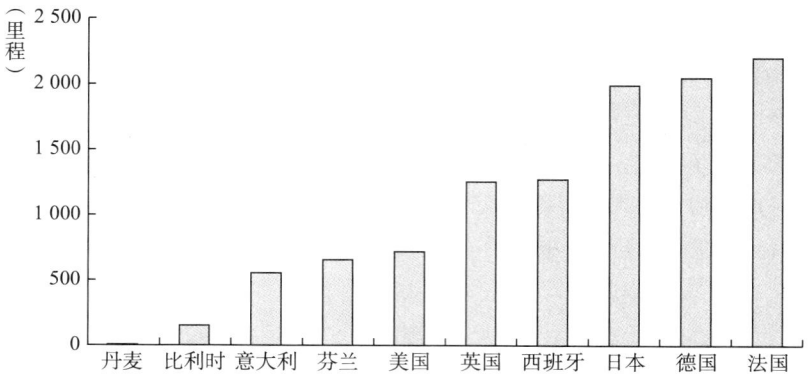

图1-2 2002年世界高铁里程排名

资料来源：根据2002年各国高铁资料整理。

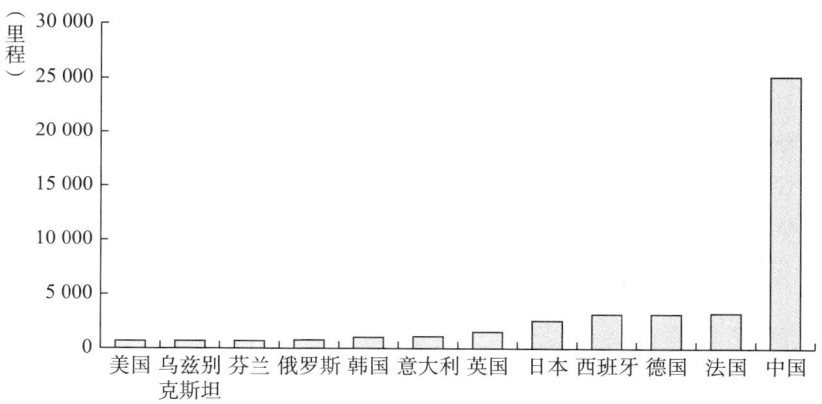

图1-3 2017年世界高铁里程排名

资料来源：根据2017年各国高铁资料整理。

二、国内外相关研究动态

目前研究高铁影响全球城市发展的相关文献归纳起来主要有两类：

第一类是国内外学者通过分析高铁与城镇化、产业布局和人口移动四者之间的互动关系，研究高铁网络对城市发展的影响。(1) 高铁通过影响产业和就业人口流动从而影响城市化发展。Arduino (1995)、Bonnafous (1995) 观察到位于法国境内的新高铁站点（比如里昂站）刺激了商业、商务、旅游和其他服务业的发展，带动了大量人流集聚和城市的发展。Nakamura 和 Ueda (1989) 发现修建高速铁路后就业人口明显增长的产业是第三产业，尤其是旅游业和服务业的就业人口增长明显。Kingsley Ehayne（1997）、赵立华（2010）、世界银行 Andrew Salzburg 等（2013）、张云鹏等（2014）指出高速铁路影响沿线区域第三产业发展和改变就业模式，如跨城市的通勤就业等（张学良、聂清凯，2010）。（2）高铁影响沿线城镇化发展从而影响人口流动。由于高铁沿线地区吸引产业和人口集聚，将促进新城镇形成并增强已有城镇的竞争力（林仲洪，2010；骆玲，2013）。朱荣林（2009）、张鑫曦（2010）、杨波（2012）、方大春等（2013）对长三角高铁进行研究后认为，高铁网络引起大城市地域的大幅度拓展，与各种不同级别的交通网络相互叠加，将在长三角区域逐渐形成边界模糊、交流频繁、相互渗透融合的都市连绵带。但在高铁加速要素流动背景下，沿线各城市相对封闭、分割型的户籍、社会保障、劳动力市场等制度，成为区域经济成长与发展的现实障碍（李翠军，2010）。城际功能性边界的淡化只能靠改革，舍此别无选择（陶希东，2010；朱荣林，2010）。（3）高铁对大城市影响研究。目前持有两个观点：一是高铁网络促进大城市产业结构转型升级。富田和晓、藤井正（2015）认为日本新干线的开通促使区域间的资源要素加速集聚于原本内聚力较强的大城市，如东京、大阪等，加速了产业结构的升级，尤其促进知识产业、创新创意产业的发展以及利用创意产业促进产业转型发展的影响。山村崇、后藤春彦（2013）、井上宽康（2015）认为新干线开通使得东京中心部及周边吸引很多知识产业集聚，从而提升了城市创新。杨维凤（2010）、施卫东等（2008）、夏露林（2012）、张学良（2010）、钱志鸿等（2016）研究也认为，京沪高速铁路会进一步提高北京和上海在铁路运输中的中心地位，促进中心城市规模扩张和结构优化，促进大城市向多中心结构转变，带动城市群副中心城市成长，实现城市职能分工和互补。二是大城市随着高铁网络化其空间节点功能在弱化。如陈建军等（2014）运用 ArcGIS 等软件分析了高速铁路对长三角地区空间联系格局变化的影响，结果表明整个区域正由单功能中心转变为多功能中心，但区域内不同城市间的空间联系程度有所变化，且上海的空间节点功能有所弱化。

第二类是"十三五"规划以来我国贵州、湖南、广西、广东等省区联合打造"高铁经济带"、促进共同发展的大量政策创新和探索实践，以及早期日本学者就新干线对东京、大阪等城市发展的影响研究和新大阪高铁新城建设等实践案例。总的来看，目前研究高铁与上海全球城市、北京世界城市建设关系的文献较少，进一步深化研究具有现实紧迫性。

第二节 研究意义

在中国建设世界最大规模高铁网络的同时，上海正在加快建成卓越的全球城市。根据国家《中长期铁路网规划》，到2030年将形成以特大城市为中心覆盖全国、以省会城市为支点覆盖周边的世界最大规模高铁网络。与此同时，上海作为国家高铁网络最重要的枢纽节点城市之一，将于2035年建成卓越的全球城市，成为全球城市网络的关键节点和长三角、长江经济带乃至全国夺取国际竞争优势的枢纽平台。中国正在建设的世界最大规模的高铁网络使得区域间人流、物流、资金流、信息流正在发生巨大改变，传统时空距离得以压缩，"一体化"效应导致产业集聚重组、"同城化"效应带来城镇空间重构，改变着人们的价值观念和生产生活方式。高铁正在重塑中国区域发展格局，并从"一带一路"倡议、长江经济带和长三角一体化等层面深入影响上海全球城市建设进程。

作为中国核心高铁枢纽城市之一，上海承担着诸多国家战略任务：建设国际经济、金融、航运、贸易中心，建设具有国际影响力的科创中心，发挥长三角城市群核心城市作用并辐射带动长江经济带发展，担当"一带一路"倡议桥头堡，加快自贸区对外开放改革试验，争做国家创新发展先行者、改革开放排头兵等。同时，上海的发展又面临土地、人口和生态红线的强约束，因此，依托国家高铁网络，进一步强化高铁中心城市作用，在进一步融入国家和区域发展中寻找新的发展机遇和空间，对推动当前上海转型发展具有很强的现实意义和紧迫性，也是实现国家战略的客观要求。及时研究高铁网络给上海全球城市建设带来的影响，并提出相应的对策建议，有利于上海提升自身城市能级和高铁城市中心地位，在对内、对外开放和融入国家发展战略中进一步赢得发展先机，具有显著的现实意义。同时，在一个占世界总人口五分之一、处于城镇化关键时期的大国迈向"高铁社会"背景下，研究高铁对城市和城市群发展的影响，对中国乃至整个世界来说都是一个重大课题。

第三节　研究思路

本书的研究立足高铁网络影响城市发展的三个途径（产业布局、城镇分布和人口移动），面向上海三个战略目标（融入区域发展、加快自身转型升级和实现国家战略），从三个区域层面（长三角一体化、长江经济带建设和"一带一路"战略），突出三大核心要素（高铁网络、城市发展、管理优化），围绕"促进高铁网络与沿线区域发展良性互动"这一主线，发挥上海对长三角和长江经济带的引领带动作用，赢得自身发展先机，并进一步发挥"一带一路"倡议的桥头堡作用。因此，该研究既特色鲜明，具有创新性，又回应上海经济和社会发展的迫切现实需要。

综合利用新经济地理学、交通经济学、产业经济学、城市规划学、人口迁移行为决策等理论研究成果，并在对国内外实践总结的基础上，构建高铁影响全球城市建设的路径框架。在研究国内外高铁对城市发展影响实践的基础上，利用实地问卷数据、铁路系统统计数据、公开统计年鉴数据以及地区抽样调查数据等，分别从宏观和微观的角度研究高铁影响全球城市发展的特征、路径和规律，并提出政策建议。

第四节　研究内容

本书研究内容共分八章：

第一章为本书的绪论部分，主要阐述课题国内外高铁发展现状、国内外相关研究动态，本书的研究意义、研究内容、研究思路、研究方法、研究重点难点及创新之处等，对课题研究背景和整体安排做一个概括性交代。

第二章为上海全球城市、高铁网络发展与趋势。从全球城市理论发展的脉络开始到全球城市未来体系结构变化趋势和世界城市发展战略导向进行梳理，结合上海全球城市、高铁网络的条件分析，引出上海全球城市未来发展的重要取向。

第三章为高铁影响城市发展机理及大城市的重塑效应。首先，从高铁通过优化产业布局、导致城市群内部等级结构变化、影响个体流动动机行为、高铁建设影响城市空间格局调整、城市群内部等级结构变化等不同视角对现有研究文献进行分类梳理。其次，对世界主要高铁网络，如日本高铁、法国高铁、西班牙高铁等对产业、城市化、人口流动影响进行案例分析。再次，就高铁影响全球城市的机制进行分析。最后，实证分析中国大城市在高铁网络下的重塑效应。

第四章分析上海全球城市与长三角高铁网络：空间溢出与科技创新。在高铁网络影响城市群的理论基础及作用机制的基础上，阐述全球城市区域发展与高铁网络的互动，对长三角铁路交通基础设施空间溢出效应特点进行分析，侧重分析上海全球城市与轨道上的长三角科技创新。

第五章研究上海全球城市与长三角高铁网络："流"及影响因素。具体分析轨道上的上海和长三角城市群的"流"的现状，以及在对乘客进行的问卷调查的基础上，采用案例分析及实证分析从不同角度寻找上海全球城市、长三角全球城市区域"高铁经济社会发展"的制约因素。

第六章研究上海依托沪昆高铁加速上海全球城市与长江经济带的互动。在高铁对经济带发展影响的理论分析和国际经验借鉴的基础上，通过具体的两个实证分析依次验证上海依托沪昆高铁与长江经济带经济发展的影响以及上海依托沪昆高铁对长江经济带旅游发展的影响。

第七章为高铁网络强化上海全球城市对中小城市发展辐射作用。在分析高铁影响长江经济带城市首位度、城市间高铁频次、城市经济潜力演变的基础上，通过实证分析和具体个案分析高铁网络强化上海对中小城市发展的辐射作用。

第八章分析高铁影响城市发展趋势及相关的政策建议。

第二章 上海全球城市、高铁网络发展与趋势

第一节 全球城市理论演进

在世界多极化格局凸显的情形下,全球竞争出现新的特点之一就是力量向非国家行为体的扩散。作为非国家行为体的重要代表,城市在全球竞争格局中扮演着越来越重要的角色。全球城市的概念最早起源于法国哲学家和社会学家列斐伏尔(Henri Lefebvre)。1970 年列斐伏尔在 *The Urban Revolution* 一书中提出,全球城市是"一个权力和决策中心,但不一定是首都"。从全球城市网络体系来看,则是以城市为载体,形成资源要素流转和配置的诸多节点,这些节点根据等级高低、能量大小、联系紧密程度等要素集结成为一个多极化、多层次的全球城市网络体系。现代意义上的全球城市就是全球经济系统的中枢或世界城市网络体系中的组织节点,是在全球化和信息化背景下,以全球城市网络化为基础形成与发展起来的那些具有广泛的经济、政治、科技和文化交流联系,在全球经济协调与组织中扮演超越国家界限关键角色的现代化国际大都市,日益引起学者和国家的重视和关注,相关全球城市理论经历萌芽、形成、发展、完善等陆续呈现新的研究成果。

(一)全球城市理论萌芽阶段

英国城市和区域规划理论家帕特里克·格迪斯(Patrick Geddes,1915)

在其所著的《进化中的城市》中首次提出"世界城市"概念。随后彼得·霍尔（Peter Hall，1966）对伦敦、巴黎、兰斯塔德、莱茵—鲁尔区、莫斯科、纽约、东京等进行经济、政治、文化等综合评价，认为只有这些城市是居于世界城市体系的顶端。随后在公司全球跨国背景下，斯蒂芬·海默（Stephen Hymer，1972）开创性地提出世界城市排序应采用跨国公司总部落户数量作为其重要的衡量指标。

（二）全球城市理论形成阶段

约翰·弗里德曼（John Friedmann）、戈兹·沃尔夫（Goetz Wolff）于20世纪80年代中期，提出世界城市的基本理论框架应将城市化过程与世界经济力量结合来考量。对世界城市阐述较详细的为约翰·弗里德曼（John Friedmann），他于1986年提出世界城市的七大著名论断和假说，具体内容主要为：一是世界城市的地位取决于城市与世界经济的整合程度；二是世界城市是承载全球性资本流动、生产和市场的核心点；三是世界城市的发展动力来源于国际金融、商贸、服务业等；四是世界城市是生产、消费、信息、娱乐及其他文化产品的生产与传播等各类经济活动中心；五是世界城市人口集聚区域；六是世界城市的空间极化现象明显；七是世界城市正常运转的财政支出高于一般城市。

（三）全球城市理论发展阶段

萨斯基雅·萨森（Saskia Sassen）于1991年提出"全球城市"理论。认为全球城市不能只以规模大就将其定义为全球城市，它不同于传统城市，是全新、开放城市，它有着独立跨国界平台，让技术、信息、金融和贸易等能跨国界自由流动，当全球城市日益增加时，在复杂的经济系统中，各个全球城市逐渐找到并培育出其专业的系统。具体对全球城市定义的特征为：高度集中化的世界经济控制中心；金融和特殊服务业主要所在地；包括创新生产在内的主导产业场所；作为产品创新的市场。萨森第一次阐述了纽约、伦敦、东京是主要的真正全球化城市，它们位于世界城市体系金字塔的顶端，从而建构了清晰的城市形态——全球城市。

（四）全球城市理论完善阶段

美国经济学家弗里德曼·金（A. D. King，1990）、偌克斯（Knox）和泰勒（Taylor）（1995）等人在其著作中对全球城市作了进一步的探讨，并提出评价全球城市的三类指标：跨国公司商务活动（世界500强企业数）、国际事务（非政府组织和国际组织数）、文化集聚度（城市首位度）。David Clark 1996年在著作 Urban World，Global City 中在世界层面上研究了世界都市和全球城市的社会特征、城镇生长、城市主义扩张，以及全球城市体系的组织特征。随着信息技术的发展，Moss（1987）认为智能建筑、电信港、光纤等电信设施在全球城市中将占重要地位，其后 Castells（1989）首次提出了信息城市的概念，认为未来的世界经济将因信息规模化，由传统的物理空间转变为流的空间，全球城市不再依赖于其占有的固定资源，而更多是通过资源流来获得更多财富、控制和权力。卡斯特尔斯（Castells）于1996年正式提出了"流的空间"（space of flow），全球城市由此被作为全球网络的节点，是"在全球网络中作为一种高级服务生产和消费连接过程的中心"，从而开创了基于关系连接的全球城市研究新框架。

近年来，全球城市研究更关注全球城市网络、等级体系、网络组织以及全球城市区域（city-region）等。这个阶段将世界城市案例研究从以往强调的世界城市层次划分逐渐转向对世界城市网络的分析，将原来假定的垂直的、并行不悖的城市阶层关系转化为世界城市行动者的网络关系。如 Smith 和 Timberlaker（1995）等通过全球城市网络间国际航班旅客资料来分析城市间的互动关系。Beaver stock（2000）则通过高端制造、高端服务业的办公选址状况来衡量全球城市间的互动合作关系。英国拉夫堡大学（Loughborough University）地理系学者所组成的全球城市研究小组通过联锁网络模型，将收集到的122个城市的46项服务业，按照会计、广告、金融和法律这四种层面来进行划分，进而考察其城市间的连接度。GAWC 小组通过100家全球性服务公司数据，以城市容纳力、支配力和通道三方面指标测定了316个城市的网络作用力和等级体系，这种定量研究为研究全球城市提供了全新的研究思路和方向。

国内学者周振华在其著作《全球化、全球城市网络与全球城市的逻辑关系》（2006）、《我国全球城市崛起之发展模式选择》（2007）、《全球城市的上海2010—2039》（2010）中对世界全球城市的发展和上海全球城市建设作了比较全面的论述，认为现在的城市不能单纯将其当作一种场所、地点的空间，更要将其视为"流动的空间"，并总结了全球城市的五大特征。在2010年9

月"北京首届世界城市全球论坛"上,李国平对北京建设世界城市的战略定位与模式进行了系统论述。

虽然学术界至今尚未对全球城市形成一个公认的定义,但从现有的文献来看,对其研究都突出了全球城市的基本属性,即"是否作为一个资本积累、积聚地和是否充当组织、控制生产的分配、流通的角色"(Mollenkopf,1993)。国际城市是城市形态的高级阶段,全球城市又是国际城市的高端形态,是全球城市网络中的主要节点,这类节点城市已然超越国家范围的节点城市,它们不仅在经济、政治、科技、文化等方面有着广泛和深度联系,并且在全球经济组织中扮演超越国家界限的关键角色,它们是全球战略性资源、战略性通道和战略性产业的控制中心,全球跨国公司的集聚中心,全球重要的金融中心,全球重要的政治中心,全球制造业和高科技结合的市场中心,全球资本流、信息流、人才流、技术流和物流的集散中心,也是世界文明融合与交流的多元文化中心。全球城市具有较强的全球资源控制能力和配置能力,代表了一个国家的国际话语权,国际上如伦敦、纽约、东京、巴黎等城市由于其强大的竞争力,成为世界公认的顶端全球城市。

表 2-1　全球城市的主要特征

代表人物	时期	主要特征
霍尔	20 世纪 60 年代	政治权力中心;国际贸易中心;金融中心;交通枢纽;人才集聚中心;信息集聚中心
弗里德曼	20 世纪 80 年代	资本中心;金融中心;交通枢纽;人口集聚中心;跨国公司总部;制造业中心
萨森	20 世纪 90 年代	金融中心;跨国公司总部;商业服务中心;生产性服务业集聚中心;交通基础设施和服务中心
泰森团队	20 世纪末 21 世纪初	生产性服务业集聚中心
周振华	2012 年	全球经济体系的节点、世界经济协调与组织中心;全球资本、信息、商务服务、高端人才等要素的汇聚地和流入地;引领全球市创新创源的策源地;经济与社会文化的互动中心;融入全球城市区域的核心城市

通过全球城市演变历程来看，虽然在不同时期、不同研究角度对全球城市阐述不同，但在一些核心特征上其有着一致性，如金融中心、交通枢纽、人才集聚地、研发和创新集聚地等，这些特征决定了全球城市对国际社会经济事务具有核心作用力和影响力。即使2020年新冠肺炎疫情席卷全球并在各要素流动被按下"暂停键"时，世界城市序列重排，但在《全球城市报告（2020）》中的顶端城市，如伦敦、纽约、巴黎等仍然能凭借其广阔的经济腹地支撑其在全球中的地位不变。

第二节　全球城市发展趋势

从全球城市历史发展经验来看，全球城市的演进变化大致经历了货物流主导、资金流主导阶段，目前进入第三个阶段，即知识、人才流主导。尤其是2008年全球进入后危机时代，由原来传统的以资本和贸易为主的城市发展模式，逐渐转向依托城市创新能力和制度创新等具有可持续性城市发展模式。大都市是创新活动的集聚地，是全球创新的策源地和孵化地，这是由全球经济发展周期、历史产业积淀和产业发展路径，以及创新活动的复杂性、本地特性、全球化特征等因素所决定的。人才集聚力和人才培养能力将成为未来全球城市竞争的核心竞争力之一，这是因为当一个城市成为全球人才网络中的枢纽节点城市时，会因其所处的地位积蓄的巨大势能，对全球人才流动、资源配置产生巨大的吸引力、控制力，影响对全球人才和资源的集聚和辐射，进而影响对全球城市的建构。除此之外，全球城市的以人为本的城市治理和城市发展理念将逐渐变得重要起来，综合实力衡量已经由点向面扩展，由之前的大都市区向更大范围的区域一体化城市群格局演变。

一、全球城市体系结构变化趋势

（一）全球城市体系等级结构变化

全球化在曲折中不断推进，未来全球城市体系在整体实力增强的同时，其等级体系也会因规模增加而出现结构性变化。随着亚太区域发展和新兴经济体力量整体迅速崛起，这些新兴城市往往以本土的优势要素资源吸引全球性资本，从而推动全球性要素的地方化配置，在未来将会成为全球城市网络不断扩展的重要推动力量，也将进一步增大中等层级世界城市的规模与影响力，世界城市网络的等级体系在较长期间内可能会进一步增加。

（二）全球城市体系建构基础变化

世界城市发展正从"全球生产网络"向"全球创新网络"升级。随着信息化、智能化、网络化改版升级，城市功能和形态正在发生巨大转折性变化。城市的发展将不再仅仅局限于以有形产品为代表的"硬物质"生产、交换和消费，以信息、知识、观念等无形产品为代表的"软物质"在城市发展中逐渐起重要决定性作用，未来新的全球城市体系等级变化将会根据城市创新能力而有所改版。纵览全球顶端城市的核心竞争力也正在逐步由原来依托资本控制力转向创新能力。当今已有一些城市，如阿姆斯特丹、维也纳、波士顿、旧金山、慕尼黑、里昂和哥本哈根等因城市创新能力的提升而在全球城市体系中地位有所上升，而作为全球顶端城市，如纽约、伦敦、巴黎、东京等则在原有资本控制力的基础上提升创新能力，从而得以继续保持顶级城市地位。

二、全球城市战略规划导向

未来全球城市经济发展关键表现为资本控制与创新集聚中心，这两个重要变量成为全球地位上升和稳固的重要支撑。全球城市竞争力未来将在多个维度展开，如资本控制领域，成熟国际城市与后发国际城市在金融中心功能、自由贸易区功能等方面的竞争将日趋激烈；先进制造领域成为全球城市竞争力的重要指标；创新领域，涉及都市化创新集群的塑造以及侧重创新服务的专业服务业发展策略。基于此，纽约、伦敦等主要全球城市设计了2030年远期发展战略规划，这个规划属于城市未来发展的总体战略规划，不是专门的产业规划，不同程度地涉及产业发展的内容。由于这些总体战略规划或专项规划本身编制的时间、背景、目的、重点和体例各异，因此其涉及的产业发展内容深度、篇幅等各不相同。主要全球城市2030战略规划以及欧盟2030战略规划的总体目标、产业导向见表2-2。

表 2-2　主要全球城市 2030 战略规划总体目标、产业导向与产业规划特点

城市	规划名称	2030 总体规划目标	2030 产业发展导向
纽约	《更绿更美好的纽约——2030 纽约规划》	（1）应对城市人口增长与基础设施老化；（2）应对全球气候变化、提升城市可持续发展能力；（3）提升纽约城市形象；（4）提高美国在国际气候变化谈判地位。	（1）更加注重绿色环保，开发绿色能源，发展低碳经济；（2）传统的高能耗产业将逐渐衰落，新兴产业，如新能源产业（风能、太阳能等）、节能环保产业（电动汽车、节能楼宇等）、绿色产业（绿色食品等）等将得到快速发展。来自风能、太阳能等可再生能源，将由 2012 年的占比 10% 在 2025 年将达到 25%。在水资源方面，减少水污染，保护自然区域，把 90% 水道改造为娱乐设施。在交通方面，提出一个全面的交通规划，以满足到 2030 年的需求。在能源方面，一方面增加清洁能源的供应；另一方面降低能源消耗。在空气方面，纽约要拥有美国大城市中最干净的空气质量。在气候变化方面，减少 30% 温室气体排放。
伦敦	《更宜居的城市——2030 伦敦规划》	（1）为伦敦今后 15—20 年的发展提供了一个综合的社会、经济和环境框架，使伦敦未来的全部利益相关者可以据此计划自己的活动，以获取最佳效果；（2）使伦敦人参与塑造未来的城市（主要是在次区域一级）；（3）确保政策在不同问题和地方之间连贯而富有整体性；（4）向世界发出一个强烈信息，伦敦对其未来持积极态度，并充满自信。	（1）未来将不断强化金融业、航运业、旅游业、商业、文化产业、创意产业、咨询服务业等的国际竞争力，提升英国在这些产业领域资源配置能力和国际话语权。伦敦未来将不断强化这些产业，以确保伦敦的国际地位和话语权。（2）紧凑型城市建设。"在不侵占其开发空间的前提下，满足伦敦增长"，提升产业发展能级和密度，未来的产业发展和布局将走集约化、复合化、融合化的道路。（3）宜居城市建设。通过营造良好的城市生活、文化、休闲、服务环境，包括解决住房、提供地区服务、提高文化品质等，从而吸引高端要素的集聚，伦敦未来将会在环保产业、创意产业、知识经济等方面加大支持力度，推动产业朝高端化、知识化、智能化方向发展。（4）多元化增长目标。制定强劲且富于多元化增长目标，包括传统的金融、航运、商业、旅游、咨询服务等优势产业发展目标，还包括环保产业、创意产业、智能产业、文化产业等新兴产业发展目标，坚持包容性经济增长，从整个城市宏观角度来考虑产业布局及发展模式。

续表

城市	规划名称	2030总体规划目标	2030产业发展导向
东京	《首都圈巨型城市群——2030东京规划》	（1）建设能集聚约3300万人的世界最大的首都，与日本经济实力相当的世界主导城市；（2）引领亚洲新文明的生活城市，有400年历史、具有深厚魅力的文化城市；（3）与山、海、河流等丰富自然环境共生的环境城市，能克服地震等自然灾害的防灾城市。	2030东京规划没有对产业发展进行专项规划，但从规划远景来看，主要包括：（1）重点扶持和培育支撑大都市发展的产业，如"城市机能活用型"产业、"社会问题解决型"产业、信息传播产业和信息家电（电子设备）等产业。（2）支撑东京未来的都市型产业（创新性城市型产业）将得到飞跃式发展，新产业、新事业的产业波及效果逐渐体现，将带动日本整体经济发展。
巴黎	《确保21世纪的全球吸引力——2030大巴黎规划》	（1）将巴黎打造成世界之都，使巴黎成为一座全世界仰慕的城市、一座创造的城市、一座革新的城市、一座充满凝聚力的城市。（2）创造条件确保大巴黎地区21世纪的全球吸引力和积极活力，具体体现在保持人口增长、保持全球城市地位、积极应对新型产业转型、积极增长在地区之间平衡。	（1）强化巴黎大区的经济支柱产业，确保巴黎的经济动力，使巴黎在国际竞争中处于更有利的位置。（2）作为位于世界前列大经济区中的传统区域，巴黎的特点是具有强大活力的服务经济，在世界规模的第三产业市场中，总部决策的功能特别地集中，科学技术研究的潜力也对相关工业形成强有力支持，这些不断上升的动力应该享受到更好的接纳和发展条件，从而确保巴黎的经济动力，使巴黎在国际竞争中处于更有利的位置。
法兰克福	《网络城市——2030法兰克福规划》	法兰克福市是莱茵—美因河边法兰克福都市地区的经济发动机，位居德国30个大城市之首。法兰克福凭借区位优势和经	（1）通过企业在大学和研究机构的投资，进一步促进法兰克福生物技术产业发展。法兰克福在生物技术方面有良好的发展前景，当前企业在大学核研究机构的投资，使其得到进一步的促进。在服务业中，金融服务和企业相关的服务、通信技术和媒

续表

城市	规划名称	2030 总体规划目标	2030 产业发展导向
法兰克福	《网络城市——2030法兰克福规划》	济优势，通过改善城市形象、增强国际联网、培育具有高度创新潜力的城市和地区，打造全球网络城市，以此来提高城市的综合竞争能力。	体，以及复杂的贸易、物流和交通管理，前景特别乐观，特别是物流、贸易和机动运输，由于不断增加全球货运，赢得了更大的重要性。（2）发挥法兰克福处于德国和欧洲城市中心位置和多种模式交通联系的优势，发展金融、企业服务、通信技术和媒体，以及复杂的贸易、物流和交通管理服务业。（3）创新经济公司由于城市国际化和接近客户而受益，广告、公关、软件和游戏等产业将获得巨大发展机会。（4）博览业的强大带动了酒店、商业、旅游等产业的快速发展。
首尔	《全球气候友好城市——2030首尔规划》	首尔是韩国第一座确立和颁布"低碳、绿色增长总体规划"的城市，这个规划是一项长期的绿色规划，为首尔20年后转型为低碳绿色城市提供了发展蓝图，为首尔低碳绿色增长提供了目标和行动战略，其目标包括绿色增长、气候适应和打造环境友好型城市。	到2030年包括私人投资在内，首尔将总计投资450亿美元用于削减温室气体排放，削减幅度较1990年下降40%；重点发展氢燃料电池、太阳能电池、IT电力、绿色建筑、LED（发光二极管）照明、绿色IT、绿色汽车、城市环境整治恢复、废物回收利用和气候变化适应技术这十大绿色技术，建立规模达1700亿美元的绿色市场，创造100万个绿色就业岗位，使城市提前具备适应气候变化能力。"低碳、绿色增长总体规划"为首尔低碳绿色增长提供了目标和行动战略，包括绿色增长及气候适应的具体措施，打造环境友好型城市。
新加坡	《挑战稀缺的土地——2030新加坡规划》	突破土地约束，为居民提供多种住房选择、舒适的生活环境、易达的开放绿地和更多的娱乐休闲场所，同时将新加坡打造成国际商业中心、充满活力的经济都市、国际金融中心。	新加坡鼓励和支持高附加值、高技术含量产业的发展，依靠尖端技术，实现高附加值产业和现代服务业"双轮"驱动，力争将新加坡打造成具有国际竞争力的大都市。

续表

城市	规划名称	2030总体规划目标	2030产业发展导向
中国香港	《亚洲国际都会——2030香港规划》	旨在制定一个长远的、富有弹性的规划策略，作为香港日后发展和策略性基础建设的指引，并通过规划发展，协助实现政府的其他政策目标。	大力发展金融及商业服务等支柱性产业，一是致力于改善相关"软件"，拓展人民币业务范围、促进市场开发、提升金融市场质素及推广本港品牌；二是要同时努力增强所需的"硬件"，不断提供极具吸引力的办公环境；三是充分利用亚太航运中心的枢纽地位，依托发达的转口贸易和巨大腹地经济资源，大力推进贸易、物流和航空服务业的快速发展；四是作为亚太地区会议和展览中心及世界旅游胜地，香港大力发展旅游会展业，并推动贸易、零售等商业的快速发展；五是大力发展文化及创意产业，增强就业和经济基础，同时创造有利于创意人才发展的环境。
中国台北	《生态城市——2030台北规划》	总体目标可概括为"五个台北"和"一个城市"，其中五个台北是指绿色休闲的台北、民主人文的台北、安康便捷的台北、信息高效的台北和国际互动的台北，一个城市是指绿色生态城市。	台北受到了来自土地供给的明显约束，人口密度较高，因此台北提出了建设紧凑型城市策略，实现城市可持续发展和提升城市中心功能。从产业目标来看，台北将重点发展绿色环保产业、文化产业、信息产业、商业、医疗卫生服务体系等产业，其中绿色环保产业将是台北发展的重中之重。同时，台北将充分利用地下空间，尤其是地铁周边的地下空间，发展地铁商业街。
悉尼	《永续性悉尼——2030年展望》	悉尼的目标是成为一个绿色、全球化和网络化城市。一是成为全球公认的环保领先者，有杰出环保业绩和推动经济增长的新型"绿色"行业。二是将以世界水准旅游景点以及在文化基础设施、标志物和便利设施方面的不断投资，继续保持其在澳洲最重要的全球化城	（1）与20世纪90年代的水准相比，城市温室气体排放到2030年会减少50%，到2050年将减少70%；（2）到2030年，悉尼有能力通过本地发电满足100%的电力需求，通过本地水源保证10%的水供应；（3）到2030年，悉尼市内最少会有138000套住房（48000套新增住房），以满足不断增加的不同住户类型的需求；（4）到2030年，悉尼市将有至少465000个就业岗位，其中包括97000个新增就业岗位，金融、高级商业服务、教育、创意行业和旅游产业等的就业岗位份额将有所增加。

续表

城市	规划名称	2030 总体规划目标	2030 产业发展导向
悉尼	《永续性悉尼——2030年展望》	市、国际门户地位。三是在文化、贸易和互利交流方面与其他国际城市加强合作。	
欧盟	《欧洲2020战略》	即实现以知识和创新为基础的"智能增长",以发展绿色经济、强化竞争力为内容的"可持续增长",以及以扩大就业和促进社会融合为基础的"包容性增长"。	(1) 到2020年实现20—64岁人群的就业率达到75%;将欧盟3%的国内生产总值用于研发;将温室气体排放在1990年基础上削减20%,将可再生能源使用比例提高至20%,将能效提高20%。(2) 未来产业将向绿色化、高端化、集约化、知识化方向发展。

资料来源：对不同层级的10个全球城市已制定的战略规划进行整理。

从全球城市2030年产业规划中总结出以下五个特点。

（一）产业规划体现全球城市所处的高级发展阶段

以上10个全球城市都没有专门的2030产业发展规划，关于未来产业发展的目标和举措融合在规划总体发展目标和举措之中，与城市未来发展的其他目标一同表述。这是因为：一是全球城市处于世界城市发展的金字塔顶端，由于发展的高级阶段和雄厚的经济产业竞争力基础，产业和经济发展是城市总体发展目标之一。二是全球城市未来产业的发展主要依靠城市总体环境的营造来提高产业综合竞争力，如纽约强调城市的绿色可持续发展，规划主要是从土地、水、交通、能源、空气、气候变化等环境和资源约束角度来设定未来产业发展的指导框架；巴黎、伦敦、我国台北更是通过城市居住、交通、信息等硬件建设，城市文化艺术氛围营造，科研条件改善以及城市生态宜居性的提升来引导和服务未来产业发展，通过软环境营造间接提升城市产业竞争力。不就产业规划谈产业规划，这也是主要全球城市产业规划的一个特点。

（二）产业发展支撑城市和国家整体战略提升

全球城市中不少是所在国家的首都，如伦敦、巴黎、东京、首尔等，这些城市除了经济功能外，还是所在国家参与国际竞争的窗口，实现所在国家的政治、外交和国际形象的功能，是所在国家对世界经济、社会、文化、信息等进行控制的平台，全球节点功能突出。诸如首尔的应对气候变化战略、纽约的绿色发展战略等除了对城市未来产业发展的方向进行指导外，更多的是体现了所在国家的政治意图，更多的是着眼于提高城市的国际形象及在国际气候变化中的话语权。纽约的金融业、媒体出版业、时尚产业享誉世界，现在又提出应对气候变化的绿色规划，伦敦、巴黎、法兰克福等强调文化创意产业、金融业的发展以及服务环境的改善，东京强调首都城市群综合竞争力的提升等，都是全球城市服务所在国家综合竞争力提升的表现。产业规划不仅仅体现了服务所在城市的经济发展，更多的是服务于所在国家在国际政治、经济、文化和形象营销方面的综合目的。

（三）产业发展、环境保护的协调与低碳、绿色潮流

气候变化对城市的威胁真实存在，在 21 世纪的第二个十年，全球碳排放总量规模和规模速度持续增长，其带来的负面效应和影响越来越直接威胁着人类的生存空间及社会的发展。为了积极应对全球气候变化，全球城市产业发展呈现低碳化、绿色化、"环境友好型"趋势，注重抢占绿色发展的制高点。产业发展更加强调低碳化、绿色化及与环境之间的友好关系，产业结构呈现节能和环境保护趋势，注重城市的环保形象和可持续发展，并把应对气候变化作为城市营销、提升城市国际吸引力、实现国家政治功能的一部分。强调绿色建筑、绿色产业、绿色交通和绿色生活方式，引领绿色时尚、占领绿色产业技术高地、提供绿色就业岗位，从软硬件方面优化城市环境、提高城市综合竞争力、影响力，注重整个城市发展模式的可持续性。首尔提出未来发展的十大绿色技术和产业发展、就业规划，认为该规划体现了韩国政府的"低碳绿色增长"愿景；纽约提出要建设"更加绿色的纽约"，具体明确到对水、能源、空气、气候变化等领域的保护和有效应对；悉尼强调绿色的环境、绿色的产业、绿色的基础设施、绿色的生态系统是未来城市发展的首要主题；伦敦提出了建筑功能的复合化，建设紧凑型城市；东京提出"循环经济发展规划"、信息基础设施建设规划，强调从产业发展角度应对未来气候变化带来的灾害，成为世界上对环境负荷最小的城市，这些都是很好的例子。

（四）产业目标的"人性化""社会化""人文化"

产业结构呈现"软化""社会化""人文化"趋势，以人为本、促进人的

全面发展是全球城市产业发展的"原动力"。由于全球城市都处于产业发展和功能建设的高级阶段，未来产业结构呈现"软化""社会化""人文化"趋势，"社会问题解决"型、"促进人的全面发展"型、"以人为本"型产业呈现高速发展趋势，"产业"和"事业"界限越来越模糊。在主要全球城市2030远景规划中，东京提出重点发展"社会问题解决型"产业、养老产业，为下一代培育、就业、交通运输等多元领域发展。悉尼强调高质量的公共交通、世界一流的通信系统，以提高社会虚拟交流的能力。新加坡进一步完善业已成就显著的公共组屋建设，创造良好的居住环境。巴黎提出建设艺术城市、时尚之都，建设自动交通网络加强港口和塞纳河整治，增加就业岗位。中国台北提出建设"台北新故乡"，产业发展围绕满足人的全面发展来布局，产业结构人文化趋势明显，产业发展强调细微的人文关怀。主要全球城市2030远景规划发展的文化产业、时尚产业、旅游产业、教育产业、医疗健康产业、养老产业、娱乐产业、咨询产业，既是满足城市人全面发展的"事业"，也是全球城市未来着力发展的朝阳产业。

（五）人口作为未来产业政策制定的重要依据和目标

全球城市的产业规划与人口发展密切相关，互为促进，互为因果。在全球城市发展前期，如伦敦、纽约等全球城市发展都曾经历过工业化带动城市化，从而加快人口单核心城市集聚的过程，在全球城市发展中期，通过参与、引导全球化配置促进人口结构发展，在全球城市发展后期，通过移民政策调整和保障全球城市人口总量规模和结构与产业均衡发展。根据联合国数据显示，未来老龄人口比例增加，劳动力将严重缺乏。目前全球65岁以上人口约为7.05亿，0—4岁人口约为6.8亿，有史以来首次超过了5岁以下儿童数量。预计在未来全球老龄化人口将从当今的7%上升到20%。到2050年，全球65岁以上的老龄人口将达到16亿，《确保21世纪的全球吸引力——2030年的大巴黎规划》规划的依据之一是预测到2030年法兰西岛地区的就业人数要达到605万人，以及实现2030年容纳600万人的就业人口这样一个现实而宏伟的目标。《首都圈巨型城市群——2030年的东京规划》就是建立在对今后50年人口的增减率以及高龄者比率进行预测的基础上进行规划的。《更绿更美好的纽约——2030纽约规划》估计，如果移民政策和生活质量不发生巨大变化的话，纽约市人口到2030年将超过900万人，相当于在纽约的

5个区中再增加整个波士顿和迈阿密的人口。《生态城市——2030的台北规划》认为，目前台北已经是一个十分紧密的城市，每平方公里的人口数已达9700多人，台北亟须多中心紧密城市发展，更强调以山域水域系统作为自然分界，在每一处地方分区追求机能完整性、区域特色与能源资源使用的效率。《亚洲国际都会——2030的香港规划》指出，随着与内地的社会经济联系日趋紧密，预计至2030年，每年跨界旅客可能达到5.2亿人次，其中内地游客约三分之一。政府统计处估计香港人口于2036年会达到860万人，比2006年的人口增加约25%。

表2-3 世界主要全球城市2030发展规划中的人口目标

城市	规划内容
东京	东京2025规划构想：一方面，共同采取措施培养能够支撑东京21世纪发展的人才；另一方面，通过社区建设、完善健康监测体制等，创造领先于世界的超高龄社会典范。
纽约	纽约2030年立足于900万人口规模，强调通过人口增长为纽约提供持续的活力，创造更加现代化的生活必需设施和交通设施，扩大有针对性的经济房，修建老年人住房和活动空间，制定明智的土地利用、交通、能源等策略，以避免无规划和不平衡增长的陷阱。
伦敦	伦敦2030年规划为扭转人口减少势头，分别提出了"变成更宜居城市"和"促进社会融合，解决贫困和歧视"的目标，其中对住房（重点对经济适用房）和教育、医疗、老龄化、安全等核心领域的社会服务，通过"生活在伦敦"的主题策略在规划中进行详细阐述，尝试将人口增长和布局同推动社会事业发展相结合，加快和谐城市建设，并对不同时期的关键问题提供了战略性解决方针。
巴黎	巴黎提出2030年容纳600万就业人口的宏伟的目标，强调创造有利于吸引人才聚集的城市社会生活环境，使城市有能力吸引21世纪人才，并结合人口密度和分布，创建令人满意的城市发展和运营模式。
墨尔本	墨尔本根据不同的人口类型，制定规划，确保社会基础设施均衡分布，对老龄化、低收入群体等影响到居民社区的问题给予妥善解决。
新加坡	新加坡制定2030年概念规划是基于550万总人口的假设，描绘了未来40年到50年的发展蓝图。首先确定总人口规划，再结合人口结构的划分对住房供给及分布等问题给出清晰的发展计划。
中国香港	香港估计30年后人口规模会达到860万人，据此对人口结构、人才引进、流动人口等进行规划，以适应新城市发展结构的需求。

续表

城市	规划内容
中国台北	台北通过推动具体可行的住宅政策维护家庭生活的舒适与安全，落实以家庭与社区为导向的社会福利服务，建立健全卫生医疗服务体系，构建人类生活安康便捷的台北。

从全球城市的演变历程及城市远景规划来看，指标涉及的领域更宽、范围更广、内容更加丰富。在国际经济政治环境不断变化、城市间竞争日趋激烈的今天，远景规划为不同城市提出了方向性的发展目标，这个目标是在城市基础上提出的，既符合城市发展的自身规律特点，又立足于全球城市和人类社会发展的整体规律和变化趋势，代表了全球城市建设和研究的发展方向，为我国全球城市建设提供了一定的参考价值，也提供了可以遵循的发展模式和发展思路。

第三节 上海全球城市未来发展的重要取向与条件分析

追溯全球城市的历史轨迹来看，全球城市是全球经济的核心区。从全球城市产生的西欧、北美、亚洲的阶段性历史来看，有些城市昙花一现，如里约热内卢、布宜诺斯艾利斯等；也有些城市的排列序列始终变化；还有些城市始终排在塔尖，如纽约和伦敦、东京和巴黎。上海在世界城市排列中经历了从无到有、从下到上的跃进，有着骄人的战绩，但与塔尖的全球城市相比，还有些差距。

一、上海全球城市未来发展的重要取向

《上海市城市总体规划（2016—2035）》确立了上海至2035年的发展新目标：到2035年将上海建设成为综合性的全球城市，国际经济、金融、贸易、航运、科技创新中心和国际文化大都市，建设成"令人向往的卓越的全球城市"。

借鉴国际经验，纽约、伦敦、巴黎、东京等主要全球城市在未来发展规划中，都分别从可持续发展、协调发展、共享发展、创新发展、开放发展等视角，谈及产业及人口流动对城市发展的影响，除了强调城市人口规模与城

市的平衡发展以外，尤其强调通过人口流动管理等集聚充足及适合人才实现城市的创新发展。这是因为近年来，纽约、伦敦、东京、新加坡、中国香港等城市，在创新驱动阶段提出发展"创新城市"的战略命题，推动城市财富中心、资本中心转向创新中心。例如，以金融、房地产、专业服务业著称的全球城市——纽约早在 2002 年便着手向打造"创新之都"和美国"东部硅谷"转型，通过重点发展生物技术、信息通信技术等高科技产业，旨在让纽约成为与美国西部"硅谷"相对应的"硅巷"（Silicon Alley），为经济增长提供新的引擎。英国于 2010 年启动实施了"英国科技城"的国家战略，试图将东伦敦地区打造为世界一流的国际技术中心；2013 年，伦敦政府启动"天狼星计划"，旨在为创业者提供创业资金与优秀培训资源。

2017 年 12 月国务院关于《上海市城市总体规划（2017—2035 年）》的批复（国函〔2017〕147 号）中提出"要努力把上海建设成为创新之城、人文之城、生态之城，卓越的全球城市和社会主义现代化国际大都市"。上海于 2020 年基本建成国际经济、金融、贸易、航运中心，基本搭好有全球影响力的科技创新中心框架。上海支柱产业为高新技术产业和战略性新兴产业，并以现代服务业作为催化剂，不断促进本地经济的不断发展和增长。创新转型是上海对全球化与信息化等外部推动力量做出的积极响应，是充分发挥内部活力和潜力以促进全球城市崛起的有效途径和方式。从普遍意义讲，"活力"是一座城市繁荣发展的根本源泉和基本表征。上海作为一个崛起中的全球城市，形成魅力四射的"活力之都"是其理所当然的选择。尤其是其全球城市发展目标的确定，和自由贸易实验区的建立，将推动上海地区经济生活与劳动力市场、国际市场的进一步接轨，在市场竞争加剧的同时，也对上海人才资源带来了新需求。然而，相对于远大的发展目标和艰巨的发展任务，上海自身的人口老龄化现象及"知识积累"和"智力资源"非常有限。同时相对于长时期、高强度的投入需求，上海面临着严峻的"资本"供给约束，一方面要实现三大产业结构的战略性调整；另一方面又要实现第二产业内部结构的战略性调整，无疑将促使对于劳动力和人才的需求呈上升趋势。为此，上海全球城市未来发展的重要取向为以下几点。

（一）不能超越城市发展阶段人为设定产业结构和顺序

上海的产业定位必须与特定的城市发展阶段相一致，不能片面追求所谓

"先进"的产业结构或人为划定产业发展顺序。上海的发展具有双重作用，一是作为全球城市的上海，必须拥有以金融、高级商务、专业服务、航运等为代表的现代服务业为主导的经济结构，拥有足以影响区域甚至全球的总部经济，拥有完善立体的基础设施网络，拥有各类高端人才和高科技研发基地。二是作为引领中国现代化的上海，必须拥有强大的辐射力以带动区域经济发展，必须拥有先进制造业以服务区域和全国，必须发挥基础设施、产业配套和科技优势，吸引国际制造业的转移，引领现代化建设。因此，上海在城市演变过程中，面临的最大问题是如何处理城市能级提升与产业结构演变的内在关系，在当前全球经济框架体系下，金融服务业和专业服务业大部分将继续留滞在纽约、伦敦、东京这类顶端城市。上海要走出一条与纽约、伦敦等全球城市不完全相同的崛起之路，即既要大力发展服务业，又要全面推进先进制造业的发展；促进服务业与制造业的融合发展，依靠现代服务业，尤其是生产性服务业的发展来推动战略性新兴产业的发展是符合国家利益的。上海产业发展应该是现代服务业、先进制造业和战略性新兴产业融合联动发展，重点是抢占产业价值链的高端环节，而不是对产业发展进行先后排序。上海既要建成金融、航运中心，积极发展生产性服务业；也要积极发展战略性新兴产业，不断改造和提升传统制造业，并促进产业间的良性互动和相互促进。打造具有国际标识度高的品牌。品牌是城市重要的名片，上海四个品牌体系的打造，可以说相互支撑相得益彰。推动服务功能、服务经济扩大服务半径和辐射范围的"上海服务"品牌；发展高端制造、智能制造、大数据、量子通信、基因编辑等产业的"上海制造"品牌；打造面向全球的消费市场、引领时尚潮流风向标的"上海购物"品牌，上海打造购物天堂的基础较好，上海全球零售商集聚度为54%，位于伦敦、迪拜之后，尤其是知名品牌集聚度超过90%；同时，2019年上海接待国际游客入境者897万人次，接待国内游客3.61亿人次，海派文化、江南文化、红色文化与文化产业发展相连接，结合产业结构调整和创意产业及都市型产业发展，推广"上海文化"品牌。

（二）服务人的全面发展，发展"社会问题解决型"产业

以实现人的全面发展为目标，从人民群众的根本利益出发谋发展、促发展，不断满足人民群众日益增长的物质和文化需要，切实保障人民群众的经济、政治和文化权益，让发展的成果惠及全体人民，既满足人民群众的迫切

需求，也提供了巨大的产业发展机会。上海产业结构的调整要实现全面、协调、可持续的发展目标，必须坚持"以人为本"的人文导向原则。产业发展的导向要从"唯 GDP 是从"，追求物质产品的丰富，向追求民生、社会福利提升转变。体现"以人为本"的人文导向思想的产业，包括城市环境质量提升、家政服务、终身教育培训、医疗卫生、老龄产业等社会需求高的"社会问题解决型"产业将会得到大的发展。

（三）注重区域、产业间联动发展，提升在全球城市网络中的地位与竞争力

上海应充分发挥国内领先的门户城市、枢纽城市的地位和内引外联作用，成为具有高度的联通性（桥梁作用）、联系密度和广度的节点城市；成为全球资源配置中心城市，建设全球跨国公司总部、全球金融及专业服务公司等功能型机构高度集聚的平台，具备较高的吸收资源、控制和辐射资源的能力；成为全球资本、信息、商务服务、高端人才等要素的汇聚地和流入地，从而对提升中国城市和城市群的全球竞争力发挥重要的示范和辐射作用。作为现代化国际大都市的中心城区，要做好与纽约、伦敦、东京、新加坡等全球城市，以及港澳台、北京、深圳等国内先进城市之间的联动、比较发展，拓展发展的视野、标准和水平。有效处理版块内，如长江经济带的长三角一体化协调发展，形成富有竞争力的城市群，成为具有高度的联通性（桥梁作用）、联系密度和广度的节点城市；通过参与"一带一路"和长江经济带建设找到自身发展的机会。通过与周边地区良好的竞合关系，建成亚太经济圈最发达的引擎，发挥其巨大的辐射功能和最优的综合竞争力，以有效带动"一带一路"倡议和长江经济带的发展，成为全球资源配置中心城市，是全球跨国公司总部、全球金融及专业服务公司等功能型机构高度集聚的平台，具备较高的吸收资源、控制和辐射资源的能力，是全球资本、信息、商务服务、高端人才等要素的汇聚地和流入地，从而对提升中国城市和城市群的全球竞争力发挥重要的示范和辐射作用，在世界城市群内有效配置资源，提升城市群的竞争力。

（四）编制绿色发展规划，变低碳发展挑战为机遇

"绿色低碳"是主要全球城市自身发展基本理念，将主导未来经济发展模式。上海未来产业结构调整，要将绿色低碳的理念作为未来上海城市可持续

发展的核心理念，从市政建设、生态规划、高新技术产业升级、现代服务业产业规划都要贯彻绿色低碳的理念，在发展低能耗、低排放、低污染与运用新能源、节能环保技术改造传统产业的过程中，降低产业发展和经济增长对环境和资源的依赖程度，走发展绿色低碳之路。在产业发展重点上，实现从"黑型""重型""低端"向"绿型""轻型""高端"的转变。

（五）注重产业与社会、城市建设、环境的和谐发展

注重产业发展与社会建设、城市规划建设、环境保护优化之间的关系，通过教育、卫生、文化等社会事业发展营造良好的工作、生活条件；通过良好的城市规划、交通设施、历史文化、建筑的保护传承，打造动感、活力的城市氛围；通过环境的保护优化，营造健康、适宜人居的生活环境，从而进一步吸引人才、高端要素和高端产业的发展，最终形成产业发展与社会建设、城市规划建设、环境保护优化之间的互动发展。按照服务人的全面发展、以人为本的原则，大力发展家政服务、老龄产业、旅游休闲等生活服务业，终身教育、医疗康体等社会服务业，节能、环保等环境产业，形成与上海建设全球城市目标、功能定位相匹配的产业结构。建设紧凑型城市，使主城区和郊区新城都成为生活、就业、交通结合良好的紧凑型城区，为产业发展提供优良的城市环境。借鉴伦敦、中国香港、东京等城市规划的经验，在保持城市开放空间和公共活动场所不减少的情况下，通过设施的功能复合化，提高单位土地面积的利用效率，从而为产业发展创造空间。

（六）强调从战略层面思谋人才在全球城市中的战略地位

需要以全球视野角度思考人才在推动全球城市创新转型发展的作用，要善于抓住引领作用的人才因素，促进城市科创发展与上海在全球格局中位序跃升。为更好地抢占未来发展先机，不仅需要在当今激烈竞争体系中尽早谋篇人才发展战略，从中长期制定符合全球城市的人才集聚战略，因为不可逆转的人口结构性危机对劳动生产率和创新力带来挑战，需要储备未来人口资源应对未来人口发展危机，《上海加快实施人才高峰工程行动方案》明确了13个集聚造就高峰人才的重点领域，包括光子科学与技术、生命科学与生物医药、高端装备与智能制造、脑科学与人工智能等，由此不难看出上海急需这些领域的高峰人才。此外，要善于捕捉未来城市增长潜力，把握城市发展

的一些新技术、新产业、新模式、新业态的特点，集聚培养各类人才。上海推进全球城市发展，不能依靠单打独斗，需要围绕产业创新链集聚和发展周边各类创新主体，激发每一类人才。同时也需要通过人才培养、使用、流动、配置、评价、激励等方面制度或政策平台，打造开放、公平的人才发展环境，为吸引更多人才，就要做到"不唯地域引进人才，不求所有开发人才，不拘一格用好人才"。

（七）追求枢纽门户地位稳步提升，实现交通服务能力不断优化

《上海市城市总体规划（2016—2040）》（以下简称《规划》）提出了围绕建立以上海为核心的跨区域的"1+6"都市圈体系（上海、江苏的苏州、无锡、南通和浙江的嘉兴、宁波、舟山等），形成"一核三带"空间布局。"一核"指上海中心城及拓展区，形成特大城市；"三带"主要指沿江苏（苏州）、浙江（嘉兴）与上海的陆域疆界城市群带、沿上海长江中下游（南通）的城市群带和沿杭州湾北岸（宁波、舟山）的城市群带。《规划》中关于上海建设全球城市对交通发展提出承载力、易达性、可持续这三个新要求，随着未来核心区人口可能出现阶段性下降，但都市区范围人口总体将呈现集聚态势，国内外游客数量将显著高于一般城市，对交通承载力将有更高的诉求。另外，全球城市为保持和提升全球竞争力，不仅要增强全球链接网络、改善洲际交通可达性，还要增强区域交通网络，即要对内外两个扇面的交通网络提出更高需求。借鉴全球城市经验来看，东京早已被誉为"轨道上的都市"，但其仍然在不断推出新的轨道交通规划，在其最新一轮规划中，就东京如何缓解轨道拥挤、发展快线、增强航空和新干线可达性等方面提出规划。除此之外，伦敦、东京等全球城市都已意识到一味地扩充城市内的交通设施只会加重单中心城市的负重，必须加强外围地区的切向和环向轨道交通建设，促使城市多中心、网格化的空间格局发展。由此启示上海需要构建服务都市圈的多层次轨道交通体系及差别化的城镇圈交通网络资源配置策略。

二、上海全球城市发展与高铁网络条件分析

（一）上海全球城市竞争力之"长板"

1. 上海基础交通通信设施良好，充分发挥国际航运中心功能

全球城市的本质就是成为在全球网络中及国家城市群网络中占据支配地

位的重大节点。传统经济模式是局限在区域内,随着交通发达,互联互通是无人能挡的大势所趋,只要城市间有往来,节点就非常重要。全球城市交通发展的基本特征之一是最大限度地扩大与世界的联系度。上海拥有便利可达性高的交通基础设施。据 2017 最新发布的"新华波罗的海国际航运中心发展指数",2017 年全年综合实力前十位的国际航运中心分别为新加坡、伦敦、中国香港、汉堡、上海、迪拜、纽约、鹿特丹、东京、雅典。上海跃居世界第五位。麦肯锡全球研究院在《数字时代的全球流量》的研究中,处于第三集团的上海的港口货运排名第一位。在新华—波罗的海"2020 国际航运中心发展指数"报告中排名升至全球第三位。上海机场货邮吞吐量、航空旅客吞吐量分别列全球第三名和第四名。上海港已经成为中国大陆集装箱航运最多、航班最密、覆盖面最广的世界一流海洋、航空港口,国际标准集装箱吞吐量连续 10 年位居世界第一位。而在"一带一路"倡议下,上海港也将会更好地发挥重要枢纽的作用,加快建设国际一流航运中心,进而提升上海在全球城市中的竞争力。

2. 综合经济实力增强有利于吸引全球的资本

经济实力是判断全球城市竞争力的首要条件。无论是一直处在全球顶尖位置的伦敦、纽约等国际大都市,还是近年来迅速崛起的新加坡等一些新兴经济体,都是国家或者整个区域的经济中心。近几年来,上海 GDP 一直稳定增长,远远高于国内其他城市,根据上海全球城市研究院编制的《全球城市发展指数 2019 报告》显示,上海全球城市综合发展指数得分 57.9,仅次于伦敦的 68 分、纽约的 60.8 分,位列第三。

从 GPCI 和 "Global City" 报告看出,从 2012 年至 2017 年,上海在全球城市竞争力综合排名整体上升,总体竞争力呈上升趋势。

表 2-4　上海在全球城市竞争力报告的综合排名

	年份(年)	排名(位)
GCI 科尼尔——全球城市指数	2017	19
GPCI:日本"森纪念财团都市战略研究所"(MMF)"全球城市实力指数排名"	2016	12
GUCP:中国社会科学院城市与竞争力研究中心	2017	27
EIU:英国《经济学人》信息部发布的《全球标杆城市竞争力报告》	2012	43

续表

	年份（年）	排名（位）
COO：普华永道——《机遇之都》	2016	21
GAWC：英国拉夫堡大学"全球化和世界城市"研究小组"GaWC世界城市排行榜"	2016	9
2Thinknow：全球城市创新能力排名	2017	32
GFCI：英国Z/Yen咨询公司发布的报告：全球金融中心指数（GFCI）	2014	5

3. 上海金融市场具备建设国际金融中心的核心竞争力

上海是我国的金融中心，其在全国拥有较为集中的金融机构、金融资产、金融人才，发达的金融市场，相对完善的金融基础设施和金融体系，丰富的金融工具。人民币国际化交易及清算中心的建设，为上海建设国际金融中心提供了有效支撑。在金融成熟度方面排名第十位，在最新一期全球金融中心指数（GFCI）中的排名升至全球第三位。随着金融资源集聚规模持续扩大，2019年，上海证券交易所股票市值、股票成交金额位居全球第四位，全年股票筹资总额位居全球第二位，"上海金"现货交易量、"上海油"期货成交量分别排列为全球第一位和第三位。

4. 上海具有得天独厚的战略区位优势和制度创新优势

上海在全国地理位置而言是最具有发展价值的综合区位。它位于长江与东海的交汇处，海运条件便利；且有长三角经济区作为腹地支撑；同时上海位于沿海中间位置，能够有效发挥中心区位的中心城市辐射功能，在全国居于经济、金融、贸易、航运中心的重要地位。由于上海位于太平洋西岸的中间位置，远东的中心点，能够与国际金融中心城市纽约、伦敦等构建连续24小时接力营业交易；临近全球经济最具活力的东亚地区，如日韩、中国香港、中国台湾、东南亚等地区，贸易便利度高。同时，上海位于"一带一路"与长江经济带的交会点，是"一带一路"倡议的关键节点城市，在"一带一路"倡议中发挥着桥头堡作用。2016年上海市商务委员会的统计表明，上海对"一带一路"的进出口不仅"逆袭"，还领先全市进出口的总体增速。同期上海对"一带一路"倡议沿线国家进出口总值累计突破5500亿元，同比增速高达2.9%。上海已与新加坡、捷克等14个"一带一路"倡议沿线国家和重要的经贸节点城市签订了经贸合作备忘录,并在贸易、金融、能源、装备制造等领域,与沿线92家商会发起成立了"一带一路"贸易商联盟。据上海海关最新统计2021年前7个月,上海海关区对"一带一路"倡议沿线国家进出口达1.03万亿元,同比增长20.3%,占同期海关区外贸进出口总值的24.8%。其中,对"一带一路"倡议沿线国家出口6754.2亿元,同比增长18.3%,占同期海关区出口总值的28.7%;自"一带一路"倡议沿线国家进口3521.4亿元,同比增长24.5%,占同期海关区进口总值的19.7%。在国家对外开放的长期整体布局中,上海具有得天独厚的区位优势。

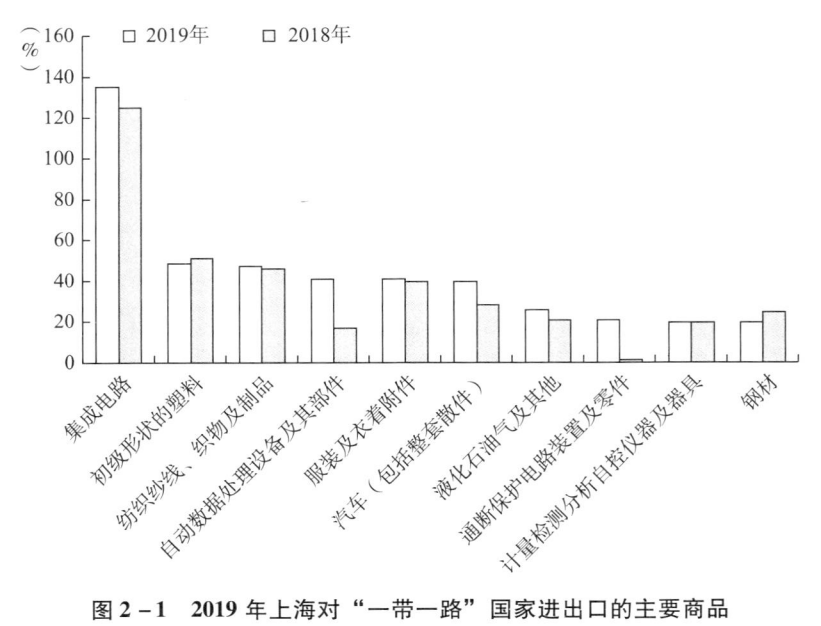

图2-1 2019年上海对"一带一路"国家进出口的主要商品

资料来源:根据2020年《中国商务年鉴》的数据进行整理。

依托国家自由贸易试验区发展战略,上海先行先试,以制度创新为着力点,对标国际,出台了多个政策,如2013年9月中国(上海)自由贸易试验区正式成立,2015年4月扩大试点区域,2016年3月,国务院印发《全面深化中国(上海)自由贸易试验区改革开放方案》等,在负面清单管理为核心的投资管理制度、贸易便利化规则的贸易监管制度、自由贸易账户(FT账户)系统创新、上海黄金交易所国际板等方面创新性改革,提升了上海在全球的影响力。

5. 开放包容的海派文化提升了上海的国际竞争力

上海具有独特的海派文化底蕴，历来是一个包容多元文化的城市，作为一个文化资源丰富、对外开放度高的城市，其具有强烈的国际化气息，近年来在文化建设与发展方面获得了长足的进步，同时，其生活方式多样化也满足了全球人才的需求。上海社会科学院发布的"2016年上海社会发展报告和经济发展报告"显示，上海2013年的外籍常住人口达到了17.6万人，而且在以每年超过7000人的速度往上递增，2040年可能达到80万人。

（二）上海全球城市竞争力之"短板"

1. 上海经济辐射能力和控制力有差距

"人均GDP程度高、后工业化经济结构明显，特别是现代服务业发达"是衡量首位城市"质量"的重要标准；"经济总量规模"则是衡量首位城市的"体量"指标。上海虽然GDP处于全国领先，但与东京、纽约相比，仍然有不小的差距，2018年上海GDP为4646亿美元，但是总量仅及纽约的一半，差距仍然十分明显。

从首位城市的"质量"来看，2016年上海人均GDP为11.36万元，在全国城市中排名仅在20名，与其他首位城市的差距更加明显。《中国人口与劳动问题报告》发布了世界各大都市2014年人均GDP，上海无论总量还是排名都远远落后于其他主要的全球城市。上海的人均GDP仅相当于纽约的25%。报告指出，伦敦的第三产业比重高达90.7%，纽约为89.1%，而上海仅为64.8%。在2016年世界500强企业中，总部位于上海的仅有9家，纽约17家，伦敦27家，北京58家，差距十分明显。直到进入2019年，上海高能级主体集聚力也非常有限，比如世界500强的21家中国金融机构中仅4家在上海，北京10家；全国13家保险集团控股公司中在上海的仅有太保集团1家，数字领域全球影响力的如亚马逊、微软等数字贸易平台区域总部主要集聚在北京；国际知名管理咨询机构、专业律师事务所在上海落户的分别为14家和17家，远低于纽约（69家和79家）和伦敦（60家和66家）。根据《财富》杂志最新发布的2021年世界500强榜单中，中国共有143家公司上榜。这其中，总部位于上海的中国企业共有9家，数量与2016年基本持平，导致了上海的经济辐射能力不足，从而限制了上海在全球资源配置中的控制能力和竞争力。再根据中国社会科学院与联合国人居署共同发布的《全球城市竞争力报告（2019—2020）》对全球 1006 个 50 万人口以上城市，依照类别（强国际性城市和弱国际性城市）和划分等级来看：A + 等级城市仍然不变为纽约、伦敦和东京，其次 A 等级城市为北京和巴黎，B + 等级城市为上海、芝加哥、首尔。北京作为全球唯一发展中国家城市入围最高的 A 类城市，北京属于高集聚—高联系类型城市，而上海属于中集聚—中联系度城市类型。

相比顶尖的全球城市纽约，上海仍有差距，这就有必要了解纽约。纽约之所以在全球城市各评价机构中至今仍显示为金字塔尖的全球城市，其实也正是得益于纽约的区位及便利的交通条件。纽约地处大西洋与哈得逊河的交汇处，这与伦敦、东京等全球城市是相同的城市条件，有利于发展航运，从1817 年发明了富尔顿汽船、1825 年开通了伊利运河到 1914 年开通了巴拿马运河，使纽约得以发展航运业，继而成为国际航运中心，尤其在 19 世纪中期美国铁路发展飞快，1900 年铁路线路里程占世界的一半左右，达到 30 万公里，而当时的纽约正是横跨美国东西铁路干线的枢纽，这促使纽约的地位在世界体系中得以进一步提升，可以说纽约如今的地位与铁路的发展密不可分。

2. 上海离全球科技创新中心有差距

《全球创新城市指数》（*Global Innovation Index*，*GII*）从形态上把处于全球创新网络中的节点城市进行了细分，包括五种类型：一是正在崛起的区域（upstarter），即在全球创新网络中快速发展、对未来成长性的创新区域；二是具有影响力的区域（influence），即在全球创新网络的局部区域内具有竞争力、潜在影响力的非均衡化的地点；三是节点（node），在众多创新区域中具有宽泛绩效、具有重要非均衡性的区域；四是枢纽（hub），即全球范围内具有统治或重要影响力的经济和社会创新区域；五是轴心（nexus），即全球创新网络中多重经济和社会创新区块的重要轴心。其中，轴心是全球创新网络中对全球科技创新网络产生影响最甚的核心节点。上海在较为综合的"全球城市"评价体系里排名基本在 20 名以外，例如，日本"森纪念财团都市战略研究所"（MMF）的"全球城市实力指数排名"（GPCI），上海综合排名 26 位；在《机遇之都 7》上海综合排名 21 位、中国社会科学院城市与竞争力研究中心《全球城市竞争力报告》（*GUCP*）中，上海综合排名 28 位；在 2thinknow "全球城市创新能力排名"中，硅谷所在的旧金山—圣荷西地区、纽约、伦敦、波士顿、巴黎、维也纳、慕尼黑、阿姆斯特丹、哥本哈根、西雅图是全球排名前 10 位的创新轴心，上海也被视为处于"轴心"阵营的一员，但排名相对靠后，仅位于第 35 位。

表 2-5 上海在主要评估报告中的综合排名

报告名称	年份（年）	上海排名（位）	排名前五的城市				
			第一位	第二位	第三位	第四位	第五位
EIU	2012	43	纽约	伦敦	新加坡	巴黎	中国香港
GPCI	2018	26	伦敦	纽约	东京	巴黎	新加坡
GUCP	2018	28	纽约	东京	伦敦	新加坡	洛杉矶
GCI	2018	19	旧金山	纽约	伦敦	巴黎	新加坡
COO（7）	2016	21	伦敦	新加坡	多伦多	巴黎	阿姆斯特丹
GAWC	2018	6	伦敦	纽约	中国香港	北京	新加坡
2thinknow	2018	35	东京	伦敦	旧金山	纽约	洛杉矶
GFCI	(2018—9)	5	伦敦	纽约	中国香港	新加坡	上海
IFCD INDEX	2017	5	伦敦	纽约	中国香港	东京	上海

与国际上科技创新中心相比，上海高层次全球人才集聚还远远不够，纽约集聚了全美 10% 的科学院院士以及近 40 万名科学家和工程师。尽管上海近年来全球人才数量不断增长，但科技创新能力存在明显的不足，排名较落后。

表 2-6 上海与全球城市创新比较 （位）

创新指标	纽约市	伦敦	新加坡	上海
创新城市	2	1	7	32
智力资本与创新	6	1	12	19
研发 R&D	1	3	7	16

注：创新城市、智力资本与创新、研究 R&D 排名分别来源于 2thinkow《全球创新城市指数》、普华永道《机遇之都》、日本"森纪念财团都市战略研究所"的"全球城市实力指数排名"。

上海与国内的深圳、北京等城市相比，深圳有华为、中兴、腾讯，北京有联想、小米，杭州有阿里巴巴等国内外知名创新型企业；从独角兽企业来看，北京的独角兽企业占全国总价值的 44%，相比而言，上海仅占全国总价值的15%，上海缺乏本土科技型企业已成为制约上海建设具有全球影响力科技创新中心的短板。在2016年广东社会科学院发布的《中国城市创新指数》显示，深圳创新指数得分最高，达820分，高于北京的806分和上海的544分，虽然深圳的大学资源远少于北京、上海等大城市，但在企业层面，深圳拥有华为、中兴、腾讯、比亚迪等一批创新型巨头，还存在着大疆、迈瑞等大量的行业领先者，以及海量的创新型中小企业，在企业研发水平上的优势较为明显。PCT国际申请量是全球公认的用来衡量一个国家或地区，以及企业创新能力的重要指标。全国范围来看，2017年数据显示，北京、上海、广州、深圳四座城市在PCT国际专利申请上，深圳以2.05万件的绝对优势排名第一，北京为0.51万件，广州的0.24万件是近年来首次超过上海0.21万件，居第三位。再根据《2019年度全球城市经济竞争力报告》显示，深圳排名第4位，上海排名第10位。《深圳发展在反映城市竞争力的人口密度》、经济密度和经济活跃度指标上都有着强势表现，深圳的人口密度为每平方公里近6000人，是全国平均水平的41倍，位居全国第一、世界第五的位置，而在经济密度上是全国首个地均GDP超过10亿的城市，2018年GDP超越香港。作为经济活跃度来说，创业密度指标是首选，深圳从曾经的代工和山寨成长到当今高科技公司的集聚地。

对标全球城市竞争力指标来看，竞争力的指标根本上还是要靠人才。"七普"数据显示上海人才红利凸显。劳动年龄段人口中具有大学文化程度的人口占比为46.4%，比2010年提高20.2个百分点，但人才和国内外先进城市相比仍有一定差距。以25—64岁大专及以上学历人口比例来看，都低于纽约、伦敦、东京与北京。

表2-7 上海高等教育普及程度与人力资源发展水平指标情况

	纽约	伦敦	东京	北京	上海
25—64岁大专及以上学历人口比例（%）	41.66	38.19	44.81	34.01	23.37
每十万人口高校在校学生数（人）	6471	4989	5378	5810	5149

注：以上两个指标均以常住人口为基数。其中，北京、上海的"每十万人口在校生数"为2017年数据；"25—64岁大专及以上学历人口比例"根据"第六次全国人口普查"（2010年）数据计算。

另一方面，上海企业的研发效应不高，创新活力不足。北京、深圳等地都会聚了众多心怀创业梦想的"创客"群体，成为创新活力的重要来源。相比之下，上海企业研发创新人才不足。虽然上海产业结构变迁较快，如2012年，上海二产比重为39%，三产比重为60%；到2018年，二产比重已降到29.7%，三产比重上升到69.9%。上海大量的工业、制造业逐步向嘉兴、苏州、无锡甚至南通进行转移，而保留其金融、技术研发、专业服务等"总部"优势。但其产业发展需要更多的高端技术人才，这样的群体尽管在上海张江、杨浦等地也有一定规模，但集聚度和影响力还不高。

再选取2016年四季度到2018年一季度这一年半时间内的人才流入率指标来看，上海中高端人才净流入率在全国排名靠后，在全国中高端人才净流入率排名最高的15个城市中，上海位居第11名，为6.87%，而且主要集中在互联网、金融和机械制造三大行业，这三大行业在吸引人才方面具有强劲优势，互联网行业对于高端人才有极高的吸引力，人才净流入率为20.8%；房地产和消费行业分别占行业的9%。

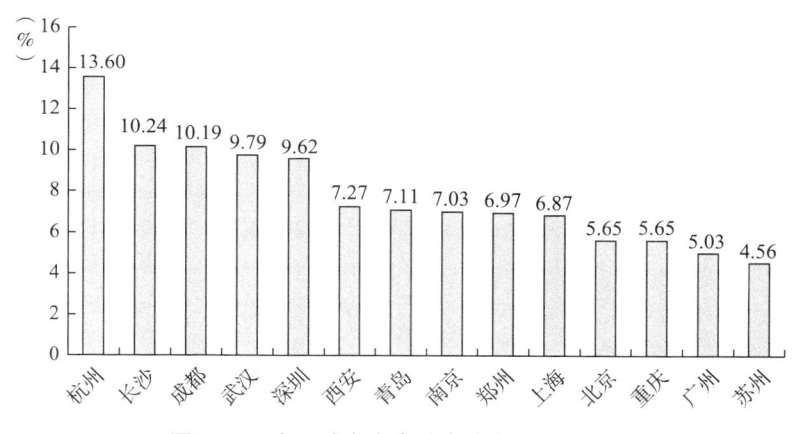

图 2-2 全国城市中高端人才净流入率排名

数据来源：根据猎聘大数据研究院2016年的数据进行整理。

3. 国际交流与国际影响力有差距

上海是一个海纳百川的城市，具有文化包容性。然而对标全球城市，上海的跨文化交往中仍然有很多薄弱环节。上海国际人口流动总量快速增长，但与其他全球城市相比仍有差距。近年来上海外籍人口数增长较快，在沪外籍人口占常住人口的比例仅仅为0.67%，与纽约、东京、伦敦等国际大都市相比仍存在较大差距。

第二章 上海全球城市、高铁网络发展与趋势

表 2-8 上海与主要国际大都市外籍常住人口比较

	纽约	新加坡	中国香港	上海
	2011 年	2011 年	2011 年	2017 年
常住人口(万)	825	507.67	707.1	2418.33
外籍常住人口总量(万)	306.7	184.6	58.2	16.33
比例(%)	37	36.3	8.2	0.67

数据来源：根据《上海统计年鉴（2018 年）》、纽约人口统计、新加坡统计局、香港政府一站通的数据整理。

上海对海外人才吸引力虽逐渐加强，目前常住上海的外国专家超过 8.8 万人，但与其他全球城市相比还有一定差距。有关数据显示，无论是金砖国家（BRICS），还是 G20 及欧洲 5 国（PIGS）国家人才，上海都没有位列其最受欢迎目的地城市的排名中。

表 2-9 金砖国家、G20 及欧洲 5 国（PIGS）人才最受欢迎目的地国家和目的地城市

来源国	最受欢迎目的地国家			最受欢迎目的地城市		
	金砖国家	G20	欧洲 5 国（PIGS）	金砖国家	G20	欧洲 5 国（PIGS）
目的地国家/城市	美国	美国	英国	伦敦	伦敦	伦敦
	英国	英国	德国	纽约	纽约	巴黎
	加拿大	加拿大	美国	新加坡	新加坡	纽约
	新加坡	澳大利亚	法国	巴黎	巴黎	柏林
	德国	新加坡	瑞典	悉尼	悉尼	巴塞罗那

资料来源：Roobol, Coony & Oonk, Véronique, GLOBAL TALENT MOBILITY SURVEY 2011: What attracts the world's workforce? 2012.

《全球城市文化报告2015》从连接性、文化设施、生活质量、传统现代、文化消费五个维度 20 个指标，报告了全球城市的文化发展。报告显示，上海在多项指标上落后于伦敦、纽约、阿姆斯特丹、新加坡等全球城市。

表 2-10 上海与世界城市文化指标比较

	国际游客（万人）	图书馆（个）	博物馆（个）	创意产业就业（%）
伦敦	1740	395	215	16.30

续表

	国际游客（万人）	图书馆（个）	博物馆（个）	创意产业就业（%）
纽约	1181	255	142	8.60
东京	594	369	—	11.20
上海	791	248	120	—

上海与主要国家的首位城市（伦敦、巴黎、东京等）相比，无论是人口规模的首位度还是经济规模的首位度都明显偏低，作为首位城市的体量与领先城市相比仍有明显差距。东京的人口和经济总量分别占日本的29.2%和34%，伦敦人口和经济总量分别占英国的22.4%和32%，纽约的人口规模和经济规模也分别占到美国的6.3%和8.09%，巴黎人口和经济分别占法国的18.7%和27.6%。想要成为有世界影响力的节点城市，就需要不断吸引新的人才，人才不仅仅只是用住房、补贴来吸引，而是用城市本身的辐射力来吸引具备世界级服务能级、研发能级的关键人才。

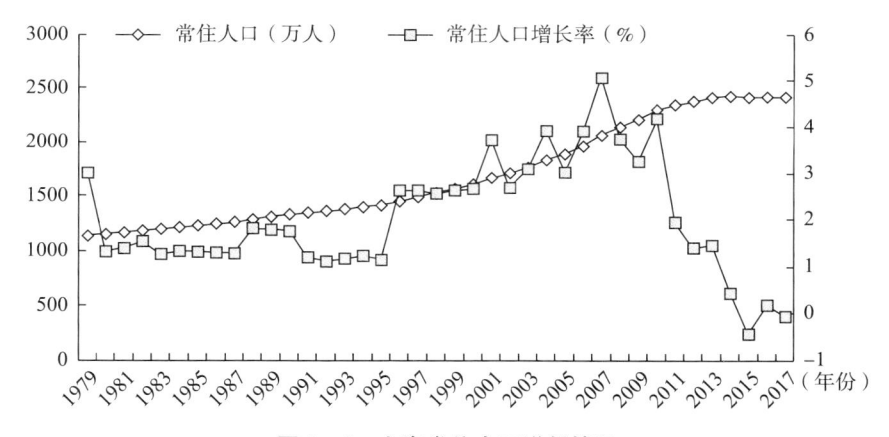

图 2-3 上海常住人口增长情况

资料来源：根据《上海统计年鉴（2007—2018 年）》的数据整理。

上海近年来常住人口总量虽持续攀升，但常住人口年均增长率呈现动态波动性下降现象，从 1979 年至 2007 年是常住人口年均增长率的高峰，达到 5% 的增长率，2008 年后波浪性下降，2015 年出现负增长。这是从 1978 年以来，第二次出现人口规模缩减。而上海人口的规模缩减，也并非由于人口出生率和死亡率，而是在产业结构调整影响下，外来常住人口锐减所导致的。从统计年鉴可知，上海市外来常住人口占常住人口总量由 2010 年的 49% 下降到2017年的40.2%。与上述全球城市相比，2017年上海的人口规模占全国的1.73%，经济规模占全国的3.7%。

4. 宜居性有差距

宜居性是全球城市竞争力的重要影响因素。城市最重要的功能和目的是使人们生活得更美好。上海在传统主流城市竞争力排名中，宜居性排名相对落后，制约了上海吸引全球的人才和跨国公司总部。全球城市竞争力之一就是能够对全球人才形成强大的吸引力，城市的宜居性又是吸引人才的关键因素。其中从日本战略研究所"全球城市实力指数排名"（GPCI）为例，比较一下上海同世界排名前五的城市在文化互动、居住、环境等领域的差距。上海在文化交流、居住、环境都全面落后于竞争对手，尤其是环境领域，更是触及了此领域的地板。这其实也反映出了我国大城市发展的的通病，是阻碍城市发展面向世界的绊脚石。

表2-11　GPCI报告中2010—2018年上海各项指标排名　　　（位）

年份(年)	2010	2011	2012	2013	2014	2015	2016	2017	2018
总排名 (分值)	26 (196.5)	23 (199.3)	14 (964.5)	12 (975.2)	15 (958.3)	17 (943.8)	12 (1014.4)	15 (1103.6)	26 (1072.0)
文化交流 (分值)	11 (23.8)	12 (25.6)	22 (109.7)	16 (123.9)	19 (117.3)	16 (113.2)	17 (124.7)	17 (124.0)	18 (141.8)
居住 (分值)	15 (46.4)	16 (45.9)	22 (245.4)	19 (250.5)	19 (250.1)	22 (254.4)	25 (262.3)	38 (273.6)	30 (302.9)
环境 (分值)	33 (40.8)	33 (40.0)	35 (123.0)	34 (117.6)	37 (99.5)	39 (78.6)	39 (96.5)	41 (93.6)	43 (65.0)

上海从2009年到2018年，领域长期稳定挂在5—8的世界排名上。文化交流在这10年间保持在15名左右的波动变化趋势，与世界发达城市保持一种潜在超越的可能，即在历经短时间的发展之后有超越的可能性。居住宜居性和环境则分别保持在20名和35名左右，与世界发达国家相比，需要更长时间的努力才能达到与之比肩的水准。

中科院发布的2017年《中国宜居城市研究报告》给出了全国宜居性排名前十的城市：第一名为青岛，第二名为昆明，而上海并未进入前十名。从两大综合指标城市宜居指数和幸福感分项指标来看，上海均未进入前十名；从分项指标来看，上海的公共服务设施便捷性、自然环境宜人性、社会人文环境舒适性排名相对靠前，而环境健康性都排名靠后。综合来说，上海宜居性与伦敦、纽约等全球城市相比差距较大，为上海全球城市竞争力的重要短板，应着重从生活质量、城市品牌、环境健康等方面提升上海宜居性软竞争力。日本在全球城市竞争力指标就宜居性问题也一直在改善，而衡量城市的宜居性既有主观评价标准，也有客观评价标准。日本就关于高速经济增长提高市民生活质量做过问卷调查，但其统计却得出相反结论，甚至得出主观幸福感下降的结论，为促进城市持续繁荣，东京首次提出"建设生活型城市"的政策目标。这意味着全球城市提升宜居性不仅需要政府的政策、税收、法规等多方面干预，更需要提供更多的交通运输选择、就业机会和公平的住房条件等。

三、上海全球城市和高铁网络区域规划

目前国家"四纵四横"高铁骨架主要布局终始位于东部沿海发达地区，长三角、珠三角、京津冀等城际高铁网络也主要布局在此。东部地区经济发达，人口稠密，城市群密布，与上海全球城市有着非常密集的高铁网络区域。中部省份起着"承东启西"的作用，正在成为承接东部沿海发达地区产业梯度转移和国际产业转移的热土，也是与高铁线路密集穿越的区域。无论是《武汉城市群发展规划》《长株潭城市群发展规划》，还是昌九经济走廊建设，都容纳了与上海全球城市有着密切往来的沪昆、沪蓉等高铁网络区域。西部大开发战略需要依托亚欧大陆桥、长江水道、西南出海通道等交通干线，发挥中心城市作用，以线串点，以点带面，逐步形成我国西部有特色的西陇海兰新线、长江上游、南（宁）贵（阳）昆（明）等跨行政区域的经济带，带动其他地区发展，有步骤、有重点地推进西部大开发。沪昆、沪蓉等高铁也因此成为连通东西的主动脉。

表2-12 上海全球城市和高铁网络区域规划

区域	规划名称	规划目标定位	高铁网络
东部地区	《长江三角洲规划》	亚太地区重要的国际门户，全球重要的现代服务业和先进制造业中心，具有较强国际竞争力的世界级城市群。	京沪、沪昆、东南沿海等骨干高铁，长三角城际高铁网络。

续表

区域	规划名称	规划目标定位	高铁网络
东部地区	《苏南现代化建设规划》	自主创新先导区、现代产业集聚区、城乡发展一体化先行区、开放合作引领区、富裕文明宜居区，为我国实现社会主义现代化积累经验、提供示范。	京沪、沪宁城际、申嘉湖、商合杭、连淮扬镇、宁启等高铁。
	《江苏沿海发展规划》	我国重要的综合交通枢纽，沿海新型的工业基地，重要的土地后备资源开发区，生态环境优美、人民生活富足的宜居区，成为我国东部地区重要的经济增长极和辐射带动能力强的新亚欧大陆桥的东方桥头堡。	青连、连云港—盐城—南通、徐宿淮扬、连淮扬镇、沪通、宁启等高铁。
	《河北沿海发展规划》	环渤海地区新兴增长区域；京津城市功能拓展和产业转移的重要承接地；全国重要的新型工业化基地；我国开放合作的新高地；我国北方沿海生态良好的宜居区。	京沪、津秦、秦沈、京津、第二京津等高铁。
中部地区	《武汉城市群发展规划》	以长江经济带为主轴的东中西部互动发展的关键接力点与推进器、内陆地区先进制造业高地和现代服务中心、促进中部崛起的重要战略支点。建设活力城市圈、形成快捷城市圈、打造安全城市圈、构建生态城市圈。	京广、沪蓉、武汉—九江，武汉城市群城际等高铁。
	《长株潭城市群发展规划》	全国"两型"社会的示范区，中部崛起的重要增长极，全省新型城市化、新型工业化和社会主义新农村建设的引领区，具有国际品质的现代化生态型城市群。	京广、沪昆、南宁—长沙，长株潭城市群城际等高铁。
	昌九经济走廊建设	江西工业化、城镇化高地。	沪昆、京广、昌九城际、武汉—九江、九景衢等高铁。

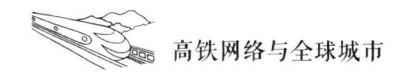

续表

区域	规划名称	规划目标定位	高铁网络
西部地区	《成渝经济区发展规划》	西部地区重要的经济中心；全国重要的现代产业基地；辐射西部的现代服务业高地；统筹城乡发展的示范区；长江上游生态安全的保障区。	沪蓉、渝万、成绵乐等高铁。
	《贵州中部经济区发展规划》		沪昆、黔桂、贵广等高铁。

第三章 高铁影响城市发展机理及大城市的重塑效应

第一节 文献梳理

一、高铁促进经济发展

全球城市不同于一般城市，能够集聚全球的高端要素并且对这些高端要素的流动起着管控作用。这些高端要素包括新思想、新创意、新知识、新技术、新理念、高端人才等，其中最为关键的是高端人才。高铁既能将人口、人才引向经济发展较好的城市，也能促进沿线城市经济发展从而带动人口、人才流动。经济发展是高铁影响人口、人才流动的路径之一，那么，高铁是否能促进经济发展？肯定的观点认为区域发展交通为先，铁路与其他交通基础设施一样对经济增长有促进作用，尤其是铁路提速对经济促进作用明显。日本新干线1964—1994年运营期间，旅行时间缩短所带来的经济收益高达37亿欧元（Okada，1994）。周浩、郑筱婷（2012）认为铁路提速后，尤其是后期对人均国内生产总值的增长贡献更大。然而对此观点有学者表示质疑，Terry（2009）认为高铁只是城市经济增长必要条件而非充分条件，Kotavaara（2011）运用 GIS 及 GAMS 模型以荷兰为例分析，发现铁路与人口流动规模不相关，高铁并不催生新经济活动，只是对经济活动进行重新布局而已。李涛、曹小曙等（2012）同样借助 GIS 和 GAMS 模型以珠三角为例，发现铁路与人口流动的相关性薄弱，但随着时间推移、铁路网络扩展，以及铁路运输服务水平的提高，铁路运输与人口流动变化的关系逐步增强。所以说高铁影响效应与时间有一定的相关，Ahlfeldt 和 Feddersen（2010）及王丽（2012）指出，高铁作为基础性建设工程，短期内考察效果没有太大意义，因为短期内高铁对区域发展的影响并不显著，其有滞后性特征，观察高铁影响效应需要通过长期不同阶段性考察较科学。

二、高铁优化产业布局

高铁建设本身就是巨大的产业链，不仅促进产业创新，带动铁路上下游产业发展，也增加了更多岗位需求。法国 TGV 高铁每投资 10 亿法郎，就能创造 3500 个就业机会；Ampa-Orlando-Miami Corridor 在规划和建设 8 年多时间里创造了 78100 个全职岗位；中国高铁每年投资 7000 亿元左右，提供了 600 万个就业岗位。

除了铁路产业本身以外，高铁因可达性提高扩大了经济活动范围，促进了生产部门交流互动，使生产要素和资源在沿线得到重新配置，改变了原有产业发展特征或形成新产业带（Kiyoshi & Kobayashi, 1997）。高铁影响的产业主要在第二、三产业，以第二、三产业布局的改变会影响就业机会和就业空间布局（张克中、陶东杰，2016）。邓明（2014）通过 1999—2010 年中国地级以上城市数据分析，发现交通基础设施对第二产业和第三产业就业密度有显著的促进作用，尤其对第三产业就业密度的促进作用更大，但会根据市场化程度不同而有差异性的影响，高铁能提高市场化程度较高的城市服务业就业水平，而对于市场化程度较低的城市，高铁的服务业就业效应并不显著（朱文涛、顾乃华、谭周令，2018）。高铁影响较大的产业是旅游业，往返便利性使一日游游客增加，刺激旅游需求扩大旅游消费，带动城市相关服务业发展（Sands, 1993）。但高铁开通并非均衡促进沿线城市旅游业的发展。Masson & Petiot（2009）利用中心—外围模型分析南欧高铁线路，发现这条高铁线路使西班牙巴塞罗那旅游吸引力高于法国佩皮尼昂。高铁改变了旅游流分布布局，交通便利及旅游发展基础好的旅游地是游客集聚区，而弱势旅游区位将更加边缘化（Sophie et al., 2009）。

三、高铁影响个体流动动机

根据莱温斯坦的迁移法则，经济动机是其中重要的迁移法则，以美国大城市劳动力流动现象来看，Greenwood（2014）认为劳动力流入地的经济因素高于自然因素，其中的经济因素主要是工作机会。以意大利劳动力流动现象来看，Napolitan（2010）发现1985—1995年工资水平和失业率等对劳动力流动的解释性不强，反而是房价因素的影响显著，而在1995—2006年，工资水平是影响劳动力流动的重要因素，而住房价格、失业率等因素呈现为不显著。对于贫困人口来说，劳动力流动的动因更重要的是提高家庭的生活水平和增强家庭经济的抗风险能力，从而决定流动方向（Hagen-Zanker，2007）。技术发展也是迁移法则之一，即交通基础设施的改善会引起城市经济活动的变化，吸引人口流动规模和方向（Gutierrez J.，2008）。Sullivan（1992）计算了美国东北沿岸的铁路基础设施的改进，认为其对当地偏远地区劳动力市场有很好的促进作用。MacDonald & Peters（1993）认为高铁使得偏远农村地区的女性更容易在城市找到工作，以及能获得更好的工作机会。

除此之外，随着经济社会发展及高铁网络的建设，人们在经济和社会活动的空间、时间、生活体验、感受乃至思维方式等精神观念层面都产生了变化。Asakura（1998）采用交通等候、乘车等时间长短来衡量交通对人口出行决策的影响，认为时间越短，其出行意愿越强烈。马伟、王亚华等（2012）认为铁路运行时间缩短将降低人口流动的物质成本和心理成本，从而促进人口规模迁移。李欣（2016）基于全国209个地级市的研究，发现交通基础设施是通过提高实际工资水平来提高城市吸引力，从而促进人口集聚。但对小城市而言，可能并非如此，张耀军、任正委（2012）以贵州省毕节地区为例，发现小城市交通条件、城镇化水平等因素与人口分布呈反相关，亦即当当地就业岗位不能提供更多的就业岗位时，快捷便利的交通势必会引发当地人口流出而不是流入。

四、高铁带来城市内部空间格局调整

高铁对城市内部结构的影响主要表现为改变产业布局、形成高铁站枢纽地区增长极等。Kim（2000）、Romp和Oosterhaven（2003）分别以日本和欧洲为例，发现高铁可达性增大了居民的通勤半径，改变了劳动力在居住地和就业地之间的选择，而其选择会引致城市内部区域产业布局的调整。因为随着站区客流和物流集聚，不仅带动城市空间规模的拓展、区域城市品质的提升，更重要的是促进新城市空间成为人们新的停留和居住场所，哪怕是人口密度低的高铁停靠站也会成为城市新的人口集聚区（尹冰等，2010）。Pol（2002）以高铁站点为核心，依据空间距离划分不同功能圈，具体如服务半径 800 米以内的界定为核心圈层，主要以高等级商务办公功能圈发展为主；服务半径在 1500 米以内的圈层，主要以居住、商务办公和公共服务等多功能圈发展为主；服务半径大于 1500 以上的圈层，主要为城区功能圈，其受高铁的直接影响较微弱。从国外高铁站点发展来看，里昂市中心 Part-Dieu 车站集聚全市 40% 商务办公楼（Sands，1993）。韩国高铁形成"KTX 经济特区"成为新交通、产业和商业中心。横滨车站，从 1974 年由每天 1 万客流量上升到 1989 年的 3.7 万人，站区周边新区加快发展成为城市副中心。由此新的城市副中心引导城市空间结构多中心化（Kiyoshi & Kobayashi，1997），而多中心化带来城市内部人口适当集聚与分散，提升了居住环境，通勤圈的扩大则促进了郊区化发展（Leboeuf，1989）。

五、高铁导致城市群内部等级结构变化

高铁网络扩大了城市群的范围，加快了城市群内的城市职能重新分工及城市等级体系重新排序。Berechman（2001）认为高铁促进公共投资、就业率增长和经济增长，也对周边地区有一定的不利影响，总体来说对本地区的影响比对周围的地区影响更大。尤其对不同规模城市来说更是如此，因为高铁促使生产要素流向发达地区，强化其在落后地区的负溢出效应。法国、德国、意大利等国的高铁网络建设并没有像预期的那样解决交通和地区发展问题（Roger Vickerman，1997），反而加剧人口等生产要素向中心城市集聚，产生极化效应（Komeisasaki，Tadahiro Ohashi & Asao Ando，1997）。如在大城市里昂，高铁重新使人口流向核心区集聚，停止向外围扩散；而在中小城市勒芒，高铁变化对人口流动没有明显影响（Stanke，2009）。国内学者如魏文刚（2011）、孙健韬（2012）分别以郑西高铁和武广高铁为例，发现高铁的虹吸效应导致中小城市和乡镇的人口向大城市涌入，从而不断地提高大城市的城市化率，并不断地降低中小城市的城市化率。高铁影响下的城市群内高等级城市优势强化，进入网络的低等级城市在整个体系中地位上升；未进入网络的边缘地区城市更加落后，也就是说，高等级城市在高铁影响下更容易获益，而拥有高铁的低等级城市可以在专业分工中发展特色产业以提高产业竞争力，从而提升城市等级（Urena，2009）。因为高铁的出现虽然给那些经济落后的

区域带来了提升自己竞争力的机会，但机会的捕捉仍然受到诸多因素的制约（Peter，2003）。Nakamura 和 Ueda（1989）认为乡村地区若要在高铁网络下获得发展，就必须拥有特色旅游资源来吸引游客的到访，否则也难以因高铁而受益。除通过特色产业提升低等级城市以外，Vickerman（1997）认为欧洲通过高铁网将欧洲核心区重要城市相连接，提高其整体竞争力，能使城市群内拥有高铁的边缘地区有更多发展机会。Mazzeo（2010）同样分析了高铁对欧洲城市群等级制度的影响，发现高铁对第一档次的城市基本没有影响，但着重影响了第二档次的城市。同时认为，政府若没有提供更好的激励政策，很难使低等级城市晋升为更高一级的城市。总之，学者的观点认为高铁城市有助于人口快速流入，但也不排除部分地区的人口外流现象，但可以肯定的是，在没有高铁的地区，人口外流现象相当严重。

第二节　高铁重塑全球城市发展：各国案例

一、日本高铁

（一）总体概况

日本土地、基础设施、运输和旅游省（Ministry of Land, Infrastructure, Transport and Tourism，MLIT）网站 2015 年 8 月 29 日资料显示，日本目前运营里程为 2388 公里，包括 1964 年在世界上第一次开通运营的东海新干线，后来建设的山阳新干线、九州新干线、东北新干线、上越新干线、山形新干线、秋田新干线，以及正在新建的北海道新干线、北陆新干线等。运营的新干线中以 1964 年开通运营的东京大阪之间东西走向的东海道新干线（长 320 英里）最为繁忙和著名，类似于我国的京沪高铁线路。山阳新干线（长 344 英里）从新大阪站开始向西延伸到博多，在博多连接九州新干线后分两支分别向两个方向延伸，较长的一支从博多向南延伸到鹿儿岛中央站（长 160 英里），较短一支向西南延伸至长崎。东北新干线则从东京出发向东北延伸至新青森站（长 420 英里）。此外，目前开通的还有长野新干线（也叫北陆新干线）的长野段（起自东北新干线的大宫至长野，长 73 英里）、上越（起自东北新干线的大宫至新潟,长168英里)、山形(起自东北新干线的福岛至山形、新庄)、秋田(起自东北新干线的盛冈至秋田)四条自南向北横贯本州岛的高铁线路。

由于地形、港口等自然条件和历史因素,日本的工业和经济活动主要集中在南部沿太平洋海岸,这里集聚了日本最大的城市东京、大阪、名古屋、神户、横滨等,自西向东分布有京滨工业带、名古屋工业带、阪神工业带、濑户内工业带以及北九州工业带,是日本经济、人口最为密集的地区,也是新干线网络建设最为密集的地区,建设最早的东海道新干线、山阳新干线就从此地穿过。其他如北陆新干线、上越、山形、秋田等也主要贯穿新工业区和主要城市,北海道新干线、九州新干线则主要用于完善高铁网络和服务偏远地区开发为目的,类似于我国的沪昆高铁、兰新高铁等。

1964年东京奥运会开幕前夕投入运营的东海道新干线不仅代表着当时世界一流的高铁技术水平,也标志着世界高速铁路由试验阶段正式跨入了商业运营新阶段。受到新干线成功运营的鼓励和推动,日本于1970年制定公布了《全国新干线铁路扩建法》,规划了总长约为6000公里的新干线铁路建设基本计划。山阳新干线于1975年全面开通到博多,1982年基于全干法建设的东北新干线盛冈以南部分线路和上越新干线相继开通,其后因国铁财政赤字、分割民营化等导致新干线规划暂时停滞,直到有新财源的进入。1997年北陆新干线上的高崎—长野线路开通。21世纪以后,九州新干线、北陆新干线(至金泽)、北海道、东北新干线(新函馆—北斗路段)也相继开通,新干线7条路线的总营运公里数达到2000多公里,各路线共设置了92站(到2015年年底)。2016年3月26日,北海道新干线开通,日本的新干线网由此几乎覆盖北海道至南部九州岛的整个日本列岛。

(二)新干线加速了"东京都市圈"的形成

东京都市圈通过提高交通服务促进国内和国际交流。回顾50年交通,1960年以东京举办奥运会为契机,以东海道新干线、首都高速公路的建设为首,在名神高速公路、阪神高速公路、东名高速公路、营团地铁日比谷线、东西线、千代田线等城市之间,城市内的交通网络进入了开始建设的时代。特别是在东京—大阪间东海道新干线开通前的1961年,当时的特快"回声"(kodama こだま)需花费6小时30分,从1964年东海道新干线开通后,乘坐

"光号"（东京—新大阪间）花费 4 个小时，次年 1965 年以最高速度 210km/h，仅用时 3 小时 10 分钟（东京—新大阪间）。目前，最高时速 270km 的"希望号"，东京到新大阪的时间缩短为 2 小时 25 分钟。日本国内航空方面，羽田至千岁之间的螺旋桨飞机需要 2 小时以上，1961 年首次投入国内航线喷气式飞机，大约 1 小时 30 分钟就可以到达。羽田至千岁间的通航班次从 1961 年的 7 个班次/日增加到 2012 年的 54 个班次/日，再加上大型喷气式飞机等大型飞机的引进，旅客的便利性大幅提高。国内移动的高速化以及便利性大幅度提高，为促进和扩大国内交流做出了巨大贡献。另外，在日本国际航空方面，1961 年，东京至洛杉矶经由檀香山约 13 小时，开航班次为 6 班次/周，2012 年，直飞班次约 10 小时，开航班次为 67 班次/周，海外出国人数从 1964 年 12.8 万人增长到 2013 年 1743.7 万人，国际航空服务改善对促进及扩大国际交流做出了巨大贡献。

东京都市圈是世界上典型的采用高铁为主导的交通发展模式，通过日本四次综合交通规划，逐渐形成了合理的交通发展网络，由此对都市圈的规模和职能进行了改善，使其由原来的一极化的单中心城市发展向多核心、分工各异的城市群发展模式转变，缓解了城市多功能集中在东京发展所带来的压力，并带动都市圈范围内的崎玉县、千叶县、神奈川县、茨城县共同发展。

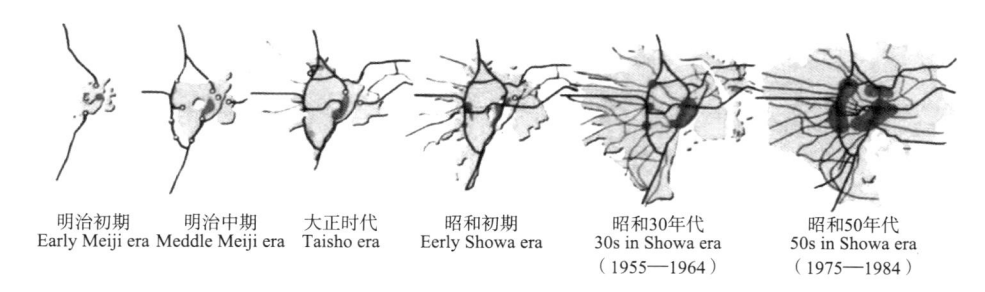

图 3-1　东京大都市圈空间结构演变

资料来源：日本国土交通部铁道局资料，http://www.mlit.go.jp/。

东京都市圈拥有世界上数一数二的高密度铁路网，东京交通系统最重要的特点是城市铁路网，城市中心区地铁有 13 条线路。其中，地铁主要位于中心城市，总长约 300 公里。地铁约占东京市区所有铁路旅行的五分之一，仅占所有铁路旅行的十分之一，以 1 天的乘客数量 900 万人位居世界第一位。除地铁外，从城市中心区向郊外铺有放射状的通勤铁路线路，主要有市郊铁路、环线铁路等，在早高峰时段，这些列车可以每隔两到三分钟发送 8 节至 15 节车厢的列车，每条线路的单程载客量为每小时 5 万人次至 10 万人次。东京特别区的铁路总长约 700 公里，网络密度达到 1.11km/km。这相比欧洲、亚洲的主要城市来说，铁路网密度也是相当高的。以东京 PT5 地区为例，约 16000 平方公里的范围内铁路总长 4200 公里，网络密度为 0.26km/km。而以巴黎为中心的法兰西城市圈，包括 RER 的平均铁路网密度为 0.18km/km，而首尔仁川京畿道地域为 0.05km/km。即使在世界铁路网发达的城市圈中，东京都市圈的铁轨铺设密度也是很高的。东京的轨道交通严格按照以秒为单位的时间表运行。在东京市区，即使要去 50 公里以外的地方，也可以在预定时间乘坐轨道交通到达。准时意味着你可以计划好一天的工作日程，然后按照计划工作。

以东京都市圈人口移动第三、四、五次的交通分担率调查来看，徒步移动方式从 1988 年到 1998 年已大幅减少，铁路分担率在 1998—2008 年有着飞跃上升态势，汽车分担率大幅降低，这是因为 1990 年徒步移动随着城市的郊区化、汽车普及而转为以汽车为主的交通，2000 年城市中心回归、汽车持有数量的减少使得汽车运输又转为以铁路为主的交通，东京通勤圈的铁路分担率最高，并且在这十年逐渐增加态势；与此相反，在通勤圈方面，汽车分担率大幅降低，只是在边缘区汽车分担率有所增加。

（三）新干线的固定效应和流动效应

从固定效应来看，新干线的建设和开通给经济发展带来的直接影响是，人口移动所需时间的减少，燃料成本的减少，运输服务的质量提高等效果。另外，由于新干线建设，经济发展落后地区引进工厂、商业设施也变得更容易。

在没有铁路的 19 世纪 80 年代，从东京去大阪的平均时间是 2 周左右，旅费是当时平均收入的半年收入。在铁路开通后的 19 世纪 90 年代，平均所需时间为 18 小时，旅费是当时普通人 1 个月的收入。但是，如果乘坐现在的新干线，所需时间只有 2 个小时，旅费相当于普通人一天的收入。新干线与 19 世纪 90 年代的老式列车相比，"时间距离"将缩短至 1/9，"经济距离"将缩短至 1/25。随着新干线的大量建设，日本的"1 日交流的人口比例"（在日本全体人口范围内，居住在单程 3 小时以内的范围内的人口所占比率）迅速提高。1975 年，"1 日可交流的人口比率"高的区域仅限于大城市及周边地区，而全国的平均值仅为42.5%，而1985年则上升到49.1%，1998年则增加到60.5%。另外，从各县的"1日交流的人口比例"来看，虽然存在地区差异，但不能否认其比率都有很大的提高。随着新干线的增多，"交流可能性"地区的差距也在缩小。

随着新干线的建设和开通，当地的知名度和魅力也得到了提高，在一些新干线沿线地区，企业进入了快速发展，人口数量也会有所增加。尤其是东京都市圈、京阪神都市圈的铁路交通网在战后得到急速扩张，不仅使路线延长，还对铁路进行了长编组，加强运行频率快速的优等列车、新性能车辆，以达到相互直通运营缩短时间。拥有大规模人口的大都市圈是由铁路引发的，距离东京站50公里圈域内的铁路运营里程，在1960年达到1835.5公里，在2000年达到2292.5公里，增加了1.25倍。另外，关东地方（1都6县）的面积1960年为1147.6公里，但2000年上升到3893.7公里，增加了3.4倍；增加的部分主要是铁路沿线市街区域的扩大。正是因为随着铁路新路线的建设、运输能力的提高，城市中心区和郊区的时空距离缩短，才得以支撑如今都市圈的人口容纳力。

为明晰新干线对设站区域的人口、产业究竟有什么影响，高铁主要促进那些强调快速运输和咨询传递的现代服务业的发展。根据Nakamura和Ueda（1989）的研究，日本新干线对产业最为显著的影响特征是促进高端服务业的发展，诸如资讯、调查、广告、研发和高等教育，其中尤其以资讯业的发展受高铁的影响最为明显。除了高端服务业外，高铁对金融、房地产等服务业的发展也有所助益。高铁对城市的影响主要是引起城市商务活动的增长，其他零售、休闲娱乐等功能是由商务功能衍生出来的配套功能。

从路线别来看，东北新干线沿线是以仙台以南各城市为中心，开通后随着时间推移其正效应是扩大的。东海道新干线平均正效应不显著，东京—名古屋间的城市也基本如此。从结果来看，新干线设站的城市离东京大都市圈越近，其所带来人口增加的正效应越强，但基本上不足以成为影响城市人口的主要因素。另一方面，新干线对各城市的产业影响的评价是"积极"。除了东海道、山阳新干线以外，其他新干线都被赋予了矫正地区差距的使命。从规模来看，小城市受益；从线路来看，东北、上越的各新干线显示正效应，这与区域开发政策的意图是一致的。当然，对沿线城市产业的影响评价中，对高速公路的评价是有必要的，但新干线对产业振兴

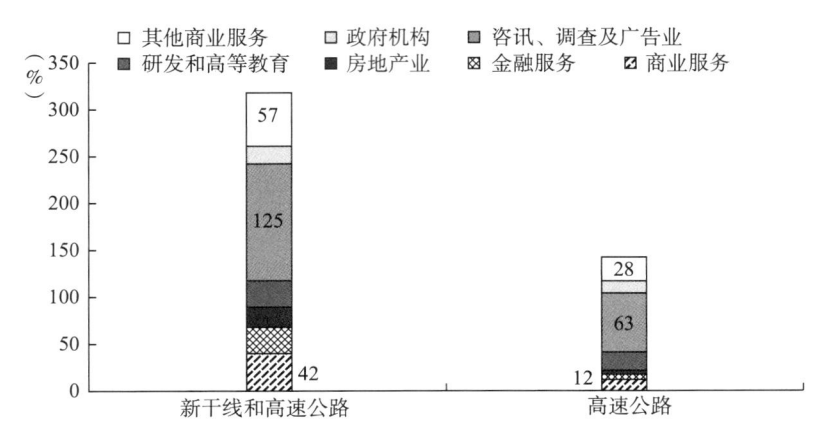

图例：
- 其他商业服务
- 政府机构
- 咨讯、调查及广告业
- 研发和高等教育
- 房地产业
- 金融服务
- 商业服务

图 3-2　新干线影响下服务业就业增加比值

资料来源：Nakamura H., Ueda T., "The impacts of Shinkansin on regional development" Proceedings of Fifth World Conference on Transport Research, No. 3, 1989, pp. 95–109.

无疑是添加了一臂之力。

表 3-1　日本主要新干线开通后的人口及制造业产值变化

	人口（万人）			制造业产值（亿日元）		
	10 年后	20 年后	30 年后	10 年后	20 年后	30 年后
东海道	100.0	98.4	95.6	99.3	97.7	81.6
山阳	99.6	98.0	96.0	89.6	93.9	79.4
东北	100.1	104.4	106.4	129.7	151.0	170.4
上越	98.0	95.2	90.6	119.7	129.2	116.7
北陆	100.4	—	—	88.9	—	—
九州	93.8	—	—	—	—	—
50 万以上	100.5	100.2	101.5	79.7	70.5	64.9
10 万—50 万	100.1	100.6	97.6	116.4	133.7	114.3
不足 10 万	96.8	96.5	95.4	115.5	135.0	159.5

资料来源：根据日本国势调查及工业统计计算。开通基准年设为 100，显示 10 年后、20 年后、30 年后的平均值的变化。

从流动效应来看，新干线的建设和开通对经济社会发展带来了乘数效应，扩大了就业需求。首先，在新干线建设过程中，即使是土木工程，也会增加大量的水泥、钢铁和其他建筑材料的需求。此外，电子元件、电缆等材料也需要大量生产，这将带来巨大的直接经济效果。如前所述，日本的第一个新干线——东海路新干线建设总投资为 3800 亿日元，相当于 1960 年 GDP 值（166810 亿日元）的 2.3%。这个庞大的项目需要大量的建设材料、工程材料，可以创造大量的就业岗位。随着就业岗位的增加，收入水平提高，个人消费水平也随之增加。因此，生产材料需求的扩大，工作岗位和收入就将进一步增加。从而国民经济整体进入良性循环，这就是"乘数效应"。经济企划厅 1999 年计算得出新干线公共投资乘数效应为 2.18 倍到 2.33 倍之间，仅东海道新干线带来的乘数效应就至少为 8300 亿日元，说新干线是国民经济长期高速增长的支撑毫不为过。随着新干线的建设，日本不仅确立了领先世界高铁技术的地位，还促进了相关领域的研究开发。新干线的建设和开通还与其他相关产业的相关度非常高，所以最终推进日本整个国民经济的发展。

在经济利益和社会利益方面，新干线存在以下问题：①传统线受到的打击很大。新干线开通运营，传统铁路线的经营变得越来越困难。②由于沿线地方政府的新干线建设资金的分担会大大增加，地方财政将会增加负担，进而加剧地方财政危机。③东海道、山阳线以外的其他传统铁路路线存在不同程度的利用率下降问题。④沿线居民长期为噪声、振动等问题而苦恼。

（四）新干线建设资金来源多样化

日本新干线建设资金经历单一由国家财政负担向建设基金来源多样化方向发展。东京—新大阪间以 3 小时 10 分钟连接的东海道新干线开通后，客流量增加较快，尤其在 1970 年大阪举办万国博览会时达到顶点，但令人不可思议的是，东海道新干线从 1964 年开通后国铁却陷入赤字，伴随着财政恶化，裁减人员、减少薪水方式曾使得劳动关系一度陷入恶化。在财政赤字面前，1974 年实施时隔 5 年的运费、票价的修订，尤其是 1976 年的修订将运费上涨 50%，从而使旅客转移到飞机、汽车，引发被称为"远离国铁"的困境，1985 年 7 月将国铁分割为民营化的 6 个旅客铁路公司和 1 个货物铁路公司，新设国铁清算事业团就债务处理、雇用问题处理向内阁总理大臣提出国铁改革建议。伴随 1987 年 4 月国铁的分割民营化，新干线资产（地上设施）是拥有新干线铁路的保有机构，长期租赁给运营新干线的 JR 各公司，如 JR 东海、JR 西日本、JR 东日本 3 个公司。虽然背负从国铁遗留下来的巨额债务，但民

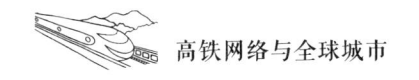

营化后 JR 的 3 家公司的经营大体上顺利，从 2002 年到 2006 年 JR 东日本、JR 西日本、JR 东海的股份售空，真正实现了本州 3 家公司的完全民营化。

二、法国高铁

（一）总体概况

1971 年，法国政府批准建设 TGV 东南线，即从巴黎到里昂 417 公里，新高速铁路 389 公里，1983 年 9 月竣工。TGV 高铁的最高时速为 270 公里。1989 年和 1990 年，法国修建了从巴黎到勒芒、从巴黎到图尔的大西洋铁路。1993 年北欧线从巴黎穿过英吉利海峡隧道抵达英国伦敦，进一步连接比利时布鲁塞尔、德国科隆和荷兰阿姆斯特丹，在欧洲西部构成一个横跨英国、法国、比利时、德国西部并向南延伸到西班牙和意大利的欧洲高铁网，在世界高铁版图上具有重要地位。由于 TGV 列车既可以在高速铁路上运行，也可以在普通铁路上运行，法国目前的高铁网只有 1282 公里，但 TGV 高速列车的运行里程为 5921 公里，覆盖了法国一半以上的地区。法国高速火车创下的最高纪录为 574.8 公里/小时，商业运行速度约为 270 公里/小时。高速铁路网运量每年达 8300 万人次。1994 年欧洲之星直达伦敦，1996 年泰利斯高速铁路连接巴黎和布鲁塞尔。目前巴黎到慕尼黑只需 6 小时，巴黎到米兰只需 4 小时 40 分钟。

（二）高铁建设前后的人口变化

作为法国第二大城市和重要的工商业中心，法国东南部城市里昂有着非常优越的地理位置，是名副其实的西欧"十字路口"。如果把西欧各国的首都和主要中心城市都围成一个圈，那么里昂几乎就是这个圈的中心。

里昂地区共有三个高铁车站：位于老城区的贝拉舒（Perrache）站，位于新区的拉帕迪（LaPartDieu）站，以及位于市中心以东 20 公里圣埃克苏佩里机场的萨托拉斯（Satolas）站。从发展历史来看，里昂的人口发展经历了一个由高涨到衰落再到缓慢增加的历程。早在工业革命时期，里昂就是著名的纺织、钢铁、煤炭基地，快速发展的经济吸引了移民，人口集聚增加。20 世纪 50 年代，里昂工业开始衰落，老工业城市的衰落造成了大批失业人口，里昂也成了人口迁出区。70 年代末，里昂开始制订实施经济发展振兴计划，鼓励知识经济的发展,并开始了大规模的城市更新计划,吸引了新兴产业及就业者到来,迁出人口的比例开始趋缓、下降。

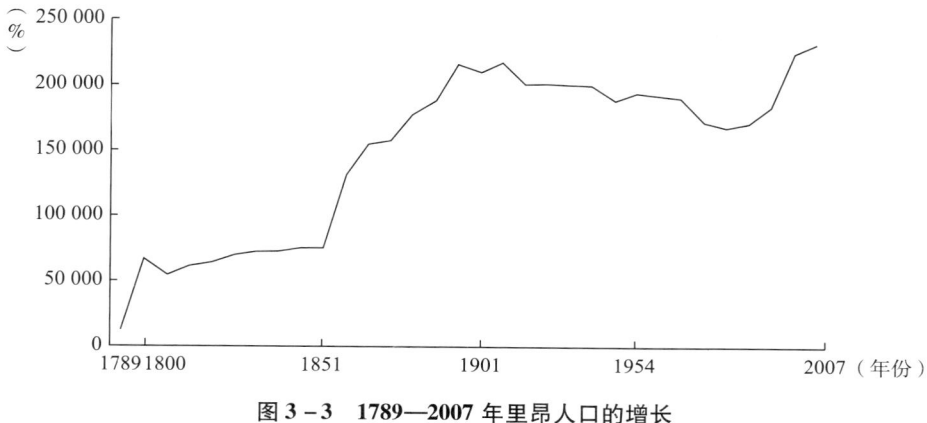

图 3-3　1789—2007 年里昂人口的增长

资料来源:里昂网站,http://www.losc.fr。

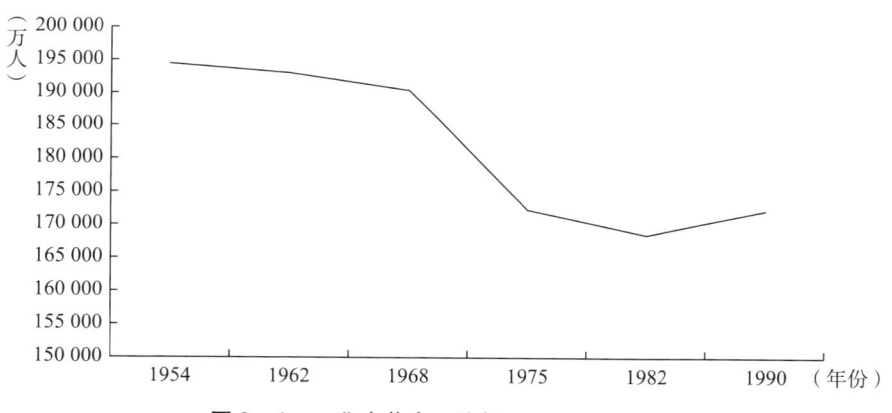

图 3-4　工业衰落人口降低:1954—1990 年

资料来源:里昂网站,http://www.losc.fr。

法国国土空间发展特征是以大巴黎地区为核心的单中心格局,巴黎大都市圈是指,除巴黎市区外还包括近郊区和远郊区,面积为 1.2 万平方公里,占全国总面积的 2.2%。大巴黎地区拥有全国近 1/6 的人口,以巴黎为中心的全国公路和铁路网络引导城市按轴向发展。如为解决城市小汽车拥堵问题,1965 年的"巴黎大都市圈规划"(SDAUR)中明确制定 900 公里汽车专用道路和 260 公里铁路,以及沿巴黎市区建设三条环线和贯穿市内呈"H"形放射状的高速铁路规划。由此,城市空间格局有所改变,原来城区的环状发展向双轴线发展，也明确了巴黎塞纳河南北两岸共同并行发展的两条轴线。同时，距离市区25—30公路外建设了5个人口规模约50万人的新城，并规划了市域快轨的线路与市区既有线路连接，将城市发展的圈域扩大，以缓解经济中心过于集聚城市中心区的压力。除此之外，为延伸大巴黎都市圈的经济，也为缓解区域发展的巨大差异而导致的中央政府与地方之间的关系紧张。20世纪60年代法国土地规划和区域发展委员会开始实施"多元化发展政策"，里昂、马赛和其他城市及其周边城镇联合组成城市社区，来抵消外部更大地区的吸引力，并促进地区均衡发展。里昂曾经是西方丝绸工业的中心，然而，在全球经济从制造业向服务业转型的过程中，里昂的发展并不乐观。与法国其他地区相比，里昂处于劣势，高科技和相关服务业的就业机会较少，城市的竞争力持续下降，里昂正面临着产业转型的严峻现实。法国高速铁路开通后，沿线城市里昂的吸引力不断增强，高铁建设成为该地区发展的契机。里昂市抓住机遇，在高铁站周围加快商业开发力度，大力发展新型服务产业，建设新的住宅，加强医疗、教育和社会服务配套发展，城市发展进入良性转型的快车道。由于高铁拉近里昂与巴黎、伦敦等欧洲中心城市的时空距离，一些总部位于巴黎等地的大型公司开始进入里昂发展，进一步强化了里昂第三产业中心的优势地位。高铁的开通对贝拉舒站地区商业发展和人口流动也带来了积极影响，周围城区加大了二次开发步伐，制订实施了雄伟的再造计划。

三、西班牙高铁

从已经投入运营的高铁历程来看，西班牙可以说是世界上仅次于中国的第二高铁大国，高铁技术和运营水平在欧洲乃至世界都居于领先地位。2020年西班牙高速铁路里程达4900公里，位居欧盟第一、世界第二。与德国不同，西班牙高铁主要采用法国的TGV技术，现有高铁线路覆盖了西班牙全国50多个主要城市，西班牙高铁目前平均运营时速222公里，最高时速300公里，其运营准时率高达99%，深受乘客欢迎。据西班牙官方统计，西班牙铁路部门和相关企业从高铁开始建设至今已经直接投资了超过517.6亿欧元。此外，目前西班牙仍有约5400公里高速铁路正在规划建设之中。在作用方面，以首都马德里为中心的放射状高铁网络成为西班牙经济社会发展的主要推动力之一。西班牙高速铁路（AVE）线路联结了首都马德里市、第二大城市巴塞罗那、第四大城市塞维利亚以及地中海城市马拉加等重点城市区域。西班牙铁路建设的目标是实现半日内到达全国任意城市。在国际方面，西班牙铁路网与欧洲铁路网相通，可乘火车到达伦敦、巴黎、比利时布鲁塞尔、奥地利、维也纳等欧洲各大城市。总体上看，西班牙铁路运输在增加就业岗位、加强地区经济发展和联系、减少温室气体排放、降低能耗等方面作用显著，特别是对西班牙的世界旅游强国地位支撑明显。

西班牙第一条高速铁路的建设始于1987年，欧洲第一条高铁线路已经建设了11年。西班牙在高速铁路建设方面起步较晚，然而，其高铁网络在政府的支持下，迅速发展。2017年7月5日，时任发展大臣德拉塞尔纳宣布，于2019年在瓦伦西亚和卡斯特里翁之间新建1条国际标准宽轨高铁，是现有运输能力的2倍。

随着西班牙高铁网的快速发展，到2010年，50%的西班牙人可以乘坐50公里以内的高铁。到2020年，西班牙马德里周围建成高铁网络，90%的西班牙民众将在50公里内可以乘坐。

随着西班牙高铁网络的不断健全和世界旅游大国地位的确立，西班牙高铁AVE的客流量自1992年以来一直在持续增加。2011年，AVE客流量达到58.46亿人次，占西班牙长途铁路客运的55.39%。

首都马德里建设有三个郊区高铁车站，分别位于不同的地区中心。塞戈维亚高铁站是一个中间站，主要提供马德里西北方向长途旅游服务。瓜达拉哈拉也是中间站，只提供到东北部的长途旅行（经马德里—巴塞罗那）。托莱多站只有地铁线路连接到马德里的终点站。从马德里的瓜达拉哈拉站、塞戈维亚、托莱多三个高铁车站来看，建设时间在2003—2007年分期完成，车站距离市中心的除瓜达拉哈拉站仅有10km，其他站基本在6km以内。以瓜达拉哈拉为例，它通过高铁与马德里相连，也有公共汽车、市郊铁路等的配套交通基础设施。高铁开通对这个城市而言，由开通当年增加的70732人上升到2011年的84504人，平均每年人口仅有2.3%的增长率，与此相比，就业岗位每年以3.8%的增长率上升，也就是说，相比人口规模的增长，高铁带动了就业岗位的增加。塞戈维亚是马德里省会中心，也是联合国教科文组织名单上的世界文化遗产，高铁的开通也给塞戈维亚地区的发展带来了新机遇。

第三节 高铁影响全球城市发展机理

高铁打破了城市间的往来壁垒，但当前各城市开通时间不一，总的来说，相比日本、法国等国家，我国高铁开通时间较晚，目前我国多数城市仍处于集聚发展阶段，对城市的影响将是一把"双刃剑"。竞争与博弈，对出于资源集聚的大城市而言，高铁建设使实力相当的两个城市对资源的争夺更加激烈，这场拉锯战可能导致两个城市发展境遇大不相同。磁力与吸附，高速发展的中等城市与其周边小城市间，高铁开通使大城市变成强力的磁场，虹吸效应放大，资源通过高铁通道被大城市不断吸走，小城市短期生产要素面临流失。辐射与带动，特大城市因自身超载负荷，产业与人口面临疏解，周边小城市承接外溢，高铁促进城市协同发展。

一、经济路径——高铁通过影响产业布局从而影响城市发展

高铁通过影响产业布局从而影响城市发展。通过廊道效应、集聚效应、辐射效应产生现代产业聚集经济，从而影响城市发展，形成"高铁交通—人口流动—市场潜力—产业区位选择—产业集聚—人口流动—城镇发展—高铁扩容"的往复循环。高铁加快产业布局调整的节奏和产业转移的步伐。比如作为高铁网络体系中"四纵四横"交通主骨架的重要交会点——江苏省徐州，是长三角与环渤海之间重要的区域性中心城市，也是目前苏鲁豫皖接壤的淮海经济区唯一的高铁枢纽站。从徐州到北京、上海、西安、武汉只要2.5小时，高铁为徐州带来了更快速更丰富的人流、物流、资金流及信息流，为徐州的产业发展增添了强劲动力。再如武广高铁开通后，长沙凭借独特的地理优势，积极承接珠三角地区的产业转移，仅2009年、2010年两年就承接了3000多个产业转移项目。高铁网络通过优化产业集群的合理配置来提升城市发展。产业集群是产业布局的空间形态，意味着相邻或相近城市之间，在相同或相关产业领域形成的具有相对稳定关系的分工与合作圈。产业集群发展程度取决于交通网络发达程度，因为这不仅取决于企业为了节省生产成本、提高产品质量、追求规模经济和范围经济，更重要的还在于企业在交通外媒引导下，到相邻或相近城市寻找分工与合作者，城市集群在地理上的相近性、基础设施的

共享性和信息处理的便捷性，使企业之间的深度分工和广泛合作具有可能性，从而有可能形成具有相当规模和能级的产业集群，影响城市产业人口的就业布局。

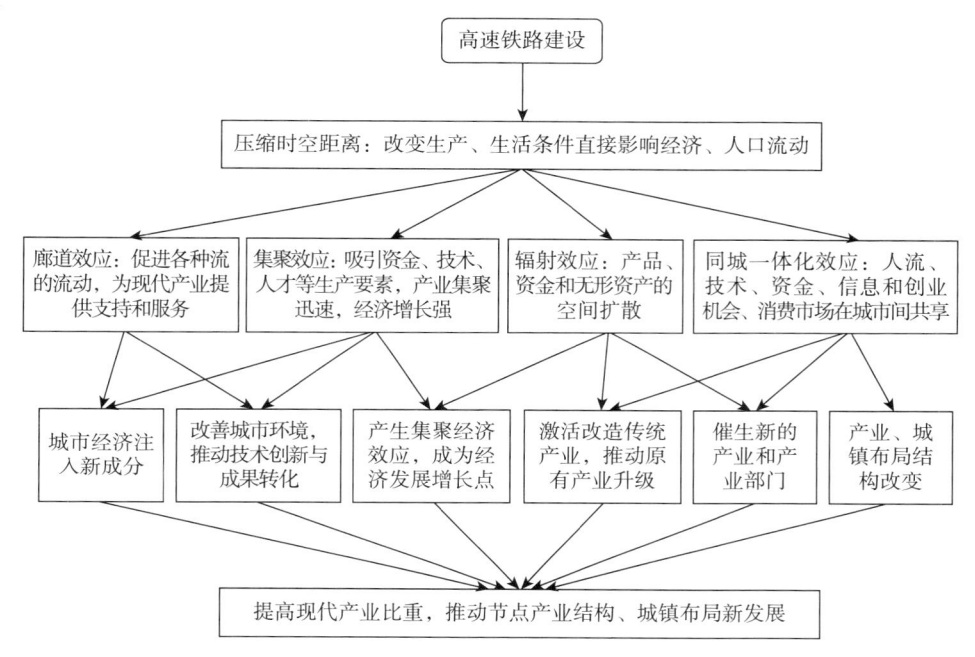

```
                          ┌──────────────┐
                          │ 高速铁路建设 │
                          └──────┬───────┘
                                 ↓
        ┌────────────────────────────────────────────────────┐
        │ 压缩时空距离：改变生产、生活条件直接影响经济、人口流动 │
        └────────────────────────────────────────────────────┘
          ↓              ↓              ↓              ↓
┌──────────────┐ ┌──────────────┐ ┌──────────────┐ ┌──────────────────┐
│廊道效应：促进 │ │集聚效应：吸引│ │辐射效应：产品│ │同城一体化效应：  │
│各种流的流动， │ │资金、技术、  │ │资金和无形资产│ │人流、技术、资金、│
│为现代产业提供│ │人才等生产要素│ │的空间扩散    │ │信息和创业机会、  │
│支持和服务    │ │，产业集聚    │ │              │ │消费市场在城市间  │
│              │ │迅速，经济增长│ │              │ │共享              │
│              │ │强            │ │              │ │                  │
└──────────────┘ └──────────────┘ └──────────────┘ └──────────────────┘
  ↓      ↓       ↓       ↓        ↓        ↓
┌─────┐┌──────┐┌──────┐┌──────┐┌──────┐┌──────┐
│城市 ││改善城││产生集││激活改││催生新││产业、│
│经济 ││市环境││聚经济││造传统││的产业││城镇布│
│注入 ││，推动││效应，││产业，││和产业││局结构│
│新成 ││技术创││成为经││推动原││部门  ││改变  │
│分   ││新与成││济发展││有产业││      ││      │
│     ││果转化││增长点││升级  ││      ││      │
└─────┘└──────┘└──────┘└──────┘└──────┘└──────┘
                         ↓
        ┌────────────────────────────────────────────┐
        │ 提高现代产业比重，推动节点产业结构、城镇布局新发展 │
        └────────────────────────────────────────────┘
```

图 3-5　高铁对人口流动、产业布局和城镇布局的作用机制
资料来源：作者绘制。

二、社会路径——高铁通过影响人口流动从而影响城镇化发展

高铁通过影响人口流动从而影响城镇化发展。高铁带来人口流动，加速高铁新城、高铁新区、高铁枢纽等的建设，从而加速城镇化，城镇化又能提高市场需求和劳动力供给。高铁交通网络会通过影响城市群内外关联性、城市体系演变、产业空间配置的优化等，从而影响人口流动。从城市群对外部联系来看，城市群是开放的经济社会综合体，高铁网络密集度越高，与外部地区的关联性越高，与外部交流的人口流量就可能越大。从城市群内部交流来看，高铁可以最大限度地缩小核心城市与周边城市及边缘地区的空间距离，使城市群内部紧凑性及凝聚力得到加强，从而影响人口分布。从优化城市群地区经济社会结构来看，城市群高铁网络能带动城市群边缘地区与城市群不

同层级核心发达城市的相互联系和交流，逐渐接收发达地区带来的产业、信息、生活方式等影响，使得小城镇或乡村居民不一定向大城市转移，可就地实现就业方式、生活方式的城市化转型。除此之外，高铁交通带来的便利性还有助于推动城镇化发展优化城市群城市体系，城市群是由不同规模、不同职能分工的城市所构成的城市体系，城市群内部不同规模序列等级的城市分布如何决定着城市群的优劣程度，城市的规模序列等级并非任意而定，而是基于二倍数定律将城市由大到小分成不同规模等级，若其中某个等级城市发展不足，就意味着需要注意培育和发展这类城市。只有城市等级体系发展合理化才能优化城市群的城市空间布局，促进城市群协调高效发展。

三、个体行为路径——高铁通过压缩时空距离改变人们的生产生活方式

高铁通过压缩时空距离导致人们生产生活方式的改变，如生活观念、生活习惯以及工作模式和发展理念等发生转变，影响城市化进程。高铁不仅引领速度，还引领着生活方式的改变。有学者将高铁类比于20世纪美国的公路系统，66号公路从1926年修建，到1938年基本建成，跨越八州，跨越三个时区，全长约3943公里的66号公路，这条交通大动脉，带动了美国经济的一路走强，曾一度被美国人称为"母亲之路"。这条公路伴随着价廉物美的汽车供给，开车郊游度假成为当时美国社会的风潮，因而这条公路也带来了更多商机，如快餐业的快速发展也是得益于公路的发展。这条公路从曾经的兴盛，一直到1985年被新洲际高速系统所取代，如今成为一条"历史遗产公路"，但由其而起的美国生活方式，甚至某种价值观亦被美国人传承下来。与此相比的高铁，在某种程度上恰似近百年前高速公路之于美国。只不过，高速公路引领的是20世纪的一种生活方式，而高铁引领着21世纪的生活方式。

高铁改变了人们的社会交往模式、频率和体验，如"同城化"效应使人们能在完成工作的同时避免与家人的长期分离。高铁通过压缩时空距离导致人们生产生活方式的改变，如生活观念、生活习惯以及工作模式和发展理念等发生转变。主要表现如通过在邻近城市购置房产实行就业与居住分离模式，实现在城际之间的"钟摆式"通勤，随高端产业进入邻近城市而往返于母体企业与分支企业之间，被邻近城市企事业单位长期聘请兼职，应邀短期来邻近城市传技和讲学等。工作、休闲和生活可以在不同的城市。在一线城市周

边,如工作在上海,居住在昆山、苏州、嘉兴。当然也有反向的,如工作在雄安,居住在北京;居住在上海,工作在杭州的现象。这与当今"七普"数据显示的城城之间流动人口激增及省内短距离人口流动趋势明显的特征相一致。如"七普"显示,省内流动人口规模约为 2.51 亿人,较 2010 年增长 85.7%,明显高于 45.4%的跨省流动人口增速,大约国内 2/3 的流动人口选择在省内近距离流动。虽然乡城流动在流动人口中的占比高达 66.3%,但城城流动人口相比 2010 年增加了 74.4%,成为流动人口队伍中的新主力军。"七普"显示的人口流动变化与当今高铁网络、新业态、新工作模式、新生活方式等有着一定的相关性。不同城市间的功能分工和通勤往来,促进城市间的多元交流。除此之外,高铁网络与铁路货运、航空、高速公路、水运、管道等运输方式融合形成综合性交通体系、综合性交通枢纽和多式联运,进一步放大高铁网络的功能效应。

第四节 中国大城市在高铁网络下的重塑效应

城市是流动的、变化的,是被一些规律支配的。在高铁网络下,能否利用好高铁使其真正实现所谓城市重建的"催化剂"效果,从而增强城市综合实力,吸引产业,改变产业人力资本在区域间重新布局是高铁沿线城市发展的聚焦点。本部分在理论分析和研究假设的基础上,基于中国 290 个地级市面板数据,比较分析中国大城市在高铁网络下的重塑效应。

一、理论分析与研究假设

人力资本已经成为城市发展的重要战略性要素之一,是地区竞争力优势的重要体现。产业结构、资本、经济积累和政府共同投入规模是导致高铁站点城市与无高铁站点城市之间劳动力资源分布差异的重要原因。高铁网络的建设和运营,对城市而言的机遇是城市可以利用高铁带来的便捷高效的交通网络快速聚集劳动力,提升城市的综合实力;对城市而言的挑战在于高铁有可能会加速城市某些非重点行业劳动力流失和生产要素的转移。具有交通便利优势且经济社会发展基础较好的城市会占有先机得到进一步的发展,尤其对于大城市而言更是如此。因为根据市场趋利原则,生产要素在快速交通网络影响下会更容易集聚到有明显区域优势的城市，谋求规模经济带来的效益。随着高铁网络化建设，劳动力等生产要素在空间流动、转移的互动过程会促进各生产要素在空间上的合理配置。另一方面，高铁开通后，当地政府希望借助高铁发展地方经济，会通过政府投入规模、科技及人力资本投入、交通便利性的改善、政策服务供给等政策扶持，改善当地的经济社会发展环境等对劳动力等生产要素流入当地产生重要影响。但是，这些政策措施发挥作用以及给当地就业密度增加产生影响需要一定的时间，随着时间的推移，高铁站点城市可以通过政府倾向性的政策扶持不断积累有利于自身发展的因素，通过循环累积效应持续改善当地经济社会发展的条件。从而可以预期，随着高铁网络运营时间推移，对当地人力资本的影响越大，据此，本书提出如下研究假说：

假设1：高铁能够推动当地城市人力资本集聚。
假设2：随着时间推移，高铁对当地城市人力资本集聚力随之增加。
假设3：高铁通过优化当地产业结构、增加资本积累、改善政策服务供给的途径促进当地人力资本集聚。

每个城市的发展潜力取决于其基本的社会经济条件，因此高铁对城市经济社会发展的影响是不同的，人们不能盲目认为高铁的存在代表的就是一个巨大的发展机会，不能忽视高铁引起的虹吸效应的存在（Deng，Wang，et al.，2019），即高铁对人力资本分布存在异质性影响。

异质性影响一体现在不同规模类型的城市方面。不同规模城市因可达性提高而受益程度各不相同，高铁的开通使一些城市因可达性的提升而显著受益，这有利于提高城市间经济活动的效率，促进产业转型和人力资本合理配置，提升城市竞争力。高铁从本质上讲是一项政府政策的实施，具有明显的"大城市情结"，其积极作用更偏向于人口规模大的城市以及与大城市距离相近的城市（陈丰龙等，2018）。但同时，如一个硬币的两面，高铁网络可能会使弱势城市最终会处于相对较差的境地（Martin，1997；Martínez，Givoni，2009）。也有观点认为高铁网络对大城市和中小城市都能带来积极影响，有利于给中小城市提供新的就业机会，带来新的发展机遇，而且可以在缓解大城市交通和就业压力时，保护特大城市的生活质量（Zheng，Kahn，2013）。虽然随着网络化推进及政策需求，高铁也逐渐覆盖到小城市，给小城市带来发展机遇。但大多数小城市相比大城市而言，其往往开通时间较晚。在高铁对沿线城市发挥影响效应时，小城市往往对高铁开通的反应较小，主要在于小城市不仅土地承载力有限，而且产业一般较单一，就业岗位提供有限。在无法满足本地劳动力就业时，势必会引发本地剩余劳动力向外迁移，迁向小城市周边的中等城市。对于大城市而言，由于城市整体运转的效率性、成熟性、稳定性，对周边城市生产要素引力较大，但因土地资源有限、生活成本、办公成本较高，超大城市低端劳动力就业密集型产业逐渐不适合发展而呈梯度向周边城市转移，产业结构转向高素质知识密集型的产业。

假设 4：高铁网络会降低超大城市人力资本集聚，会随城市规模扩大经历强、强、弱、强、弱的变动趋势，而这一点体现在图形上则为一种"M"形。

异质性影响二体现在不同产业性质上。产业性质包括产业结构差异及产业内部差异。产业结构差异是以高铁网络实施对第二产业和第三产业人力资本集聚的差异性影响。邓明（2014）通过 1999—2010 年中国地级以上城市数据，发现城市交通基础设施对第二产业和第三产业劳动力资源集聚均有显著的促进作用，尤其促进第三产业劳动力资源集聚的增加，因为高铁站附近需要产生一些相应的服务业来满足这些需求。因此，一些人员的流入便通过进入服务业实现了就业转移（张克中、陶东杰，2016）。随着二产和三产产业比重的结构性演变，以及二产先进企业的进入，减员增效。在第二产业人员流出、生产地转移的双重推动下，第二产业的市区劳动力资源集聚有降低的可能。产业内部差异的研究如张明志等（2018），通过规模以上工业企业数量计算工业企业集聚度，认为高铁开通显著增进了工业企业集聚水平，虽然高铁建设的预期效应不显著，但系数仍为正。高铁网络使原本基础较好的城市有了发展高端服务产业、高新科技产业的机遇。

假设 5：相对于第三产业，高铁网络可能会抑制第二产业人力资本集聚。

二、模型设计、变量描述性统计

(一) 模型设计

为检验高铁网络对人力资本集聚的影响，即揭示高铁与人力资本集聚之间是否存在实际因果关系。如果采用 OLS 方法进行识别将会产生选择性偏差 (selection bias) 和混合性偏差 (confounding bias) 问题，这主要是因为在现实中各城市是否建设高铁是非随机的，一方面，建设高铁的城市是政府综合考虑城市经济能力、消费需求、交通规划等而被选；另一方面，高铁与人力资本集聚还可能受到同一时间发生的其他政策或环境的影响。为剔除其他共时性因素干扰，实证分析中通常采用双重差分法 (difference-in-differences Method, DID), 而高铁网络运营为本书采用双重差分法提供了一个良好的准自然实验。

本书基于中国 1999—2017 年 290 个地级市面板数据，将实验分组变量分为实验群和对照群。具体是以 170 个地级市设定为实验群，赋值为 1，其余 120 个地级市设定为对照群，赋值为 0。同时，根据高铁开通时间，将实验分期变量设定为实验前和实验后，即将 2008 年以前赋值为 0，2008 年及以后赋值为 1，为了更准确地评价高铁对人力资本集聚的影响效果，设置实验分组和实验分期两个虚拟变量的交互项 $\gamma(T \cdot R[t \geq 2008])$，该项真正度量了高铁对人力资本集聚所产生的政策净效应。本书将基准回归模型设定如下形式：

$$EMP_{it} = a_0 + a_1 EMP_{it} + \beta_1 T + \beta_2 R + \gamma(T \times R[t \geq 2008]) + \delta Z_{it} + \varepsilon_{it} \quad (3-1)$$

其中，EMP_{it} 为被解释变量，表示第 i 个城市第 t 年的人力资本集聚。T 和 R 分别代表时间和地区虚拟变量，R 是人力资本集聚 i 在高铁沿线城市为实验群取 1，其他城市为对照群为 0 的虚拟变量；就业 $R[t \geq 2008]$，其间 t 在 2008 年以后，也就是说高铁沿线城市开通以后取 1，之前取 0 的虚拟变量。为稳健估计，进一步引入控制变量集合 Z_{it}，ε_{it} 是误差项。这个公式的系数 γ 为实验分组与实验分期虚拟变量的交互项，表示高铁建设对人力资本集聚的影响效果。若其估计值显著大于 0 的话，说明高铁促进区域人力资本集聚的增加。

为检验高铁影响人力资本集聚的动态效应，将 (3-1) 式模型变形如下：

$$EMP_{it} = a_0 + a_1 EMP_{it} + \beta_1 T + \beta_2 R + \sum \gamma_k (T^k \times R[t \geq 2008]) + \delta Z_{it} + \varepsilon_{it}$$

$$(3-2)$$

其中，交乘项 $T^k \times R$ 是城市高铁开通后第 K 年的虚拟变量。若在第 k 年，$T^k \times R$ 为 1，其余年份赋值为 0。γ_k 度量了高铁开通后第 K 年，建设高铁对市域人力资本集聚的影响效应。

为检验高铁开通对当地人力资本集聚的影响机制，构造模型如下：

$$Z_{it} = a_0 + \gamma_j (T^k \times R[t \geqslant 2008]) + \varepsilon_{it} \qquad (3-3)$$

(3-3) 式模型即将上述各个控制变量作为被解释变量，依次对虚拟变量 $T^k \times R$ 进行普通最小二乘回归。

运用 DID 方法需满足实验群和对照群具有共同趋势这一重要前提假设。共同趋势假设是指在政策实施前后实验组和对照群其他指标的发展趋势不存在显著差异（亦即平衡性检验），然而，在现实中受其他因素的影响，这一假定往往很可能无法满足。在不满足共同趋势的前提下使用双重差分法可能会导致政策效果出现偏差（Hechman et al., 1998）。因此，本书先使用倾向得分匹配法给实验群匹配相近的对照群，可以控制不可观测但不随时间变化的组间差异，再在匹配后的样本范围内采用双重差分法，来检验高铁对人力资本集聚的净影响。

（二）变量处理

1. 被解释变量为人力资本集聚（emp），采用各城市市辖区年末单位从业人员数与各城市辖区面积的比值为代理变量（Duffy-deno K. t, 1993）。采用市辖区的人力资本集聚是因为无论城市交通基础设施如何，其辖区面积大、人口总量多的城市一般来说就业人数较高。

2. 核心解释变量为高铁网络运营 γ（$T \times R\ [t \geqslant 2008]$）。高铁网络运营是实验分组和实验分期两个虚拟变量的交互乘积项，表示高铁网络运营对人力资本集聚所产生的净效应。

3. 控制变量。第一类控制变量反映各城市的资本积累情况。各城市资本存量的多寡及资本增量形成的快慢能够对当地人力资本集聚产生重要影响。借鉴帕格里埃拉（Pagliara）等的做法，选取经济密度反映高铁建设影响下单位土地面积上经济活动及就业人口集聚程度，值越大，经济活动及就业人口集聚程度就越高。除此之外，当地的投资水平对就业的拉动作用、经济的增长作用较大，同样需要控制（于涛方，2012）；对外开放程度越高，交通可达性的提升会进一步吸引外商直接投资的进入，带来更多就业机会，吸引更多人员流入（杨成钢、曾永明，2014）；使用国内生产总值与城市市辖区的土地面积之比（yd_{it}）、外商实际投资水平来反映投资水平、对外开放程度。对于收入差距（dgp），考虑到区域间居民绝对收入变动和人口结构变化对收入差距的影响，参考王少平、欧阳志刚（2007）的方法，采用泰尔指数来衡量收入差距程度。

第二类控制变量反映产业结构情况。第二、三产业对人口就业有着重要的集聚力，二产比重（isu）、三产比重（tsu）采用第二、三产业产值各占GDP比值衡量，预期对人力资本集聚有正的影响。

第三类控制变量反映城市环境引力情况。（1）政府公共服务供给（pe），采用地方财政支出占GDP的比重表示。由于不同城市产业发展和市场偏好的差异，因而政府公共服务对劳动力等生产要素集聚的影响可能具有一定的区域异质性。（2）科技投入（tig），科技支出占财政支出占比来表示政府对科技投入关注程度。（3）人力资本投入（$hcia$），教育支出与小学中学高中学生的比值来衡量。（4）交通便利性（$acces$），借鉴石（Shi）和周（Zhou）的做法，选取加权平均旅行时间的倒数（ACC_{it}）来反映沿线城市的可达性水平。加权平均旅行时间（Ai）从时间权重角度来评价某个节点与经济中心的联系，A_{it}值越小，ACC_{it}值就越高，它们的表达式分别为：

$$A_{it} = \sum_{j=1}^{n} M_{jt} T_{ij} / \sum_{j=1}^{n} M_{jt} \quad (3-4)$$

$$M_{jt} = (POP_{jt} \cdot GDP_{jt})^{1/2} \quad (3-5)$$

$$ACC_{it} = 1/A_{it} \quad (3-6)$$

式中，A_{it}为城市群中i城市在t年的加权旅行时间；T_{ij}为i城市通过铁路交通到j城市的最短旅行时间；M_{jt}作为权重值，用来反映i城市对城市群中其他城市的吸引力和辐射力；POP_{jt}、GDP_{jt}分别表示j城市在t年的总人口数和国内生产总值。为了更直观地体现可达性与人口、经济集聚指数之间的关系，把旅行时间取倒数作为可达性的度量，即可达性指标越大越好。选取高铁沿线城市及其所在区域的非沿线城市，用加权平均旅行时间法来估计只考虑时间因素时高铁对这些城市可达性的影响，随后在此基础上引入价格因素，用广义加权旅行时间法来估计高铁对这些城市可达性的影响。

（三）变量描述性统计分析

采用核密度匹配法给处理组匹配对照组后，得到4477个样本。数据来源于各省市统计年鉴、国研网数据库、地方政府工作报告。高铁开通时间根据《国家中长期铁路发展规划》《中国铁道统计年鉴》及铁道部公开数据整理，城市规模根据国家最新发布的《中国城市建设统计年鉴》和《关于调整城市规模划分标准的通知》的数据进行划分。

在使用 PSM 估计高铁开通对人力资本集聚的影响效应进行估计时，事关匹配估计有效性的一个重要前提条件为：有无高铁开通不再取决于各匹配变量。也就是要满足条件独立假定，对该假定可通过检验各匹配变量在开通高铁与无开通高铁城市间的分布差异或平衡性来判断其是否成立。本书主要采用基于标准偏差 sdiff（standardized difference）的匹配平衡检验，并进一步对开通高铁与无开通高铁城市样本均值差异进行 T 检验，以判断其是否存显著差异。

表 3-2 匹配平衡性检验

匹配变量	均值		标准偏差（%）	偏差改进（%）	T 检验 p 值
	实验群	对照群			
经济密度	7.2676	7.0690	15.9	86.5	0.521
投资水平	12.4490	12.5980	-15.9	87.8	0.213
对外开放程度	10.4060	10.0310	19.8	79.6	0.109
二产比重	3.8850	3.9035	-7.6	80.9	0.127
三产比重	3.6167	3.5823	17.8	37.5	0.236
收入差距	0.0037	0.0030	8.8	49.5	0.180
政府公共服务供给	2.9010	2.8647	5.7	89.4	0.690
科技投入	5.3903	5.2953	9.7	90.9	0.108
人力资本投入	7.1895	4.2905	-8.7	75.0	0.428
交通便利性	4.8467	4.6416	14.7	86.1	0.145

表 3-2 报告了基于核匹配的平衡性检验，最近邻匹配与半径匹配的平衡性检验结果与此类似，从匹配平衡检验的 T 检验 p 值来看，各匹配变量在开通高铁与无开通高铁城市样本之间个体特征差异得以部分消除，根据标准偏差结果来看，各匹配变量的标准偏差绝对值均小于 20，这进一步表明了匹配过程的有效性（Rosenbaum P., Rubin D., 1985）。指标说明本书的匹配变量选择与匹配方法保证了各匹配变量在处理组与控制组之间的平衡性，满足了

PSM 估计有效的基本假定。

三、大城市在高铁网络下的重塑效应

(一) 高铁网络对中国城市的影响效应及检验

高铁网络对中国城市影响可以从平均效应和动态效应来考察。首先从平均效应来看，表 3-3 中，不管是否加入控制变量，在以市辖区二、三产人力资本集聚作为被解释变量时，高铁网络运营的系数均在 1% 的水平上显著且为正，这表明高铁网络运营对当地人力资本集聚具有显著的推动作用，即研究假设 1 得到验证。在考虑其他影响人力资本集聚因素时，当地经济密度、固定资产投资和对外开放程度越高，越能够提供更多的就业岗位来促进人力资本集聚的增加。政府公共服务供给和交通便利性促进了当地人力资本集聚。收入差距降低了人力资本集聚增加，表明近年来城乡收入差距有缩小的态势。但科技投入引力、人力资本投入引力的密度虽具有正向影响，然而结果并不显著，说明科技投入及人力资本投入没有发挥人力资本集聚效应。

表 3-3 高铁网络对中国城市影响的平均效应

	(1)		(2)	
高铁开通	0.3337***	(15.02)	0.0860***	(4.21)
经济密度			0.7727***	(7.55)
投资水平			0.3599***	(9.66)
对外开放程度			0.0268***	(3.02)
二产产值比重			0.1591***	(2.34)
三产产值比重			0.1410**	(1.91)
收入差距			-0.0202***	-(3.43)
政府公共服务供给			0.1289***	(4.12)
科技投入			0.0059	(0.94)
人力资本投入			0.0575	(2.07)
交通便利性			0.0900**	(-0.72)
常数项	4.6916***	(563.7)	2.8822***	(5.79)

续表

	（1）		（2）	
高铁开通	0.3337***	(15.02)	0.0860***	(4.21)
样本数	4477		4477	
R^2	0.512		0.6680	

注：①*、**、***分别表示在10%、5%、1%的水平上显著；②括号内数字为t值，采用聚类稳健标准误计算。

另外，表3-3中的回归结果为高铁开通对市域人力资本集聚的平均效应，但并没有说明高铁开通对市域人力资本集聚是否具有持续的推动作用。因此，为了验证研究假说2，本书利用（3-2）式模型评估高铁开通对市域人力资本集聚的动态效应。表3-4和表3-3一样，不管是否加入控制变量，在以市辖区二、三产人力资本集聚作为被解释变量时，高铁开通的系数是从2010年之后才在1%的水平上显著，且为正，表明高铁开通对人力资本集聚的推动作用具有滞后性，随着时间推移系数持续增大，直到2016年其推动作用才开始有所减缓。这说明，高铁建设在当年并不能显著推动当地人力资本集聚的增加，随着高铁开通实施两年后，当地会借助各种有利的政策优惠，以及通过前期不断积累有利于发展的因素，形成"循环累积"，才促进了当地经济发展，从而推动了当地人力资本集聚增加。然而，随着高铁网络的快速建设，当地高铁交通基础设施优势随着邻近高铁网络化建设，其高铁对当地人力资本集聚的推动作用将随之减缓。在考虑到其他影响当地经济发展的因素后，高铁开通动态效果有所减弱。综上所述，研究假说2得到验证。

表3-4　高铁网络对中国城市影响的动态效应

年份	（1）		（2）	
2008	0.0831	(0.28)	0.0017	(0.13)
2009	0.1107	(0.82)	0.0119	(0.75)
2010	0.1513***	(6.37)	0.0298***	(5.69)
2011	0.2288***	(5.79)	0.0265***	(4.18)
2012	0.2942***	(5.61)	0.0474***	(7.85)

续表

年份	（1）		（2）	
2008	0.0831	（0.28）	0.0017	（0.13）
2013	0.4488***	（16.65）	0.1503***	（5.35）
2014	0.4487***	（16.74）	0.1396***	（4.79）
2015	0.4593***	（15.92）	0.1266***	（4.11）
2016	0.4351***	（14.49）	0.0861***	（2.60）
2017	0.4145***	（13.09）	0.0445***	（1.29）
控制变量	否		是	
常数项	4.5528***	（644.62）	2.3389***	（4.51）
样本数	4477		4477	
R^2	0.3328		0.6680	

注：①*、**、*** 分别表示在10%、5%、1%的水平上显著；②括号内数字为 t 值，采用聚类稳健标准误计算；③作为对比，表中报告了不控制其他经济因素时的回归结果。

为科学论证高铁网络对中国城市影响效应的检验，采取平行趋势检验方法和更换匹配变量的稳健性检验方法。这是因为考虑到对中国城市的影响因素，除了高铁网络这一交通冲击以外，其他政策或者随机因素也可能导致人力资本集聚产生差异，而这种差异的产生与高铁建设无关，最终将导致前文的研究结论不成立。为了排除这种潜在的影响，本书首先采用平行趋势检验方法。借鉴刘瑞明、赵仁杰（2015）的做法，假设实验群被设为高铁开通的年份提前2年或3年来进行反事实的平行趋势检验。具体而言，在（3-1）式模型的基础上增加时间趋势项（$time$），用以反映时间趋势。以高铁开通冲击时点2008年（$Current$）为界，样本时期可以分为政策实施之前第 k 年（$Before k$）和政策实施之后第 k 年（$After k$），此时，（3-2）式中 $T·R$ 所反映的虚拟变量用 $Before k$、$Current$ 和 $After k$ 代替。如果样本观测值是政策实施前4年、前3年、前2年、前1年的数据，则 $Before 4$、$Before 3$、$Before 2$、$Before 1$ 均取1，否则均取0；如果样本观测值是政策实施当年的数据，则 $Current$ 取1，否则取0；如果样本观测值是政策实施之后第1年、第2年、第3年、第4年的数据，则 $After 1$、$After 2$、$After 3$、$After 4$ 均取1，否则均取0。

表 3-5　平行趋势检验结果

	(1)		(2)		(3)		(4)	
Before 4	—		—		0.0497	(1.88)	-0.0114	(-0.57)
Before 3	0.0373	(1.77)	-0.0009	(-0.06)	0.0490	(1.90)	-0.0036	(-0.21)
Before 2	0.0313	(1.27)	0.0135	(0.45)	0.0431	(1.50)	0.0108	(0.36)
Before 1	0.1373	(6.36)	0.0674	(2.88)	0.1490	(6.15)	0.0247	(0.63)
Current	0.1381	(6.31)	0.0575	(3.66)	0.1498	(6.18)	0.0548	(3.55)
After 1	0.1575**	(7.04)	0.0478**	(3.12)	0.1692**	(6.83)	0.0451*	(2.93)
After 2	0.1628***	(6.68)	0.0919***	(3.47)	0.1744***	(6.61)	0.0891**	(3.41)
After 3	0.1840***	(7.47)	0.0987***	(2.95)	0.1956***	(7.37)	0.0950***	(2.85)
After 4	0.1634***	(5.52)	0.0780***	(10.77)	0.1750***	(5.39)	0.0653***	(-0.57)
控制变量	否		是		否		是	
常数项	2.6103***	(3.28)	4.3569***	(10.66)	2.5849***	(3.25)	4.3628***	(10.77)
样本数	4477		4475		4477		4475	
R^2	0.7095		0.5292		0.7100		0.5293	

注：①*、**、*** 分别表示在10%、5%、1%的水平上显著；②括号内数字为 t 值，采用聚类稳健标准误计算；③Before k 表示高铁开通之前第 k 年，Current 表示高铁开通当年，After k 表示高铁开通后第 k 年。

表3-5中的（1）与（2）列假设高铁开通提前3年，（3）与（4）列假设高铁开通提前4年。从表中可以看出，无论高铁开通提前3年还是前4年，Before k 的系数均不显著。一方面，这表明在外部政策冲击之前，即实验群高铁开通之前，其人力资本集聚和对照群没有显著差异，即满足平行性假定，所得到的双重差分估计量即 T.R 的系数是无偏的。另一方面，这也表明高铁开通确实推动当地人力资本集聚，而非其他政策或者随机因素。而实验群在高铁开通后，After k 的系数显著为正且呈不断增大的趋势，表明高铁对当地人力资本集聚确实发挥着显著作用，即平行趋势检验得到满足，双重差分法得到的结论具有稳健性。

其次，采用更换匹配变量的稳健性检验。在进行双重差分之前，本书采用了倾向得分匹配核法给实验群匹配相近的对照群，所采用的匹配变量包括反映资本积累、产业结构、政府规模的变量，为了检验结果的稳健性，本书更换匹配变量，依次将匹配变量替换为只反映资本积累的变量（投资水平、经济密度、对外开放程度、收入差距）、只反映产业结构的变量（二产产值比重、三产产值比重）、只反映政府投入规模的变量（政府公共服务供给、科技投入、人力资本投入、交通便利性），然后分三次依次给处理组进行倾向得分核匹配，待匹配好对照群后再依次做双重差分，最后得出的回归结果与表3-4、表3-5类似。可见，本书所采用的倾向得分核匹配方法是稳健的。在此只报告将匹配变量替换为只反映产业结构的变量（二产产值比重、三产产值比重）时的稳健性检验结果，如表3-6所示。

表3-6 采用不同匹配变量的稳健性检验结果

年份	市域二、三产人力资本集聚			
	(1)		(2)	
高铁开通	0.3961***	(3.82)		
2008			0.0431	(2.43)
2009			0.0643	(3.04)
2010			0.0845***	(3.68)
2011			0.1656***	(6.46)
2012			0.2349***	(8.58)
2013			0.3767***	(12.95)
2014			0.3635***	(12.33)
2015			0.3480***	(11.46)
2016			0.3047***	(9.55)
2017			0.2652***	(7.86)
控制变量	否		是	
常数项	4.6912***	(29.32)	0.2289***	(0.47)
样本数	4477		4477	
R^2	0.5931		0.6680	

注：①*、**、***分别表示在10%、5%、1%的水平上显著；②括号内数字为t值，采用聚类稳健标准误计算。

(二) 高铁网络影响中国城市人力资本集聚的机制分析

高铁建设能推动当地人力资本集聚,但在几年后推动人力资本集聚的作用逐渐减缓。那么,高铁促进人力资本集聚的机制是怎样的呢?为验证研究假说3,本书利用(3-3)式模型评估高铁对人力资本集聚驱动因素的作用,得到的回归结果如表3-7所示。(1)列和(2)(3)列的系数为正,表明高铁开通后,随着时间的推移,经济密度、投资水平、对外开放程度得到提升,与人力资本集聚之间形成了良性循环。二产产值有着持续性的增长,但随着时间推移其系数缩小逐渐变得不显著,与此相反,三产产值有一定的滞后性,即在高铁开通实施后短期内没有显著带动三产发展,而是随着时间推移三产产值比重显著增加。这与已有的文献有着一致的研究结论。(7)列和(10)列的系数为正,而且绝对值越来越大,表明高铁开通后,政府公共服务供给及交通便利性的改善,促进人力资本集聚的提高。(8)列和(9)列表明高铁开通后,当地政府公共服务供给和人力资本投入比重持续增加。但是结合表3-4,科技投入和人力资本投入并没有促进当地人力资本集聚的增加,说明当地科技投入和人力资本投入并没有有效地转化为城市引力以促进人力资本集聚的提升。综上,高铁开通主要是通过当地第二产业、第三产业并提高投资水平、交通便利性、政府公共服务供给促进了当地人力资本集聚的增加。

(三) 中国大城市在高铁网络下的重塑效应

为验证高铁对城市人口分布的效应是否因城市规模层级差异而产生不同,借鉴孙三百等(2014)的研究,采用市辖区年末人口数作为划分城市规模层级的一个标准。按照2014年11月国务院发布的《国务院关于调整城市规模划分标准的通知》中五类七档划分标准进行划分,由于超大城市和特大城市样本量较少,将其合并,同时,也考虑到Ⅱ型小城市高铁开通样本量不足,故将Ⅰ型小城市和Ⅱ型小城市合并为小城市,即本书以城市规模五档进行分类考察。回归结果如表3-8所示。

表3-7 高铁对人力资本集聚影响机制的检验结果

年份	经济密度 (1)	投资水平 (2)	对外开放程度 (3)	二产产值比重 (4)	三产产值比重 (5)	收入差距 (6)	政府公共服务供给 (7)	科技投入 (8)	人力资本投入 (9)	交通便利性 (10)
2008	0.609*** (37.39)	0.898*** (27.02)	0.733*** (14.30)	0.0688*** (7.932)	-0.00115 (-0.153)	-0.0280** (-2.188)	0.213*** (9.779)	0.962*** (17.67)	0.410*** (10.22)	0.668*** (39.17)
2009	0.785*** (46.41)	1.187*** (32.27)	0.800*** (15.31)	0.0850*** (8.600)	-0.00523 (-0.599)	-0.0291** (-2.176)	0.283*** (10.82)	0.934*** (15.82)	0.528*** (13.82)	0.852*** (48.68)
2010	0.898*** (51.43)	1.374*** (33.70)	0.933*** (14.55)	0.0773*** (6.900)	0.0280** (2.550)	-0.0288** (-1.972)	0.400*** (15.70)	0.993*** (16.38)	0.649*** (15.41)	0.977*** (53.58)
2011	1.074*** (60.45)	1.381*** (35.03)	1.154*** (15.98)	0.111*** (9.058)	-0.00256 (-0.220)	-0.0182 (-1.180)	0.440*** (20.19)	1.032*** (17.66)	0.884*** (21.34)	1.180*** (58.76)
2012	1.254*** (73.01)	1.519*** (36.20)	1.299*** (17.95)	0.123*** (9.280)	-0.0165 (-1.266)	-0.0108 (-0.669)	0.417*** (18.36)	1.130*** (18.89)	1.151*** (25.79)	1.362*** (64.97)
2013	1.363*** (78.86)	1.539*** (34.39)	1.386*** (17.76)	0.112*** (8.019)	0.00702 (0.521)	-0.00734 (-0.449)	0.416*** (15.16)	1.184*** (18.49)	1.114*** (24.81)	1.475*** (70.28)
2014	1.453*** (84.41)	1.677*** (37.74)	1.432*** (17.43)	0.0989*** (6.674)	0.0328** (2.417)	-0.00601 (-0.361)	0.390*** (12.61)	1.233*** (18.35)	1.053*** (20.70)	1.574*** (73.27)

续表

年份	经济密度(1)	投资水平(2)	对外开放程度(3)	二产产值比重(4)	三产产值比重(5)	收入差距(6)	政府公共服务供给(7)	科技投入(8)	人力资本投入(9)	交通便利性(10)
2015	1.521*** (84.65)	1.765*** (38.09)	1.345*** (15.22)	0.0660*** (4.150)	0.0856*** (6.058)	-0.00932 (-0.534)	0.498*** (14.41)	1.090*** (15.68)	1.236*** (24.75)	1.646*** (73.32)
2016	1.564*** (77.58)	1.820*** (36.95)	1.208*** (12.03)	0.0198 (1.209)	0.147*** (10.28)	-0.0168 (-0.878)	0.562*** (14.78)	1.087*** (14.22)	1.353*** (18.96)	1.710*** (68.12)
2017	1.627*** (73.29)	1.893*** (35.57)	1.258*** (12.29)	-0.0144 (-0.843)	0.189*** (12.41)	-0.0180 (-0.855)	0.598*** (17.53)	1.171*** (15.55)	1.398*** (26.44)	1.775*** (62.94)
常数项	6.146*** (982.7)	11.34*** (783.4)	9.192*** (385.7)	3.821*** (810.6)	3.563*** (844.2)	2.000*** (357.1)	2.574*** (313.0)	4.485*** (213.2)	3.585*** (253.7)	3.685*** (495.7)
R^2	0.5674	0.4546	0.2325	0.4007	0.3596	0.4033	0.2299	0.5576	0.4650	0.5773

注：①*、**、***分别表示在10%、5%、1%的水平上显著；②括号内数字为t值，采用聚类稳健标准误计算。

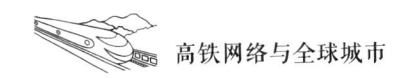

表 3－8　高铁开通对不同规模等级城市人力资本集聚的异质性影响

	特大城市 （1）	Ⅰ型大城市 （2）	Ⅱ型大城市 （3）	中等城市 （4）	小城市 （5）
高铁开通	0.144 *** (2.831)	0.208 * (1.682)	－0.0185 (－0.846)	0.0214 ** (1.949)	－0.0142 (－0.503)
经济密度	0.901 *** (25.42)	0.500 (1.078)	0.654 *** (8.490)	0.622 *** (5.896)	0.689 *** (6.835)
投资水平	0.205 *** (3.746)	0.338 *** (5.162)	0.281 *** (8.015)	0.353 *** (8.458)	0.299 *** (7.295)
对外开放程度	0.0162 (0.717)	0.0499 * (1.161)	0.00991 (1.148)	0.0305 *** (3.605)	0.0381 ** (2.551)
二产产值比重	－0.305 * (－1.733)	0.356 (0.825)	0.199 * (1.915)	0.245 ** (2.271)	0.142 (1.252)
三产产值比重	－0.357 * (－1.950)	－0.0724 (－0.155)	0.124 (1.339)	0.226 ** (2.302)	－0.00687 (－0.0663)
收入差距	－0.154 (－1.038)	－0.632 *** (－3.549)	－0.231 *** (－2.645)	－0.290 *** (－3.653)	－0.295 *** (－3.060)
政府公共服务供给	0.0980 (1.641)	0.0137 (0.212)	0.103 *** (3.779)	0.108 *** (3.743)	0.0631 * (1.703)
科技投入	0.00612 (0.313)	－0.0249 (－0.632)	0.0124 (1.416)	－0.000449 (－0.0540)	0.00481 (0.392)
人力资本投入	－0.0574 ** (－2.233)	0.0556 *** (4.702)	－0.0286 ** (－2.090)	－0.0342 ** (－2.361)	－0.0302 (－1.497)
交通便利性	－0.395 *** (－8.646)	0.0836 *** (3.189)	－0.0655 (－0.980)	0.00689 ** (2.079)	－0.0922 (－1.055)
常数项	5.377 *** (4.533)	4.679 (1.405)	3.035 *** (4.574)	3.278 *** (4.754)	3.839 *** (5.483)
R^2	0.910	0.765	0.670	0.706	0.686

注：括号内数据为 t 值；*、**、*** 分别表示在 10%、5%、1% 的水平上显著。

显然，不同规模的城市高铁开通影响的效应差异明显。特大城市、Ⅰ型大城市、中等城市显著为正，而其他规模等级的城市不显著。从不同城市的回归系数看，Ⅰ型大城市系数最高。随着城市规模的缩小，系数逐渐降低，至Ⅱ型大城市变为一个极小值点，且从之前的高度显著变为不显著。随后系数逐渐缩小，至中等城市由负转正，最后，小城市变为负值，且不显著。这一形状恰似"M"形。

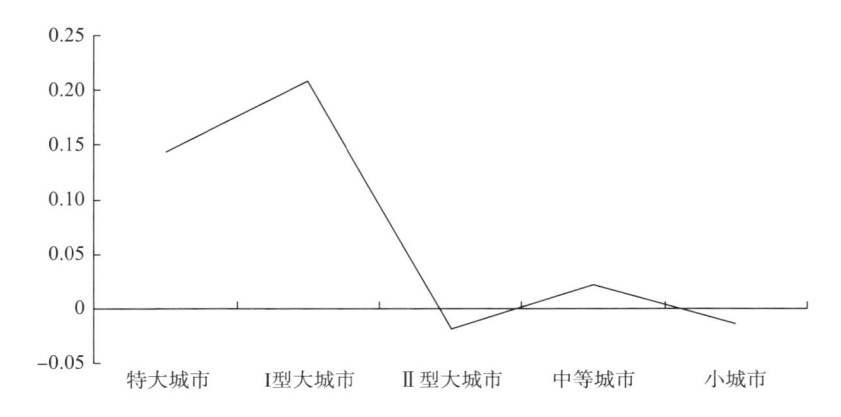

图 3-6　高铁开通对不同规模等级城市人力资本集聚影响系数变动

对于小城市，高铁开通对人力资本集聚影响效应不显著，因为小城市的产业发展、岗位需求不足，很难与周边中等城市、大城市在劳动力竞争中表现出明显的优势和更强劲的发展动力。在高铁网络下，小城市的劳动力有更多机会去周边中等城市或大城市寻找就业机会，中等城市或大城市的"虹吸效应"在一定程度上会导致小城市劳动力的流失，从而降低中等城市的人力资本集聚。而当城市规模开始迈入中等城市行列时，中等城市在土地等生产要素价格上的优势，随着承接上游流出的产业及致力于产业发展壮大时，其空间竞争相比于大城市更小，随着人口流动通道的优化，能够依靠城市发展孕育的基本面扩大对省域范围内的辐射范围，提高人力资本集聚吸附能力。

然而，当城市规模迈入Ⅱ型大城市时，高铁开通带来的人力资本集聚效果又变得不理想。这种效应可归为高铁的溢出效应，可能是由于运输成本降低和时间成本缩短，延伸了城市的发展方向，带来的溢出效应将促使这类城市向周边沿线城市发展，这不仅能拓宽城市发展空间，重要的是能缓解市区的人口、产业发展压力。但随着城市规模的增大，如在Ⅰ型大大城市及特大城市中，高铁开通对该类城市人力资本集聚影响效应显著增加，而省会城市多属于特大城市和Ⅰ型大大城市，因此特有的政治属性、经济基础等优势特征使要素吸引力的持续性异常强大，加之高度成熟、完善的城市运转体系，将使通勤的便利度在整个城市更高。因此，高铁开通会使部分产业选址在高铁站附近，部分通勤人员也会选择在高铁站附近就业。

高铁兼具速度和运力，密度与速度的提升将使承载的人口流动速度与规模不断增大，这种改变一方面将为大城市向邻近中小城市转移人口及产业提供交通条件，从而构筑起真正意义上的城市群工作、生活空间；另一方面，将极大地促进小城市向仍处于资源集聚期的省域中心城市进行人口输送，从而出现更多人口规模、更具优势的大城市和中等城市。这一聚一散改变的将是整个城市的发展格局。

四、高铁网络对城市产业的重塑效应

高铁网络对城市产业重塑效应主要体现在城市产业间变动引起的空间人力资本集聚的重新分布。回归结果如表3-9所示。无论有无控制变量，高铁开通对第二产业、第三产业人力资本集聚的影响系数均显著为正，高铁影响第三产业人力资本集聚估计系数比第二产业人力资本集聚略高。二产产值是促进第二产业人力资本集聚的重要影响因素，意味着当地城市随着二产产值的增加，必将促进当地人力资本集聚，但对第三产业人力资本集聚没有发挥效应。交通便利性对三产人力资本集聚发挥了促进作用，表明交通配套基础设施的建设给交通产业本身及相关产业带来直接或间接的影响。

高铁对于城市第二产业的人力资本集聚有显著促进作用，即"就业集聚"现象明显。将被解释变量进一步替换成第二产业的制造业和建筑业人力资本集聚水平时，回归结果如表3-10前两列所示。高铁开通对制造业就业集聚有促进作用，只是系数较低。相比而言，高铁开通显著加快了建筑业就业集聚。"集聚加剧"的出现说明高铁开通对第二产业内部结构产生了较大冲击。一方面，这一冲击表现为显著改变了第二产业的内部生产结构。随着高铁网络化的加快、站点城市的增加，沿线城市商业、房地产业的快速发展，建筑业短期内在区域上呈现集聚状态，引致建筑业人力资本集聚上升。另一方面，城市是否建有高铁成为当今很多企业选址的重要条件，高铁站点城市对制造业招商引资较为有利，制造业不同于服务业，虽然规模较大，用人较多，但随着二产比重整体下降，加之优质企业的进入，将使竞争环境更趋激烈，迫使现存企业进一步转型升级、提质增效。其中一个较为重要的变化是增强员工的个人效率，裁撤冗余、减员增效，引致现存企业的人力资本集聚增加有限。而这一部分被裁减人员又可以从事高铁站带来的服务业等产业，通过自主创业等形式实现再就业。因此，高铁带来的制造业就业集聚程度较低的现象，实则是高铁对城市第二产业转型发展、城市经济结构完善合理的良好促进。

表3-9 高铁开通对产业人力资本集聚的影响

	二产人力资本集聚		三产人力资本集聚	
	（1）	（2）	（3）	（4）
高铁开通	0.188*** (4.297)	0.0778* (1.865)	0.0209* (2.321)	0.0860* (1.758)
经济密度		0.664*** (6.568)		0.483** (6.114)
投资水平		0.403*** (7.391)		0.206*** (5.336)
对外开放程度		0.0704*** (3.958)		0.0391** (2.533)
二产产值比重		0.872*** (5.521)		-0.0151 (-0.0963)
三产产值比重		0.328* (1.815)		0.117** (1.674)
收入差距		-0.402*** (-3.039)		-0.136 (-1.187)
政府公共服务供给		0.242*** (3.296)		0.313*** (4.358)
科技投入		0.0304* (1.675)		0.0247 (1.642)
人力资本投入		-0.107*** (-2.880)		-0.0697** (-2.450)
交通便利性		-0.0696 (-0.838)		0.168** (2.481)
常数项	6.925*** (421.3)	4.207*** (3.923)	7.208*** (562.5)	8.524*** (7.771)
R^2	0.525	0.407	0.451	0.341

注：括号内数据为 t 值；*、**、*** 分别表示在10%、5%、1%的水平上显著。

将第三产业内部各产业划分为四类如流通行业、生产和生活服务业行业、科学文化服务行业、社会公共服务行业。具体的划分是依据国家统计局在1985年《关于建立第三产业统计的报告》中将第三产业按四个层次的标准进行划分,将流通行业(交通运输、仓储及邮政从业人员,批发和零售业从业人员,租赁和商业服务从业人员,住宿餐饮业从业人员);生产和生活服务行业(金融业从业人员,水利环境和公共设施管理业从业人员,居民服务和其他服务业从业人员,电力煤气及水生产供应业从业人员,房地产业从业人员);科学文化服务行业(科研、技术服务和地质勘查业从业人员,教育从业人员,信息传输、计算机服务和软件业从业人员,文化、体育和娱乐业从业人员);社会公共服务行业(卫生、社会保险和社会福利业从业人员,公共管理和社会组织从业人员)。

表3-10 高铁开通对不同产业结构内部的影响

	制造业	建筑业	流通行业	生产和生活服务行业	科学文化服务行业	社会公共服务行业
	(1)	(2)	(3)	(4)	(5)	(6)
高铁开通	0.0344** (2.059)	0.4942*** (9.012)	0.0415* (1.69)	0.0781** (2.682)	-0.0952** (-2.103)	0.0145 (2.395)
经济密度	0.568*** (4.546)	0.847*** (8.035)	0.575*** (6.053)	0.463*** (5.385)	0.318*** (2.930)	0.422*** (4.156)
投资水平	0.452*** (8.687)	0.382*** (6.638)	0.420*** (7.345)	0.201*** (5.268)	0.115*** (3.224)	0.0896*** (2.842)
对外开放程度	0.0531*** (2.974)	0.0754*** (3.020)	0.0360* (1.934)	0.0487*** (2.804)	0.0295* (1.845)	0.0297* (1.927)
二产产值比重	0.877*** (4.338)	0.475* (1.670)	-0.00134 (-0.00688)	0.146 (0.829)	-0.132 (-0.794)	0.0361 (0.228)
三产产值比重	0.285 (1.361)	0.0787 (0.263)	-0.107 (-0.497)	0.0703 (0.372)	-0.232 (-1.286)	-0.123 (-0.714)
收入差距	-0.162 (-1.173)	-0.511*** (-2.787)	-0.0507 (-0.352)	-0.0825 (-0.768)	-0.0169 (-0.166)	-0.0192 (-0.195)
政府公共服务供给	-0.240*** (-3.263)	-0.333*** (-3.962)	-0.246*** (-3.041)	-0.303*** (-4.035)	-0.321*** (-4.647)	-0.308*** (-4.435)

续表

	制造业	建筑业	流通行业	生产和生活服务行业	科学文化服务行业	社会公共服务行业
	(1)	(2)	(3)	(4)	(5)	(6)
科技投入	0.0374** (2.132)	0.0219 (0.931)	0.0242 (1.393)	0.0222 (1.363)	0.0334** (2.263)	0.0230 (1.555)
人力资本投入	-0.0708* (-1.793)	-0.0330 (-0.819)	-0.0827** (-2.416)	-0.0755** (-2.503)	-0.0836*** (-2.891)	-0.0844*** (-2.991)
交通便利性	0.0657** (2.609)	0.0609*** (3.724)	0.0431*** (4.559)	0.147** (2.134)	-0.173* (-1.776)	0.233*** (2.695)
常数项	4.740*** (3.430)	3.530* (1.904)	8.304*** (6.018)	5.635*** (4.875)	8.482*** (7.468)	6.717*** (6.294)
样本数	4473	4473	4474	4474	4474	4474
R^2	0.378	0.467	0.466	0.530	0.452	0.519

注：括号内数据为 t 值；*、**、*** 分别表示在10%、5%、1%的水平上显著。

回归结果如表3-10的列（3）至列（6）显示，高铁开通对流通业、生产和生活服务业行业有着促进作用，即"就业集聚"现象明显。科学文化服务行业的就业集聚的影响效应为显著负值，表明高铁开通对科学文化服务行业显著带来了就业稀释。这可能是因为科学文化服务行业转型升级所带来减员增效效果，随着交通网络的发达，高铁快捷便利性也对其在区域上发挥了人力资本分散效应。关于社会公共服务行业，在高铁开通后其没有受到显著影响。

本书的研究表明，高铁开通对地级市人力资本集聚具有显著的推动作用，在持续几年的推动作用后，其推动作用逐渐下降和减缓；高铁开通只有与提高投资水平、扩大对外开放程度、加大政府公共服务供给规模、改善交通便利性等政策共同实施，才能促进当地人力资本集聚提高；高铁开通对不同规模城市人力资本集聚的重塑作用存在差异，特大城市、Ⅰ型大城市、中等城市显著为正，尤其对Ⅰ型大城市和中等城市影响程度最高；高铁开通可以显著提升城市第二产业、第三产业的人力资本集聚，有效提升制造业的空间配置效率；高铁开通促进了地级城市流通行业、生产和生活服务行业的就业集聚，但对科学文化服务行业带来了就业稀释。

上述结论对应的政策启示为：不同规模城市应采取的不同发展策略。在当下以及可以预见的未来，从现有的数据研究结论显示，运输成本的下降并没有导致经济和人口出现离散的状态；相反，人口和经济活动向中心集聚的趋势有所加强，即小城市向大城市集中的趋势是被加强的。

第四章　上海全球城市与长三角高铁网络：空间溢出与科技创新

中国的城市已进入组团发展时代。所谓城市群，是城市发展到成熟阶段的最高空间组织形式，而全球城市区域的形成，更是高度发展的经济全球化的直接结果。英国学者霍尔（Peter Hall，2001）曾提及，如果全球城市的定义是建立在其与外部信息交换的基础上，则全球城市区域的定义应当建立在区域内部内在联系的基础上。

第一节　高铁网络影响城市群的理论基础及作用机制

一、理论基础

交通促进城市群形成的相关理论包括中心地理论、空间相互作用理论、现代空间扩散理论。

中心地理论是由德国城市地理学家克里斯塔勒（W. Christaller，1933）基于德国南部考察基础上提出的理论。这个理论强调中心地是在城市区域中居于核心位置，体现在交通网络上是处于枢纽中心的位置，体现在服务范围上是处于为周边其他区域提供商品和服务的核心地。中心地等级的划分依据中心地影响范围及影响深度而定。而距离是决定中心地影响范围和影响深度的最重要的因素。市场原则是中心地布局的重要依据，按照市场原则，购买商品和服务往往考虑的是就近原则，因此交通技术水平和运营能力对于中心地的形成和发展具有重要意义。

随着经济社会发展,单极化中心地的发展日益受到挑战,城市之间抱团成长日益受到重视。城市群空间相互作用理论由厄尔曼（E. L. Ullman）提出,这个理论强调不同城市在一个统一有机组织内进行各生产要素空间流动、转移、交换,由此促进各要素合理配置推动城市群发展。城市群空间相互作用需要依托三个前提条件,即互补性、中介性、可运输性,并且指出这三个条件对城市群发展的促进作用不能由单个条件独立而成,而是相互交织共同发挥作用。互补性是城市群空间相互作用的前提,城市间空间相互作用是以需求相互满足为核心,通过多样化交换方式实现互动。互补性不仅在于经济资源的互补,也体现在社会资源、生态资源的互补,这种互补性使资源合理配置发挥最大效应。中介性是城市空间相互作用过程中产生的第三地,具有降低资源要素在空间上的流动时间。城市群空间相互作用理论是厄尔曼在当时物资缺乏的状况下提出的理论,较多关注运输条件的作用性。可运输性是城市人流、物流等生产要素空间相互作用的重要载体,距离远近决定相互作用的阻力程度,距离越远,成本越高,越难以达到可接受程度,即使互补性强也难以维持长期的空间相互作用,因此,可以说交通技术发达程度及运营水平决定了城市间空间相互作用的程度。

城市间相互作用是集聚与扩散并存。现代空间扩散理论由哈格斯特朗受物理热传导启示提出的。与厄尔曼不同的是,他认为决定其空间相互作用需要依托互补性、迁移性、中介机会三个条件;强调当城市群中心区发展超过一定临界点后,其中心区的产品、技术、社会体制、生活方式等必然向周边溢出和扩散。而空间扩散的类型多样,包括点轴式扩散、周边式扩散、等级式扩散等方式,随着中心区对周边地区的空间溢出和扩散,会促进周边城市经济发展、社会文化结构的演变,最终促进城市群发展和壮大以及城市群等级的提升。

二、高铁网络影响城市群资源流的作用机制

城市群高铁网络会使原有城市格局产生新的空间布局,从而推进城市群发展。依照高铁网络体系结构城市群大致分为两种类型:一类是以省会城市为核心的高铁向外辐射而形成城市群的高铁网络体系,这类一般以中西部城市较多,如武汉城市群、中原城市群等,因为省会城市首位度较高,周边其他城市经济基础和地位处于较低,主要是属于依附于核心城市带动本地经济

发展的依附性城市，城市群高铁网络体系正在形成，空间结构尚未完全定型。另一类是由于地理和历史原因形成的多核心城市群，如东部的长三角城市群、珠三角城市群、中西部的长株潭城市群，核心城市以高铁网络和高速公路与周边城市相连，这类城市群的多核心高铁网络体系已经初步形成。

高铁交通网络会通过影响城市群内外关联性、城市体系演变、产业空间配置的优化等，从而影响城市群资源的流动。

表4-1 高铁网络影响城市群资源流的作用机制

作用机制	内容
城市群内部凝聚力	高铁网络可以最大限度地压缩核心城市与边缘城市的空间距离，特别是在服务业越来越重要的时代，区域核心城市具有为区域经济提供金融、文化、教育等产业的规模经济效应，提升城市群内部凝聚力。
城市群外部关联性	城市群是开放的经济社会综合体，而高铁网络密集度越高，与外部地区的关联性就越高。距离区域中心城市近，也有利于周边城市的发展，中心城市的规模越大，辐射周边的范围也就越大。
城市体系的合理化	城市群的发展需要由不同规模、不同职能分工的合理的城市体系所构成，然而合理的城市体系并非一蹴而就，也并非任意而定，交通网络发达与否将决定城市体系合理化的进程。
产业集群的合理配置	产业集群即指相邻城市间在产业领域上有更多相同或相关的合作和专业化分工，其发达程度取决于交通网络发达程度，发达的交通网络不仅给产业集群提供更低的交易成本，更重要的是由于交通网络压缩物理空间、增加城市间互动频率和信息处理的快捷性，从而促进企业间的深度分工和广泛合作性。

第二节 全球城市区域发展与高铁网络的互动

一、城市群与全球城市区域发展

城市群是城市化发展进入后期阶段的产物，是最为主要的一种经济和人口空间集聚的形态。在特定地域范围内，城市群内不同规模的城市依托优越的自然环境区位基础和发达的交通网络体系形成一个密切联系的有机整体。一般以1个以上特大城市为核心,由3个以上大城市为构成单元,依托发达的交通通信等基础设施网络所形成的空间组织紧凑、经济联系紧密,并最终实现高度同城化和高度一体化的城市群体。

全球城市区域的形成是基于"世界城市""全球城市"等概念基础上提出的。这是因为从20世纪90年代开始,随着经济全球化的发展,原有的"世界城市""全球城市"等理论已不足以解释全球城市体系,Scott和Hall、Douglass和Mcgee认为城市群发生了改变,已逐渐由单个核心城市向区域群岛方向发展,该空间组织被称为"全球城市区域",全球城市区域不同于仅仅因地域联系而形成的普通意义上的城市群,其特征是在全球化高度发展的前提下,以经济联系为基础,由国际城市及其腹地内经济实力较为雄厚的二级城市扩展联合而形成的一种独特空间现象。如果说城市群是作为城市化进程的产物而提出的概念,那么全球城市区域的形成就不仅仅是城市化进程的产物,更是高度发展的经济全球化的直接结果。

从区域核心角度来看,全球城市区域不仅是以全球城市为核心的城市区域,其区域内相互联系的诸多的二级大中城市也都参与到经济全球化建成中,具有高度的国际化;从空间结构角度来看,全球城市区域并非单核心城市区域,而是多核心的城市扩展联合的空间结构,多个中心间有着专业化的内在联系,合作与竞争并存。国内研究学者也认为,所谓全球城市区域概念是经济全球化进一步以功能性分工、强化不同层级城市区域在全球网络中的作用而带来全球范围全新的地域空间现象(易千枫、张京祥,2007),全球城市区域更被认为是城市群的提升。城市在发展到一定程度后,城市地域范围逐步向周边扩展过程中,依托优越的自然环境和发达的交通运输体系,将城市群内不同规模的城市整合成密切联系的有机整体,在城市功能升级、产业链接、经济空间联系、人口流动方面发挥着强大经济社会效应。这其实是全球城市区域所内在具有的,也是共性之处。中国全球城市区域建设的实践探索较多,尤其是党的十九大报告首次纳入区域协调发展战略,长三角城市群、京津冀城市群、粤港澳大湾区也在加紧建设,如长三角城市群于2016年出台《长江三角洲城市群发展规划》;京津冀城市群于2015年出台《京津冀协同发展规划纲要》;粤港澳大湾区2017年签署《深化粤港澳合作推进大湾区建设框架协议》,并于2018年报批《粤港澳大湾区发展规划纲要》。可见,全球城市区域发展已经成为学术与实践的共识。

作为发展中的国家,中国大城市的发展可能不像发达国家的全球城市那样独立地形成和发展,而是国内已有国际化特征且城市规模大功能强的上海、北京等一些城市将依靠全球城市区域的发展,成为崛起中的全球城市。也就是说,上海作为全球城市的崛起不能脱离一个全球城市区域的发展,即上海要建成全球城市离不开以长三角城市群区域作为腹地的支撑。同样,全球城市区域建设离不开上海的发展,因为强大的城市会促进区域的共同繁荣。借鉴国际全球城市区域的经验来看,东京都南部的横滨市的川崎汽车制造走廊,对东京生产性服务业繁荣给予了极大贡献;大巴黎的马恩拉瓦莱等五大新城地理位置处于巴黎周边的 7 省范围内;大伦敦同样也是如此,是由伦敦与周边 32 个自治市共建而成。比较世界大城市群可以发现,城市群核心地区的差异化优势与清晰定位是其壮大发展的关键,如美国东海岸城市群,其核心的纽约都市圈是基于金融、高校等资源优势,在生物技术和医药制造方面有所发展,而其所在的名校如普林斯顿等高校为其提供了源源不断的人才资源,从而促进纽约形成有别于其他城市群的具有特色的高密度的生物技术和金融业,而相邻的费城因较好的制造业基础,为纽约的医药制造业提供了强劲的支撑。正是由于资源禀赋差异和互补性,纽约和费城都市圈形成了良性互动的波士华城市群核心区。

随着当前全球化和信息化日益发展,在产业分工日益深化的大背景下,未来全球城市区域发展依靠单一的城市或将难以在国际竞争力中取得全面制胜,因而城市间竞争将逐步扩展至各区域经济综合实力的抗衡。长三角全球城市区域是以上海为核心,在长三角区域经济全球化过程中,上海全球城市发挥了"两个扇面"的作用,即对外连接全球网络、对内辐射区域腹地。长三角全球城市区域是正在崛起的世界第六大城市群,是我国经济最具活力、开放程度最高、创新能力最强、吸纳外来人口最多的区域之一,是"一带一路"与长江经济带的重要交会地带,在国家现代化建设大局和全方位开放格局中具有举足轻重的战略地位。但与典型的全球城市区域的基本比较来看,全球城市区域城市化水平于 2010 年均在 85% 以上,而长三角地区城市化水平于 2017 年为 70%,无论从人口还是经济来看,相比其他全球城市区域较弱。

表 4-2　与典型的全球城市区域的基本比较

城市群	核心城市	总面积（万平方公里）	基本特征
欧洲西北部城市群	巴黎	14.5	由大巴黎地区城市群、莱茵—鲁尔城市群、荷兰—比利时城市群所构成，城市化水平超过90%；将城市职能分散到城市群，形成既有联系，又有区别的空间组织形式。
美国东北部大西洋沿岸城市群	纽约	14	拥有40个10万人以上的中小城市，人口占美国总人口的20%，制造业产值占美国的70%，城市化水平90%以上。
日本太平洋沿岸城市群	东京	3.5	由千叶—东京—静冈—名古屋—京都—大阪—神户构成，城市化水平超过85%；土地占日本国土面积的6%，人口占全国总人口的61%。
英伦城市群	伦敦	4.5	由伦敦—利物浦大城市构成，城市化水平超过90%；土地占英国的31.7%，人口占英国人口的60%，GDP占英国80%以上。
长三角城市群	上海	21.17	2017年城市群（26市），城市化水平65%，土地占全国的2.2%，人口占全国的11%，GDP占全国的20%。
珠三角城市群	深圳	5.6	2017年城市群（9市），以全国0.57%的土地面积、全国5%的常住人口，创造了占全国13%的地区生产总值。

二、全球城市区域发展与高铁网络互动的战略意义

（一）全球城市区域发展与交通网络

当下全球城市区域越来越大，唯一不变的是全球城市区域的内核需要有足够的密度和能级。综观典型全球城市伦敦、东京、纽约的发展都存有不同的发展圈层。以第一层次都市区的圈层，一般面积为1万平方公里以内，都市区的近域圈层基本以1小时左右的通勤圈为主，如东京都市区与近域的神奈川、埼玉、千叶各县，在此通勤圈中分别承载了92万、64万、37万通勤量。第二层次都市圈其涉及的圈域有所扩展，都市圈的圈层面积大致为3万平方公里左右，如东京都（由23个区、39个市町村组成）与周边七县（东

京都、神奈川县、千叶县、埼玉县、山梨县、群马县、枥木县、茨城县）范围为3.7万平方公里。第三层次为城市群、巨型城市区或全球城市区域，是一组经济上相对比较有紧密联系的城市群体，面积根据城市连绵发展区域特征呈现较大差异，大致为4万—14万平方公里不等。

表4-3　典型全球城市发展圈层　　　　　　　　　　（万平方公里）

城市	第一层次都市区	第二层次都市圈	第三层次城市群
伦敦	0.16	1.1	4.5
纽约	—	3.2	14
东京	0.13	3.7	10

从国际全球城市区域发展来看，交通基础设施是全球城市区域的重要支撑，其作为中间投入品可以降低生产活动的生产成本，提高区域通达性，降低企业运输成本和提高运输效率，促进知识溢出和扩散。世界级全球城市区域依托基础设施走廊形成成熟的空间结构，内部次级区域发展较成熟。

表4-4　全球城市区域发展与交通网络

区域	特征
美国东北部城市群的"圈中圈结构"	美国东北部大西洋沿岸城市群是世界六大城市群之一，其城市群空间结构经历孤立分散—发展轴—都市圈逐渐演化而成，其城市群有着较合理的城市金字塔城市体系，城市群的增长由纽约、波士顿、费城、巴尔的摩、华盛顿等中心城市逐步向外辐射和扩展，逐渐梯次出现纽瓦克、卡姆登、安纳波利斯等次级中心城市，城市群内部的各种职能分工、等级鲜明的城市体系相互交织、合作。纽约是美国东北部城市群的"圈中圈结构"中最核心的城市，其处于城市体系金字塔的顶层，不仅在地理位置上处于城市群的核心位置，更是作为产业层级结构的顶层，对周边城市起着辐射和充分带动作用。其辐射和带动作用依赖于完善的多层次城市交通网络系统，如城市群内几乎所有的城市都通公路，铁路网络主要是由东北至西南方向，由波士顿主干道开始，途经纽约到达华盛顿，连接沿线各个中心城市，轻轨等一些城际铁路将中心城市和远郊地区、周边小城镇连接起来，辐射带动远郊和周边小城镇的发展。纽约、波士顿、费城、巴尔的摩、华盛顿这五个中心城市的轨道交通（地铁和轻轨）客流量占全美的80%。尤其在距离纽约最主要城际火车站40公里范围内，

续表

区域	特征
美国东北部城市群的"圈中圈结构"	距离地铁站 800—1600 米的半径范围内,集聚的居住者达 700 多万人,而产业就业人员达到 200 多万人。除此之外,其他中心城市如华盛顿、费城、波士顿均有 25%—30% 的人口以及 20%—35% 的工作靠近其当地的轨道交通系统。
欧洲的多中心城市网络	彼得霍尔等编写的《多中心都市区:向欧洲巨型城市区域学习》书中,通过对欧洲八个典型巨型城市——巴黎地区、大都柏林地区、德国莱茵—鲁尔地区、德国莱茵—缅因地区、瑞士北部地区、英格兰东南部、荷兰—兰斯塔德地区、比利时中部进行地图、统计和调查数据的实证研究,并比较了以上这些多中心城市区结构特点及发展规律,可谓是一本关于欧洲多中心城市区域研究较翔实的资料集,研究结论提出,区域交通可达性的改善是更加多中心城市系统出现的重要前提条件。
日本城市群沿"新干线"轴向发展	日本太平洋沿岸城市群最初发展限制在东京附近的关东平原、名古屋附近的浓尾平原和大阪附近畿内平原;明治维新后的兴起为京滨—中京—阪神—北九州四大临港工业带;1950 年后,形成东京圈—名古屋圈—大阪圈;1960 年,日本建立新干线都市圈沿着海岸方向扩展融合,空间一体化发展。日本城市群发展高度依赖于发达而完善的铁路交通网络体系,三大城市群在发达铁路网络下铁路利用率较高,从 2005 年的 23.1% 增长到 2015 年的 28.5%,正是由于铁路网络的发达,汽车利用率直线下降,从 2005 年的 33.9% 下降到 2015 年的 31.4%。从交通网络运营公里来看,虽然铁路运营公里仅占全日本的 20%,但承载运输乘客却占全日本人口近九成,尤其东京圈(以东京市区为中心,半径 50 公里范围内,涉及东京都、神奈川县、埼玉县、千叶县以及茨城县管理的地区)通过铁路运输乘客,占全日本人口的六成以上。为增强城市群国际竞争力,日本在 2015 年 8 月颁布《国土形成规划(全国规划)》,旨在建设一条打通城市群的专线,即从东京经名古屋到大阪的磁悬浮中央新干线,这条线路是将三个城市群连接成一个 1 小时经济圈,打破原有城市群孤立发展,打造新的超级城市群,为在全球体系中占据核心地位创造更大的价值。这条铁路线路计划将于 2027 年建成东京品川至名古屋段,2045 年该线路将延至大阪,将原有该线路时间缩短到一半,即东京至大阪最快只需 67 分钟。

注:作者整理。

第四章 上海全球城市与长三角高铁网络：空间溢出与科技创新

（二）目前长三角区域运营的高铁密度已经超过日、德、法、西等高铁发达国家平均密度

高铁网络无疑会加快长三角全球城市区域的建设。从世界级全球城市区域发展的轨迹来看，其也正是依托基础设施走廊形成成熟的空间结构，加快资源合理配置，以促进经济快速发展。比如美国东北部城市群的"圈中圈结构"就是由基础设施密布的空间，如美国东北走廊（NEC）—全面电气化铁路线、高速公路网络拓展形成；日本东京都市圈沿"新干线"轴向发展，城市轨道交通线路里程 2305 公里，轨道交通占整个机动化交通出行方式的客运量比重为 73%。目前长三角沪苏浙皖三省一市陆地面积约 35 万平方公里，与世界主要高铁发达国家日本、德国接近，只有法国、西班牙陆地面积的 2/3 左右，但三省一市动车、高铁运营里程中高铁运营里程 3357 公里，占全国高铁总里程 1/6。长三角区域运营的高铁密度已经超过日、德、法、西等高铁发达国家平均密度，但与日本东京都市圈铁路网络密度相比还是有一定差距。

（三）长三角区域运营的高铁密度是国内最密集、最完善的

与此前"四横四纵""五横三纵"的普铁路网相比，原有的部分节点城市发生变更，特别是省会、城市群中心城市，高铁线路更加集中，交通枢纽地位更加突出。国务院印发的《"十三五"现代综合交通运输体系发展规划》指出，"重要城市群核心城市间、核心城市与周边节点城市间实现 1—2 小时通达"。长三角城市群内 2 小时交通圈覆盖城市数达到了 24 个，与此相比，京津冀为 8 个，粤港澳大湾区为 11 个。长三角城市群内，交通圈重合交集多，联系紧密。京津冀重叠度不高，相对割裂。粤港澳大湾区交通圈呈现向北扩张的特点，但交通圈数量较少。

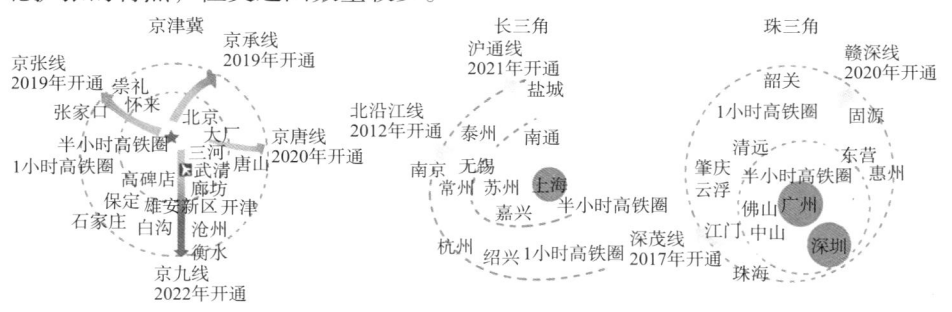

图 4-1 京津冀、长三角、珠三角高铁交通覆盖范围

表 4-5 京津冀、长三角、珠三角铁路、公路营业里程密度比较

城市群	铁路里程（公里）	高速公路里程（公里）	铁路密度（公里/百平方公里）	高速公路密度（公里/百平方公里）	铁路营业里程密度（公里/人）	公路营业里程密度（公里/人）
长三角城市群	9996		4.6		0.42	19.74
京津冀城市群	8114	4194	4.2	1.95	0.76	15.45
粤港澳大湾区	2352	8696	3.8	7.49	0.38	19.66

资料来源：根据《2017 年统计年鉴》数据计算整理。

三省一市范围内 41 个地级以上城市，高铁已覆盖 31 个，另有 8 个城市高铁在建。上海铁路监督管理局的统计数据显示，截至 2017 年年末，长三角率先构建了全国最密集完善、以上海为核心的长三角高铁网，长三角城市群铁路运营里程 9996 公里，是粤港澳大湾区的 4.3 倍，是京津冀城市群的 1.2 倍。铁路运输日均发送旅客 172 万人次。

中国最新的"七普"数据显示，人口流动"东西部增加、中部及东北减少"。与 2015 年小普查数据显示的"东部回落、中西部上升"人口流动特点不同，"七普"显示人口跨省流动出现"孔雀依然东南飞""微幅回流西部"并存格局。东部吸纳了 73.5% 的跨省流动人口，西部地区吸纳了 15.1%，而中部和东北地区仅吸纳了 11.4%。长三角、大湾区、京津冀和成渝地区是人口集聚强化区，长三角城市群人口总数最高，已突破 2.3 亿人，与"六普"相比增幅为 9%；京津冀和成渝地区人口增幅均为 6%；大湾区人口增速最快，"七普"比"六普"增加了 2169 万人，十年间人口上涨幅度达到 21%，人口负增长省份出现了重新洗牌。人口负增长省份从"六普"的重庆、湖北、四川、贵州、安徽、甘肃，转变为"七普"的黑龙江、吉林、内蒙古、辽宁、山西、甘肃，只有甘肃依旧是熟面孔。明显看到 2000—2010 年人口萎缩的省份均位于南方，而 2010—2020 年人口萎缩的省份均位于北方，特别是东北地区。可以看出"七普"人口流向和分布格局变化与高铁网络线路里程有着高度的一致性。

第四章　上海全球城市与长三角高铁网络：空间溢出与科技创新

（四）长三角高铁网提升上海集聚辐射的广度和深度

日益完善的高铁网络将提升上海集聚辐射的广度和深度，推动长三角一体化提速。2016年6月出台的《长江三角洲城市群发展规划》，提出"构筑以轨道交通为主的综合交通网络"。依托国家综合运输大通道，构建以上海为核心，以南京、杭州、合肥为副中心，以高铁、城际铁路、高速公路和长江黄金水道为主通道的多层次综合交通网络。上海作为目前全国三大高铁中心之一和长三角最大的高铁枢纽，截至目前，运营的高铁线路包括京沪高铁、沪蓉高铁、沪昆高铁、东南沿海铁路等国家"四纵四横"高铁主干线以及沪宁城际等，贯穿我国经济活动最密集的地区。以虹桥商务区为引领，依托长三角现有和新建的高铁网络、高铁站点等，打造综合高铁枢纽新城，并与长三角高铁沿线主要站点商务区联手，打造长三角高铁沿线高铁商务区，有利于提升虹桥商务区对长三角的辐射能力，加速长三角产业一体化发展。

增强京沪高铁、沪宁城际、沪杭客专、宁杭客专等既有铁路城际客货运功能。推进沪宁合、沪杭、合杭甬、宁杭、合安、宁芜安等主要骨干城际通道建设；规划建设上海—南通—泰州—南京—合肥、南通—苏州—嘉兴、上海—苏州—湖州、上海—嘉兴—宁波、安庆—黄山等铁路（含城际铁路），以及上海—南通跨江通道等城际通道建设，提高城际铁路对5万以上人口城镇、高等级公路对城镇的覆盖水平。围绕"着力打造上海国际性综合交通枢纽"，加快建设南京、杭州、合肥、宁波等全国性综合交通枢纽，以及南通、芜湖、金华等区域性综合交通枢纽，进一步加强上海与长三角城市之间的快速联系。

更有利于上海集聚国内特别是长三角区域优质要素资源实现国家战略。当前国际城市的竞争多是以城市群竞争的形式出现的，上海正在实施建设"四个中心"，建设具有国际影响力的科技创新中心，建设卓越全球城市和社会主义现代化国际大都市等国家战略任务，仅仅依靠上海自身的力量是远远不够的，必须依托长三角丰富的土地、人才、资金、市场等要素资源，依托长三角城市群的综合竞争力，才能在国际、国内竞争中取胜。长三角内部便捷的高铁网络以及与外部的快速联系，有利于上海汲取长三角和全国的高层级要素资源，同时也有利于上海在更大范围内配置养老、工业制造等产业，解决上海的土地、能源和生态环境约束。长三角强大的制造业基地还是上海建设科技创新中心的重要依托。上海的港口箱源、商品零售、旅游客源等都依赖长三角地区的市场,因此,高铁网络加速长三角一体化步伐,为上海更好实现国家战略提供了良好机遇条件。(1)直接为上海两大机场集聚客源。目前,上海虹桥枢纽已经出现类似法国戴高乐机场"高铁为枢纽机场集聚客源,高速公路为高铁疏散客流"的现象。(2)有利于发挥虹桥商务区、浦东航空城等的辐射能级,集聚上海急需的人才等高端要素资源。上海建设国际经济、金融、贸易、航运中心和具有国际影响力的科技创新中心,必须依托长三角丰富的土地、人才、科教和市场等资源。虹桥商务区、浦东机场—上海东站—浦东航空城地区等具有引领长三角高铁经济带发展的综合优势,有利于集聚长三角乃至全国的企业总部和高端要素。(3)有利于更好发挥虹桥枢纽"大会展、大商务"功能,更好释放浦东辐射能级,缓解全市写字楼面积过高等不利影响。全国特别是长江经济带、长三角地区经济的快速发展给虹桥商务区和上海整体现代服务业发展提供了无限潜力,上海引领长三角高铁经济带建设,有利于释放上海的楼宇经济潜力和现代服务业发展潜能,更好地释放浦东辐射能级。(4)有利于上海疏解全球城市非核心功能。按照打造世界级城市群核心城市的要求,上海加快提升核心竞争力和综合服务功能,依托长三角高铁网络和高铁经济带建设,推动上海全球城市非核心功能疏解,推进与苏州、无锡、南通、宁波、嘉兴、舟山等周边城市协同发展。在长三角范围内,按照"头脑在上海、身体在外地,研发销售在上海、制造在外地,高端制造在上海、低端制造在外地"的原则,依托高铁等便利交通网络,加快优化自身产业布局,引领长三角区域发展。将放大上海在长江经济带和"一带一路"倡议中的支撑作用。长江经济带建设仅靠上海自身带动是不够的,需要长三角的整体联动,同样,国家"一带一路"战略也需要上海和整个长三角的一体化支撑,因此,高铁推动下的长三角一体化对上海支撑国家战略实现具有重大意义。

(五)长三角高铁密度将继续提升,与国家"四纵四横"主干网的连接更加便捷

根据国家和沪苏浙皖三省一市的规划,长三角地区目前在建和 2020 年前开工建设的新增高铁线路,以及电气化改造提速的既有线路、城际快速铁路等项目达 42 个,这就预示着长三角铁路营业里程还将大幅增长,预计"十四五"期间,将有 22 条高铁、6 条普速铁路、7 个改造项目开工建设,总里程达 7300 公里以上,运力进一步扩充。到 2025 年,铁路网密度将达到 507 公里/平方公里。

因此,"十四五"期末,长三角地区的高铁密度将继续保持世界前列。

表4-6 长三角目前在建和规划建设的高铁线路

长三角	长三角目前已建成运营的高铁线路	目前在建及规划建设的高铁线路
上海市	京沪高铁、沪昆高铁、沪渝高铁、沪宁城际,金山支线	沪通铁路、沪苏湖铁路、沪乍杭铁路、北沿江铁路、浦东铁路等;
江苏省	京沪高铁、沪渝高铁、沪宁城际、宁杭高铁、宁安高铁、南京—南通动车组(时速200公里)	徐宿淮盐铁路、连淮扬镇铁路、徐连客运专线、青连铁路、连盐铁路、镇江—宣城铁路、通苏嘉铁路,新长铁路盐城—海安段升级改造、宁启铁路二期改造具备开行时速200—250公里动车条件等;
浙江省	沪昆高铁、宁杭高铁、金(华)丽(水)温(州)高铁、杭州—宁波—温州—台州动车组(时速200公里)	杭黄高铁、商合杭高铁、杭绍台铁路、九景衢铁路、金台、金甬、金建(金千、金黄)、衢丽、衢宁铁路;
安徽省	京沪高铁、沪渝高铁、合福高铁	郑合高铁、合肥—安庆(池州)—九江(合安九)高铁、合肥—滁州—南京高铁、芜湖—宣城—绩溪铁路、淮北—萧县高铁等。

数据来源:根据国家铁路局、中国外交部官方网站资料整理。

长三角周边省市大规模建设高铁,并与长三角高铁网络、上海等中心城市相联通,如青连铁路连接苏北和山东、武九高铁连接合安九到长三角等。与此同时,随着国家"四纵四横"全部建成,将长三角高铁网络与全国高铁网络紧密联系在一起,拓展长三角的辐射范围。长三角区域内已经建成亚洲最大的虹桥高铁枢纽,以及南京南站、杭州东站、合肥南站等重要高铁枢纽。高铁与城市群的联系不仅在区域范围内,也影响着城市群间的关系。京沪高速铁路是以上海为核心的城市群向外进行产业转移的路径和通道,将可能推进京津冀和长三角两大城市群的更大范围市场和产业链的联系。

(五)"高铁经济"将给高质量发展带来机遇和挑战,全球城市与国家高铁网络良性互动具有战略意义

随着"十三五"期末国家"八纵八横"高铁主干网及其他重要跨区域高铁网络加快建成,区域间人流、物流、资金流、信息流正在发生巨大改变,高铁使得传统时空距离得以压缩,"一体化"效应导致产业集聚重组、"同城

化"效应带来城镇空间重构,改变着人们的价值观念和生产生活方式,正在重塑中国区域发展新格局,特别是国家高铁主干网和长三角区域高铁网、城际网的耦合叠加,给上海全球城市建设和高质量发展带来新机遇,助力上海打造"世界最大规模高铁网络上的卓越全球城市",对上海发挥高铁经济潜能、支撑国家全局战略具有重要意义。有利于上海进一步集聚国内,特别是长三角区域优质要素资源建设卓越全球城市,带动长三角更高质量一体化发展,加快打造世界级城市群,更好地服务长江经济带和国家"一带一路"开放战略。

1. 交通出行的"同城化"给高质量发展带来机遇和挑战

交通出行的"同城化"是"同城化"最典型的表现特征。近年来,随着高密度高速公路网的建成,铁路大提速和动车组的开通,长三角地区城市间的时空距离已经大大缩短,主要城市间已由3小时交通圈,缩短至1—2小时交通圈,甚至半小时交通圈。城市间的交通出行如同居住在同一座城市内,日常流动性人群流量激增、流速加快。

机遇——加快人口流动促进上海商业繁华和文化繁荣。高人流量和快流速是城市商业、文化发展的重要条件。新的交通时空,使得居住、工作在长三角地区的人们工作之余的活动半径将被放大。当这些地区的人员往来上海时,每天流量的增加、晚间流量的增加,将形成一个新增的消费群体,成为未来上海商业繁华、文化繁荣的新动力,推动商业、文化的升级,形成特有的国际化大都市的消费气息。

挑战——加大基础设施配套的压力和分流旅游消费,基础设施配套压力加大。当建设全球城市的上海越来越具有消费娱乐引力时,经常性的大规模人员流入,以及节假日的超规模人员流入,都将对中心城区的基础设施形成巨大的压力。上海人流集聚的区域其基础设施配套还有很大的改进空间,亟待完善与之相配套的大型人流集散交通体系;与此并存的是旅游客流的流失。近年来周边城市都在紧锣密鼓地进行商业建设,各类商圈相继崛起。与上海相同或相近的商品,较低的价格和更好的购物休闲环境,正吸引着越来越多的上海消费者,分流了部分原本在上海购物的本地消费者,造成上海商业已有或潜在消费客户群的流失。

2. 产业布局的"同城化"对人才集聚提出的机遇与挑战

长三角上一轮高速公路网建设推动了制造业发展,本轮高铁网建设推动了知识、信息、技术、管理的移动和现代服务业的发展,"互联网+"时代高铁的"移动互联网办公室"优势有利于长三角高铁枢纽、高铁新区、高铁新城华丽转身为现代服务业新高地。高速公路在长三角地区社会经济快速发展的20多年中起到了十分重要的作用。长三角地区高速公路网的建设已经完成规划的80%,主干网络基本形成。但是,随着公路机动化水平的提高和公路交通量的快速增加,高速公路在安全、快速和高效等方面正逐渐失去优势。近几年,高铁和城际铁路的发展为区域交通提供了一种新的更便捷、更舒适的客运选择。目前长三角各地的高铁站点、高铁枢纽、高铁新区、高铁新城等都已形成庞大的硬件资产规模,高铁网络加速了巨大的人流量,据中国铁路上海局集团有限公司最新的数据得知,截至2018年12月17日,长三角铁路年到发旅客首次突破13亿人次(其中高铁到发9.75亿),高铁通过人流加速了人才、技术、信息、资金、知识经验等在长三角各高铁站点之间的快速转播,加上国家"宽带中国"战略形成的高速信息传播能力和高铁车厢"宽带移动办公室"优势,完全可以通过制度创新,依托遍布长三角的高铁站点打造长三角"高速经济网",形成保增长和调结构的新支撑平台。这既顺应了学习型社会建设、知识经济引领、现代服务业驱动,以及"互联网+"、智能制造、万众创新、大众创业、自贸区制度创新的时代潮流,更是提升现有高铁站点、高铁枢纽、高铁新区、高铁新城庞大规模硬件资产效益的重要抓手。在中、远期,通过推动知识经济沿高铁线路扩散,带动制造业和农业现代化,最终形成长三角高铁沿线转型发展新高地。

未来20年左右,长三角将出现以上海为中心、半径160—180公里的上海大都市区及其他中心城市,在稠密高铁网的支撑下,将形成各城市间紧密联系、层级合理更高质量发展的长三角世界级城市群。未来整个长三角将形成由高铁网络与城际铁路、普通铁路、高速公路、航空等快速交通支撑的网络型世界级城市群,分工将进一步细化,在上海、南京、杭州、合肥、苏州、无锡等核心节点城市下是各种层级的城市和城镇、村落,整个城市群内部将呈现城市与农村,工业与现代农业、工作与居住、生产生活与生态的良好互动,将长三角发展提升到一个崭新的水平。

表4-7 长三角全球城市区域多核心层域结构一览表

全球城市次区域	城市	功能定位及策略
以上海次级全球城市为核心	上海、南通、嘉兴、苏州	集聚金融、信息、科技创新、文化创意等生产性服务业的企业总部,是长三角全球城市区域对接世界的门户;居住和生活服务业向周边城市疏解。
以南京次级全球城市为中心	南京、镇江、扬州、马鞍山、芜湖、滁州、宣城、铜陵、合肥	长三角全球城市区域的功能性城市,具有高度国际化,以特色制造业及其创新职能参与全球竞争。
以杭州次级全球城市为中心	杭州、绍兴、湖州	长三角全球城市区域的功能性城市,具有高度国际化,以旅游及创意文化、电子商务等特色产业职能参与全球竞争。
以苏州次级全球城市为中心	苏州、无锡、常州、泰州	长三角城市区域的高科技产业基地,核心城市创新职能的重要组成部分。
以宁波次级全球城市为中心	宁波、舟山、温州、台州	长三角城市区域的重要港口和商贸物流为主要功能参与全球竞争。

注:苏州同时属于以上海和苏州为核心的次区域。

在便利交通的作用下,上海、南京、杭州、合肥、苏州、无锡等核心节点城市将加强与长三角各中小城市的联系,达到互相优势互补,使区域内的资本、技术、人力资源、信息快速流动,形成结构清晰、层次分明、分工有序、运作高效的城市群网络。随着交通网络和信息网络的不断进步,跨城式的产业布局已在长三角地区形成趋势,产业布局的"同城化"正成为城市间产业分工的主要形式。所谓产业布局的"同城化"是指两个城市之间的产业发展和布局突破行政区域界限,更加直接地相互影响,尤其是通过企业总部的主导、连接,促使布局在两个空间的产业项目紧密地结合起来,共享两个城市的资源优势。

机遇——有利于上海进一步集聚总部和人才的流入。城市间的资金流、人才流、信息流、货物流、商务流越畅通,经济中心城市的集聚与辐射功能也越强。其中,总部与商务是城市集聚功能和辐射带动功能的载体。作为中国最大的经济中心城市,加上国际金融、国际航运两个中心的国家战略定位,上海在吸引企业总部、集聚贸易机构、提供专业服务等方面有着特殊的优势和条件,并将随着"同城化"阶段要素流、货物流的物理载体日趋快捷,体制机制载体的一体化将进一步得到体现。更重要的是，在提升长三角整个区域国际竞争力中，上海还将肩负起发展国际总部的历史使命，将发挥吸引国际跨国公司在上海设置总部，以及培育国内企业在上海设立国际总部从而走向国际的平台功能。在企业总部的主导下，长三角地区产业布局走向同城时代，将为上海提供更好的发展总部和商务的机会及人才集聚。

挑战——产业面临空心化压力。企业主导下的产业调整与布局是以经济效益或以产业价值链竞争能力为导向。近年来，随着上海商务成本不断提高，越来越多的产业项目和新项目投资在"同城化"条件下更快地转向周边城市，甚至更远一点的安徽皖江地区。这种产业转移方式从长期看，可以节约出宝贵的土地资源和人才资源，集中发展新兴的战略产业和高附加值的高端产业，有利于上海转变经济发展方式，调整优化产业结构；但从短期来看，当新兴的产业尚未成形时，产业转移出去以后带来的投资下降、增速减缓，甚至总量减少，以及就业机会和人才、税源的减少等问题，都有可能一一显现出来，从而出现"产业空心化"现象。

三、全球城市区域的网络中心度

长三角全球城市区域内有较为集中的高校、科研、企业聚集地，势必依托便捷的交通网络体系——高铁网络、航空网络等，建立起以城市科技交流为平台、以"产学研"信息流、技术流、人才流为主线的科研体系。作为核心城市的上海凭借着交通网络体系的优势地位，可能对城市科研创新带来新鲜的活力和推动力。

高铁作为连接城市与城市之间的桥梁，其城市之间的交流频次可以通过高铁通行班次来测量。通车班次越多，信息流、技术流、人次就交换越频繁。数据来源于12306铁路订票网站，通过搜索查询得到长三角地区26个城市之间互通高铁的班次，并形成了一个高铁网络邻接矩阵。本书把互通车班次在40次及以下的城市设置为"弱联系城市"，互通班次在40次和100次之间的设定为"一般联系城市"，互通班次在100及以上的定义为"强联系城市"。这样就形成了三个级别的城市联系等级尺度，可以大致评估通过高铁网络城市之间的联系的紧密程度。

研究发现，上海拥有长三角地区最多强联系城市，一共有6个，分别是南京市、无锡市、常州市、苏州市、镇江市、杭州市，很明显这六个城市无

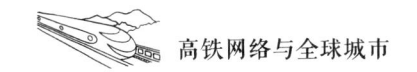

论在地缘上，还是经济联系上都有着很强的联系。其次，苏州市、南京市、无锡市的强联系城市都有 5 个，镇江市、常州市有 4 个。然而，作为浙江省会的杭州，却只有 1 个强联系城市。上海的强联系城市主要集中在江苏省，这更加印证了上海与江苏省主要城市之间的密切往来。

第三节　全球城市区域铁路交通基础设施空间溢出效应特点

上海与长三角城市群以全球城市和全球城市区域的建设，将有利于两者间的合作与协同，有利于两者间经济效益的共享和经济效率的提升。城市群经济正是上海与长三角城市群建设全球城市与全球城市区域的经济理论机制。城市群经济在本质上来说是城市与城市间的正的外部性，具体来说是不同等级的城市在空间上"集聚效应"和"分散效应"叠加而形成的正的"溢出效应"。溢出效应得益于发达的交通网络，交通基础设施的网络属性，使各个区域连接在一起，降低了运输成本和交易费用，促进了相邻区域的经济往来，尤其通过扩散效应使经济增长较快地区带动较慢地区的经济发展，已有较多学者肯定了交通基础设施在缩减地区差距、区域均衡发展的积极作用，呈现出正空间溢出效应。但也有学者在具体的实证分析中发现，交通基础设施的空间负溢出的证据，如张学良（2012）在人口密度权重矩阵框架下发现交通基础设施的空间负溢出，刘勇（2010）分析 1978—2008 年公路水运交通固定资本存量对区域经济增长的溢出效应时，发现在 2001 年之后，影响由正向变为负向。负溢出效应大多被归因于区域差距、交通网络密度低等因素。那么，作为相对于全国其他区域，区域差距较小、交通网络较紧密发达的长三角，其铁路交通基础设施空间溢出效应是否为正向？溢出效应程度如何？

一、模型设定、空间权重矩阵及变量说明

（一）模型设定

按照 Boarnet 的思路，随着交通等基础设施资本的增加，将诱使劳动力、资本等各种生产要素在区域之间快速流动，但因区域差距的存在导致地区间

产生不同的推力和拉力，短期来看部分不发达地区会因交通基础设施的增加使其经济发展受到影响，产生负溢出效应，但从长期来看，随着各地区交通基础设施的网络化建设加快了地区间的经济联系，通过扩散效应，经济发达区域会带动周边发展较慢的区域。借鉴 Boarnet 的思路，结合张学良（2012）以及魏下海（2010）等人研究思想，设定回归方程为：

$$y_i = a + \beta_0 + \beta_1 Z_i + \beta_2 X_i + \sum_j W_{ij} X_j + \varepsilon \quad (4-1)$$

其中，y_i 为各年度各个地区消除物价要素后的人均 GDP，X_i 为本地区的基础设施发展水平，X_j 为相邻其他地区的基础设施发展水平，Z_i 为影响本地区的一系列控制变量。

许多研究实践证明经济发展往往具有一定程度的滞后效应，为了检验这种滞后影响，在方程（4-1）的基础之上代入 $\rho W \log(Y_{it})$ 作为分析地区人均 GDP 的空间滞后效应，ρ 为空间滞后项回归系数。代入 OTR 变量表达相邻其他地区基础设施发展对区域经济增长的空间溢出效应，$OTR = \sum_{j=1}^{N} W_{ij} X_j$ 综合反映其他地区铁路人流、物流交通基础设施发展水平对本地经济增长的作用，考虑到交通基础设施不仅影响本地的经济，也影响相邻地区的经济增长，具有空间溢出效应，故在公式中代入空间权重矩阵 W_{ij}。除此之外，代入 Z_i 中的一系列控制变量，并将各变量值取自然对数，具体公式为：

$$\begin{aligned}\ln y_{it} = &\, a + \beta X_{it} + \rho W \ln(Y_{it}) + \beta_1 \ln(rail t_{it}) + \beta_2 \ln(road t_{it}) + \beta_3 \ln(rail l_{it}) \\ &+ \beta_4 \ln(road l_{it}) + \beta_5 \ln(fdi_{it}) + \beta_6 \ln(pci_{it}) + \beta_7 \ln(hci_{it}) + \beta_8 \ln(lab_{it}) \\ &+ \beta_9 \ln(ub_{it}) + \beta_{10} \ln(pol_{it}) + \beta_{11} \ln(le_{it}) + \beta_{12} \ln(pe_{it}) + \beta_{13} \ln(OTR) + \varepsilon_{it}\end{aligned}$$
$$(4-2)$$

（二）空间权重矩阵

空间权重矩阵 W_{ij} 的构建有多种规则，目前并没有统一的标准，学者们往往根据研究目的及研究问题构建相对应的空间权重矩阵单元，为使分析结果更为稳健，参照 Bavaud 的空间权重矩阵构建方法，本书采用反映地理空间的实际地理里程空间权重矩阵，反映交通运输空间的铁路运营里程空间权重矩阵，以及反映经济空间的经济空间权重矩阵。

实际地理里程空间权重矩阵，T_{ij} 为连接相邻区域 i 和 j 之间的实际距离，在实际的物理空间距离的影响下，空间两地相邻远近在一定程度上决定了城

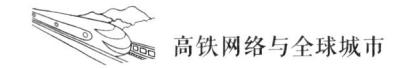

市间经济联系的紧密度，以及由此而影响经济产出。

$$W_{ij} = \frac{T_{ij}}{\sum_j T_{ij}} \quad (4-3)$$

除此之外，利用铁路运营里程空间权重矩阵来打破物理距离的原有空间格局，以此反映改善后的交通基础设施对经济增长的空间正溢出效应。这种权重矩阵的合理性在于，中国的客货运输中铁路占有很大的比重，随着高铁的快速铺设，相邻地区中心城市的铁路时空距离缩短，给人流、物流、资金流搭建了快速的基础设施平台。同时，铁路网络基础设施的快速铺设将加快区域一体化，带动相邻地区经济的发展，因此，铁路运营里程空间权重矩阵可以用来分析交通基础设施对经济增长的空间正溢出效应。

经济空间权重矩阵即以在第 i 个区域每万人创造的国内生产总值表示的人均实际 GDP 差距的倒数，作为权重来衡量各省之间的相邻程度，各行元素的和为 1。这个权重可以避免仅用实际地理里程空间权重矩阵时所遇到的问题，提高估计结果的拟合度。地理位置相邻程度越高，地区经济发展水平越接近，吸引要素流动方面竞争也就越激烈，这一般被用来分析交通基础设施对经济增长的空间负溢出效应。

$$W_{ij} = \frac{1/|X_i - X_j|}{\sum_j 1/|X_i - X_j|} \quad (4-4)$$

（三）变量说明

公式（4-2）中主要被解释变量为交通基础设施，目前一般较多研究倾向于用实物形态表示的交通基础设施，其代理变量主要为交通基础设施投资、交通里程、交通密度等。本书采用铁路人流密度 $railt$、铁路物流密度 $raill$ 作为衡量交通基础设施发展水平的代理变量（以下简称铁路人流、铁路物流）。具体计算方法是分别用各城市铁路人流、物流除以运营里程。运用人流密度、物流密度的合理性在于其密度高低与城市的交通基础设施的建设水平、经济发展水平具有高度的相关性。

控制变量采用反映资本流动、人力资本流动及产业集聚带来的空间溢出指标，如外资投入、固定资本投入、劳动力投入、人力资本投入、区域政策、产业集聚。其中（1）实际利用外资（fdi）。这不仅对引资国的资本存量具有资本积累效应，而且通过新技术引入，对引资国具有更深层次的技术溢出效应。采用各年外商直接投资实际利用额与 GDP 之比,各年外商直接投资数据以各年美元兑人民币年平均汇率折算成以人民币标价,然后使用 GDP 平减指数消除价格因素影响(1978=100)。(2)固定资本(pci),采取固定资本投入与国内生产总值 GDP 的比值来表示。(3)人力资本(hci),采用理论界普遍认可的平均受教育年限来衡量各地区的人力资本水平。有关平均受教育年限指标的具体计算方法参照胡鞍钢、李春波(2001)的计算方法计算得到,具体以设定不同教育程度与不同教育年限乘积加总与总人口数之比。(4)劳动力投入(lab)指标反映了国家或者地区在一定时期投入经济生产中的劳动力人数。目前大量研究文献表明,劳动力的投入量与地区 GDP 增长量之间存在着明显的关系。(5)区域政策(pol),新经济增长理论认为国家或区域的经济增长往往是受这个国家或区域实施的经济政策影响。Kanbur 和 Zhang 认为中国经济政策因素影响了地区经济增长,其中基础设施政策对经济增长影响显著,以我国铁路提速来看,周浩和郑筱婷(2012)把铁路提速看作自然实验,通过构造面板数据模型,考察交通基础设施改善对经济的影响,最终认为铁路提速的经济促进作用明显,对人均国内生产总值的增长贡献更大,特别是在后期,其促进作用更加明显。为探究区域政策前后变化以判断政策效果,本书设立与区域政策有关的虚拟变量,时间虚拟变量 pol 以交通政策、长三角 26 个城市高铁从 2009 年开始大规模开通为界限;以 2009 年之前的年份为参照,设为 0,2009 年之后的设为 1。(6)城市化(ub),城市化水平能作为综合反映基础设施发展状况的指标,能有效地促进人口和产业在空间上的高度聚集,实现收益递增效应和经济增长。(7)产业聚集,采用地方化经济 LE(Localization Ecomoies)与波特外部性 PE(Porter Externalities)。地方化经济反映同类产业在一地区的集聚程度,值越大产业专门化程度越高,也越有利于同类产业企业间的知识的传播和扩散;波特外部性反映一地区的产业多样化集聚程度,值越小说明竞争性越大。具体公式如(4-5)、(4-6)。其中,g_i 为 i 城市总工业增加值,N_i 为 i 城市企业数目,Y_i 为 i 城市国内生产总值。以上的指标在本书中除区域政策外,均进行了无量纲化处理。

$$LE = \frac{g_i/Y_j}{\sum_i g_i / \sum_i Y_i} \tag{4-5}$$

$$PE = \frac{N_i/g_i}{\sum_i N_i / \sum_i g_i} \tag{4-6}$$

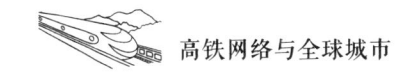

在本书中，采用长三角 26 个城市（2016 年出台的《长江三角洲城市群发展规划》中指定的上海、江苏 9 市、浙江 8 市、安徽 8 市）2005—2018 年的面板数据进行分析，数据来源于历年《中国城市统计年鉴》《交通统计年鉴》，以及长三角 26 个城市的统计年鉴。

二、空间自相关检验

使用空间计量方法一般要事先考察数据是否存在空间自相关，最常用的方法是 Moran I 指数。2005 年后 GDP、交通人流、交通物流、资金流的 Moran I 值通过了 5% 水平下的显著性检验，且各个 Moran I 值均为正值，表明 2005 年之后 GDP、铁路的人流及物流在空间上存在明显的正相关关系，也意味着长三角 26 个城市经济增长和交通基础设施的空间分布呈现出相似值之间的空间集聚形态。虽然铁路物流的 Moran I 值随着时间推移呈逐渐下降趋势，但 GDP、铁路人流的 Moran I 值随着时间推移呈逐渐提高趋势。值得一提的是，铁路人流的 Moran I 值从 2005—2009 年由逐渐下降从 2010 年开始逐渐上升的态势，且上升幅度非常快，这可能是长三角高铁基础设施由 2008 年大城市开始到 2018 年长三角 26 个城市几乎全面覆盖的原因所致。因此，为更全面地考察铁路交通基础设施与经济增长的关系，空间因素是不容忽视的。

三、铁路交通空间溢出效应特点

由于公式（4-2）中出现了空间滞后被解释变量，本书采用极大似然估计法进行参数估计，在构建的三种类型空间权重矩阵条件下，对公式（4-2）运用空间滞后模型分别对三种类型矩阵的拓展模型进行了估计，估计结果见表 4-8。

表 4-8 铁路交通溢出效应估计结果（2005—2018 年）

变量	实际里程权重		经济空间权重		铁路运营里程权重	
	（1）	（2）	（3）	（4）	（5）	（6）
滞后项 ($wlnyr$)	0.0031 (0.0035)	0.00435 (0.00427)	0.0084* (0.0053)	0.0078* (0.0051)	0.0138** (0.0049)	0.0128*** (0.0057)
铁路人流 ($lnrailt$)	0.0541** (0.0211)	0.0345 (0.0274)	0.0734*** (0.0256)	0.0349 (0.0231)	0.0923*** (0.0267)	0.0297 (0.0289)

续表

变量	实际里程权重		经济空间权重		铁路运营里程权重	
	（1）	（2）	（3）	（4）	（5）	（6）
铁路物流（lnrail）	-0.0078 (0.0204)	-0.0081 (0.0162)	-0.0279 (0.0176)	-0.0213 (0.0177)	-0.0191 (0.0175)	-0.0167 (0.0178)
外资投入（lnfdi）		-0.0397 (0.0267)		-0.0579** (0.0233)		-0.0575* (0.0292)
固定资本投入（lnpci）		-0.0678 (0.0615)		0.0159 (0.0572)		0.0269 (0.0683)
人力资本投入（lnhci）		0.2680* (0.2972)		0.2372* (0.2891)		0.3266** (0.3241)
劳动力投入（lnlab）		0.1923*** (0.0424)		0.1923*** (0.0372)		0.2792*** (0.0438)
城市化水平（lnub）		0.5473*** (0.1377)		0.5730*** (0.1236)		0.6882*** (0.1787)
地方化经济（lnle）		0.1849** (0.0878)		0.1391 (0.0827)		0.1764* (0.0901)
产业多样化（lnpe）		-0.1592* (0.0761)		-0.1396* (0.0645)		-0.1455* (0.0878)
区域政策（pol）		0.06687 (0.0439)		0.1277*** (0.0393)		0.1793*** (0.0427)
相邻铁路交通基础设施空间溢出效应（OTR）	0.0728** (0.0376)	0.0529* (0.2493)	0.0697** (0.1911)	0.0574* (0.0737)	0.0599** (0.3234)	0.0585* (0.3679)
常数项	1.289*** (0.347)	1.140 (0.951)	1.935*** (0.359)	2.211** (0.857)	2.969*** (0.392)	3.422*** (0.964)
LOGL	105.8701	137.4154	86.2344	152.1791	78.9451	143.2217
Hansunma 检验	-29.35	-18.78	82.31	79.31	19.23	47.34
R^2	0.857	0.843	0.801	0.726	0.877	0.838

注：***、**、*分别表示在1%、5%、10%的水平上显著；（ ）内是标准差。

从表4-8来看，铁路物流对经济增长的弹性值为负，且不显著。与此相反，铁路人流在空间权重矩阵模型中都为正，且影响显著，这表明铁路人流运输能力的确有所提高。以铁路人流量来考察，2018年年末长三角铁路年到发旅客首次突破13亿人次，随着运输能力的提高，不仅降低了运输成本，也提高了本地区与外界的能力，促进了经济增长。长三角在2010年和2016年两次出台的《长江三角洲城市群发展规划》中屡次强调"完善交通通道建设，健全互联互通的基础设施网络"，并对交通基础设施加大了投资力度。以铁路交通基础设施为例，长三角城市群内2008年以后相继开通的如沪宁、沪杭、京沪、甬台温、合宁、合福、沪昆、宁安等高铁，其运营里程达3400多公里，不仅在长三角境内广泛覆盖，也加速了与其他区域的经济联系。本书以2009年为时间断点，去除区域政策变量，就2009年前后两个时间段进行重新估计，以此来考察是否有结构性变化。

表4-9 不同时期铁路交通溢出效应估计结果

变量	2005—2009年			2010—2018年		
	实际里程权重	经济空间权重	铁路运营里程权重	实际里程权重	经济空间权重	铁路运营里程权重
滞后项 ($wlnyr$)	0.0234 (0.0019)	0.0284 (0.0019)	0.0583*** (0.0031)	0.4744*** (0.0696)	0.4893*** (0.0644)	0.5250*** (0.0596)
铁路人流 ($lnrailt$)	0.0123 (0.0249)	-0.0001 (0.0288)	-0.0317 (0.0297)	0.0236* (0.0174)	0.0357*** (0.0221)	0.0273* (0.0196)
铁路物流 ($lnraill$)	-0.0074 (0.0121)	-0.0178 (0.0123)	-0.0133 (0.0142)	-0.0255 (0.0192)	-0.0206* (0.0178)	-0.0351** (0.0172)
外资投入 ($lnfdi$)	-0.0196 (0.0152)	-0.0154 (0.0191)	-0.0293 (0.0240)	0.0323 (0.0347)	0.0356 (0.0347)	0.0412 (0.0366)
固定资本投入 ($lnpci$)	0.0121 (0.0326)	0.0153 (0.0478)	0.0467 (0.0578)	-0.0893 (0.0871)	-0.0511 (0.0829)	-0.0932 (0.0884)
人力资本投入 ($lnhci$)	0.2741 (0.1890)	0.3472* (0.1780)	0.3931** (0.2451)	0.2594* (0.3281)	0.3278* (0.3134)	0.4492** (0.3784)
劳动力投入 ($lnlab$)	0.0657** (0.0322)	0.1134*** (0.0340)	0.1210*** (0.0412)	0.0412 (0.0478)	0.0778* (0.0442)	0.07191 (0.04641)
城市化水平 ($lnub$)	0.0274 (0.0678)	0.0584 (0.0678)	0.0738 (0.0756)	0.9621*** (0.2783)	0.7842** (0.2891)	1.1543*** (0.2784)
地方化经济 ($lnle$)	0.1471 (0.0411)	0.2562*** (0.0897)	0.1874* (0.0991)	0.2141* (0.1362)	0.14973 (0.1311)	0.2187* (0.1366)

续表

变量	2005—2009 年			2010—2018 年		
	实际里程权重	经济空间权重	铁路运营里程权重	实际里程权重	经济空间权重	铁路运营里程权重
产业多样化（lnpe）	-0.0847 (0.0624)	-0.0231 (0.0575)	-0.0823 (0.0742)	-0.0124 (0.0827)	-0.0128 (0.0846)	-0.0347 (0.0856)
相邻铁路交通基础设施空间溢出效应（OTR）	-0.0778** (0.0166)	0.0745* (0.0322)	0.0684* (0.0265)	0.0878* (0.0867)	0.0879** (0.0349)	0.0969** (0.0722)
常规项	0.923 (0.672)	1.745*** (0.578)	1.847** (0.754)	-1.479 (1.342)	0.742 (0.936)	0.517 (0.963)
LOGL	217.745	231.211	227.213	241.311	278.313	269.244
Hansunma 检验	-8.96	187.63	-37.94	175.43	30.42	58.93
R^2	0.645	0.892	0.721	0.872	0.898	0.878

注：***、**、*分别表示在1%、5%、10%的水平上显著；()内是标准差。

从表 4-9 观察 2009 年之后的铁路人流、铁路物流对经济增长的弹性值均有显著提高，值得一提的是，在 2005—2018 年整个样本期内对经济增长弹性值为负，但分时段来看，2009 年之后由不显著的负作用转向显著的正向影响，这也从侧面说明若不分时段进行估计容易导致一些偏差和误判。铁路物流在 2009 年前后两个时间段对经济增长的弹性值均显著为负，这可能因为铁路物流虽然承载力高，但铁路物流网络、调配体系以及与其他交通衔接度还不够完善，这在一定程度上制约了铁路物流对经济增长作用的发挥，说明铁路物流尚有改善的发展空间。作为衡量交通、经济的区域政策对经济增长的贡献也显著为正，表明长三角致力于缩小地区差距的一体化的区域经济发展战略及政策对经济发展发挥了作用。

相邻交通基础设施对本地经济增长的空间溢出效应究竟如何？在实际地理里程空间权重矩阵、铁路运营里程权重矩阵、经济空间权重矩阵的三类模型下，2005—2018 年相邻城市交通基础设施对本地经济增长均有所不同。但以 2009 年前后两个时段来看却有着差异化的两个主要特征。特征一，2009 年之前相邻城市交通基础设施的产出弹性值仅在实际里程空间权重矩阵框架下出现负空间溢出的证据，在另两类空间权重矩阵框架下都呈正空间溢出，并在2009年之后其弹性值都有所提高。这说明2009年之前实际的空间距离影响了长三角内26个城市的经济联系，随着2009年后高铁网络化快速架构，空间距离的影响因素逐渐减弱，加快了长三角区域内经济联动发展，促使相邻城市交通基础设施对本地经济增长呈空间正溢出效应。特征二，经济空间权重矩阵模型下也并未出现预期的负值。在前文已论述经济空间权重矩阵一般被用来分析交通基础设施对经济增长的空间负溢出效应。在本书分析中，出现正值的原因可能是长三角城市群有着较明显的空间集聚特征。虽然说地理位置相邻程度越高，地区经济发展水平越接近，其竞争也会越激烈，但不可否认的是其地区间经济依赖性也越高。这也正印证了富裕的地区会被其他富裕的地区包围，并在空间上倾向于聚集在一起的观点。而相邻交通基础设施的发展水平无疑加强了长三角城市群的经济空间依赖。一般来说，人口流动频繁的区域往往是经济发达的区域，以长三角26个城市客运量年均增长率来看，虽然人口流动较频繁的地区以上海、杭州、南京、合肥等长三角核心城市为主，但其增长率趋于平缓，而作为次核心的人口集聚区的宁波、嘉兴、湖州、绍兴、金华、舟山近年来年均增长率却出现波动性的负值；与此相反，安徽的8个城市年均增长率都有所提高。这在一定程度上说明，不仅长三角城市群一体化发展战略发挥了一定作用，也由于近年来产业结构调整，大量产业尤其是制造业向长江中上游转移，安徽皖江就设有国家级的承接产业转移示范区，除此之外，投资环境、人文素质等也得到了进一步改善，使得这些地区并未因跨地区交通基础设施网络化的快速增加而出现"虹吸效应"，反而在铁路交通基础设施快速网络化契机下获得了新的发展机遇。

控制变量的估计系数中，城市化水平、劳动力投入对区域经济增长的贡献较大。虽然长三角经历了2004年和2008年两次金融危机，部分产业对劳动力吸纳能力降低，但这也没有阻碍劳动力投入对经济增长的贡献，表明长三角劳动力投入仍是区域经济增长的必要条件。在所有的控制变量中，城市化对经济增长的贡献最高，甚至2009年之后城市化对经济增长的产出弹性值有所提高，可能的原因是城市化快速发展，不仅使土地要素价值被地方政府、市场得到重新评估及扩大，也释放了大量劳动力资源，发达的交通网络更是加快了各生产要素在城市间的快速流动与集聚，可以说城市化在一定程度上扩大了交通基础设施的溢出效应，从而促进了经济增长。

资本投入是区域经济增长的重要因素。长三角凭借其独特的地理、人文环境优势，长期是外资流入的集聚地，外资对经济增长的贡献也一直起着重要的作用，然而2005年以来外资投入对经济增长的贡献却显著为负。其实这也不难解释，因为长三角外资投入水平有所下降，不过26个城市内部有着明显的差异，如上海、宁波、合肥、无锡、常州、苏州、南通、嘉兴、湖州等一些城市出现不同程度的波动下降态势，而安徽的马鞍山、滁州、池州、宣城的外资投入却有上升增长的势头。这种内部差异化表明交通基础设施使不发达地区增加了外资引入的竞争力。另一个衡量资金投入的重要指标是固定资本投入。固定资本投入对区域经济增长的贡献在2009年之前显著为正，但2009年之后由于长三角固定资本投入占比下降，其对经济增长的贡献没有出现预期的正效应。与此相反，人力资本投入对经济增长的贡献显著为正，这无疑对打造创新驱动经济转型升级的长三角来说是重要的人力资本积累，人力资本投入尤其有利于促进产业集聚。

衡量产业集聚的指标之一——地方化经济在2009年前后对经济增长的贡献都显著为正，说明同类产业的企业间不断交流互动产生知识溢出，不仅强化了同类企业在区域集中的纽带意识，也大大降低了交流成本和交通成本。波特外部性对经济增长产出弹性值显著为负，表明地方产业多样化加速了竞争性，但也正如Jacobs所强调的知识能够在非相同的产业间溢出，也就是说地方产业多样化能够促进知识的传播和经济活动的联系，从而推动区域经济发展。

通过以上的实证分析，铁路人流对经济增长有贡献，但铁路物流却不尽如人意，虽然高铁加快建设使铁路物流运输空间得到一定的释放，但铁路物流的增速仍然缓慢，这与占全国快递业务量40%的长三角的物流运量不相匹配。《长江三角洲地区快递服务业发展"十三五"规划》（2017年）提出，将长三角打造成与世界级城市群地位相匹配、引领全国、联通国际的快递强区，若不加以改善，这一目标的实现将遇到困难。为此，需加大力度增强京沪高铁、沪宁、沪杭、宁杭等既有铁路城际客运功能，推进城际铁路和货运铁路建设，加强城市交通一体化，提供同城化交通服务。尤其推进城市群内交通联运，发展精益物流、共同配送等多样化专业化城际货运服务。促进长三角快速打造枢纽型、功能性、网络化的基础设施体系和管理体制机制，提升城际基础设施共建共享、互联互通的水平。

资本投入中的固定资本投入与外资投入产出弹性值均为负，表明长三角从一直依赖固定资本投入,正在逐步转向创新型发展和产业结构转型。本书的长三角地方产业专业化与专业化分析也对此有了进一步的验证,如长三角地方产业专业化通过同类企业间不断交流互动产生知识溢出,地方产业多样化的竞争性促进了知识溢出,这些都加快创新型产业发展,促进了区域经济增长。这也在一定意义上说明长三角的产业结构调整获得了一定效果。外资投入产出弹性值显著为负,说明长三角经济增长贡献中对外资的依赖逐步下降,但也在一定程度是全球经济疲软、中国劳动力成本上升、中国国内其他区域吸引外资的竞争优势加强的结果。外资投入不仅反映了资本投入直接促进当地经济发展,其还往往是衡量一个区域吸收国外技术的知识溢出效应的重要指标,长三角应加大其优越的地理优势和人力资本优势,吸引一些科技含金量高的外资进入,以有利于长三角创新型城市群发展,有利于利用长三角产业配套能力较强、基础设施较为发达等优势,承接国外高端研发制造和服务外包等更高层次的国际产业转移,促进长三角积极参与经济全球化,融入世界经济体系。同时也要加大人力资本投入的力度,虽然长三角正逐渐摆脱依赖固定资本投入的物质驱动型的经济增长模式,但也远非人力资本驱动型的经济增长模式,长三角要打造创新驱动经济转型升级的经济增长模式,就不仅要提高人力资本存量和质量,也要加强区域人力资本的流动与共享机制,这样也有利于交通网络对区域经济增长的空间溢出正效应在城市群内发挥更大的积极作用。

第四节 上海全球城市与轨道上长三角全球城市区域科技创新

一、长三角全球城市区域科技创新的国际国内比较

全球城市区域的发展及国际竞争力的关键之一是创新,长三角全球城市区域是我国科技资源集聚高地。截至2019年,长三角拥有上海、合肥两个国家综合性科学中心和15项大科学装置,汇集了全国1/4的国家重点实验室、1/4的国家工程研究中心、1/3的重大科技基础设施、1/5的"双一流"建设高校和1/5的国家高新区,有两院院士336名,占全国总数的18.6%。集聚

了 5G、新能源、集成电路、新材料、高端装备、绿色环保等国家战略性新兴产业，与集成电路和软件信息服务产业，其规模分别约占全国 1/2 和 1/3，拥有大量跨国公司研究机构和国内知名高科技企业，高新企业约占全国总数 1/4 以上。

城市区域间协同创新已然成为全球城市区域发展的重要标志。众多全球城市评价机构增加了多类指标并进行层次别的分类，如 GAWC 将全球 361 个城市分为四个类别，分别为一线（Alpha）类城市、二线（Beta）类城市、三线（Gamma）类城市和自足（Sufficiency）类城市。澳大利亚创新研究机构 2thinknow 将全球 500 个城市也分为四个类别，分别为全球核心型（NEXUS）城市、枢纽型（HUB）城市、节点型（NODE）城市、起步型（UPSTART）城市。根据其统计结论得出 17 个全球城市主要分布集中在美国、欧洲、日本、中国等九个世界级城市群中，占比 35%，如美国东北部城市群、美国西海岸城市群、北美五大湖城市群、欧洲西北部城市群、英国伦敦城市群、日本太平洋沿岸城市群以及中国的长三角、京津冀、粤港澳大湾区三大城市群。以创新性指标进行统计的话，共有 24 个创新性城市分布在全球九大城市群中，占比达 45%。

随着全球形势的转变，中国对城市群关注度逐渐提高，从 2006 年国家《十一五规划纲要》首次提出城市群后，在 2011 年《十二五规划纲要》提出以大城市为依托建设辐射作用大的城市群，随后的 2016 年《十三五规划纲要》具体明确中国要达到 19 个城市群，并且提出将长三角、京津冀、珠三角打造成世界级城市群的目标。中国十大城市群创新布局如表 4 – 10。

表 4 – 10　十大城市群的创新布局（2016 年）

类别	国家自主创新示范区	创新改革试验区域	综合性科学中心	全球影响力的科创中心
长三角城市群	上海张江、苏南、杭州、合芜蚌	上海、安徽（合芜蚌）	上海张江、安徽合肥	上海
京津冀城市群	北京中关村、天津滨海	京津冀	北京怀柔	北京
粤港澳大湾区	深圳、珠三角	广东（珠三角）		

续表

类别	国家自主创新示范区	创新改革试验区域	综合性科学中心	全球影响力的科创中心
东北城市群	辽宁沈大	沈阳		
山东半岛城市群	山东半岛			
中原城市群	河南郑新洛			
关中城市群	西安高新区	西安		
成渝城市群	成都高新区、重庆	四川（成德绵）		
长江中游城市群	武汉东湖、长株潭	武汉		
海峡西岸城市群	福厦泉			

资料来源：作者整理。

以衡量地方创新能力和区域竞争力的重要指标之一的专利数量为例，在2012—2016年三大城市群的人均专利授权量上，大珠三角持续增长，2016年以43.9件/万人的人均专利拥有量超越长三角38.2件/万人，夺得领先地位。其增速更是不可小觑，大珠三角在2012—2016年以12.4%的年均增长率快速增长，而长三角在这个期间的年均增长率仅为1%。在我国创新驱动发展战略的指引下，高新技术产业迅速发展，在三大城市群高新技术企业中，BAT是最杰出的代表。具体来说，京津冀城市群的代表企业有百度、小米；长三角城市群的代表企业有阿里巴巴、网易；大珠三角城市群的代表企业有腾讯、华为。

从全球比较来看，根据澳大利亚创新研究机构2thinknow的全球核心型（NEXUS）城市、枢纽型（HUB）城市、节点型（NODE）城市等四个层级类别的指标，将中国的十大城市群进行分类比较，能看出中国长三角、京津冀、粤港澳大湾区三大城市群初步呈现的创新城市体系的轮廓。

再将中国长三角、京津冀、粤港澳大湾区三大城市群与国际上6个世界级城市群进行比较，不得不承认还有差距，如从城市体系结构来看，欧美地区大城市群内部创新城市层级结构体系较合理，我国由于在城市群发展期，存在一定断层，尤其是核心城市不足，枢纽城市缺乏。这个结论也启示中国需要加快建成全球城市区域的步伐。

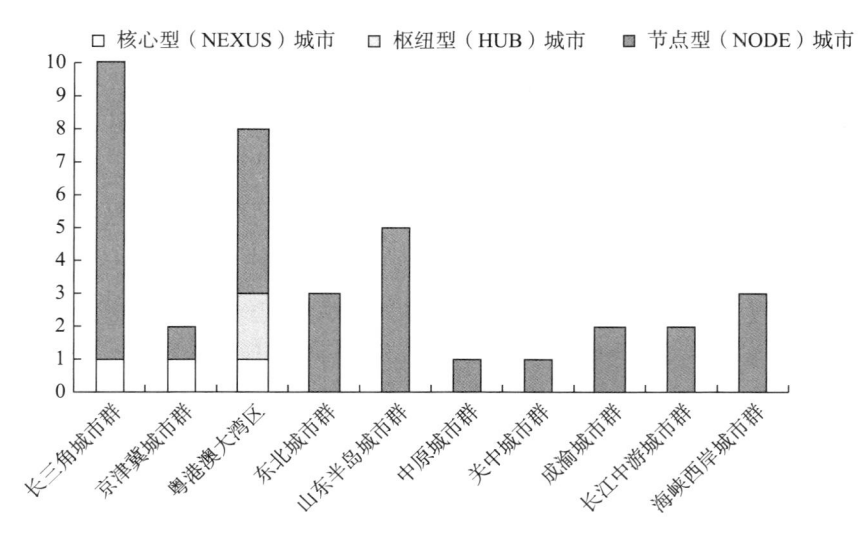

图 4-2　2thinknow 类别的中国十大城市群的创新布局比较

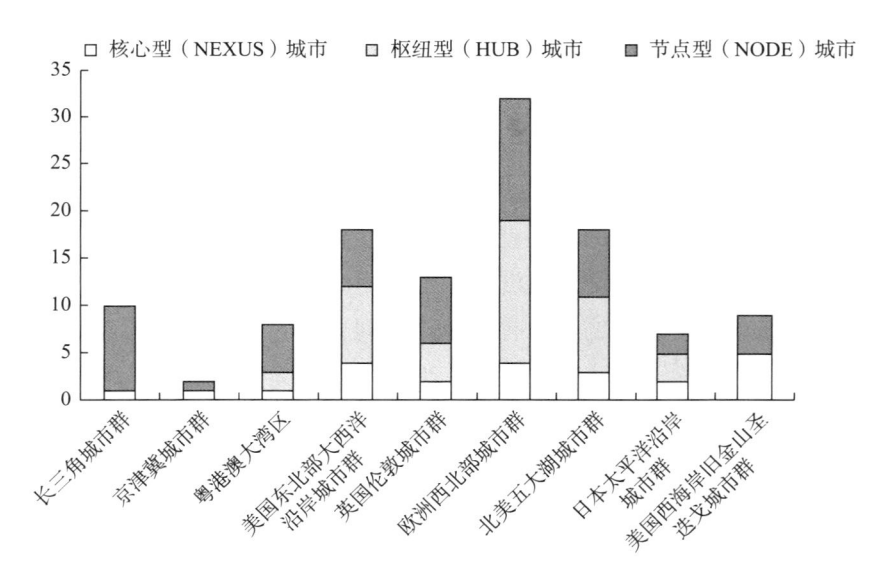

图 4-3　2thinknow 类别的中国三大城市群与世界级城市群的创新布局比较

二、全球城市区域科技创新与高铁网络的前期研究

创新在空间上并非均匀分布，与城市经济集聚有着强相关，甚至与经济集聚相比，创新在空间上显得更加集聚（Rosenthal and Strange，2001；Ellison，Glaeser and Kerr，2010）。日本创新专利申请量基本集中在东京、京阪

神、近畿这三大都市圈，创新在空间集聚的结果反映了创新集聚力的强度（水野真彦，2011），美国、欧洲的创新活动也显示了同样的倾向（Carlino, Hunt, Carr and Smith, 2012）。Henderson 等（1993）发现在美国同一个州的区域内更容易频繁发生专利的引用，该区域获得的专利超过该区域以外的区域，而且这个结论在地方水平特别显著。也就是说，区域间空间距离越近，创新的直接交流频率就越高。Sharmer 等（2008）分析了加拿大知识产业的空间分布，Stam 对澳大利亚中小成长企业的实证分析等，都发现知识产业集中在中心区。与美欧、日本一样，中国的创新在空间上主要集中在大都市圈（王春杨、张超，2013）。Morril（1968）、Beckman（1970）、Darwrnt（1969）是技术创新空间扩散模式研究的主要代表，他们认为知识溢出范围多集聚在各个创新源的邻近空间，而知识扩散的范围受"距离摩擦阻尼效应"，随着距离的增大而逐渐衰减。这种波浪式空间扩散模式的建立受地理空间结构理论的影响，创新活动通常具有由中心向外围其他地区、其他城市扩散的特点。也就是说，区域间空间距离越近，创新的直接交流频率就越高。因此，城市中心交通可达性、对外交通枢纽可达性、公共交通站点可达性等被认为是影响创新空间格局的重要因素（李佳洺等，2016；吴京生，2008）。

创新是经济增长的重要支撑，任何创新活动实际上会受空间距离制约，空间距离越近，创新互动的障碍就越低。虽然信息网络爆发性地发展，但创新活动仍需要面对面地交流，仅仅依靠信息网络还不足以满足创新交流互动的需求。现代化的交通打破了原有的地理空间格局，尤其是我国高铁由四纵四横扩展到八纵八横，高铁运营里程从2016年的2.2万公里预计到2030年将会倍增，城市群内、城市群间的时空距离将会大幅压缩，高铁对沿线城市群科技创新的影响效应是国家及政府关心的热点问题。

创新由各要素相互作用形成，其中包括要素的流动、市场的开发、技术知识的扩散与收敛，而以上活动的实体范畴就是地理空间。交通基础设施是创新地理空间的重要影响因素，其作为中间投入品可以降低生产活动的生产成本，提高区域通达性，降低企业运输成本和提高运输效率，有利于促进和扩大人员、商品的区域间交流，从而带动创新资源集聚和知识、技术的传播扩散，提升产业创新绩效（Gannon & Liu, 1997；赖永剑，2013；Ajay Agrawal et al., 2014）。交通基础设施对创新能力的影响既有本地效应，也有跨区域溢出效应（马明，2015）。但知识溢出的空间范围有限，交流的时间成本成了区域间创新互动的关键要素（Marshall，1920）。有研究表明，不同的交通基础设施有着不同的产业创新效应，梁双陆、梁巧玲（2016）认为铁路带来的产业创新效应高于公路。因为高铁压缩时空距离的特性带来城市可达性整体上的大幅优化，有利于区域经济和创新的发展（钱志鸿、陈亮、郝秋，2016）。井上宽康等（2015）通过日本的长野新干线的实证研究，认为新干线的开通提升了沿线城市创新，使专利申请量提高了4.87%。

交通基础设施不是推进城市创新的唯一要素，经济环境、社会环境、政治文化环境也是影响城市创新的重要要素。勒施认为城市经济水平是创新集聚的重要要素，城市经济是由不同类企业、产业的集聚所产生的规模效益、联合效益、临近效益，而这些是吸引更多企业、产业创新集聚的要因；产业创新集聚究竟是专业化的环境，还是多样化的环境对其更有利而存在争议，雅各布斯（Jacobs J.，1969）认为不同行业间的交流有利于创新发展，而格莱泽等（1991）认为同一行业中不同企业间的交流能够更有利于创新。另外，经济地理学也从社会和文化角度分析了创新环境。Saxenian、Florida 认为地域社会环境的宽容性、人才分布代表的社会环境质量有可能直接或间接地影响创新。山村崇·后藤春彦（2013）认为知识产业集聚因子中影响力最大的是城市环境，包括与创新区域的邻近度、就业环境、宜居性等。宜居性涉及的范围较广，Florida 的研究验证了地域宜居性和高科技产业的关系，发现地域宜居性如生态环境、自由开放的交流空间等会对人才地理性分布或高科技产业集聚有影响。并且，在实际调查中也发现创新人才往往被有良好的自然环境和包容的社会环境的城市所吸引。

三、样本选择、研究方法及变量说明

（一）样本选择

选择长三角作为研究对象，是基于已有的研究认为科技创新往往集聚于大都市圈。从日本东京圈（东京、神奈川、埼玉、千叶一都三县）的实际数据来看也是如此，日本2000年至2015年专利登记数在全国占比由47.5%上升到51.9%，并且集聚的态势不减。为与日本东京圈相对照，采用长三角三省一市的数据，其创新专利占全国比重从2000年的18.5%上升至2015年的35.2%，创新专利在区域分布上的集聚往往是产业、人才、资金等要素集聚

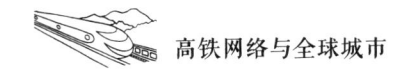

的折射面。

(二) 研究方法

目前关于高铁与创新的研究较少,主要集中在高铁对区域经济发展(胡天军、申金升,2000;杨维凤,2011;王垚、年猛,2014)、城市可达性(Shaw S. L.,2014;蒋海兵等,2010;赵丹、张京祥,2012;冯长春等,2013)、空间结构(王姣娥等,2014;王缉宪、林辰辉,2011)等的影响,学者大多采用相关分析和空间分析等方法进行分析和评价,较少使用双重差分法。本书通过综合采用潜力模型以及系统 GMM 的双重差分模型,以长三角为例分析高铁对沿线城市群科技创新的影响。

1. 潜力模型

牛顿万有引力定律是用来解释空间物体之间相互作用力的理论模型,在自然界中两个物体距离大于自身大小时,两物体最终会在连心线方向上产生相互吸引力,即两者的相互作用力大小。引力模型是 Tinbergen(1962)和 Poyhonen(1963)基于万有引力定律提出的,伴随新经济地理学的发展,引力模型广泛应用区域经济发展等研究中,而后社会科学将该现象加以改进,将其变形为潜力模型,国内外学者从引力模型的基本形式、变式、参数等不同不断对该模型进行补充完善(Stouffer,1940;Stewart,1948;Isard,1960;Lowry,1966;Haynes and Fotheringham,1984;陈彦光,2002;刘生龙,2011;李晓,2018;吴昊,2018)。为分析高铁对沿线城市群科技创新的影响效应,从可达性度量的角度采用潜力模型。潜力模型是可达性度量方法的一种,其优势在于既包含由节点质量所产生的相互作用和引力,也重视区域间时空距离的影响。当今科技创新已经不适合只考虑一个城市要素发挥作用,需要更多要素进行互动发挥科技潜力,地理空间的相互作用力无疑对其影响较大。潜力模型设定为:

$$P_i = \sum_{j=1}^{n} \frac{M_j}{C_{ij}^a} \quad (4-7)$$

公式中 P_i 表示节点 i 的潜力值,其值越高,潜力越大;C_{ij} 表示节点 i 点和 j 点之间的出行阻抗因子距离或时间,本书采用已开通高铁与未开通高铁的时间距离作为两地之间的出行阻抗因子。设 C 为长三角城市间节点间的时间路径构成矩阵:$C = t_{ij}$,t_{ij} 为矩阵的基本元素。M_j 为节点 j 的质量,对此设定没有统一标准，目前的已有研究中基本都是依据研究领域而设定，指数的正负值设定也是随研究对象与目的而有所不同。为反映在高铁作用下城市间的科技水平，本书考虑到节点的科技创新与区域经济相关性较强，从图4-5中显示出长三角2005—2015年年均GDP与年均科技创新专利的发展趋势大体一致，本书将科技成果专利和经济要素进行集成设定：$M_j = \sqrt{GDP_{ij} \cdot pat_{ij}}$，反映城市科技综合水平，$a$为距离摩擦系数，$n$为节点个数。

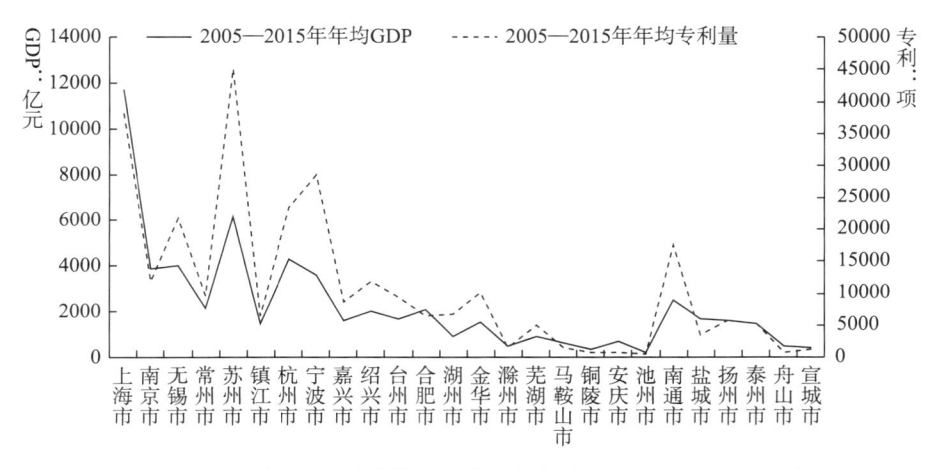

图4-5 长三角26个城市的年均专利与年均GDP（2005—2015年）

2. 双重差分模型

高速铁路可以被看作中国政府实施的一项新的政策试验。一项新政策是否对区域经济发展产生影响的评价通常采用被国外学者广泛应用的方法——双重差分模型。双重差分模型主要是效仿自然科学实验中对某实验对象实施某种"处理"的做法，通过实验前后的结果来评价这种"处理"的效果。一项新政策或公共基础设施的建立会使区域一部分人受影响，而另一部分人可能没有受到或受到很小的影响。使得这些社会群体发生改变的外生事件，被称为自然实验（natural experiment）或准实验（quasi-experiment）。利用这种方法观察在t时期，选择一个早期受高铁影响的实验群和较迟受高铁影响的对照群，旨在通过实验群和对照群在高铁开通前后某个观测值变化量的差额来反映实验群受到的高铁净影响，即高铁政策的影响效果。本书将高铁对沿线创新效应的影响评估模型设定为：

$$PAT_{it} = a + \beta_1 T + \beta_2 R + \gamma(T \times R[t \geq 2008]) + \delta Z_{it} + \varepsilon_{it} \quad (4-8)$$

式中，PAT_{it}是专利it期的观测值，T和R分别代表时间和地区虚拟变量，R是专利i在高铁沿线城市为实验群取1，其他城市为对照群为0的虚拟变量；$R[t \geqslant 2008]$，其间t在2008年以后，也就是说长三角高铁沿线开通以后取1，之前取0的虚拟变量。Z_{it}为控制变量的集合。ε_{it}是误差项，这个公式的系数γ被解释为高铁建设对区域创新的影响效果。若其估计值显著大于0的话，说明高铁促进区域创新。

考虑到高铁建设并不是区域内同一时间段内全面建设，而是根据国家区域规划逐渐增建的一个过程，且影响效果的显现也是一个渐进的过程。因此，引入被解释变量的PAT_{it}的一阶滞后项PAT_{it-1}，构造成动态面板数据模型：

$$PAT_{it} = a_0 + a_1 PAT_{it-1} + \beta_1 T + \beta_2 R + \gamma(T \cdot R[t \geqslant 2008]) + \delta Z_{it} + \varepsilon_{it}$$

$$(4-9)$$

由于使用的模型方程中包含了被解释变量的滞后一阶，模型存在内生性问题，这种在面板模型中包含被解释变量的滞后值。系统GMM估计是将差分方程和水平方程结合在一起作为一个方程系统进行估计，可以提高估计的效率，并且可以估计不随时间变化的变量，所以本书将采用基于系统GMM的双重差分法来估计。此外，使用系统GMM估计结果的有效性需要通过过度识别检验来进行验证，实证模型将通过Sargan检验来判断工具变量选取的有效性。

3. 变量构造及指标说明

长三角地区的空间范围存在不同层面的定义。根据2016年6月的长江三角洲城市群发展规划文本中对长三角定义，其范围为26个城市。本书就以这些城市2005—2015年的面板数据为样本，使用的数据根据历年的《中国城市统计年鉴》、《中国统计年鉴》、铁路时刻表和各城市统计年鉴计算和整理而得。

创新的代理变量为专利（PAT），数据采用人均专利授权量，授权量代表最终专利成果，从专利把握创新水平已作为一个被认可的指标。

实验群及对照群的解释，实验群是2008年高铁已开通的长三角12个城市，这些城市是政府综合考虑城市经济能力、消费需求、交通规划等而被选。高铁政策实施后至今经过一定的时间，统计验证方面已有一定数据积累便于分析。而高铁政策没有实施到的城市并不是没有充分的需求，而是高铁选址不仅有市场力量的权衡也有政府力量的推进。在高铁政策实施初期，基本以市场力量的作用较大，这是因为高铁投资巨大，经济效益是政府考虑的必选项。相对于已开通的高铁城市，未开通的高铁城市在经济地位、消费需求等方面均相对较弱，而这些因素对创新将起决定性的影响。创新产出越高的城市，其成为高铁候补的概率就越高，创新互动就越活跃。为避免夸大高铁政策影响效应，对照群选择的是长三角26个城市中于2015年开通的8个沿线城市，原因是这8个城市本身属于城市群域内，与已开通的12个高铁城市既相邻又经济发展水平较类似，适合作为对照群。表4-11显示，直到2007年，长三角有26个城市未通高铁（时速超过250公里的铁路）；2008年后20个城市高铁相继开通，而其中6个城市直到2015年仍未开通。

表4-11 长三角26个城市高铁沿线城市的开通时间

Ⅰ：2005—2007年	Ⅱ：2008—2014年	Ⅲ：2015年至今	Ⅳ：2015年至今
无高铁	有高铁	有高铁	无高铁
	上海、南京、无锡、常州、苏州、镇江、杭州、宁波、嘉兴、绍兴、台州，合肥	湖州、金华、滁州、马鞍山、芜湖、铜陵、安庆、池州	南通、盐城、扬州、泰州、舟山、宣城

被解释变量，借鉴已有研究，围绕高铁与创新从城市经济环境、事业环境、宜居环境三个维度选择指标。具体如下：（1）城市经济环境（UEE），以城市人均GDP为代理变量，使用GDP平减指数消除价格因素影响（1995 = 100）。（2）事业环境，包括人力资本环境、科技财政环境、产业环境。人力资本环境（HCE）的优劣，尤其是年轻有朝气活力的人才多寡决定高科技产业的选址以及城市创新的吸引力，采用每万人大学生数作为代理变量；科技财政环境（FE）以科技财政支出占公共财政支出的比重作为科技财政投入的力度；熊彼特认为产业集聚有助于创新，创新依赖于产业集聚，创新并不是企业的孤立行为，创新互动交流的动力来源于产业关联性及竞争性，采用地方化经济LE（Localization Ecomoies）与波特外部性PE（Porter Externalities）进行考察，具体公式见本章公式（4-5）和公式（4-6）。（3）宜居环境，人才是创新的主体，根据国际经验，创新往往集聚于空气较好、交通便利度高的区域。交通便利性（TCE），各个城市的铁路车次为代理变量；自然环境（NE），以城市人均公共绿地面积为代理变量。

四、高铁轨道上的长三角与大珠三角科技创新潜力演变比较

长三角城市群内 26 个城市受高铁影响不一,依开通时间分为实验群和对照群,图 4-6 显示两个群的人均专利,2008 年高铁政策实施以前的实验群和对照群间年均创新专利的差异并不显著,随着 2008 年实验群在开通高铁后其年均专利不断增加,两个群之间偏离度也随之拉大。对两个群进行统计检验的结论也初步证实了以上论断。但从图 4-6 难以推断地方科技创新的关联结构,这就有必要从空间物理距离角度出发考虑高铁影响下的空间相互作用。

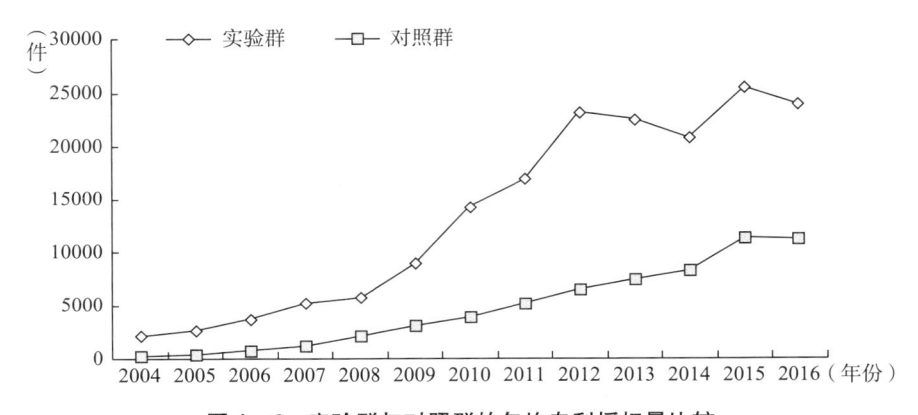

图 4-6 实验群与对照群的年均专利授权量比较

资料来源:根据各城市统计年鉴计算整理,2005—2016 年。

为此,分析高铁影响下长三角城市群科技创新潜力的演变,采用 2006 年、2010 年、2015 年的《全国铁路列车时刻表》中的原始铁路旅行时间数据计算获得最短铁路旅行时间矩阵。时间距离优于地理距离,是因为区域科技创新在很大程度上取决于直接交流的可达性和有效性。

总的来看,在空间相互作用下三个年度的科技潜力值变化凸显,实验群中各城市的科技潜力值大部分高于对照群,在 2006 年、2010 年、2015 年三个年度比较中,发现 2006 年整体未通高铁,即在普通铁路的时空作用下,各城市科技创新差距并不显著,以上海为首位。但 2010 年后分布格局出现很大差异性,但这种差异程度会因地区不同而有所不同,苏州、无锡一跃而起超过上海,直到 2015 年其科技潜力值的强劲势头丝毫未减居于高位,杭州、南京、常州也紧跟上海。对照群中各城市科技潜力值在高铁开通后也有显著的

提升，只是与实验群相比增速较慢，这可能是由于高铁开通较晚，且城市的综合发展水平对各要素的吸附能力较弱。但值得注意的是，作为行政级别较高、经济实力较强的合肥、宁波在科技潜力值上却不如马鞍山、嘉兴、镇江，这可能是因为潜力模型真实地反映区域空间相互作用力对城市综合科技潜力的影响。

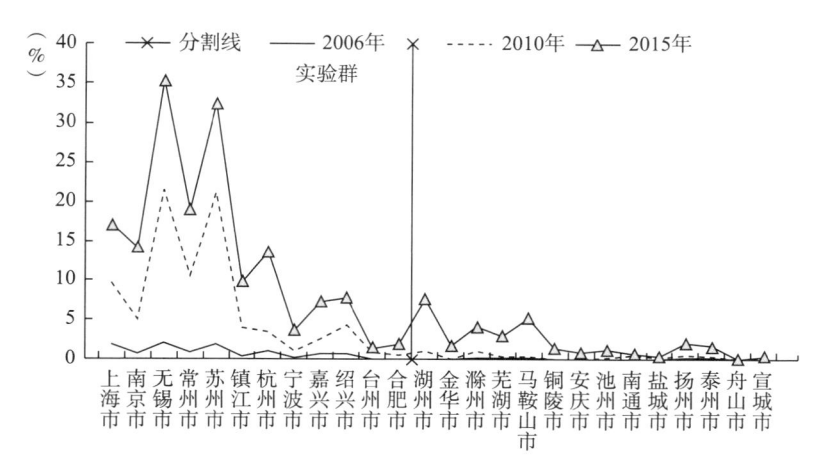

图 4-7　长三角城市群空间相互作用下科技创新潜力变化

在以科技潜力划分的城市群空间结构中，长三角呈多中心圈模式发展，不过从4个中心节点城市的铁路往来的频率来看，南京、杭州、合肥与上海的交通频率依然高于其他城市，说明其与上海的联系紧密、依赖度依然较高。另外，南京、杭州、合肥三个核心城市与其他城市的交通频率除了受距离衰减定律所左右，也受行政边界的影响。南京、杭州与本省圈域内其他城市联系紧密度大多都要高于省外城市。但合肥呈现双重联系，也就是说，既与省内邻近城市如芜湖、马鞍山、铜陵联系紧密外，也与上海、南京、无锡、常州、苏州的铁路班次联系频繁。这说明城市间创新相关要素联系紧密与否虽与交通基础设施有很大关联，但也需要其他要素支持。

依照以上潜力模型，分析与比较全国科技创新领先的大珠三角城市群在高速铁路大规模兴建和网络化布局下其各城市科技创新潜力状况。选择大珠三角城市群与长三角城市群进行比较，是因为大珠三角地区具有市场开放、科技雄厚、产业密集等诸多发展优势，已经成为中国创新能力最强、开放程度最高、最具经济活力的地区之一，初步形成有区域特色的科技创新分布格

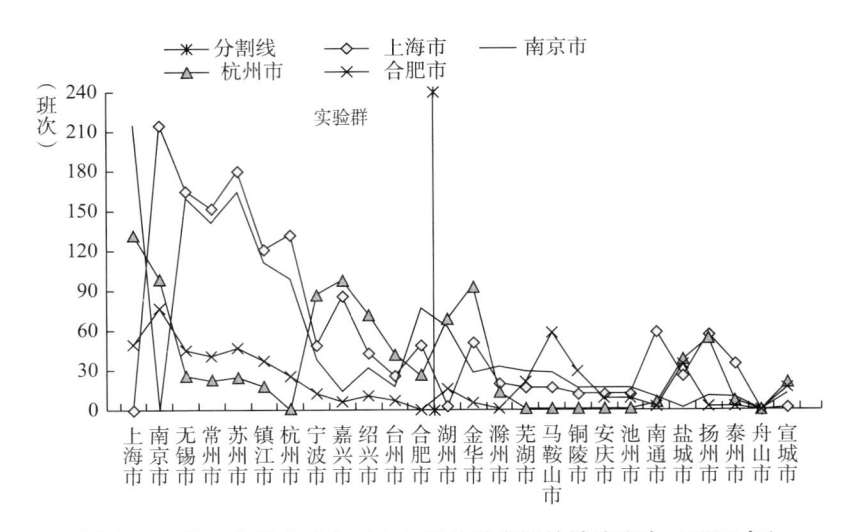

图 4-8　长三角四个节点城市与其他城市间的铁路班次（2015 年）

资料来源：根据 2015 年的《全国铁路列车时刻表》中的原始铁路旅行时间数据进行整理。

局。大珠三角城市群的提出是在广东省为促进粤东西北地区发展的基础上，而于 2017 年省政府工作报告中提出的打造大珠三角"9+6"一体化融合发展，具体是由珠三角 9 市和环珠三角韶关、河源、汕尾、阳江、清远、云浮 6 市共 15 市组成。面积为 12.98 万平方公里，常住人口 7791.38 万人，城镇化水平达 68.13%，2018 年广东以高铁里程 1542 公里排名第二位，2020 年其区域内城市全部实现高铁通车运营。

从 2006 年、2012 年和 2017 年三个时间节点各城市科技潜力值情况来看，大珠三角城市群各城市科技创新潜力不平衡的现象较为突出，与长三角城市群基本一致。以广州、深圳为龙头的大珠三角核心城市科技创新资源高度集聚，科技创新成果转化能力强，科技创新潜力始终保持一线水平，远高于群内其他城市。佛山和东莞科技创新发展仅次于核心城市广州、深圳，清远作为首批高铁开通城市迅速发展，2012 年科技创新表现亮眼。大珠三角城市群外围的汕尾、阳江、云浮、河源、韶关 5 市在科技创新上存在短板，科技创新基础薄弱，科技创新潜力明显滞后。2017 年大珠三角初步形成以广州、深圳为核心，中山、佛山、东莞、珠海、肇庆和惠州联合辐射，带动边缘落后城市科技潜力发展格局。

图 4-9　大珠三角城市群空间相互作用下科技创新潜力变化

五、高铁影响长三角全球城市区域科技创新——基于系统 GMM 双重差分法的检验

为检验高铁对沿线城市群科技创新的影响效应。采用双重差分法进行研究，使用双重差分之前需要确认高铁对城市的选择是随机的，其次，高铁实施前，实验群和对照群的创新专利变动趋势应保持一致，故展开两个假设检验：检验高铁对城市选择是否随机。其实从高铁规划及目的来看，其对城市的选择并非随机的，而是按照国家区域规划进行建设。采用 probit 模型来检验高铁对城市的选择标准，将是否受高铁影响的城市作为被解释变量，以创新专利、城市经济环境的人均 GDP、事业环境的科技财政投入、人力资本、产业集聚、宜居环境的自然环境、交通便利度作为解释变量，若创新系数显著为正，则不适于用双重差分方法。经检验结果表明，创新系数不显著，说明高铁实施的城市选址并非以该城市创新专利为标准，故适合采用双重差分法。另一个检验就是实验群和对照群在高铁实施前创新专利变动趋势是否同质性。本书使用 2005—2008 年城市面板数据作为样本，各城市创新专利的一阶差分值作为被解释变量，以是否为实验群作为二值解释变量，研究两个群在高铁开通之前创新专利变化趋势的异同。回归结果显示，实验群在高铁开通之前与对照群并没有明显的差异，同质性的假设成立。

面板数据能在一定程度上解决遗漏变量（个体异质性）问题，但若回归模型本身包含内生解释变量时，就需要使用工具变量法。一般是对模型进行变化以解决遗漏变量问题（如使用固定效应模型或一阶差分），然后对变化后的模型使用工具变量法。本书使用的模型方程（3）中包含了被解释变量的滞后一阶，模型存在内生性问题，这种在面板模型中包含被解释变量的滞后值，一般称为动态面板数据。由于是短面板数据，适用系统 GMM 估计法，该方法是将差分方程与水平方程作为一个方程系统进行 GMM 估计。在系统 GMM 估计前，需对工具变量开展过度识别检验和序列自回归检验。

表 4–12 基于系统 GMM 的双重差分法的估计结果

变量	模型1	模型2	模型3	模型4	模型5	模型6
PAT_{it-1}	0.814*** (59)	0.787*** (29.39)	0.766*** (26.94)	0.812*** (22.44)	0.788*** (18.53)	0.732*** (18.31)
R	0.264*** (10.73)	0.244*** (6.33)	0.187*** (4.21)	0.150*** (4.46)	0.149*** (3.55)	0.158** (3.03)
T	0.293*** (7.06)	0.227*** (2.82)	0.316*** (6.96)	0.145** (2.00)	0.166** (2.32)	0.110 (0.97)
$T \cdot R$	0.279*** (8.86)	0.245*** (4.54)	0.273*** (5.68)	0.187*** (3.82)	0.183** (2.90)	0.174* (2.14)
UEE		0.057 (0.89)	0.001 (0.01)	0.099 (1.44)	0.025 (0.28)	0.062 (0.68)
FE			0.124*** (10.73)	0.121*** (12.97)	0.120*** (8.13)	0.144*** (9.58)
LE				0.201*** (2.91)	0.215** (2.77)	0.401* (1.51)
PE				−0.203** (−2.08)	−0.222** (−2.06)	−0.057 (−0.38)
HCE					0.050** (0.23)	0.177* (0.34)
NE						0.039 (0.57)
TCE						0.123** (1.70)
截距	0.405*** (13.17)	0.136 (0.21)	0.479 (0.65)	1.460* (1.80)	0.741 (0.79)	1.015* (1.09)

续表

变量	模型1	模型2	模型3	模型4	模型5	模型6
AR（1）	0.0038	0.0046	0.0054	0.0050	0.0049	0.0051
AR（2）	0.4730	0.4722	0.9907	0.9462	0.9689	0.4214
sargan	1	0.9999	0.9999	0.9999	0.9999	0.9999

注：括号中数值为 z 值；***、**和*分别表示在1%、5%和10%的显著水平下通过显著性检验。

表4-12列出了6个模型的估计结果，所有模型的 AR（2）的 P 值均大于0.1，故接受"扰动项 ε_{it} 无自相关"的原假设，同时，6个回归模型的 Sargan 值均接近1，接受所有工具变量都有效的原假设，这表明可以进行系统的 GMM 估计。从估计结果来看，关键变量 $T \cdot R$ 的系数显著为正，表明高铁实施对沿线城市创新起着促进作用，但在加入不同控制变量的模型下，其估计系数和显著性水平都呈波动性下降，从模型1和模型6比较来看，$T \cdot R$ 的系数从0.279降到0.174，这说明高铁对沿线城市的专利创新有促进作用，但作用程度受其他变量的影响，被解释变量滞后一阶的系数均在1%的水平上显著，具有明显的滞后效应。

科技财政投入、人力资本、地方化经济、交通便利度的系数显著为正，表明人、财、产业、交通系数的增强，会对高铁沿线城市的创新增加带来显著的促进作用。其中，科技财政投入越高，意味着城市对创新的各种扶持力度越大，越有利于创新规模和水平的提升。创新的主体是人才，人力资本不仅是创新的生力军，是可持续创新发展的重要支柱，也是吸引高科技产业、企业集聚于此的重要引力。随着交通便利度的增加，城市间的创新互动交流合作将变得更为频繁，尤其是对专业化程度高的城市间交流更为有利，地方化经济对创新的贡献显著为正，说明同类产业的企业间倾向于通过便利的交通平台不断交流互动产生知识溢出。

城市经济环境与自然环境的估计系数没有通过统计性检验，说明这两个变量对创新的影响不大。虽然城市经济环境与自然环境会吸引高科技产业、人才的集聚，进而促进创新，但这需要通过人才分布、产业集聚等一些路径才能实现，也就是说，这两个变量对创新没有直接但有间接的影响作用。产业集聚的另一变量波特外部性是考察地方产业多样化的指标，Jacobs 强调知识能够在非相同的产业间溢出,也就是说,地方产业多样化能够促进知识的传播。但本书研究没有得出一致的结论,高铁沿线城市的地方产业多样化对创新的影响作用由显著为负随着控制变量的增加估计系数转为不显著,也就是说,地方产业多样化对专利的影响没有预期的影响。

表 4 – 13 控制变量双重差分模型的估计结果

变量	UEE	FE	LE	PE	HCE	NE	TCE
R	0.777*** (8.20)	1.985*** (13.98)	0.022 (0.42)	−0.083 (−0.98)	0.305** (1.94)	0.412*** (2.83)	0.228 (1.42)
T	0.830*** (8.22)	0.726*** (4.12)	0.363*** (5.74)	−0.297** (−2.82)	0.862*** (4.47)	1.218*** (6.73)	1.566*** (8.26)
$T \cdot R$	0.220 (−1.84)	0.167** (0.81)	0.312*** (4.21)	0.143 (1.16)	0.128* (0.57)	0.034 (0.16)	0.262** (1.19)
截距	9.867*** (124.07)	1.277*** (10.66)	3.733*** (86.99)	−3.795*** (−53.06)	0.040 (0.30)	7.780*** (63.27)	3.149*** (22.96)
$A-R$	0.5047	0.5783	0.1294	0.0364	0.1813	0.4014	0.5866

注:括号中数值为 z 值;***、**和*分别表示在1%、5%和10%的显著水平下通过显著性检验。

通过双重差分法进一步估计了高铁对这7个控制变量的影响,从表4 – 13看出,科技财政投入、人力资本、地方化经济、交通便利度的系数在10%的水平上显著为正,表明高铁使得沿线城市在这些变量上要高于对照群。由此可见,高铁虽然是加快促进沿线城市创新的重要变量,但也需通过一系列控制变量作用于城市的科技创新。

六、高铁影响下人力资本流动对上海全球城市创新发展的影响

由前文分析得知,高铁交通基础设施是促进沿线城市科技创新加快的重要变量之一。高铁压缩城市间时空距离,最直接影响的就是是否加速人力资本流动。因为人是城市的主体,人力资本流动是城市实现可持续发展、保持旺盛活力的基石。2000—2016年,全球大城市60%的GDP增长都来自人口增长。在美国经济快速增长的城市中,人口年增长率为2.5%,明显高于人口增长只有0.3%的经济低增长城市。上海正在建设卓越的全球城市,同时也面临人口流动

的新特征，人力资本流入成为上海卓越全球城市建设的重要基础。

当一个城市成为全球人口流动网络中的枢纽节点时，就意味着人口流动规模增大，会带来各式各样智慧和技能的人才，这降低了用人单位的人才搜寻成本，也带来了引领城市发展的知识、技术、创意、活力和激情，为全球城市的崛起提供了支撑，推动城市经济社会的发展。将人口流动、创新发展纳入统一的分析框架，在考察人力资本流动、创新发展的相互影响的基础上，用联立方程模型来估计各影响因素的大小。在当今以建设全球城市为目标的体制下，人力资本流动将通过以下两种渠道作用于全球城市发展：一方面，人力资本流动将对地区创新发展促进影响；另一方面，创新发展将深刻地影响人力资本流动，而人力资本流动通过流量规模进而影响地区创新发展。因此两者之间的关系可以表示如下：

$$p_{it} = a_0 + a_1 y_{it} + a_2 w y_{it} + a_3 X_{it} + \varepsilon_{it} \quad (4-10)$$

$$y_{it} = \beta_0 + \beta_1 p_{it} + \beta_2 w p_{it} + \beta_3 Z_{it} + \mu_{it} \quad (4-11)$$

式中，i 和 t 分别表示第 i 个城市第 t 年的数据，y、p 分别表示创新发展与人力资本流动指标。X 为影响人力资本流动的控制变量，Z 为影响创新发展的控制变量。ε_{it}、μ_{it} 分别为方程的随机误差扰动项。a_1—a_3、β_1—β_3 分别为相应方程的待估系数。

选取 2008—2017 年数据，相关原始数据主要来源于《中国城市统计年鉴》、"城市社会发展公报"等，具体指标选取的内生变量包括人力资本流动（pj）以迁入人口减去迁出人口的净迁入人口为代理变量；创新发展（PAT）以人均专利为代理变量。外生变量选择影响人力资本流动、创新发展的控制变量包括：影响创新发展的控制变量：（1）科技财政投入（kcb），科技财政拨款占公共财政支出的比重。（2）人力资本投入（hci），采用平均受教育年限来衡量各地区的人力资本水平；影响人力资本流动的控制变量：（1）收入差距（dgp），考虑到区域间居民绝对收入变动和人力资本结构变化对收入差距的影响，本书参考王少平、欧阳志刚（2007）的方法，采用泰尔指数衡量收入差距程度。（3）政府公共服务供给（pe），采用地方财政支出占 GDP 的比重表示。由于不同城市产业发展和市场偏好的差异，因而政府公共服务对经济要素集聚的影响可能具有一定的区域异质性。（4）房价（hp）以各地区年均商品房价格（销售均价）来表示，根据各地区年商品房销售额除以商品销售面积计算而得，并以各城市 2005 年居民消费价格指数（CPI）作为基期标准对城市历年房价进行平减。

在进行联立方程回归分析前，为了避免本书使用的非平稳数据由于表现出共同的变化趋势而出现"伪回归"或"虚假回归"，确保估计结果的有效性，需要先进行单位根检验。均拒绝"存在单位根"的原假设，体现了一定平稳性，可直接进行回归分析。为消除同一方程内的联立性偏误及模型系统中不同结构方程的随机误差项之间的相关性，采用三阶段最小二乘法（3SLS）以及迭代3SLS进行估计，并对所有变量分别取对数以消除变量中存在的异方差及量纲的问题，结果如表4-14所示。

创新发展的估计结果表明，人力资本流动对城市创新发展具有明显的促进作用，科技财政投入对创新有显著的影响，但人力资本对创新发展虽为正，但并不显著。人力资本流动的估计结果表明，收入差距、交通便利性是促进人力资本流动的重要因素，房价上涨对人力资本流动有着显著的抑制作用。房价上涨会导致部分人群短时间内占有较多财富，而另一部分无房或租房人群面临房价上涨增加生活成本，高铁网络使沿线城市与上海中心城区的"同城化"程度加强，如上海到昆山、苏州、嘉兴、杭州等城市，其时空距离比到临港新城将更近更方便，且这些城市本身的基础设施、文化底蕴、居住环境和人口规模都比上海城区更优越，在竞争居住人口和资源要素方面具有更强的竞争力。在高铁同城化背景下，这会使得部分创新人才不选择留居上海，选择移居上海周边的宜居城市。

研究结果表明：（1）高铁对沿线城市创新有促进作用。（2）使用基于可达性度量的潜力模型方法，发现在空间相互作用下，高铁开通前长三角城市群内城市间科技创新潜力值的差异不大；随着高铁开通，其差异凸显，但不同城市其影响程度有所不同，苏州、无锡的科技创新潜力值一跃而起超过上海，杭州、南京、常州等也紧跟上海。大中城市创新潜力排序会因高铁的空间相互作用而出现上升或下降。对照群中各城市科技潜力值在高铁开通后也有显著的提升，只是与实验群相比增速较慢。另外，从上海、南京、合肥、杭州四个核心城市与都市圈内其他城市的铁路班次来看，直接交通频率显示以省域内联系为主，还没有完全打破行政分割推进城市点轴网空间联动与协同发展，仍存有行政边界的干预迹象。（3）基于长三角2005—2015年的面板数据，采用系统GMM的双重差分法检验高铁对沿线城市群的科技创新效应，结果表明，高铁对沿线城市科技创新有促进作用，但促进作用需要与科技财

第四章 上海全球城市与长三角高铁网络:空间溢出与科技创新

政投入、人力资本、地方化经济、交通便利度共同发挥效应。

表 4-14 联立方程估计结果

	3sls		迭代式 3sls	
	(1) 创新发展	(2) 人力资本流动	(3) 创新发展	(4) 人力资本流动
pj	8.550*** (2.469)		7.628*** (1.466)	
kcb	1.293* (1.711)		1.892* (1.251)	
hci	3.707* (3.860)		3.108* (1.810)	
PAT		0.536 (0.462)		0.175 (0.466)
pe		0.189* (0.387)		0.322* (0.185)
dgp		1.055*** (0.378)		1.541*** (0.249)
$acces$		0.669** (0.271)		0.801*** (0.158)
hp		-0.654*** (0.423)		-0.859*** (0.265)
常数项	0.550*** (4.629)	5.731*** (0.190)	0.372*** (4.204)	4.217*** (0.207)
R^2	0.710	0.673	0.765	0.682

注:*、**、***分别表示10%、5%、1%的显著水平;括号内为 t 值。

基于以上研究结论,相应的政策启示如下:

为有利于创新互动,作为创新城市系统的交通基础设施,尤其铁路网的投资和服务力度仍需加大。长三角铁路网密度在国内虽高,但与国际城市群相比还有较大差距,巴黎都市圈铁路网密度为 0.18 km/km,即使首尔、仁川、京畿道圈域的铁路网密度也达到 0.05 km/km,东京都市圈(东京都、神奈川县、埼玉县、千叶县、茨城县南部)铁路网密度最高,约 1.6 万平方公里的范围内铁路总长4200公里（清水哲夫，2014），网络密度为0.26km/km。林和真、城所哲夫（2013）认为日本创新专利分布和交通网分布相类似，依交通网络集中分布于与东京圈等一些城市群邻近的区域，新干线连接的城市在经济发展与创新互动方面获益颇多。与东京都市圈相比，长三角三省一市的铁路网密度2016年只达到0.027 km/km，表明仍需加大铁路建设力度，加大同城化交通服务。

为有利于城市群创新系统，需摆脱行政壁垒，打造有利于创新互动合作的配套政策和政府支持平台。具体可依托上海虹桥商务区、苏州、无锡、南京、徐州等高铁新区，加快设施建设、产业业态、经营模式、制度创新的一体化，形成人才、资金、信息便利流动的高速通道，重点发展文化教育、科技研发、设计咨询、高端消费、国际时尚服务、会展会务、旅游娱乐等文化创意产业和知识、智力密集型现代服务业，发挥上海、南京、杭州、苏州、无锡等城市现代服务业和知识经济高地的优势，带动徐州、蚌埠、滁州、镇江、芜湖等沿线城市现代服务业和知识经济发展，提升城市产业能级，打造世界级现代服务业和知识经济发展集聚带，成为全国创新转型的引领高地。同时，高铁网络可以结合国家"宽带中国"战略形成的高速信息传播能力和高铁车厢"宽带移动办公室"优势，通过制度创新，依托遍布全国的高铁站点，打造我国"高速经济网"，形成保增长和调结构的新支撑平台。

上海在长三角建设全国首位科创型城市群中应发挥关键作用，在快捷便利交通的"流体推动力"下，对长三角城市群来说，最重要也是最核心的就是"人才流"，尤其是现代服务业，将更多地依附于专业服务人才。如通过金融业、咨询业、法律、会计、审计、研发科研方面的专家资源、讲座交流及技术人才自由流动，增加技术合作交流渠道和机会，提高"人才流"的柔性流动速率与领域，有效发挥"上海服务"的人才辐射作用。除此以外，开放共享大科学装置，上海的大科学装置在全球来看集聚度较高，有上海光源、国家蛋白质科学研究设施、软X射线自由电子机关、超强超短激光装置、活细胞结构、功能成像平台等一些高端装置可与周边三省共享。实际上，服务业发展的规模、水平与服务半径密切相关，如国际上的纽约华尔街、伦敦金融城等，其服务半径是全球化。相比而言，上海很多服务业发展半径在市区内居多，上海要努力服务到长三角、长江经济带、全国及全世界。

第五章 上海全球城市与长三角高铁网络："流"及影响因素

第一节 轨道上的全球城市区域的"流"的特征分析

一、轨道上的上海全球城市的"流"

（一）轨道上的上海全球城市运送量

观察上海全球城市1990—2017年铁路旅客发送量，由1990年铁路旅客发送量2476万人上升到2017年的11617万人，以年均5.7%的增长率上升，可以看出随着铁路交通基础设施服务供给质量的提升，相比公路，铁路旅客发送量占总发送量的比重显著提高。常态化条件下，每天开行客车超过1100对。2019年上海局集团公司发送旅客首次突破7亿人次，达7.32亿人次，同比增长8.5%，客发量占全国铁路的20.5%。

（二）高铁开通前后上海全球城市人口流动规模比较

以高铁开通2008年为界，上海全球城市从"四普"到"五普"的人口普查情况来看，流动人口由占常住人口的3.7%上升到2000年的20.7%，高铁开通后，2010年该比例一度跃升到39%，上升了18%，与此相同，北京也同样在这十年增长了18%，从流动人口占常住人口占比来看，上海比北京高了4%。但从"七普"的数据来看，上海常住人口增量185万，仅达"六普"增

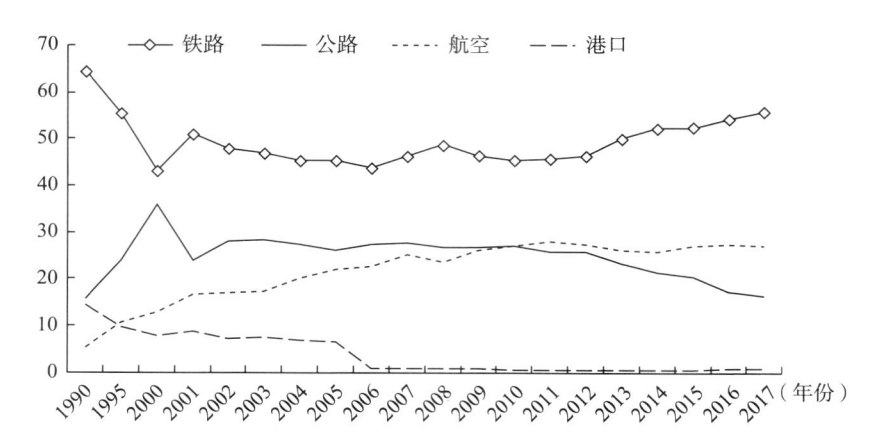

图 5-1　上海全球城市 1990—2017 年旅客发送量占比变化

资料来源：中华人民共和国国家统计局编《中国统计年鉴》。

注：① 2000 年前旅客发送量是专业运输部门的数字，2001 年开始改为跨省市旅客运输的行业统计数字。② 港口旅客发送量从 2006 年起口径不包含海港到内河部分。

量的近三成，全国占比仅为 1.8%，这虽然与上海落实国家控制超大城市人口规模要求相一致，但与同样执行政策的北京相比，其人口增速低了 3.6%。

表 5-1　京津沪常住及流动人口比较　　　　　　　　　　（年，万人）

	2020		2010		2000	
	常住人口	外来人口	常住人口	外来人口	常住人口	外来人口
上海	2487.1	1047.9	2301.9	897.7	1673.7	346.5
北京	2189.3	797.2	1961.2	704.5	1356.9	256.8
天津	1386.6	281.6	1293.8	299.2	1000.9	87.3

资料来源：根据"五普""六普""七普"数据整理。

流动人口呈现就近流动，主要集聚在城郊结合地区。上海全球城市流入人口的户籍所属区域异质性较强，涵盖了 31 个不同的省份（或直辖市）。从 2010 年"六普"数据的来源地来看，上海的流动人口主要集中在华东六省（占 63.4%）。再从 2016 年全国流动人口卫生计生动态监测调查数据来看，来自安徽省的流入人口占上海市总流入人口的 27.5%；其次江苏省所占比例为 17.5%；而来自北京、天津、河北、山西、辽宁、吉林、黑龙江、陕西、甘肃、贵州、云南等省份的流入人口较少，所占比例均不到 10%。可见，上海全球城市的流入人口大多来自周边省份,以安徽省和江苏省居多,这个数据和"六普"数据得出的结论相同;而来自西南、西北、华北、东北等距离上海较远的地区的流入人口极少。

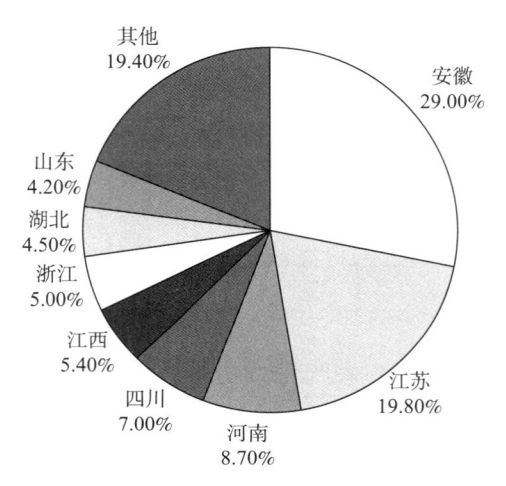

图 5-2 上海全球城市流动人口来源地

数据来源:根据"六普"数据计算整理。

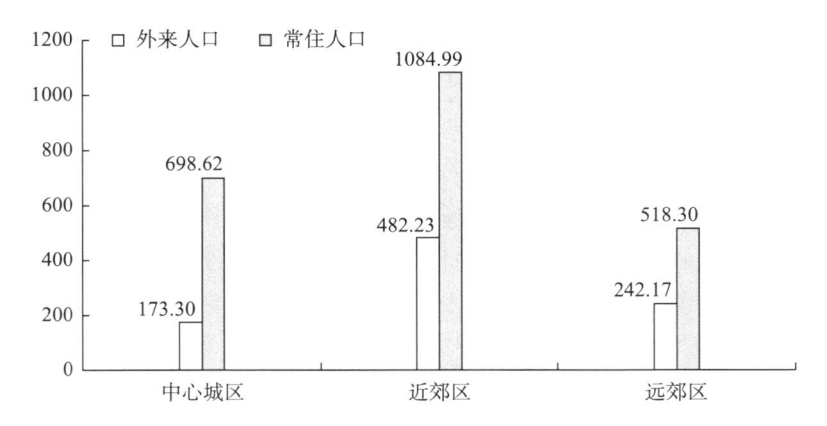

图 5-3 上海全球城市分区域流动人口

数据来源:根据上海市人口计生委调查数据整理。

流动人口中53.7%集聚在近郊区,远郊区占27.0%。据上海市人口计生委调查数据统计,在摸底调查的221个街镇中,有67个街镇流动人口数与户籍人口数倒挂,占街镇总数的30.32%;在5511个村居委中,有1560个村居委的流动人口数与户籍人口数倒挂,占村居委总数的28.31%。

（三）高铁开通前后上海全球城市人口流动结构比较

高铁开通前后，上海 15—59 岁的劳动年龄人口规模从"五普"时的 1193.9 万人增加到"六普"时的 1755.4 万人，增幅为 47.1%，占总人口比重也从 72.8% 上升到 76.3%。"七普"数据则显示劳动力人口比重下降，上海少子化、老龄化更为严重。从年龄结构看，15—59 岁劳动力人口占比为 66.8%，相比"六普"下降了 9.5%，与北京 74.9% 劳动力人口占比相差 8.1%。"七普"显示上海 0—14 岁人口占比为 9.8%，虽比"六普"提高了 1.2 个百分点，但在全国是唯一一个比重不足 10% 的省市，少子化最为严重。与"六普"相比，60 岁以上人口比重提高了 8.3%，人口老龄化程度高过全国平均水平 4.7%，上海人口老龄化的发展态势不容乐观。

表 5-2 "七普"与"六普"全市常住人口年龄结构比较

	"七普" 2020 年		"六普" 2010 年		"五普" 2000 年	
	总量（万人）	比例（%）	总量（万人）	比例（%）	总量（万人）	比例（%）
0—14	243.6	9.8	198.5	8.6	150.2	12.2
15—59	1661.9	66.8	1756.7	76.3	1193.9	72.8
60 岁及以上	581.5	23.4	348.0	15.1	245.8	15.0

资料来源：根据"五普""六普""七普"数据计算整理。

上海全球城市老龄化程度加深对人口政策完善提出新要求。"七普"显示 60 岁以上老年人口抚养比为 35%，比 2010 年提高 15.3 个百分点，即不到 3 个劳动力人口抚养 1 个老人。劳动年龄段人口减少显示上海全球城市正面临"人口红利"效应的消退。1990—2010 年上海外来常住人口对常住人口总量的拉动作用为 86.9%，2010—2020 年降至 81.1%。这既受外来常住人口回流、产业结构调整的影响，更是近年来出台的一系列以"业"控人、以"房"控人、提高落户门槛等政策的结果。外来人口控制政策使上海缓解了城市规模扩大之后所产生的交通拥堵、生态环境压力、公共服务紧张等问题，但也引发了一些新的问题，如制造业招工难、老龄化加速引发家政护工等服务业人员短缺等。

（四）高铁货运带动全球城市打造区域供应链管理中心

近几年我国高铁货运发展迅速，已陆续推出顺丰高铁极速达、高铁顺手寄、京东的高铁生鲜等产品。上海青浦华新镇借助紧邻虹桥交通枢纽的区位优势,布局制造物流园、商贸商务业和现代服务业集聚园,建设电商快件物流产业园、会展服务物流产业园、物流平台中心,打造长三角供应链管理中心,拓展"快递+"产业集群,在现代供应链领域培育新增长点,带动仓储物流的升级发展。目前全国7家快递上市企业中,"三通一达"和德邦5家企业总部均位于青浦华新镇,顺丰和百世在青浦也都有重要布局。

二、轨道上的长三角全球城市区域的"流"

(一) 高铁开通后长三角全球城市区域劳动力就业密度在全国的地位

2008年高铁开通之际,相比其他城市群而言,长三角、粤港澳大湾区就业密度较高,随着快速交通联系不断加强,再加上基础设施条件和劳动力市场发育程度参差不齐,不同地区之间的就业机会、就业条件以及失业水平都存在巨大差别,从2017年数据来看,长三角城市群虽仅占国土的2.2%,但人口占全国的11%,GDP占全国的20%,就业规模占全国的12%。粤港澳大湾区及京津冀城市群就业分别占全国的4%、0.6%。从就业密度比较来看,仍是长三角城市群就业密度较高,其次是粤港澳大湾区;而其他如兰西城市群、哈长城市群、呼包鄂榆城市群就业密度较低,近年来也未见显著的增长。除了产业发展不足提供就业岗位有限以外,也可能是气候寒冷导致企业及人口迁往温暖地区所致。北美就有因寒冷地带人口不断流出,导致工业逐步衰落,出现锈带经济的现象。

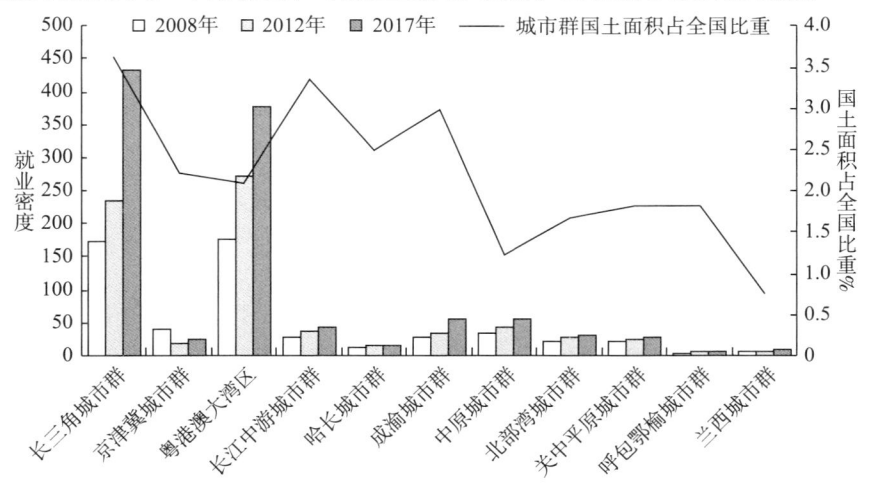

图 5-4 中国城市群就业密度比较

资料来源:根据2008—2017年各城市统计年鉴数据计算。

(二) 全球城市区域内多核心城市的流动人口主要来源地

密集的高铁网络加强长三角全球城市区域的联系。根据2017年全国流动人口动态监测调查数据来看，长三角流动人口主要来源地为本城市群内的流动。国家卫健委发布的《中国流动人口发展报告2018》显示出从2012—2017年，长三角省内流动人口比例有所增加，跨省流动人口比例从85.26%下降到83.18%。上海全球城市流动人口的第一来源地既不是苏州和无锡，也不是嘉兴和湖州，而是远得多的盐城。这在一定程度上说明，越靠近上海的地区，其本土经济越好，人口的流动欲望也就越低。江苏和浙江大多是省内流动人口较多，安徽的跨省流动性远超江浙沪。也就是说，一个地区人口的流动欲望和当地的经济发展水平往往成反比，安徽跨省流出主要集中在长三角城市群内。

表5-3 长三角全球城市区域内多核心城市的流动人口来源地 （%）

主要流入的城市	第一来源地		第二来源地		第三来源地		第四来源地		第五来源地		合计
	城市	比例	城市	比例	城市	比例	城市	比例	城市	比例	
上海	盐城	13.73	南通	11.49	合肥	9.46	芜湖	7.83	泰州	7.51	50.02
南京	马鞍山	15.87	亳州	10.23	盐城	9.60	南通	7.70	安庆	7.3	50.70
苏州	盐城	29.84	亳州	11.11	南通	7.46	泰州	7.46	合肥	6.72	62.59
杭州	杭州	15.59	金华	11.05	亳州	9.72	绍兴	8.83	安庆	8.53	53.72
宁波	台州	32.48	亳州	22.36	绍兴	6.11	金华	4.35	宁波	4.26	69.56
合肥	合肥	74.19	安庆	7.82	芜湖	4.23	亳州	3.64	铜陵	2.84	92.72

数据来源：根据2017年全国流动人口动态监测调查数据计算。
注：主要流入城市与来源地相同的情况代表市内跨县流动情况。

全球城市区域是多核心的城市扩展联合的空间结构，而非单一核心的城市区域，作为多核心城市的上海、杭州、宁波以及南京其引力较强，流入人口多为跨省流动的人口，各市跨省流动的人口占总流动人口的比例分别为99.9%、82.2%、79.7%以及66.2%；合肥市的流入人口多为省内跨市和市内跨县流动的人口，分别占到合肥市流动人口的52.0%和41.9%。可见，上海、杭州、宁波、南京流入人口的流动范围以跨省流动为主，省内跨市和市内跨县流动现象极为稀少；而合肥流入人口的流动范围则以省内跨市和市内跨县为主，跨省流动人口较少。

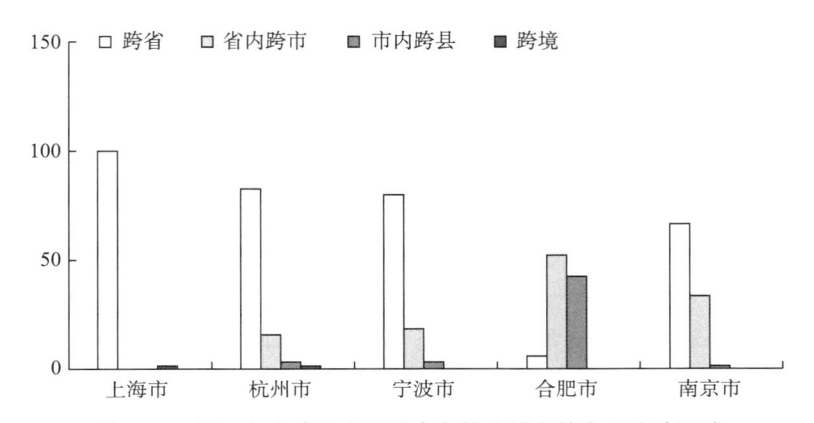

图 5-5 长三角全球城市区域内多核心城市的人口流动圈域

资料来源：根据 2016 年全国流动人口卫生计生动态监测调查流动人口问卷的数据计算。

（三）全球城市区域内流动人口逐渐向"常住型"转变

以流动人口在某一个城市长期居住达到 5 年及以上就视为长期居住型。上海流动人口的长期居住型占 61.6%，其中定居 10 年及以上的群体占到总量的近四成；浙江省流动人口中有 43.31% 是长期定居型，安徽省和江苏省的比例依次为 41.55% 和 37.45%。可见，流动人口的滞留时间呈现延长之势。这也说明外来人口在城市中"不断沉淀"，居留时间越长，继续长期居留的概率越高。随着流动人口向"常住型"转变，当前常住人口管理系统需要合理落实居住年限的评价权重，以便有效满足当今不断壮大的常住型流动人口的基本公共服务需求。

但值得注意的是，虽然调查数据显示在一个城市居住年限在延长，但当问到流动人口在当地居留意愿时，更多人选择 2 年左右，如江苏和安徽分别为 40% 和 35%。人口流动背后更多的是经济动机，城市产业发展和就业岗位供给高低决定了人口流动的方向。为使劳动力和产业发展有效匹配，就需从政策上提供支持。当前国家提出推进户籍准入年限同城化累计制，城市间的短期流动经历比常住型更复杂，如杭州规定 3 年内连续缴纳 2 年以上社保或者个税才拥有购房资格，上海规定连续缴纳 5 年社保或者个税才拥有购房资格，苏州则规定需要缴纳社会保险 3 年以上。如何加快制定长三角地区适用的城市准入常住居民"通行证",需要出台涉及流动人口城市居住史、居住年限、社保如何统筹等更为详细的条例准则。

(四)全球城市区域内流动人口主要以 80 后及高技能人才为主

上海全球城市流动人口中主要以"70 后"和"80 后"为主,占总量的 63.7%。江浙吸引的主要以"80 后"和"90 后",相比江浙,安徽吸引的主要是"70 后"和"80 后",并且这些群体将近八成为已婚状态,因此长三角地区在试行户籍准入年限同城化累计互认,提供相应举家落户的配套措施很有必要。从地区人力资本优势看,上海流动人口中高技能人才(大专及以上学历)占总量31.8%,达 3 成多,说明上海对人才流动仍具有"虹吸效应"。安徽省流动人口中 21.3% 为大专以上人才,可以说安徽本省内人口流动具有绝对优势,有效吸纳了本省的高学历人才。江苏流动人才比浙江高了9%,浙江流动人口在长三角地区中高技能人才的比重最低,占比为 9.2%。浙江省在推动跨地区劳动力要素优化配置,吸纳高技能劳动力将面临很大挑战。

表 5-4 流动人口的年龄结构 (%)

	"70 后"	"80 后"	"90 后"
上海	22.9%	40.8%	19.3%
江苏	22.2%	35.9%	24.9%
浙江	25.9%	33.6%	25.3%
安徽	25.5%	44.0%	21.1%

数据来源:根据 2017 年全国流动人口卫生计生动态监测调查流动人口问卷的数据计算和整理。

(五)全球城市区域内流动人口行业集聚的差异性

长三角全球城市区域内流动人口就业行业排名前五位分别为批发零售业 21.6%、住宿餐饮业 12.6%、居民服务、修理和其他服务业 11.0%、建筑业 7.9%、制造业 7.3%。在这前五位的行业中,长三角内部存在一定差异,如在上海、江苏、安徽的流动人集聚于第一位的行业为批发零售业。而浙江与此不同,流动人口集聚于第一位的行业为其他制造业,占比为 20%,其次为纺织服装13.8%、交通运输设备制造业 13.2%、信息传输、软件和信息技术服务业10.5%。可以说流动人口多集聚在制造业。原因是在浙江各个地市，民营制造业十分发达，市场力量比较强，差不多每个地方都有一个主打产品，市场与产业紧密结合，产销供一体化，中小老板很多，制造业产业提供了更多就业岗位以吸引劳动力流入，从调查数据来看，浙江流动人口多集聚于以个体工商户和私营企业为主的企业，占比达到78%。

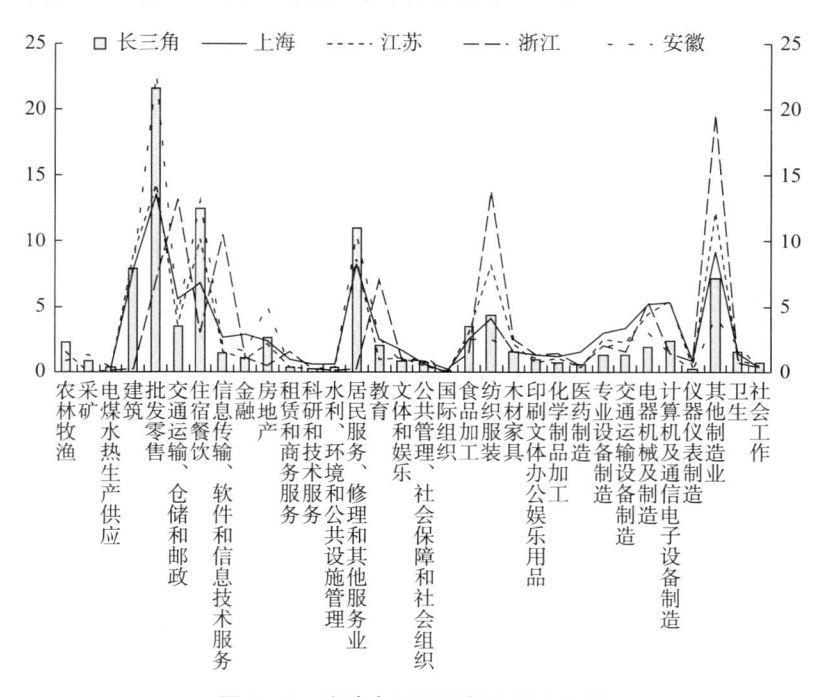

图5-6 流动人口不同行业就业比重

数据来源：根据2017年全国流动人口卫生计生动态监测调查流动人口问卷的数据计算和整理。

与浙江相比，上海和江苏流动人口除了第一位的批发零售业以外，多集聚于其他制造业、居民服务、修理和其他服务业、建筑业、住宿餐饮业，上海和江苏流动人口就业也主要以个体工商户和私营企业为主，占总量的60%左右。安徽流动人口与上海、江苏流动人口集聚行业大体一致，只是制造业还未能有能力吸纳更多的流动人口，反而建筑业和房地产业提供了更多的就业岗位，说明安徽可能正处在城市化扩展中，地方大兴土木和房地产建设集聚了大量流动人口；而流动人口就业以个体工商户和私营企业为主，合计占总量的七成。流动人口行业别集聚反映了城市群内产业结构的差异性。

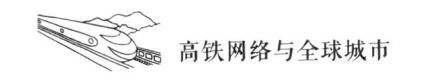

（六）全球城市区域内流动人口中非正规就业占比较高

长三角流动人口中32.2%未签订劳动合同。其中上海最低，未签订任何劳动合同的仅仅占11.4%，说明上海在劳动力就业与劳动保障规范化方面表现最为突出，而且从业人员在国有企事业、外企等其他单位的比重也高于长三角其他城市。其次为江苏，未签订劳动合同占26.9%，而安徽和浙江未签订劳动合同占其总量的1/3。浙江虽然在制造业方面吸纳了大量劳动力就业，但近八成的劳动力就业单位性质属于个体工商户和私营企业，在劳动力就业与劳动社会保障方面还有待进一步规范，以保障流动人口的权益。

从长三角城市群总体看，自2020年年初以来，从人口流动管制到困难复工，虽然出现义乌、杭州、湖州等为企业复工展开以"包飞机""包高铁"等形式展开抢人大战，但如此解决的就业岗位对流动人口大军来说只是杯水车薪。吸纳了大量的流动人口就业的行业如餐饮、旅游等行业，受疫情影响曾在疫情紧张时期难以恢复到疫情前的用工量。虽然随着疫情有效控制，长三角各地已开展务工人员安全有序返岗的精准对接措施，但如何将流动人口有序纳入务工城市的常住人口管理系统，相应地享受城市基本公共服务，才是提升流动人口对抗外部环境冲击最有效的抗风险能力。

第二节　全球城市区域高铁乘客问卷调查

对长三角城市群内13个主要高铁站进行问卷调查，涉及的站点城市包括上海、南京、合肥、杭州、苏州、芜湖、湖州、嘉兴、宁波、金华、无锡、马鞍山、安庆，有效样本共723个。调查出行的旅客在职业结构、教育层次、经济地位、流动方向、出行目的、影响出行的因素、出行方式、交通选择等方面，分析高铁人口流动的空间特征以及对城市间经济和社会联系的影响。

一、上海全球城市高铁乘客特征

高铁作为快速交通流线的主要形式，高速铁路的建设能有效拓展区域人口流动空间、增强区域联系度。上海虹桥站高铁乘客的个人属性特征基本以男性、未婚居多，出行的旅客年龄以25—44岁为主。高铁乘客的户籍省份和现居省份只要集中在上海、浙江、江苏、安徽四个省份,这是虹桥高铁站影响辐射的第一梯度的省份。第二梯度是福建、河南、山东、湖北、湖南等省份。第三梯度就是更为偏远的中西部地区。可以说从上海虹桥站向外流动的乘客,在一定程度上活动范围集中在长三角地位。

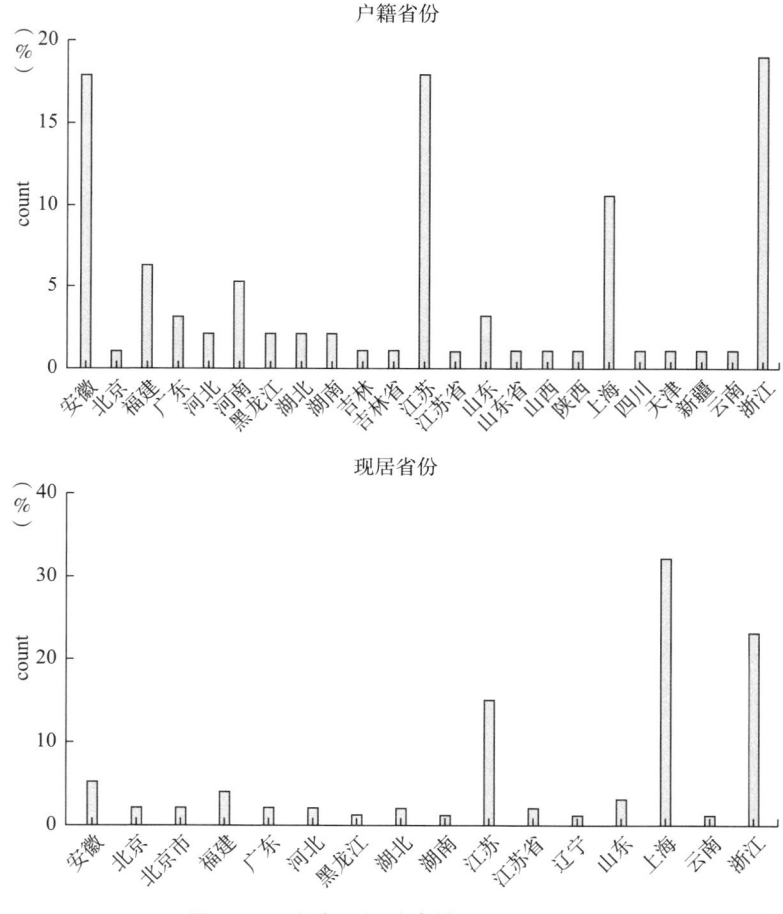

图 5－7　上海虹桥站高铁乘客的居住地

对于乘客居住地所在的城市,绝大部分都在其所属的城市圈内。偶有少部分需要通过乘高铁或者其他交通工具才能到达城市圈中心城市,但一般也在 2 个小时之内就能到达。从这个角度上来说,通过高铁网络,乘客可以快速地享受便捷的生活,拥有快速的出行节奏。通过高铁,城市与城市圈之间的联系更紧密,大城市圈外围的城市将不再处于孤立状态。

在选择高铁出行的众多因素中,最突出的因素是运行速度快,选择 G 字头列车占比最大,为 83.7%;选择 D 字头列车的为 16.3%。其次是准点率高,票价水平合适、舒适程度高、服务质量好也是较为重要的因素,而车票报销、带孩子方便安全以及携带特殊行李等对选择高铁出行影响程度不大。

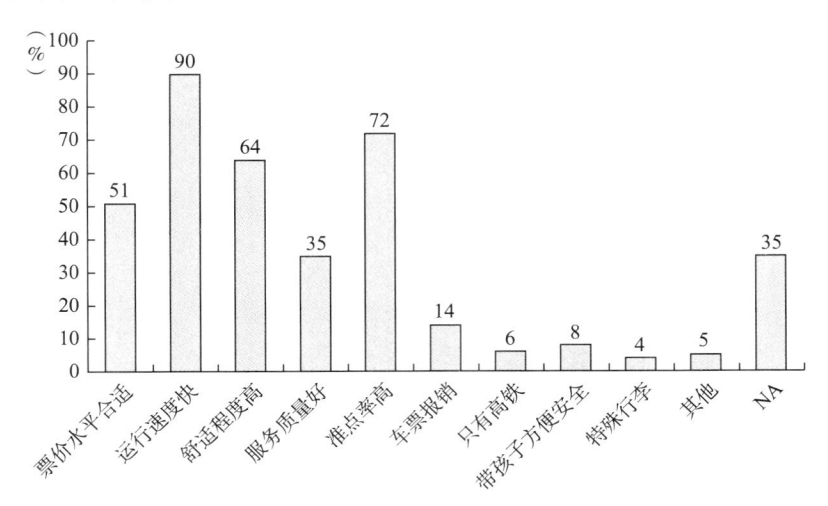

图 5-8 上海虹桥站高铁乘客选择高铁出行的重要因素

对上海虹桥站高铁乘客向外流动的目的调查,发现 41% 的乘客出行目的是回家,工作出差占比 37.8%,探亲会友和旅游分别占比 10.2% 和 8.2%。由于出行目的中回家和出差占比最高较高,因而在高铁出行的时间段中主要集中在下午和晚上,占比 72.4%。

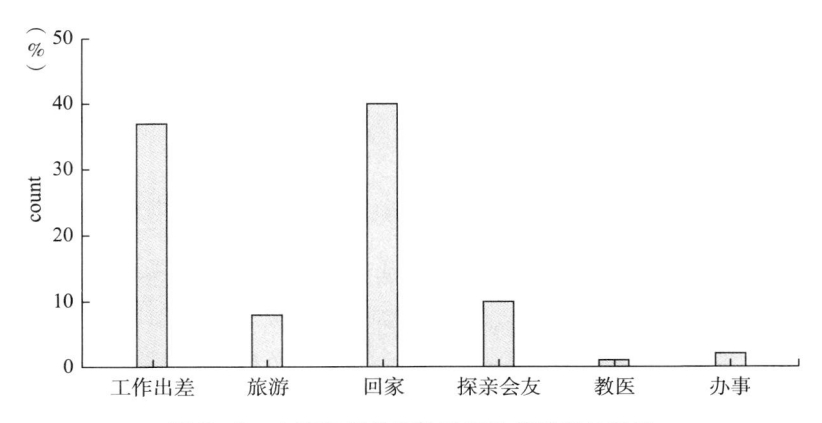

图 5-9 上海虹桥站高铁乘客选择出行的目的

二、高铁网络下全球城市区际人口空间流动特征

区际、城际要素流对于研究城市功能联系具有重要意义，旅客流动目的异质性可以反映区域城市对人流吸引的差异性。问卷设置"使用高铁出行的主要目的"将出行目的分为4个类别。其中工作出差、旅游、通勤体现了城市间的经济联系，而探亲访友体现了社会联系。

从出行乘客来看，类别中通勤占比较高，男性和女性占比较相近，但工作出差男女之间差别较大，可以说相对于女性，男性商务出差多于女性。从被访者年龄阶段来看，18岁及以下和56岁及以上是流动群体中的少数，而20—35岁是高铁使用的主力军。高铁带动的流动人口年龄阶段呈现明显的两头小、中间大的结构。从高铁出行目的差异年龄结构来看，26—40岁人群在工作出差和通勤中的比重远高于探亲访友和旅游，而随着年龄增长，41—60岁及以上的人群探亲访友的情感需求占比较高。

"教育程度"按照"中国教育部普通高等教育五大学历教育"（最高就读程度）分为四类。首先，从总体来看，穿梭于上海的人群受教育程度主要为大专及以上，高学历人数偏多。高中及以下占23%，本科及以上学历占55%，而研究生及以上仅占13.3%。而在出行目的的类别中，本科在工作出差和通勤中占比较高。高中及以下学历程度的人群高铁出行更多的是在旅游选择及探亲访友方面。本书设置月均收入分为三档，在被访者中，年收入档在6万元以下的占22.5%。以工作出差、通勤为出行目的的旅客年收入明显高于探亲访友，旅游流主要以高收入与低收入两者均高于中等收入人群。

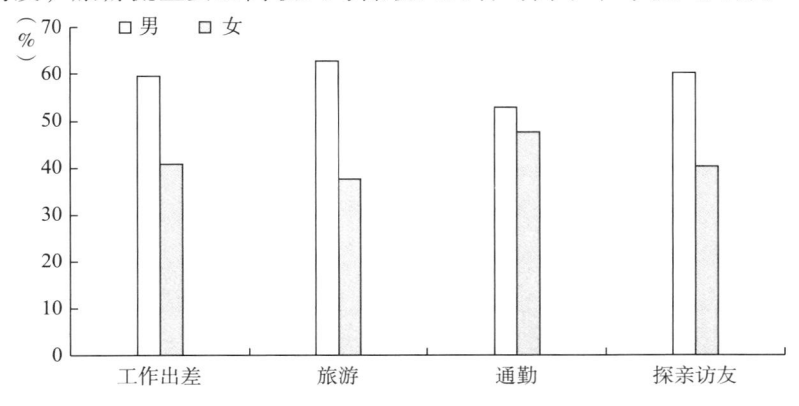

图5-10 不同性别的高铁出行目的

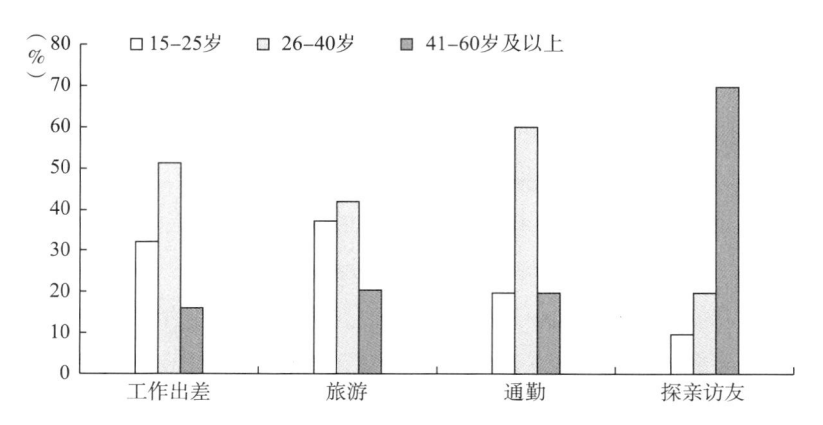

图 5-11 高铁出行目的别客流的年龄结构

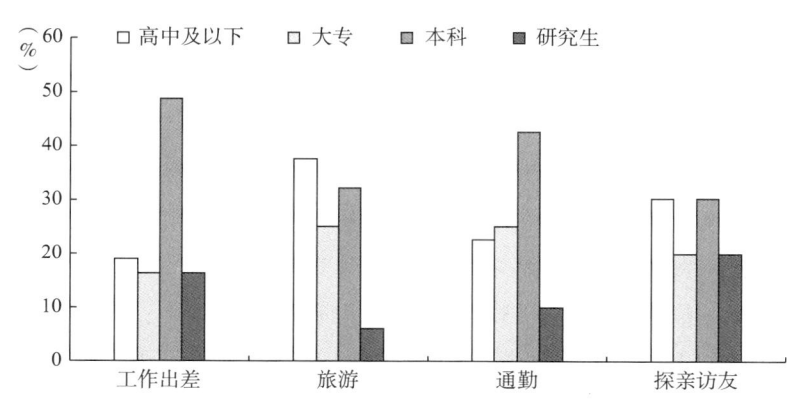

图 5-12 高铁出行目的别的文化教育程度

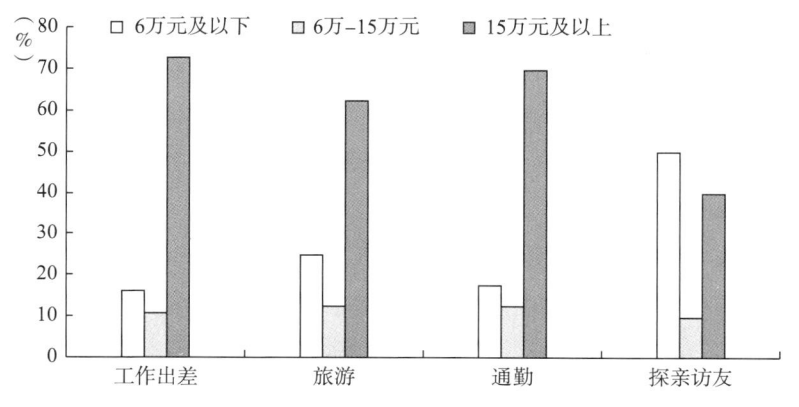

图 5-13 高铁出行目的别客流的年收入

职业一般分为从事经济活动和从事非经济活动两大类。其中从事经济活动的包括国家机关、企事业单位部门负责人、专业技术人员、办事人员和有关人员、商业和服务业人员以及其他从业人员；从事非经济活动人员职业分为学生、警察和军人以及其他从事非经济活动的人士。专业技术人员占比最大，警察和军人占比1.2%。由此可见，随机抽样调查的流动人口多为从事与经济活动相关的职业，专业技术人员的流动尤为突出，为40.0%，办事人员和相关人员占比3.5%，商业工作人员占比24.7%，服务性工作人员占比22.4%，生产工人占比8.2%，而从事非经济活动职业的被调查者数量明显较少。

人口集聚会因城市规模而有差异性，将城市分为省会城市、地级市、县级市。县域城市出发的人群占总数的8%，省会城市出发占39%，地级市出发的人群占53%。由此可见，以普通地级市为出发地的旅客占半数左右。来往于上海、南京、杭州、合肥这四个核心城市的客流主要以地级市和省会城市人群为主，表明在高铁网络环境下，长三角城市群内核心城市与周边的地级市间人员流动频率较高，说明核心城市凭借其良好的就业机会、完善的基础配套设施以及技术领先等，在对周边人口的吸引和集聚能力上具有绝对优势。

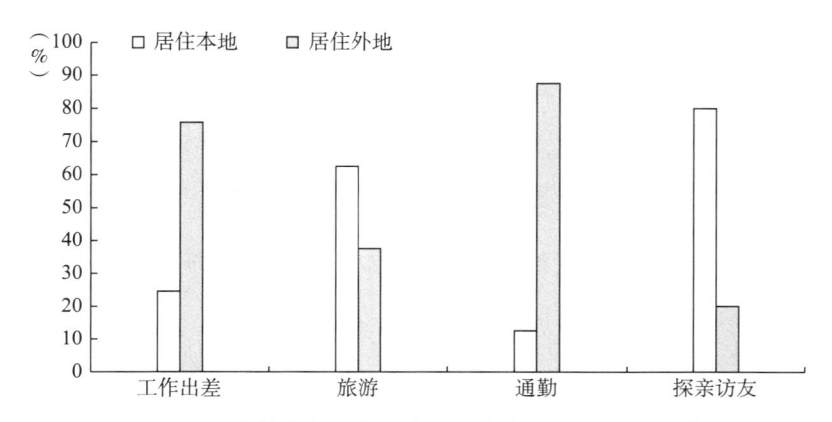

图 5-14　高铁出行目的别的居住本地和外地人群的比较

同理，再以居住地人群比较来看，调查样本中利用高铁71.4%的人群是居住外地人群，而28.6%的人群是居住本地人群。居住外地的人群与本地之间的来往主要是以工作出差和通勤为主，而居住本地的人群使用高铁的主要出行目的是以旅游和探亲访友为主。

将调查样本以城市群来划分的话，乘坐高铁的乘客主要是长三角城市群，

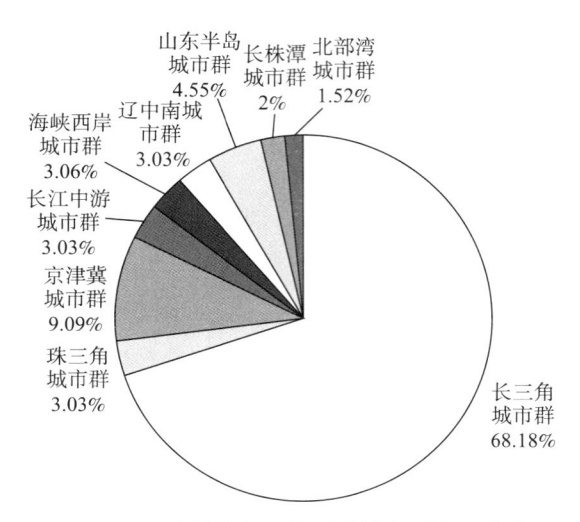

山东半岛城市群 4.55%
长株潭城市群 2%
北部湾城市群 1.52%
辽中南城市群 3.03%
海峡西岸城市群 3.06%
长江中游城市群 3.03%
京津冀城市群 9.09%
珠三角城市群 3.03%
长三角城市群 68.18%

图 5-15　高铁出行目的别的城市群人口流动

其次是京津冀城市群、山东半岛城市群和海峡西岸城市群。除此以外的其他城市群的人口流动明显较低，这也说明随着物理距离的增加，其交流互动会随着距离逐渐衰减。对于乘客居住地所在的城市，绝大部分都在其所属的城市圈内。偶有少部分需要通过乘坐高铁或者其他交通工具才能到达城市圈中心城市，但一般也在 2 个小时之内就能到达。从这个角度上来说，通过高铁网络，乘客可以快速地享受便捷的生活、快速的出行节奏。通过高铁，城市与城市圈之间的联系更紧密，大城市圈外围的城市将不再处于孤立状态，尤其对于中西部城市群来说，这显得尤为重要。

三、高铁网络下全球城市区域旅客市内交通出行特征

城际出行过程可分为出发地市内交通、候车、乘车、目的地市内交通四个环节。选择高铁与否还会关注高铁站距离、舒适性、交通接驳便利性、票价等因素。目前很多城市高铁站距离城市中心区较远，导致市内交通耗费时间较多，甚至造成部分短途旅客的市内交通时间高于或等于铁路乘车时间。高铁车站与市内交通的衔接问题在某种程度上削弱了高铁为城际出行旅客带来的便捷性和时间优势，降低了高铁在城际运输中的竞争力。研究高铁与市内交通的衔接，对于提高高铁客流集散能力具有重要的现实意义。

从票价、服务水平、运行速度、安全系数、舒适度、准点率六个方面评

价高铁来看，总体上乘客对高铁满意程度较高。但仍然存在一些问题，如站点离市区中心距离较远、票价较高等问题。

市内交通时间分布。将被访者从市内到高铁站花费的交通时间分为10分钟以内、10—30分钟、30—60分钟、60分钟以上四个区间，得到市内交通时间分布的比例分别为5.1%、43.9%、31.6%、19.4%。由此可见，高铁站点到市内交通时间较长，另外，虽然交通网络相比其他城市来说较发达，但仍然有10%的被访者提出从居住地还未建有直接通往高铁站的公交车或地铁，需要通过换乘其他交通工具才能到达高铁站，从而给出行带来不便。

市内交通方式分布。在与高铁车站衔接的市内交通方式选择方面，在有地铁的城市中，地铁选择占比最高，为38%，由此可见，高铁旅客对市内交通方式的选择主要是公共交通。但成本相对较高的出租车占比较高，为36%，在有地铁的城市中选择公交车的乘客仅为10%，说明当今人们选择出行的更多是考虑交通便捷性和快速性。当然，也应该考虑到，交通出行的选择与距离有一定的相关性，在调查中发现市内交通方式的分布随乘客出行距离的不同呈现差异性变化。出行距离10km以内时，选择出租车的比例高于其他交通方式；当出行距离为10—30km时，则乘坐出租车的乘客更多。随着距离的增加，如30—50km时，在有地铁的城市中以选择地铁为主要的交通方式。只有在50km以上时，即使在有地铁的城市内，乘客选择公交车的占比仍然很高，这可能的原因是随着出行距离的增加，离高铁较远距离的地方由于交通不便导致交通方式只能以公交出行为主。从交通分担率来看，地铁和出租车分担比例随出行距离的增加呈现递增趋势，而私家车随出行距离的增加呈现递减趋势。由此可见，地铁和出租车在市内较长距离的出行中竞争力较强，尤其在有地铁的城市内，地铁占据着举足轻重的地位，是乘客选择最多的市内交通出行方式。

市内交通方式与出行目的的关系分析。对于市内交通方式，工作出差类乘客选择最多的是出租车，而通勤类乘客选择最多的为公交车和地铁，旅游类和探亲访友类乘客选择最多的为地铁。对于不同出行目的的旅客而言，地铁在市内交通衔接方式中的地位无明显差异，而工作出差类的乘客更倾向于选择出租车作为其市内交通方式。

实际的公共交通分担比例低于旅客意愿，市内交通衔接中的公共交通分担比例有待提高。由于高铁站点远离市中心，同时衔接的公交线路数量或地

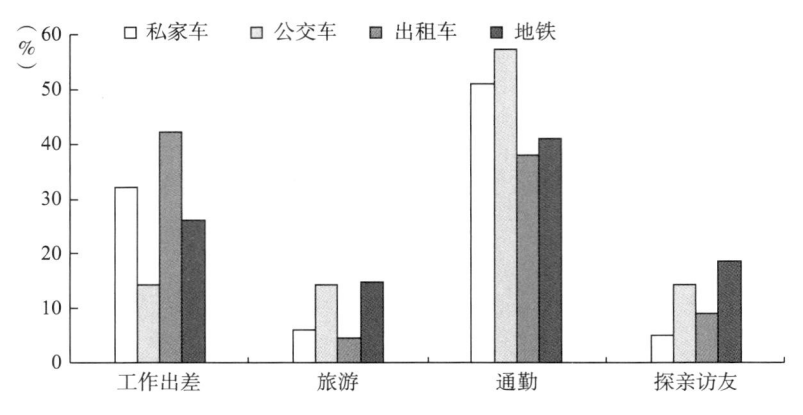

图 5-16 高铁出行目的别的市内交通方式

铁不足，使高铁旅客的市内交通衔接时间较高。高铁旅客市内交通衔接方式随旅客特征不同而有所变化。在市内交通出行中，地铁的选择概率随出行距离的增长而提高；出行距离在 10km 以内时，选择出租车的比例高于其他交通方式。工作出差类旅客选择出租车的比例最高，旅游和探亲访友类乘客选择地铁的比例最高。

第三节 影响上海全球城市与长三角的"流"的是高铁还是房价？

一、影响上海全球城市与长三角的"流"的高铁、房价的研究意义

上海全球城市与长三角全球城市区域的建设，正在通过高铁网络加速人力资本、信息等要素流动，改变城市体系内部中心城市与其他外围城市之间的关系，形成一种基于平等地位的"非零和"博弈的合作协同关系。城市人口流量反映的其实是人力资本、信息等要素在城市间博弈的结果。在城市间竞争博弈的过程中，高铁、房价是影响城市人口流量的重要因素。而就业密度反映的是城市吸引人口的结果。国外学者 Rizov M.、Oskam A. 和 Walsh P.（2011）认为大城市就业密度过高引发集聚不经济的主要原因在于集聚产生的

规模经济受交通拥堵、高房价住房成本等因素所抵消，尤其是中国房价自从 1998 年全面推行住房制度市场化改革以来快速上涨，房价在调控下虽然出现了波动性抑制，但由于房价累计上涨了 190.5%，已然上涨的房价仍是超出了劳动力住房支付能力。上海全球城市的房价与就业密度的关系基本是此消彼长的状态，从 2008—2012 年及 2014—2016 年两个时间段一路上扬，但此时就业密度虽未下降，但也只是趋于平稳状态。

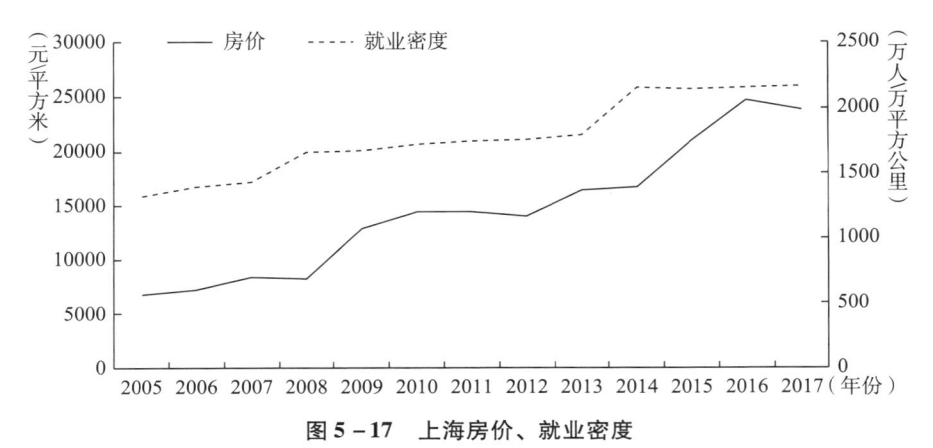

图 5-17 上海房价、就业密度

资料来源：基于上海统计年鉴计算。

注：房价以年均商品房价格（销售均价）来表示，根据年商品房销售额除以商品销售面积计算而得。

再根据上海流动人口积分制政策调查数据，也发现房价是影响迁移的重要决策因素。从调查数据来看，流动人口来上海时间成倍延长，9 年以上的占 31%，71.5% 在上海租房子居住，近四成是合租，47% 合租是 3—4 人。对所有调查对象而言，66% 流动人口认为在上海工作和生活感受到的最大压力是物价高、日常生活消费开支大，57% 认为租房或购房成本高，20% 认为工作难找、就业不稳定。生活开销、住房和工作是来沪工作人员感到压力最大的"三座大山"。从 Startup Genome（2017）来看，上海全球城市的资本和企业融资来源是较为充裕的，上海出台了众多针对高端人才和企业家的吸引政策，在行政管理上和企业家优惠政策方面其实已经做了很多努力，但人才质量虽高，可得性却远远落后于其他城市。可能一方面，政府管理过于细致规范，使得不同部门之间协调难度加大、灵活性不足；另一方面，上海住房和生活成本过高，推高了劳动力成本，同时降低了对基础性人才的吸引力，使得企业家的能力发挥失去支撑。随着其他二线城市的崛起，上海相对于其他城市的比较优势也在下降，进一步降低了对企业家的吸引力。对于年轻的基础型人才，房价的压力更加严重，不仅是经济上的负担，也给生活造成了许多不便。但对未来生活改善的信心来看，48%对未来住房条件改善有信心，62%对未来收入增加充满信心，40%对未来职位升迁、社会地位提升均充满信心。很明显只有近一半的来沪人员对未来住房条件改善有信心，而对收入增加的信心是远远大于对住房改善的信心。

职位升迁

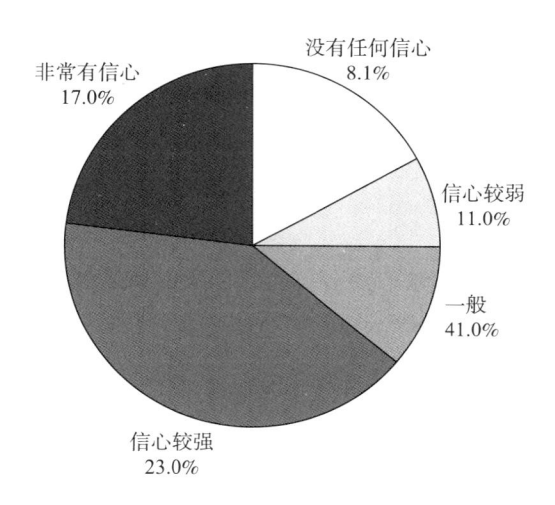

- 没有任何信心 8.1%
- 信心较弱 11.0%
- 一般 41.0%
- 信心较强 23.0%
- 非常有信心 17.0%

社会地位提升

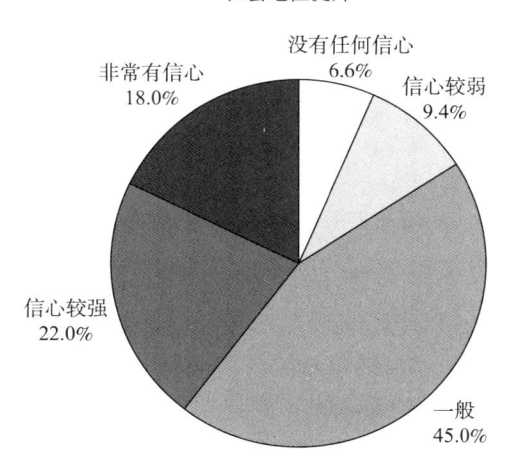

- 没有任何信心 6.6%
- 信心较弱 9.4%
- 一般 45.0%
- 信心较强 22.0%
- 非常有信心 18.0%

第五章　上海全球城市与长三角高铁网络:"流"及影响因素

收入增加

- 没有任何信心 3.1%
- 信心较弱 6.6%
- 一般 29.0%
- 信心较强 33.0%
- 非常有信心 29.0%

住房条件改善

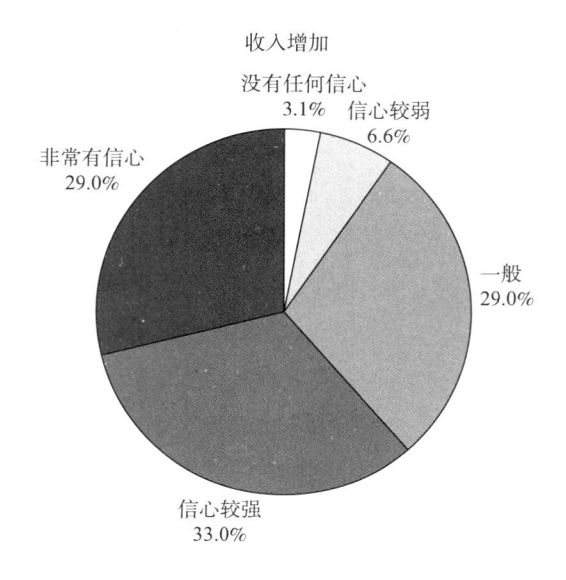

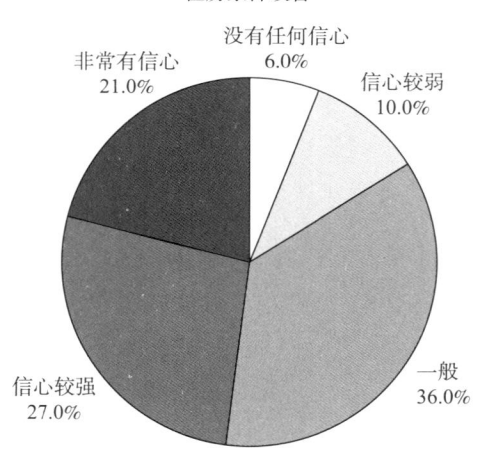

- 没有任何信心 6.0%
- 信心较弱 10.0%
- 一般 36.0%
- 信心较强 27.0%
- 非常有信心 21.0%

图 5-18　调查对象对未来生活改善的信心:收入、住房、职位、社会地位

资料来源:根据 2014 年上海市居住证积分制政策调查数据计算整理。

在当今城市迁移决策中究竟是高铁还是房价影响了就业密度?高铁、房价与就业密度之间有无互动关系?本书为弄清高铁、房价与就业密度三者的关系,以长三角全球城市区域为案例进行实证分析。这是因为随着2008—2017 年高铁网络化建设进程的加快,就业在区域分布上呈现一些变化,虽然长江中游城市群、中原城市群、成渝城市群就业密度均有快速的增长,相较而言,长三角城

· 155 ·

市群、粤港澳大湾区及京津冀仍是就业密度较高的区域。人口集聚的上海及长三角无论高铁密度、房价上涨幅度、就业密度均在全国处于典型。根据 2017 年全国流动人口动态监测调查数据，长三角城市群内流动人口主要来源地主要为本城市群内的流动，国家卫健委发布的《中国流动人口发展报告 2018》也显示，2012—2017 年长三角跨省流动人口比例从 85.3% 下降到 83.2%，省内流动人口比例有所增加。促进城市群 2—3 小时圈的人口流动当数快速的铁路，截至 2017 年年末，长三角率先构建了全国最密集完善、以上海为核心的长三角高铁网，三省一市范围内 41 个地级以上城市，高铁已覆盖 31 个城市，长三角沪苏浙皖四省市国土面积 35 万平方公里，与日本、德国十分接近。上海铁路监督管理局的统计数据显示，长三角沪苏浙皖三省一市动车、高铁运营里程占全国高铁运营里程的 1/6，达到 3667 公里。超过世界主要高铁发达国家日本（约 2388 公里）、德国（约 2331 公里）、法国（约 2023 公里）和西班牙（约 2661 公里）。长三角地区的高铁密度已经接近甚至超过世界上主要高铁发达国家（地区）的水平。长三角房价从 2005 年以来，以年均 10% 的幅度上涨，也超过全国平均水平。

因此，以长三角为例进行分析，力求发现其一般性规律。在长三角区域一体化要求背景下，在当今高铁网络时代，房价上涨及调控并存的时代，快速的高铁交通及房价波动会影响区域间劳动力资源重新布局，了解高铁、房价与就业密度之间的关系显得尤为重要，这不仅可以成为揭示城市与区域空间人口就业分布演变机制的参考依据，对解决区域间经济空间布局疏密不均等空间失调问题以及促进人口就业密度空间结构的优化也具有重要的现实意义。

二、研究机制与研究假设

高铁与就业关系的已有研究存在争议，争议的焦点为高铁促进城市就业集聚（Hensher 等，2014；张铭洪等，2017）和造成城市就业布局分散（Kim，2000）这两种截然相反的结论。而且关于高铁与人口就业密度的内在机制，考虑人口就业密度内生性的文献较少，较多论证的是高铁对就业的单向影响。事实上，交通基础设施与人口就业集聚具有内生性，Jiwatanakulpaisarn 等（2010）研究发现，高速公路与就业之间有双向因果关系，高速公路网能够提高美国各州的就业率，而就业人数的增加反过来也对高速公路里程的增加有促进作用。邓明（2014）通过中国数据分析发现，公路交通基础设施与就业密度之间有双向促进作用。那么，作为快速交通基础设施的高铁与就业之间的单向影响的研究是否能准确说明高铁与就业之间的关系？有必要弄清高铁与就业有着怎样的互动关系。另外，现有研究大多致力于检验高铁与就业之间的关系，而对就业者的主要空间场所，即城市住房的房价关注较少，而客观事实是中国的商品房均价在成倍增长。随着高铁网络化服务供给、户籍制度的改革、劳动力市场的完善，以及正值人口红利之窗之际，劳动力在当今及未来将有很长一段时间内都是处于大规模流动的阶段，房价已成为劳动力选择就业地的重要影响因素。那么，高铁是否助长了房价？房价是否影响了就业密度？高铁与房价对就业密度是否有差异性影响？高铁、房价与就业之间有着怎样的互动关系？这些正是本书试图回答的问题。基于目前关于高铁、房价、就业之间关系的研究较少。相关研究主要集中在高铁对区域经济发展、就业效应、房价、城市可达性、空间结构等方面进行空间分析、单向的相关分析和评价。而研究高铁、房价、人口就业密度之间存在相互影响的研究较少，也较少使用联立方程及向量自回归方法。本书将高铁、房价、就业密度纳入统一的分析框架，考察高铁、房价与就业密度的相互影响。一是利用联立方程组从整体角度分别估计高铁、房价、就业密度的内生互动关系，进一步探究高铁服务供给、房价上涨的角度来分析和比较对各地就业密度差异化影响。二是运用向量自回归（Vector Auto-regression，VAR）模型分析高铁、房价、人口就业密度的双向动态作用，预判在其互相影响下的未来状态将会有着怎样的效应。

（一）高铁与房价

房价高低受多重因素决定，土地供给、交通基础设施无疑是重要的影响因素。杜能（1826）提出的土地租金理论为研究交通基础设施、土地供给与房价之间的关系提供了一个有益的研究框架。梁若冰等（2008）认为交通基础设施提高了沿线周边的房价。对沿线周边的影响程度与距离存在相关性（汤庆园、徐伟、艾福利，2012）。除距离影响因素以外，因交通带来的噪声及污染也会影响房价。Forrest（1996）通过对英国曼彻斯特轻轨建设的分析，认为地铁通车后没有因交通便利性使房价上涨，反而因交通产生的噪声及污染降低了房价。房价波动性还会受高铁沿线城市居民收入而决定。一般来说，高铁开通会增强沿线各城市对各要素的吸引力和凝聚力，影响企业的选址，改善当地的就业水平，提高居民收入。由于住房作为居民重要的刚性需求，当人们可支配收入增加时，会从需求侧面推高市场的房价。另外，不同城市之间高铁与房价的关系存在异质性。张铭洪、张清源、梁若冰（2017）通过三重差分模型对2005—2014年京沪高铁沿线的13个主要城市站点周边2245个楼盘的面板数据分析，发现高铁会显著促进人口规模大、经济总量高的城市房价。因此会导致"住昆山而在上海上班"此类现象的出现，这说明房价上涨反过来也会推动高铁通勤方式的出现及就业地的重新选择，从而影响高铁服务供给。

假设1：高铁服务供给与房价之间是正反馈机制，即高铁服务供给推动房价上涨，房价影响高铁服务供给。

（二）房价与就业密度

关于房价对劳动力转移影响的早期研究学者Helpman就曾指出若房价过高会影响该地区劳动力集聚。Brakman等（2004）通过德国实证分析，发现高房价会阻碍劳动力流入该地区，导致高房价区域劳动力资源存在短缺和不足。高波等（2012）通过中国数据分析，发现房价上涨不仅影响该地区企业的入驻及企业规模的扩大，也是阻碍劳动力要素流入的重要因素。但也有研究认为高房价对劳动力就业结构产生差异化的影响，即高房价挤出的是低附加值企业，迫使难以承受高房价生活成本的低端产业劳动力，向其他房价及生活成本相对较低的城市转移，吸引高附加值企业入驻，推动城市人才集聚（张平、张鹏鹏，2016）。刘秀光（2011）认为高房价可能没有有效推动高附加值的高科技企业，而是使市场上的货币资金大量流向房地产业的现象，这可能不仅不会为城市带来人才集聚，还阻碍了一般劳动力的流入。另外，劳动力的流入与集聚也会影响房价。Saiz A.（2007）通过美国1983—1997年大都市区的面板数据，Latif E.（2015）则通过加拿大省级面板数据进行研究，均发现房价对劳动力流动的影响并不显著，相反劳动力流入对房价的影响呈显著正相关。夏凯丽（2017）利用面板回归衡量了从2004—2013年我国地级市的产业集聚与人口就业集聚均促进房地产价格上涨，即人口向城市聚集直接导致聚集城市的住房需求升高，进而导致住宅地价上升，从而推动房价上涨。

假设 2：房价上涨阻碍人口就业密度的增加，人口就业密度增加推动房价上涨。

(三) 高铁与就业密度

目前关于高铁与就业关系的已有研究存在争议，一种观点认为交通基础设施水平的提高能缩短通勤时间、降低交通成本，促进潜在劳动者进入劳动力市场（Borjas，1996；Vickerman，2002）。高铁通过压缩时空距离，扩大市场供给和服务范围，吸引更多的企业和劳动力集聚（Romp & O. Osterhaven，2003），促进了农村移民并创造了就业机会（Liu，Kesteloot，2016）。Blum 等（1997）认为高铁将协助劳动力等经济要素流动，促使地理空间上单独个体依托高铁连接形成新的城市走廊，从而带来更多就业机会。Hensher 等（2014）以悉尼—墨尔本高铁为例，Albalate 和 Fageda（2016）以 2002—2010 年欧洲地区为例进行分析，均认为高铁密度促进了就业增长，提高了城市就业密度。国内学者也认为高铁对城市的就业密度具有显著的正向效应（董艳梅、朱英明，2016）。另一种观点认为，高铁对就业密度的促进作用可能具有不确定性，也可能正因交通的便利性在生产过程中对劳动力形成替代效应，才减少对劳动力的需求。

此外，高铁对城市就业密度的影响存在区域差异性。Boamet（1998）发现交通基础设施发展较完善的地区相比交通不完善地区能吸引到更多资源和生产要素。交通便利性加剧了以规模经济为目的的劳动力等生产要素集聚于某一地区，使原本劳动力密集的地区吸引更多的劳动力流入。交通便利性不仅促进规模性的人口流动，尤其促进人才流动，而且高技能劳动力会率先集聚于中心地区（赵伟、李芬，2007）。对服务业而言，高铁并非带动所有城市的服务业，只能提高市场化程度较高城市的服务业就业水平，相反不能带动市场化程度较低城市的服务业就业（朱文涛、顾乃华、谭周令，2018）。另外，关于就业对高铁的影响研究较少。就业密度越高的城市往往是经济发展基础较好的区域，对劳动力吸引力较强，伴随劳动力大规模流动的增强，对高铁的需求也在增加，从而影响高铁的服务供给，而对于人口就业密度较低的地区，政府也通常会通过基础设施投资刺激生产要素的凝聚，提高就业岗位的供给。邓明（2014）认为劳动力就业密度是能通过扩大税基和引致需求，对基础设施产生促进作用。

假设3：高铁短期推动区域内较发达城市人口就业密度增加，但长期随着人口就业密度增加引发的住房需求推动房价上涨，从而放缓较发达城市人口就业密度增速。

三、模型设定与变量说明

（一）联立方程模型设定

将高铁、房价与就业密度纳入统一的分析框架，考察高铁服务供给、房价水平与就业密度的相互影响，用联立方程模型来估计各影响因素的大小。高铁将通过以下两种渠道作用于就业密度：一方面，高铁本身的便利性将对城市周边就业密度产生影响；另一方面，高铁影响城市就业密度，而城市人口就业集聚通过流量规模而影响高铁服务供给。在此过程中，高铁带动城市房价上涨预期，也将通过影响房价而作用于人口就业密度，因此三者之间的关系可以表示如下：

$$emp_{it} = a_0 + a_1 tran_{it} + a_2 wtran_{it} + a_3 hp_{it} + a_4 whp_{it} + a_5 (tran \times hp)_{it} + a_6 X_{it} + \varepsilon_{it} \quad (5-1)$$

$$tran_{it} = \beta_0 + \beta_1 emp_{it} + \beta_2 wemp_{it} + \beta_3 hp_{it} + \beta_4 whp_{it} + \beta_5 Z_{it} + \mu_{it} \quad (5-2)$$

$$hp_{it} = \delta_0 + \delta_1 emp_{it} + \delta_2 wemp_{it} + \delta_3 tran_{it} + \delta_4 \theta_{it} + \xi_{it} \quad (5-3)$$

式中，i 和 t 分别表示第 i 个城市第 t 年的数据，$tran$、hp、emp 分别表示高铁服务供给、房价水平与就业密度指标。$wtran$、whp、$wemp$ 分别为高铁服务供给、房价水平与就业密度的空间滞后项，X 为影响人口就业密度的控制变量，Z 为影响高铁服务供给的控制变量，ξ 为影响房价的控制变量。ε_{it}、μ_{it}、ξ_{it} 分别为三方程的随机误差扰动项。$a_1—a_6$、$\beta_1—\beta_5$、$\delta_1—\delta_4$ 分别为相应方程的待估系数。

（二）向量自回归模型

本书以向量自回归模型（VAR）为基础，同时与脉冲响应函数以及方差分解等其他模型结合使用，以此来对比分析高铁、房价与就业密度的动态效应。向量自回归模型（VAR）适用于相关时间序列系统的预测和随机扰动对变量系统的动态影响分析。这种模型以数据为导向，以模型中所有当期变量对所有变量的若干滞后变量进行回归，用来估计联合内生变量的动态关系。在不考虑外生变量的情况下，将高铁服务供给、房价水平与就业密度放入向量自回归模型中，模型设定如下：

$$E_t = \gamma_1 E_{t=1} + \gamma_2 E_{t=2} + \gamma_3 E_{t=3} + \ldots + \gamma_n E_{t=n} + \nu_t \quad (5-4)$$

式中，γ_1、$\gamma_2 \ldots \gamma_n$ 为待估参数，t 为时间变量，$t = 1, 2, 3 \ldots T$，n 是自回归滞后阶数，ν_t 是随机扰动项。

（三）变量选取与数据说明

选取 2008—2017 年《长江三角洲城市群发展规划》中规定的长三角 26 个城市作为样本，相关原始数据主要来源于《中国城市统计年鉴》、各城市的《统计年鉴》、各城市政府工作报告等，具体指标选取如下。

内生变量。人口就业密度（emp）：以各城市市辖区年末单位从业人员数与各城市辖区面积的比值为代理变量（Duffy-deno, K. t, 1993）。高铁服务供给（$tran$）：借鉴 Chen and Haynes（2017）、Wang and Duan（2018）的方法，采用各城市高铁日出行频次作为衡量高铁服务供给强度的指标，因为不同高铁频次对城市空间相互作用的影响效果有所不同。选择这个指标的优点是可弥补以往研究中采用虚拟变量无法刻画高铁服务强度差异的问题，能够较准确地度量高铁服务的边际影响。房价（hp）：以各地区年商品房销售额除以商品销售面积计算而得的年均商品房价格（销售均价）来表示，并以各城市 2000 年居民消费价格指数作为基期标准，对城市历年房价进行平减。

Whp 用来测度地方政府间的房价调整策略互动对人口就业密度的影响，当 Whp 估计结果显著时，说明邻近地区的房价对本地人口就业密度具有明显的影响。$Wemp$ 用来衡量邻近地区的人口就业密度对本地区人口密度的影响。$Wtran$ 用来衡量邻近地区的高铁基础设施服务供给对本地区要素集聚的影响。

外生变量。鉴于实证的需要与数据的可及性，本书选择影响就业密度的控制变量包括：（1）产业结构升级（isu）：随着经济社会发展，产业结构逐渐由第一产业向第二、三产业流动，第二、三产业对人口就业有着重要的集聚力，采用第二、三产业产值之和占 GDP 比值衡量，预期对就业密度有正的影响。（2）收入差距（dgp）：考虑到区域间居民绝对收入变动和人口结构变化对收入差距的影响，参考王少平、欧阳志刚（2007）的方法，采用泰尔指数衡量收入差距程度。（3）政府公共服务供给（pe）：采用地方财政支出占GDP的比重表示。由于不同城市产业发展和市场偏好的差异，因而政府公共服务对劳动力等生产要素集聚的影响可能具有一定的区域异质性。（4）交通便利性（acces）：采用加权平均旅行时间的计算公式。

影响高铁服务供给的控制变量包括：（1）固定资产投资（pci）：全社会固定资产投资额占生产总值的比重。（2）市场潜力（pm）：城市社会消费零售总额除以其他城市到该城市距离之和的对数表示。（3）经济密度（yd_{it}）：借鉴帕格里埃拉（Pagliara）等的做法，选取经济密度反映高铁建设影响下单位土地面积上经济活动的密集程度，值越大城市土地利用的经济效益越高。公式如下：

$$yd_{it} = y_{it}/s_i \qquad (5-5)$$

式中，y_{it}为i城市在t年的国内生产总值，s_i为i城市市辖区的土地面积。

影响房价的控制变量包括：（1）工资水平（dg）：用各城市职工平均工资来表示。职工平均工资作为被解释变量，它代表着一定区域内的城镇就业职工全部合法劳动所得的平均值。因其包括计时工资、计件工资、各种津贴、奖金与补贴和其他工资等内容，所以职工平均工资与城市的企业效益联系紧密（刘修岩、殷醒民，2008），且一定程度地反映某一地区社会发展程度和劳动生产率水平。（2）土地财政（tc）：现有的研究使用土地出让收入表示土地财政，土地出让收入作为政府预算外收入，地方政府对其有较大的支配权。本书采用土地出让成交价款与地区生产总值的比值作为土地财政的替代变量。其他控制变量如政府公共服务供给pe及交通便利性（acces）指标前文已经说明。

四、高铁、房价与"流"的面板联立方程分析

（一）平稳性检验

在高铁、房价、就业密度的面板数据联立方程回归分析前，为了避免本书使用的非平稳数据由于表现出共同的变化趋势而出现"伪回归"或"虚假回归"，确保估计结果的有效性，需要先进行面板单位根检验。采用LLC检验和PP-Fisher检验，结果如表5-5所示。可以看出，所有变量的水平序列值或一阶差分序列值都至少在10%的显著性水平下通过LLC检验和IPS检验，拒绝"存在单位根"的原假设，体现了一定平稳性，可直接进行回归分析。

表 5-5 各变量的面板单位根检验结果

	水平序列值				一阶差分序列值			
	LLC		IPS		LLC		IPS	
房价	-0.8635***	(0.000)	-2.4003***	(0.001)	-0.6497***	(0.000)	-3.0966***	(0.000)
相邻城市房价	-0.3987**	(0.077)	-1.2409*	(0.097)	-0.5210***	(0.002)	-1.3747*	(0.097)
就业密度	-0.9792***	(0.000)	-1.8576**	(0.015)	-0.9942***	(0.000)	-1.6932*	(0.061)
相邻城市就业密度	-0.6623***	(0.000)	-1.8320**	(0.054)	-0.7552***	(0.000)	-1.7355**	(0.011)
高铁服务供给	-0.5442***	(0.000)	-1.8609*	(0.083)	-0.6043***	(0.001)	-1.5985*	(0.058)
相邻城市高铁服务供给	-0.1277**	(0.029)	-0.9517*	(0.099)	-0.2146***	(0.003)	-1.0102*	(0.099)
政府公共服务供给	-0.7280***	(0.000)	-1.9942***	(0.002)	-0.6998***	(0.000)	-1.9133***	(0.006)
交通便利性	-0.6406***	(0.000)	-1.3481*	(0.055)	-0.8810***	(0.000)	-1.2936*	(0.061)
经济密度	-0.1866**	(0.044)	-2.6316***	(0.000)	-0.2539**	(0.011)	-2.8503***	(0.000)
土地财政	-0.6962***	(0.015)	-2.1599**	(0.021)	-0.9913***	(0.001)	-2.4222***	(0.001)
产业结构升级	-0.5271***	(0.000)	-4.9159***	(0.000)	-1.0417***	(0.000)	-6.4313***	(0.000)
收入差距	-0.9013***	(0.000)	-2.1247***	(0.000)	-0.3722***	(0.043)	-1.7618**	(0.038)
工资水平	-0.2286**	(0.027)	-1.9561***	(0.005)	-0.3532***	(0.000)	-1.9992***	(0.004)
固定资产投资	-0.7482***	(0.000)	-1.6834	(0.238)	-0.7804***	(0.000)	-1.5182	(0.425)
市场潜力	-0.3438***	(0.003)	-1.9420***	(0.000)	-0.2558***	(0.017)	-1.7984**	(0.018)

注：表中（ ）内数字表示相应的 p 值，***、**、* 分别表示在 1%、5%、10% 的显著水平下拒绝存在单位根的原假设。

（二）面板联立方程分析

根据面板联立方程模型的阶条件和秩条件，发现方程（5-1）、方程（5-2）和方程（5-3）的阶条件和秩条件均成立，并且均为过度识别。对于过度识别的联立方程模型，若直接使用广义或加权最小二乘法会造成参数估计有偏，为消除同一方程内的联立性偏误及模型系统中不同结构方程的随机误差项之间的相关性，采用三阶段最小二乘法（3SLS）进行估计，3SLS 属于系统估计法，它将所有方程作为一个整体进行估计，并对所有变量分别取对数以消除变量中存在的异方差及量纲的问题。

表 5-6 为房价、就业密度、高铁服务供给的实证分析，以 3SLS 法的估计结果为主，为了保证估计结果的稳健性，本书进一步采用 2SLS 对估计结果进行敏感性分析，比较 3SLS 和 2SLS 的估计结果，可以发现两者的回归系数符号并未有显著差异，但 3SLS 中各估计系数的有效性明显高于 2SLS。

表 5-6 联立方程估计结果

	2SLS			3SLS		
	房价（1）	就业密度（2）	高铁服务供给（3）	房价（4）	就业密度（5）	高铁服务供给（6）
相邻城市就业密度	-0.1066*** (-6.72)	-0.0104*** (-2.50)	-0.0571 (-1.49)	-0.0789*** (-5.97)	-0.00836*** (-4.18)	-0.0775** (-2.03)
房价		-0.774*** (-13.06)	-1.246*** (-5.50)		-0.707*** (-15.41)	-1.464*** (-5.42)
相邻城市房价	0.006*** (7.43)	0.003 (0.87)		0.007*** (8.29)	0.000164* (1.72)	
高铁服务供给	0.0056** (2.16)	0.0381*** (3.82)		0.0165*** (2.14)	0.0382*** (4.22)	
相邻城市高铁服务供给		-0.0307*** (-4.14)	0.566*** (12.53)		-0.0319** (-4.81)	0.573*** (14.23)
产业结构升级		0.0383*** (3.82)			0.0569*** (4.87)	
收入差距		0.010 (1.46)			0.006 (0.44)	

续表

	2SLS			3SLS		
	房价（1）	就业密度（2）	高铁服务供给（3）	房价（4）	就业密度（5）	高铁服务供给（6）
政府公共服务供给	0.227***(4.72)	0.0072(0.87)		0.218***(5.69)	0.0187**(2.43)	
交通便利性	0.093*(1.90)	−0.0102(−1.63)		0.0091*(1.84)	0.0096*(1.53)	
房价＊高铁服务供给		0.1227***(30.33)			0.1275***(34.24)	
就业密度	0.847***(8.39)		0.382(1.39)	0.725***(8.62)		0.517*(1.48)
经济密度	0.012**(2.21)			0.018**(2.96)		
土地财政	0.00208(0.23)			−0.00114**(−2.10)		
工资水平			0.290***(2.78)			0.413***(5.01)
固定资产投资			0.751***(5.04)			0.745***(5.42)
市场潜力			0.497***(5.55)			0.405***(3.67)
常数项	1.602***(2.67)	5.982***(23.46)	3.738**(2.30)	2.418***(3.35)	6.016***(26.75)	5.297***(3.35)
样本量	338	338	338	338	338	338
R^2	0.549	0.993	0.622	0.833	0.902	0.709

注：*、**、***分别表示10%、5%、1%的显著水平；（）为 t 统计量。

其结果可知：（1）高铁服务供给与房价之间存在双向互动关系，高铁服务供给每增加1%，房价上涨大约0.02%，高铁带动了沿线城市房价的上涨，其原因是高铁可能通过"投机效应"和"刚性消费"影响房价。近年来，中国投资渠道中房产投资一直是关注的焦点，交通便利性是房产投资及刚性消费者注重的核心，即高铁的存在带动了房价上涨预期，刺激房产投资及刚性消费的决策，从而推涨了高铁沿线城市房价。邻近地区房价上涨会推动本辖区的房价也在上涨，表明房价上涨在城市之间会有联动效应。然而，房价上涨不利于高铁服务供给的增加。因为可能房价上涨带来的居住成本的上升逼退了一些劳动力密集型产业转移，而产业转移引发劳动力大量地流失，随着需求的减少必然有碍高铁服务供给增加。以上验证了假设1。（2）房价与就业密度之间存在双向互动关系，就业密度每增加1%，房价上涨0.73%，房价上涨对人口就业密度的影响与高铁不同，存在显著的负向影响，即房价每上涨1%，人口就业密度会减低0.71%。这验证了假设2。（3）高铁服务供给与就业密度之间存在双向正向关系。就业密度显著促进高铁服务供给的增加，但邻近辖区就业密度的增加则不利于本辖区高铁服务供给的增加。原因是从比较优势而言，政府更倾向于对就业密度相对较高的城市提供更多的高铁服务供给。另外，与房价相比，高铁服务供给对人口就业密度的正向促进作用更为明显，高铁服务供给每增加1%，就业密度上涨大约0.04%，这可能是由于高铁压缩了时空距离，促进劳动力等生产要素流动，推动企业入驻能提供更多就业岗位，从而提高了人口就业密度。但相邻地区高铁服务供给的增加，会不利于本辖区就业密度的提高，这说明相邻地区高铁服务供给的增加会对周边城市企业、劳动力等生产要素产生集聚引力，无疑会影响到本辖区劳动力等生产要素的集聚。房价与高铁服务供给交叉项的估计系数通过1%的显著性水平检验，说明高铁服务供给及房价上涨的叠加作用有利于就业密度的增加。

五、高铁、房价与"流"的向量自回归模型（VAR）分析

上述联立方程只能反映各变量相互影响效应，不能反映各变量相互影响过程及影响程度，为此本书进一步引进面板VAR模型进行分析。在前面各变量单位根检验得出面板数据是平稳的，因此可以采用脉冲响应函数和方差分解进一步分析。脉冲响应函数要求选择合适滞后阶数，本书使用的AIC信息准则、BIC信息准则、HQ信息准则，最终选定最佳滞后阶数为2阶。图5-19是滞后2阶脉冲响应函数反应图，脉冲响应函数刻画的是，在扰动项上加一个标准差大小的冲击对于内生变量当前值和未来值所带来的影响。（1）高铁服务供给与房价互动影响效应不同。高铁服务供给对房价的正向冲击在第2期开始增长，说明高铁服务供给对房价的影响具有滞后效应；在3—10期呈正向波动效应；从第10期开始往后，正向效应开始缓慢减弱并维持在一个较低的水平。而房

价对高铁服务供给的冲击在第 4 期前有点波动,之后冲击逐渐减小。(2) 房价对就业密度的冲击有波动性,在 1—4 期出现短暂负向效应,随后为正向效应。就业密度对房价的冲击具有正向冲击,随后在第 10 期后才开始逐渐下降。(3) 高铁服务供给对就业密度的冲击开始在第 3 期正向效应显著,不过这种正向效应于第 8 期后逐步递减维持在一个较低的水平。就业密度对高铁服务供给的冲击效应存在显著的正向冲击。

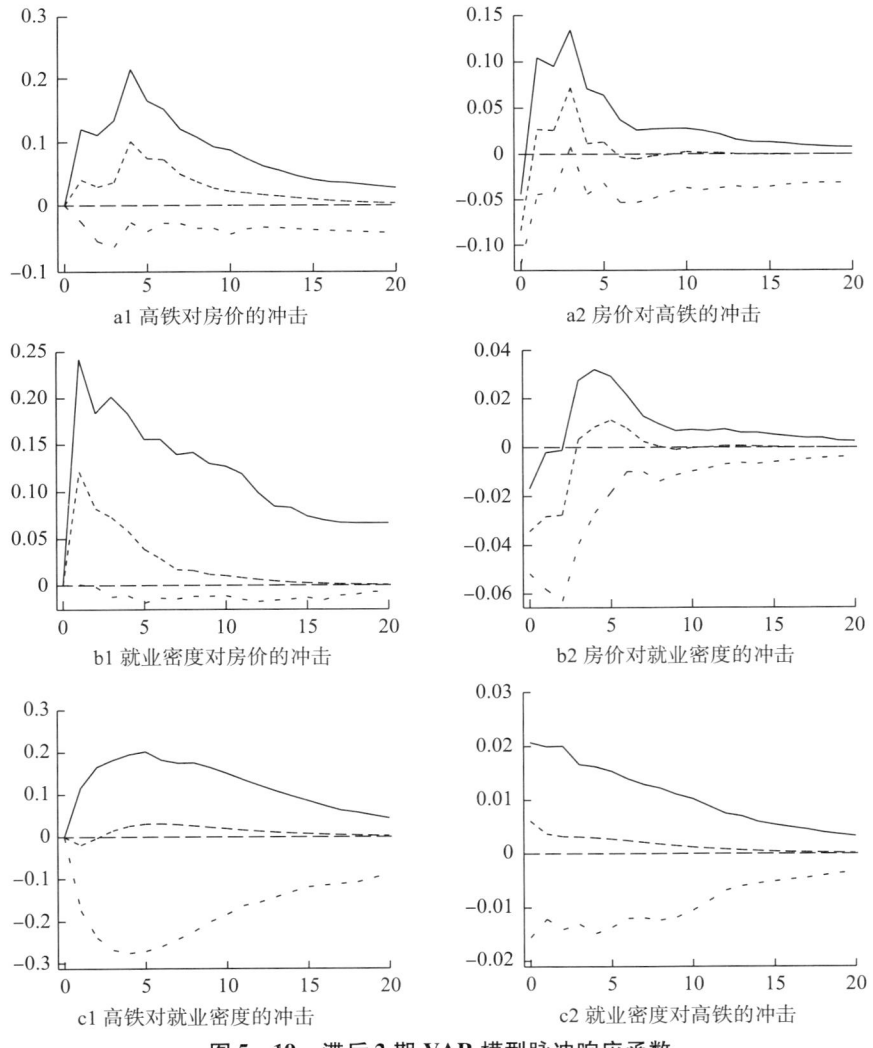

图 5-19 滞后 2 期 VAR 模型脉冲响应函数

注:横轴表示冲击作用的响应期,纵轴表示被解释变量对解释变量的响应程度,中间线为脉冲响应函数的计算值,两侧的线为脉冲响应函数值正负两倍标准差。

为研究各变量相互影响程度，需要对各要素进行方差分解。方差分解主要思想是，把系统中每个内生变量的波动（k 步预测均方误差）按其成因分解成系统中各变量的随机冲击所做的贡献，从而了解各随机冲击对内生变量的相对重要性。由表可知：（1）高铁服务供给对就业密度的冲击具有正向作用，贡献度稳定在 1%—3%；房价对就业密度的冲击呈现先增后减、再增再减的波动性趋势，反映了房价上涨初期会促进就业密度的提高，但随着房价继续上涨，因城市高房价生活成本占工资收入比的增加，房价对就业密度冲击作用呈递减式下滑。（2）高铁对房价的冲击作用具有正向效应，呈现先增后减、再增的波动性冲击效应，反映了地方经济活力以及政府房价调控等相关政策的干预发挥了一定的影响。而就业密度对房价具有正向冲击且持续时期较长且强。总体来讲，就业密度对房价的冲击效应大于高铁对房价的冲击。（3）就业密度和房价对高铁服务供给的冲击均存在滞后效应，有正向作用且持续增强。但相对就业密度而言，房价对高铁建设的冲击反应较弱。随着时间推移，就业密度有利于高铁服务供给的增加。

表 5-7 VAR 模型预测方差分解

	高铁服务供给		房价		就业密度	
	房价	就业密度	高铁服务供给	就业密度	高铁服务供给	房价
1	0	0	6.1	0	1.4	0.0
2	0.4	6.4	5.6	10.6	1.2	0.2
3	0.5	9.4	5.4	13.7	1.2	0.6
4	0.7	11.5	8.2	16.0	2.0	4.4
5	2.2	13.5	8.1	17.7	2.2	6.3
6	2.9	14.1	8.1	18.4	2.3	8.3
7	3.6	14.4	8.1	18.8	2.5	8.2
8	3.9	14.5	8.1	18.9	2.6	8.1
9	4	14.6	8.0	19.0	2.9	7.9
10	4.1	14.6	8.0	19.1	2.7	7.4

六、从城市规模异质性角度分析高铁、房价与"流"的相互影响效应

前面从整体上分析论证了房价、就业密度、高铁服务供给的关系及相互影响程度,考虑到不同规模城市间发展水平存在差异,为了更深层次地检验三者之间的关系,将长三角按照国家规模等级划分为大城市、中小城市,依此进一步分析地区间的差异。结果如表5-8所示。

表5-8 区域城市规模样本联立方程估计结果

	大城市			中小城市		
	(1)房价	(2)就业密度	(3)高铁服务供给	(4)房价	(5)就业密度	(6)高铁服务供给
相邻城市就业密度	-0.0811*** (-3.76)	-0.000445 (-0.12)	0.0520 (1.48)	-0.296*** (-4.85)	-0.00755 (-0.56)	0.0761 (1.06)
房价		-0.557*** (-9.94)	0.0165 (0.07)		-0.721*** (-8.21)	-0.270 (-1.09)
相邻城市房价	0.00564*** (3.82)	-0.00698*** (-3.62)		0.0197*** (6.63)	0.000127 (0.11)	
高铁服务供给	-0.298*** (-3.14)	0.0683*** (6.53)		0.259*** (4.71)	0.0408* (1.89)	
相邻城市高铁服务供给		-0.0132*** (-3.52)	0.289*** (7.21)		-0.0437** (-2.33)	1.056*** (8.64)
产业结构升级		-0.00716 (-0.54)			0.0575** (2.49)	
收入差距		-0.00401 (-0.65)			-0.00286 (-0.27)	
政府公共服务供给	0.429*** (4.98)	-0.0373** (-2.43)		0.0267 (0.29)	-0.00713 (-0.53)	
交通便利性	0.124 (1.42)	-0.0110 (-1.35)		0.121 (1.52)	-0.000134 (-0.01)	
房价*高铁服务供给		0.105*** (27.38)			0.120*** (17.67)	

续表

	大城市			中小城市		
	（1）房价	（2）就业密度	（3）高铁服务供给	（4）房价	（5）就业密度	（6）高铁服务供给
就业密度	0.866*** (4.53)		-0.576* (-1.68)	1.158*** (5.55)	-0.102 (-0.32)	
经济密度	0.0509 (0.54)			-0.344*** (-3.36)		
土地财政	0.00125 (0.58)			0.00893** (2.06)		
工资水平			0.383*** (3.13)			0.00342 (0.03)
固定资产投资			0.501*** (3.56)			0.811*** (4.63)
市场潜力			0.0581 (0.50)			0.0676 (0.72)
常数项	3.678 (4.28)	3.325*** (5.58)	3.164* (1.896)	3.857*** (3.96)	5.705*** (11.66)	0.955 (2.083)
样本量	143	143	143	117	117	117
R^2	0.839	0.909	0.665	0.842	0.934	0.785

注：*、**、***分别表示10%、5%、1%的显著水平；括号内为 t 统计量。

大城市的高铁对房价并没有产生预期的促进作用，表明高铁建设不是上海等大城市房价上涨的影响因素。而人口就业密度对上海等大城市房价产生正向影响，即人口就业密度每增加1%，上海等大城市房价上涨0.87%。但房价对人口就业密度呈抑制作用，即房价每上涨1%，人口就业密度会下降0.56%。相对而言，大城市较中小城市经济发展水平较高，在教育、卫生医疗等基础设施方面优于中小城市，房地产市场发展较成熟，劳动力集聚及城市投资预期高涨催生房价上涨，而房价上涨有利于吸引高端人才满足对非经济因素的追求，形成人才集聚地，从而对低附加值产业产生一定的挤出效应，这势必会减少低附加值产业就业岗位的供给，使人口就业密度增速放缓。但这也正是许多大城市政府规划所希望的，因上海等大城市面临老龄化、资源有限等瓶颈问题，不仅需要依靠优秀人才促进城市发展，也需要引入一定规模的年轻人口来稀释老龄化问题。而人口的快速增加，给上海等大城市城市建设、管理和公共服务供给带来了巨大压力，人口总量又需要调控。所以上海等大城市需要在人才引进与人口调控中平衡，这就呈现了人口密度虽有增长但较缓慢的一种态势。

中小城市的高铁对房价产生正向影响，即高铁频次每增加1%，会使房价提高0.273%，但随着房价每上涨1%，人口就业密度会下降0.736%，显然中小城市人口就业密度受房价的影响高于大城市。房价上涨不利于中小城市人口就业密度增加。中小城市相比大城市而言，在教育、卫生医疗等基础设施建设不完善，缺乏对高端人才的吸引力；中小城市产业发展与大城市不同，以劳动力密集型产业为主，往往这类人群较多关注房价、工资收入等经济性因素。虽然中小城市房地产市场发展程度远不及上海等大城市，但人们对高铁沿线城市未来发展的预期上涨会催生房地产业快速发展，再则房地产业快速产生效益的特性，使得地方政府有动力去支持房价上涨，然而房价上涨导致的居住成本上升会驱使中小城市劳动力转移到中西部城市群，劳动力成本上升及密集型产业劳动力资源供给的有限会迫使企业转移及重新选址，这样一来，便不利于长三角城市群中小城市人口就业密度的增加。

七、进一步讨论：高铁、房价与"流"的变化

长三角城市群内部高铁沿线大城市就业集聚力不那么显著，推动了中等城市劳动力就业集聚，可能的原因是上海等大城市产业结构调整，而中等城市承接了劳动力密集的产业，导致劳动力就业集聚的现象；另一个原因是上海等大城市房价及生活成本较高，推出了大量人口选择移居到交通通达性较好、生活成本相对较低的中等城市。

在高铁影响下，从各城市劳动力就业年均增长率来看，随着时间的推移，各城市劳动力就业年增长率大多处于缓慢增长的态势。

（1）尤其是在2013—2017年特大城市和大城市中，除上海、芜湖外，就业年增长率基本在2%以下，南京、无锡、苏州均为负增长。而中小城市中除铜陵、马鞍山外，其他城市也都保持在2%以下的增长率。可见在长三角城市群中，安徽各城市相比江苏、浙江就业增长率有着快速的增长。

（2）未开通高铁的城市如南通、盐城、泰州，在2013—2017年就业增长

率为负,相比而言,高铁开通的省内其他同等规模城市及邻近的省外城市其就业增长率都有着明显的提高,说明高铁可能有助于当地经济发展,从而增加对自身周边及省外人口的拉力。然而值得关注的是已开通高铁的中等城市,如安庆、常州就业增长率均较低,在1%上下徘徊。说明在高铁影响下,有部分中等城市可能因高铁影响正面临产业、人口双流失的局面。

(3)长三角城市群内房价增长率从2005年以来一直高涨,随着国家对房价采取调控及限制等一系列措施,2013年以后各城市房价增长率虽有所下降,但特大城市上海及大城市房价增长率相对于其他规模等级城市而言较高。

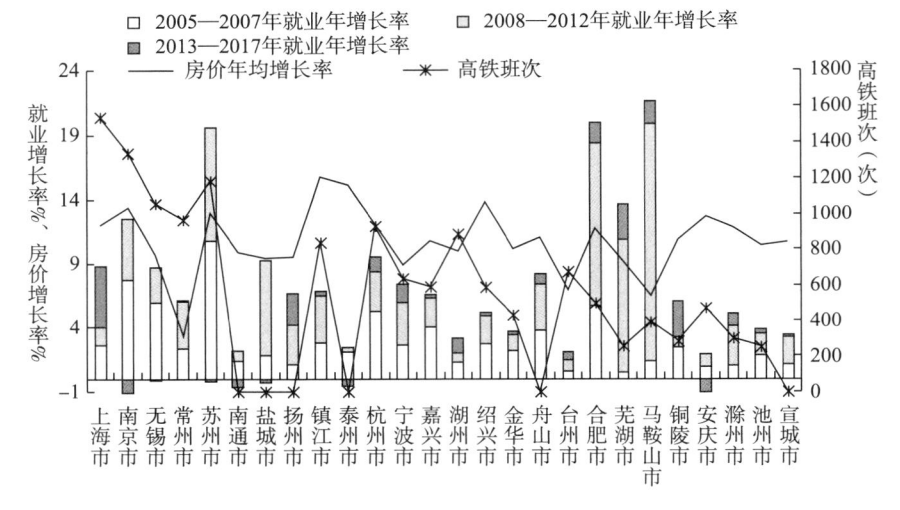

图 5-20 长三角各城市就业增长率、房价增长率、高铁班次

(4)苏州就业增长率在2013—2017年为负增长率,说明有可能是产业结构调整引发的岗位需求量下降所致。近年来时空距离的缩短让更多的城市改善了区位条件,获得了同城效应,为产业项目的转移布局提供了更有优势的空间。原来主要转移布局到交通便利的上海郊区或靠近上海、紧靠铁路沿线的苏州、无锡等地;现在则主要转移到未开通高铁的扬州等城市。包括原来属于交通死角的南通沿江沿海地带,与上海中心城区的直线距离并不遥远,但江海之隔曾经挡住了产业转移的通道。随着跨海跨江工程的建成,南通的这些滨江滨海地带也吸引了众多的产业投资者和转移者。上海的一些企业和产业园区为突破上海的建设用地和商务成本瓶颈,正利用南通的这些新产业空间积极推进产业转移。

第五章 上海全球城市与长三角高铁网络:"流"及影响因素

本书利用2008—2017年长三角26个城市面板数据,通过建立面板联立方程模型和向量自回归模型,实证检验了高铁、房价、人口就业密度的关系,实证结果表明。

(1) 高铁和人口就业密度之间存在正向的反馈机制,二者相互影响。高铁服务供给对沿线城市带来人口就业密度的促进作用明显。但对于中小城市来说,邻近地区高铁建设,会不利于本辖区人口就业密度增加;与此相反,对大城市来说则有利于本辖区人口就业密度增加。(2) 高铁与城市人口就业密度的互动作用中,通过调整房价水平的高低来间接影响人口就业密度,这主要表现为高铁可能通过"投机效应"和"刚性消费"影响房价。房地产业快速产生效益的特性使得地方政府有动力去支持房价上涨,然而房价上涨导致的居住成本上升会驱使长三角城市群内产业、劳动力转移到中西部城市,因此,房价上涨对中小城市就业密度的负向影响程度显著高于大城市,这无疑会加剧中小城市在高铁影响下的虹吸效应。(3) 高铁对人口就业集聚有持续的促进作用,但房价的影响作用较复杂,短期来看,房价对人口就业集聚的单位贡献较大;长期来看,通过调控房价政策、高铁服务供给推动人口就业布局合理化,主要体现在房价对人口就业集聚的方差分解中先增后减的影响效应。

由以上结论,提出以下政策启示。(1) 增强高铁服务供给。需增强高铁网络密度建设,加强城市综合配套建设,以交通一体化为目标提供同城化交通服务。(2) 调控房地产市场。不但高企房价给城市发展带来风险,一些城市地方政府因过度高估高铁影响效应,大力发展房地产业,使得这些城市甚至出现了房地产泡沫,这种现象的产生不仅不利于房地产市场平稳发展,更不利于城市经济社会发展。因此,地方政府仍需从长远着手,依据城市发展状况合理发展房地产业,实行限购或限价等房价调控政策。另外,加强住房供求管理也有利于提高大城市的生育率,根据中国人民大学的研究,房价对生育孩子的概率有着显著的负影响,房价每上涨1000元,生育一孩的概率将降低1.8%—2.9%,生育二孩的概率将降低2.4%—8.8%。人口流入地由于按户籍人口配套的学校和医院不足以支撑流动人口的需求,造成公共服务资源拥堵,也不利于生育率提升。(3) 相邻城市间的人口就业密度有显著的溢出效应,这启示城市在发展中应充分利用这种高铁平台,加强城市间的经济技术合作,实现市场、人才、技术资源共享,推动城市群的协同发展。

第四节 制约上海全球城市、长三角全球城市区域"高铁经济社会"发展的因素

一、上海全球城市"高铁经济社会"发展的制约因素

(一) 上海现有高铁网络规模、结构存在短板

上海现有高铁网络规模、结构存在短板,制约城市土地综合产出效益和对外辐射能级。目前上海铁路枢纽是全国铁路网四大客运中心之一,虹桥商务区综合交通枢纽、高端商务、国家会展功能不断加强,东站枢纽、松江南站枢纽建设提速。但与上海高质量发展、建设长三角世界级城市群核心城市,以及承担众多国家战略要求相比,与东京等"铁路经济"高度发达的全球城市相比,上海高铁经济潜力还远远未能发挥。

(二) 高铁规划建设理念有待提升

高铁规划建设理念滞后,在 TOD 开发方面落后于国际、国内先进城市。日本东京、大阪、神户、京都、法国巴黎等城市重视高铁 TOD 开发模式,将 CBD、城市副中心等核心功能区与高铁站点进行集成衔接,提升城市核心功能区的通达性,强化对区域辐射的便利度,大大促进了城市群及核心城市的高质量发展。为此,柏林中心火车站建设支出达 130 亿欧元,其中四分之三是建在中心区增加的成本。深圳不惜花费二十多亿元在城市中心区建设京港高铁福田站,而香港为此要支出六百多亿。正在规划建设的河北雄安新区也将城际铁路引入起步区,并建设地下线路和地下车站。与此同时,上海除了虹桥商务区 TOD 模式比较成功外,其他站点的综合开发成效并不明显。

(三) 前期高铁规划论证有待提高

前期规划论证不够科学,可能错失高铁经济发展机遇。比如,沪通铁路作为国家规划的"八纵八横"沿海大通道,如果经过宝山中心城区设站,可以增加宝山跨长江、黄浦江越江通道,大大改善宝山处于上海边缘城区的区位劣势,有利于宝山更紧密地融入长三角城市群和我国沿海经济发达地区,

打造临江面海的长三角节点城市；有利于促进上海国际邮轮港与上海东站枢纽、浦东航空港、国际旅游度假区对接，为邮轮港和宝山地区集聚客源、人流、资金流等；有利于为吴淞、南大、大场机场等区域整体转型注入活力，重塑宝山竞争优势和全市发展格局。但由于各种原因，沪通铁路未能在宝山设站，宝山丧失了难得的发展机遇。再比如沪苏湖高铁规划，原来经过青浦城区，本来可以充分发挥 TOD 建设模式优势，借助大容量高铁通道，进一步提升青浦新城连接上海和长三角城市群的区位优势和综合性节点城市地位，将上海的世纪大道—延安路现代服务业发展轴进一步向西延伸到青浦和长三角，但后来由于各种原因改道松江南站，使青浦丧失了更好的发展机遇。虽然现在青浦有 17 号线、松泽高架西延伸等区域性交通改善措施，但沪苏湖高铁直接与商合杭、宁杭、通苏嘉等高铁连接，如果青浦通过沪苏湖高铁更便捷地进入国家和长三角高铁网络，其发展态势将得到巨大改善。此外，作为上海"五个中心"建设国家战略核心承载区的浦东新区目前仍未建立与长三角其他城市的直接高铁联系。

（四）支撑高铁运输的配套交通形成短板

支撑高铁运输的配套交通形成短板，影响上海重点功能区对长三角的辐射带动。上海两大机场之间目前仍缺乏快速轨道交通联系，给旅客转乘航班和航铁换乘带来极大不便，不利于整体发挥上海两大航空港的综合辐射能力，最终也会制约浦东新区、虹桥商务区等的功能发挥。此外，国际邮轮码头、上海国际旅游度假区、张江科学城和重点医学园区、大学城等尚未能与长三角建立便捷的高铁联系，特别是人民广场、外滩陆家嘴地区缺乏与高铁枢纽的快速联系，影响对长三角等地的辐射功能发挥。

（五）高铁线路缺乏区域统筹

缺乏区域统筹考虑，已有高铁线路、站点资源闲置浪费。比如在中心城区，上海火车站到河南路长达一公里左右的铁路停车场占用大量城市宝贵土地资源，铁路上的资源开发潜力巨大，但目前仍处于闲置状态。又比如，在已开通高铁运营的站点中，目前安亭站的用途单一，还没有与安亭特色小镇建设、白鹤镇优化开发形成互动支撑，与昆山高铁站的发展形成鲜明落差。高铁金山北站处于一片农田之中，基本上没有产生什么效益，与周围枫泾、朱泾等城镇建设和产业发展没有建立密切联系。

造成上述短板的根源在于对国家高铁网络与上海发展全局的战略关系仍存在一定程度的认识误区。比如，对服务经济与高铁网络关系新变化缺乏深刻了解，对于"高铁经济""高铁社会"发展对上海城市发展全局的影响认识不足；在航运中心建设中侧重海运和航空发展，对高铁发展的重要性重视不够；只看到高铁的客运功能，对高铁环保、快递运输功能认识不足；没有看到国家高铁网络建设对上海区位优势的复杂影响，缺乏危机意识；片面认为铁路噪声扰民、流动人口增多会影响城市安全等；实际工作中倾向于认为高铁建设是上海铁路局的事，市、区相关部门主动对接不够，工作中存在被国家规划拖着走的被动局面；发挥上海科技和产业整体优势，主动为国家高铁战略服务的意识有待加强等。

（六）高铁加速了人才流动，上海全球城市留住人才政策有待优化

上海建设卓越全球城市对人力资本流入提出的新要求更加强调"择天下英才而用之"。针对当前全球范围激烈的人才竞争和上海吸引优秀人才优势有限的形势背景，吸引留住人才政策一直是上海政府关注的焦点，包括一系列措施：居住证制度、引进人才落户政策、吸引国际人才的就业签证和出入境管理制度等。

表 5-9　上海主要人口流动管理政策

分类	时间	政府	政策名称
居住证制度	2002 年	上海市人民政府第 122 号令	《引进人才实行〈上海市居住证〉制度暂行规定》
	2004 年	上海市人民政府令第 32 号	《上海市居住证暂行规定》（年 8 月 30 日
	2004 年		《（国（境）外人员申领〈上海市居住证〉》须知
	2004 年	沪发改人口〔2004〕18 号	《上海市居住证暂行规定》实施细则
	2010 年	沪人社外发〔2010〕57 号	《〈上海市居住证〉（B 证）实施细则》

第五章　上海全球城市与长三角高铁网络："流"及影响因素

续表

分类	时间	政府	政策名称
居住证制度	2013 年	市政府令第 2 号	《上海市居住证管理办法》
	2013 年	沪府发〔2013〕40 号	《上海市居住证积分管理试行办法》
	2013 年	沪府发〔2013〕39 号	《上海市海外人才居住证管理办法》
	2013 年	沪人社外发〔2013〕30 号	《上海市海外人才居住证管理办法实施细则》
居住证转户籍政策	2009 年	沪府发〔2009〕7 号	《持有〈上海市居住证〉人员申办本市常住户口试行办法》
	2009 年	沪社力发〔2009〕23 号	《持有〈上海市居住证〉人员申办本市常住户口试行办法实施细则》
引进人才落户政策	1999 年	沪人〔1999〕51 号	《上海市吸引国内优秀人才来沪工作实施办法》
	2010 年	沪府发〔2010〕28 号	《上海市引进人才申办本市常住户口试行办法》
	2010 年	沪人社力发〔2010〕44 号文	《上海市引进人才申办本市常住户口试行办法实施细则》
留学生回国落户政策	2005 年	公通字〔2010〕19 号	《关于规范留学回国人员落户工作有关政策的通知》
	2005 年	沪府发〔2005〕34 号	《鼓励留学人员来上海工作和创业的若干规定》
	2010 年	沪人社外发〔2010〕58 号	《留学回国人员来沪工作申办本市常住户口实施细则》
高校应届毕业生落户政策	2014 年至今	上海市教育委员会、上海市发展和改革委员会以及上海市人力资源和社会保障局每年联合发文	《非上海生源高校毕业生进沪就业办法和办理户籍评分办法》
外国人就业管理	2010 年	中华人民共和国人力资源和社会保障部令第 7 号修正	《外国人在中国就业管理规定》

续表

分类	时间	政府	政策名称
签证和出入境管理制度	2012年	中华人民共和国主席令第五十七号	《中华人民共和国出境入境管理法》
	2013年	中华人民共和国国务院令第637号	《中华人民共和国外国人入境出境管理条例》
永久居留政策	2004年	中华人民共和国公安部、外交部第74号令	《外国人在中国永久居留审批管理办法》
	2015年		《关于深化人才工作体制机制改革促进人才创新创业的实施意见》(简称"人才新政二十条")政策
海外人才引进	2015年	沪人社外发〔2015〕35号	《关于服务具有全球影响力的科技创新中心建设 实施更加开放的海外人才引进政策的实施办法（试行）》
	2015年	沪人社力发〔2015〕41号	《关于服务具有全球影响力的科技创新中心建设实施更加开放的国内人才引进政策的实施办法》

资料来源：根据上海市人力资源社会保障局的资料进行的整理。

根据流动人口积分制政策调查数据来看，在调查未来三年的生活和工作计划时，80%来沪人员表示居留上海，说明上海的经济社会发展环境对外来劳动者具有强大的吸引力；而表示未来三年会去其他城市发展或者回家乡的受访者不到全部样本的8%。同时考察调查对象的受教育水平和留沪意愿时，发现假如其他条件给定时，无论哪种受教育水平，表示未来三年愿意留在上海继续目前工作的受访者，都占了每种类型样本的一半以上；受教育水平越高的人，未来三年留在上海工作（无论是继续目前工作，还是换工作）的可能性越大。这个结论与"六普"调查结论基本一致。

表5-10 教育水平与留沪态度的联合分布 （%）

	未上过学	小学	初中	高中	大学专科	大学本科	研究生及以上	合计
继续目前工作，留在上海	54.55	59.09	64.49	60.44	60.19	65.62	67.07	63.05

续表

	未上过学	小学	初中	高中	大学专科	大学本科	研究生及以上	合计
换工作，留在上海	4.55	3.03	7.97	11.11	12.14	12.03	9.76	10.2
换工作，去其他城市	0	1.52	1.09	1.78	2.43	1.43	4.88	1.79
在上海创业	0	4.55	5.43	11.11	8.74	3.72	1.22	6.12
创业，去其他城市	0	0	0.72	1.78	0.49	1.43	1.22	1.06
回家乡	18.18	10.61	4.71	4.89	4.37	4.58	1.22	4.98
不清楚	22.73	18.18	14.86	7.56	11.65	9.46	12.21	1.58
其他	0	3.03	0.72	1.33	0	1.72	2.44	1.22
合计	100	100	100	100	100	100	100	100

资料来源：根据2014年上海市居住证积分制政策调查数据计算整理。

但值得注意的是在未申请积分的被访者中，15%是因为"没有在上海长期发展的计划"而放弃申办。选择"没有在上海长期发展计划"的大学及以上学历来沪人员比例高达47.6%。这表明对于这部分具有较高素质的人才队伍来说，政策的吸引力也不足。随着"人才新政二十条"和相关配套政策及实施细则的陆续出台，政府和市场的角色功能定位进一步清晰，市场对人才配置的决定性作用进一步增强。但是相较于国际发达城市，人口管理制度仍然还有不少的提升和完善空间。

政策之间渠道不畅通。由2002年的居住证开始，一直在完善居住证政策，现有的居住证积分制政策和居住证转户籍政策仍然是两条渠道，互不衔接，与广东的居住证积分制落户政策有所不同。

居住证申办困难。对"您是否知道上海实施的居住证积分制政策？"回答不知道该政策的占60.8%，知道的占39.2%。然而让已知积分制政策的人回答"您对上海实施的居住证积分制政策的了解程度"问题时，发现虽然知道居住证积分制政策但对政策不了解的人占一半。积分申请者的办证意愿与一般来沪人员不同，在回答"您申请积分的原因"的问题时，首选原因是"为落户做准备"，其次才是新增的"子女教育"福利、"社会保险"。其实上海

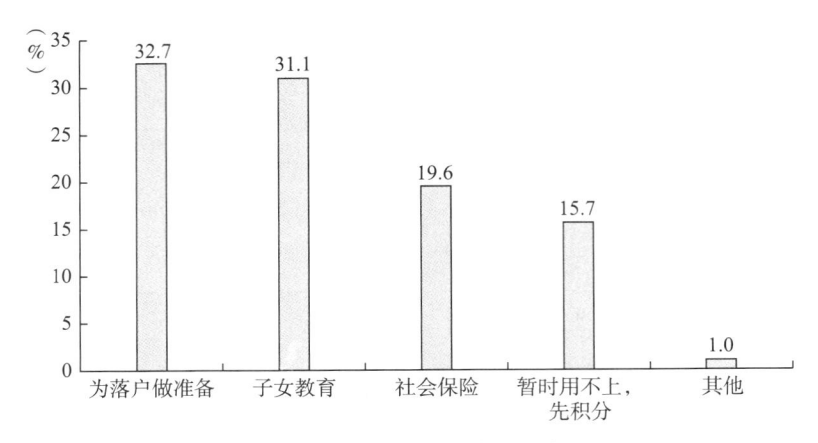

图 5-21　积分申请者申请积分的原因

资料来源：根据 2014 年上海市居住证积分制政策调查数据计算整理。

目前实施的积分制政策方案中积分与落户并不挂钩，但来沪人员对积分与落户挂钩充满了期待，认为积分就是为下一步落户做好准备。

然而对被访者调查"您没有申请办理积分的原因"，高达 53.9% 是因为不知道有该政策。18.3% 认为"申办周期长手续烦琐"。其次是没有在上海长期发展的计划等。居住证积分制政策针对的主要是人才，即使是人才，在人口调控收紧政策下，每年的户籍发放量仍然有限，政策标准由出台至今按照实时动态进行了部分修改，但由于标准稳定期较短，容易影响预判，从而不利于人才流入。另外，手续步骤虽然都有标明，但对外来人口来说仍然面临困境，由于不同地方、不同部门之间互不相同，且管理政策也存在差异性，其手续办理变得烦琐复杂。

多头管理使政策标准不一致。如前文列出的上海政策就可以看出，多类型政策包括引进人才落户政策；留学生回国落户；居住证转户籍政策以及高校应届毕业生落户打分政策。以上这四个政策都由不同部门主管，这导致政策与政策之间出现重复且标准不一致，由于当前人才类型多样化，一个人才可能适应多种政策。

二、制约上海全球城市发展的市郊城际铁路

市郊城际铁路便利性不足影响城市的职居分离。国外众多城市已建立起健全的交通系统，市郊铁路是其中的重要一环，例如莫斯科 2000 公里市郊铁

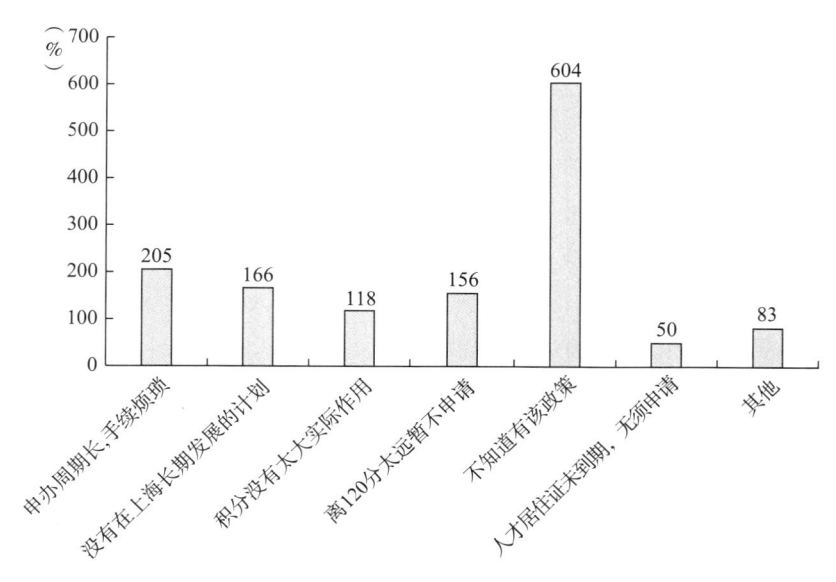

图 5-22　没有申请办理居住证积分的原因

资料来源：根据 2014 年上海市居住证积分制政策调查数据计算整理。

路、伦敦 790 公里市郊铁路、巴黎八条市郊铁路、日本都市圈市郊铁路等都对城市通勤发挥着重要作用（惠煌，2019；陈飞宇，2017）。但在我国，市郊铁路正处于起步阶段，人口郊区化流向对上海交通等公共服务资源合理布局提出新挑战。"七普"显示上海中心城区人口密度下降，与"六普"相比较，人口分布郊区化趋势明显。宝山区因大型居住区启用导入大量的政策性人口，在全市人口比重由"六普"的 8.3% 上升到"七普"的 9%，嘉定、青浦、松江、奉贤因新城建设以城市区域性功能定位吸引人才，人口占全市比重从 22.7% 上升到 24.8%。但由于人口大量集聚，相关学校、医院、轨交、城际铁路等公共服务未能及时配套供给，这使部分地区原本不足的公共服务更加捉襟见肘，郊区财政压力较大，人均公共资源的占有量急剧下降，区域不均衡的问题更加突出。根据北京交通大学陆奥运 2015 年通过 GIS 以上海市政府为中心测算半径 5—50 公里范围内的公共服务资源平衡度，发现上海医疗资源、公共服务财政支出方面，核心区域（0—5 公里半径范围）分别是外围区域（30—50 公里半径范围）的 4 倍和 2 倍。与世界的全球城市都市圈相比，目前上海规划的问题是中心城区以内的轨道交通规模已够，而郊区范围内的轨道交通规模稀少，郊区公共服务资源分布滞后于人口流入导致上学难、看病难、交通拥堵等问题多年没有明显缓解，周边新城和卫星城仅依靠公共汽车和小汽车很难满足交通需求，市郊铁路建设有待加快。已有研究也在逐步进行验证，在改善城市可达性方面，高铁因其压缩时空距离的优势发挥着不可忽视的作用，很多城市都将高铁建设作为构建城市通勤圈的重要内容。譬如，在中央要求将交通一体化作为促进京津冀协同发展、率先突破的领域之一的背景下，荣朝和（2014）提出跨市域通勤铁路是构建北京大都市通勤圈的关键，如此才能从本质上改变首都职能；甄小燕（2015）也支持建设市郊铁路以疏解大型城市功能的观点。

大城市职居分离问题愈演愈烈，通勤依然是城市生活的难点和痛点。基于百度"我的2014年上班路"互动活动数据，北京、上海、广州、深圳四大城市的上班距离及用时位居前列，全国31个省会城市、自治区首府及直辖市基本都榜上有名。其中，北京以平均距离19.20公里、平均单程用时52分钟位居榜首，上海以平均距离18.82公里、平均用时51分钟位列其次，同时也是跨省上班最多的城市。另外，苏州、佛山、大连等非一线城市也排名前列，"通勤路漫漫"已不再是一线城市的特色，而成为中国城市的普遍现象。

"通勤路漫漫"反映的是我国大城市职居分离问题愈演愈烈的现实，城市职居不平衡的形成具有很多深层次的原因：计划经济体制下的单位制度解体，曾经在单位体制下维持的住房与就业一体化的传统局面逐渐瓦解；伴随着房地产领域和就业领域的大规模市场化，买房与就业成为城市生活个体的自身责任，一部分经济能力较低的群体为减少生活成本而选择在市中心工作，却居住在郊区甚至是周边的小城市；郊区新城产城融合度低，就业发展不足；城市进一步功能分区，居住区与就业区的界限更加明显等。

如何在"通勤路漫漫"和职居分离的背景下运行更加便捷、有效的市内通勤交通系统，保障城市居民工作与生活，减少职居分离带来的负面影响，部分城市已经开始把高铁纳入通勤交通系统范畴，城际高速铁路和城市市郊铁路正在通勤领域发挥特殊作用。如今，高速铁路不仅承担着跨省跨市的运输功能，同时也开始逐步承担起部分城市间的通勤功能，例如京津城际（北京—天津）、沪宁城际（上海—南京）、沪杭城际（上海—杭州）、广珠城际（广州—珠海）都在便利城市通行、促进区域一体化方面发挥着特殊功能。同时，中国国家铁路局也在不断发现并利用高速铁路的城际服务功能，提出优先利用高速铁路、普速铁路开行城际列车服务城际功能。

另外,在一些城市尤其是特大城市内部,服务市域内远距离通勤人口的高铁正逐渐兴起,慢慢成为市内轨道交通的重要补充,上海城市总体规划(2017—2035 年)提出未来将形成城际线、市区线、局域线三个 1000 公里里程线路。2021 年上海市政府发布《上海市综合交通发展"十四五"规划》中提出,到 2025 年上海全市轨道交通市区线和市域(郊)铁路运营总里程达 960 公里,保持全国前列。但当前就上海而言,市域铁路暂时只有 1 条 56 公里长的金山线,上海的金山线将改建,其改建后将有利于推进中心城区"双增双减",同时可以推进市区反哺郊区、工业反哺农业、推动沿线区域的"三个集中",不仅对金山和奉贤区,甚至对杭州湾北岸区域快速发展。北京市域铁路相对较多,如北京市郊铁路 S2 线、北京怀密线、北京市郊铁路副中心线。浙江余姚城际铁路等市域铁路也主要提供中心与远郊区之间的长距离通勤服务,其站距远、运速快,造价低仅为地铁的 1/2 或 1/3。市域铁路极大地方便了市内远距离通勤人群,在城市中心人口向外疏散、缓解市中心的拥堵和污染上发挥关键作用。

与此同时,市郊铁路的运营也形成了一群独特的远距离通勤人口,他们居住在城市近郊或远郊,工作却在市中心,需要每天市中心与近、远郊两头跑,依靠高铁这一通勤工具,在享受便捷交通带来的便利性和实用性以及生活成本减少的同时,可能也需要承担长时间通勤过程带来的时间和精神成本。同时,对上海乘坐金山铁路的被访者调查,认为市郊铁路目前仍然存在着班次较少、班次间隔时间较长、交通对通勤者来说便利性不足等问题。

表 5-11 中国部分城市市郊高铁运营情况

铁路名称	北京市郊铁路 S2 线	上海金山铁路	余姚城际铁路
城市	北京	上海	浙江宁波
开通时间	2008.8	2012.9	2017.6
铁路总里程(千米)	108.3	56	48.7
最高运行速度	120km/h	160km/h	160km/h
出发站、终点站	黄土店—延庆/沙城	上海南站—金山卫站	宁波—余姚
总耗时(分)	约 80	32—60	35
班次情况(对)	14—18	36—37	8

续表

铁路名称	北京市郊铁路S2线	上海金山铁路	余姚城际铁路
站点数	6	9（莘庄站暂未开通）	2
平均客流量（人/天）	1.15万	3.3万	2455
票价（元）	4—18	4—10	10
乘坐方式	现金购票、"易通行"刷码、京津冀互联互通卡、北京市政交通一卡通、北京市政交通一卡通	现金购票、上海市交通一卡通	现金购票、宁波市民卡、甬城通卡和余姚市民卡
列车类型	NDJ3型柴油动车组	CRH6A型电力动车组列车	CRH6F城际动车组

资料来源：根据北京、上海、浙江交通部门资料整理。

三、长三角全球城市区域"高铁经济社会"发展的制约因素

（一）上海全球城市与长三角全球城市区域交通一体化的协调机制存在短板

上海现有高铁网络结构与长三角连接存在短板。上海现有高铁网络规模、结构存在短板，制约城市土地综合产出效益和对外辐射能级。目前上海市域铁路除了金山支线建成运营外，其余仍处于规划研究阶段，市郊铁路主要依赖市区地铁在郊区部分的延伸，新城、中心镇等与中心城主要功能区之间的通勤时间过长或仍未建立轨道交通联系，与东京城市圈内几乎镇镇通的城际铁路相比差距明显，造成上海远郊镇域发展与邻近江浙相比"洼地效应"显著，与上海市第十一次党代会提出的"上海与长三角区域主要城市90分钟可达"目标存在较大差距。2017年上海6600km土地产出3万亿GDP，与日本东京都2189km土地产出6.51万亿GDP相比差距明显，其中一个重要原因就是东京依托世界上最发达的铁路运输网络，连接东京都市圈的神奈川县、埼玉县、千叶县、茨城县南部，更好地实现了城市群空间布局和资源配置优化，取得了更好的土地产出效益。与东京都市圈铁路网络密度0.26km/km相比，长三角城市群的铁路网密度2016年只达到0.027 km/km，由此来看，不仅长三角铁路建设力度仍需加大，上海市内浦东地区仍无高铁接入，即使将来沪

通二期建成,也仅有普速铁路引入,浦东机场、东站枢纽以及张江科学城、上海旅游度假区仍缺乏与长三角主要节点城市间的高铁和城际轨道交通联系,这极大地限制了上海对长三角的辐射带动能力。

(二)长三角全球城市区域一体化制度性需求

在高铁带来潜在获利机会的诱致下,城市居民、企业和地方政府三个行为主体产生高铁推动区域同城化进程的制度性需求。

表5-12 高铁制度性需求:居民、企业、政府

类别	内容
居民需求	同城化趋势下居民行为的变化主要体现在交通和定位两个方面。随着生活水平的提高,舒适和便捷程度逐渐成为居民选择出行工具的影响因素。对于居民来说,在现有的收入水平下,从就业环境和居住条件的选择以及消费、娱乐等方面追求效用最大化,是其潜在的需求。此外,居民公共设施需求(医院、文化、教育等)辐射半径大幅拓展。因此,作为微观个体的居民来说,同城化的制度性需求强烈。
企业需求	对企业而言,高铁网络将为企业厂址选择以及企业组织结构等带来诸多变化。同城化使得区域的空间在"拉平",以中心城市上海和次级城市镇江为例,过去企业会因为成本优势选择镇江,但是现在企业会因为品牌、形象诉求选择上海。交易费用的降低是企业跨区流动的基本前提。因此,在产业的梯度转移下,以总部经济、会展经济为代表的高端产业会继续聚集在发达或中心城市,而以加工制造为主的低端行业会更多地向土地、劳动力等要素成本较低的周边城市转移。
政府需求	先进交通运输方式作用下,政府行使管辖权的作用半径扩大。过去通常是区域内中心城市与周边的中小城市之间呈现一定程度上的"附属"关系,现在区域内的中心城市和周边中小城市之间的关系发生变化。周边中小城市不再单纯地承接中心城市的扩散效应,而是直接利用资源优势进行竞争。行政区划的人为分割是阻碍区域间或相邻城市间小至人力、物力、财力流动,大至经济社会协调发展的制度障碍。过去,不仅上海发展外向型经济(劳动密集型、出口导向型),周边城市例如南京、苏州也采用同样的发展模式进行经济资源的配置。而在同城化趋势下,社会公共资源配置的区域范围被进一步拓宽,各类经济体对资源的争夺也更加激烈。

(二)长三角全球城市区域一体化协调机制的评价及存在的制约因素

到2035年,预测长三角城市群GDP增长总量将大大增加,人力资源的需

求也均有所上升。由于城市规模及行政等级不同,市场的力量在客观上会导致区域差距仍然存在。事实上没有绝对的区域平衡,只有区域协调发展,区域的协调发展并不是追求总量意义上的均衡发展,而是追求人均意义上的平衡发展。这种平衡发展并不仅指经济意义上的平衡发展,也包括人均生活质量与社会福利方面的平衡发展。由于长三角地区地缘相近、人缘相亲,具有区域联动发展的历史渊源和坚实基础,在区域一体化方面已经初见成效,与国内其他城市群相比也具有明显的优势。

从历届的长三角市长联席会议来看,长三角区域一体化的协调机制主要以经济为主。协调机制始于1992年建立的长三角15个城市经济协作办主任联席会议制度,1997年升格为长三角城市经济协调会。截至目前,经历了由建立长期性、战略性、整体性区域合作框架阶段,逐步上升为国家战略的合作阶段。长三角区域合作采取轮值制度,每年有一个省市作为轮值方。目前设立了交通、能源、信息、科技、环保、信用、社保、金融、涉外服务、城市合作、产业、食品安全12个重点合作专题。城市合作专题固定由上海市牵头,上海市政府合作交流办具体负责,其他专题由当年轮值方牵头。

表5-13 长三角市长联席会议历次会议相关内容

会议届次	会议时间	承办城市	会议主题或主要内容	主要共识
一	1997.4.28—30	扬州	探索长三角城市群整体优势和建立更高层次的协调关系,从单纯的经验交流、经济信息共享逐步走向人才、技术等多领域的合作	《长江三角洲城市经济协调会章程》《长江三角洲城市简介》
二	1999.5.6—7	杭州	区域合作与旅游商贸专题的深化	加强区域科技合作、推进国企改革和资产重组、研究筹建国内合作信息网和旅游商贸专题进一步深化
三	2001.4.26—28	绍兴	抓住机遇、发展大旅游	明确提出在长三角共建大旅游圈;深化专题协作活动,研究编制区域发展规划,引导合作方向

续表

会议届次	会议时间	承办城市	会议主题或主要内容	主要共识
四	2003.8.15—16	南京	世博经济与长江三角洲联动发展	《关于以承办世博会为契机,加快长江三角洲城市联动发展的意见》
五	2004.11.2	上海	完善协调机制,深化区域合作	《长江三角洲城市经济协调会章程修正案》《关于设立长江三角洲城市经济协调会专项资金的提案》《关于设立信息、规划、科技、产权、旅游、协作专题工作的提案》《城市合作协议》等。
六	2005.10.22	南通	促进区域物流一体化,提升长三角综合竞争力	《长江三角洲地区城市合作(南通)协议》
七	2006.11.24	泰州	研究区域发展规划,提升长三角国际竞争力	《长江三角洲地区城市合作(泰州)协议》
八	2007.12.11	常州	落实沪苏浙主要领导座谈会精神,推进长三角协调发展	《长江三角洲地区城市合作(常州)协议》
九	2009.3.27	湖州	贯彻国务院关于进一步推动长江三角洲地区改革开放和经济社会发展的指导意见精神,共同应对金融危机,务实推进长三角城市合作	《长江三角洲地区城市合作(湖州)协议》
十	2010.3.26	嘉兴	利用好世博机遇、放大世博效应,推进长三角城市群科学发展	《长江三角洲地区城市合作(嘉兴)协议》
十一	2011.3.31—4.1	镇江	高铁时代的长三角城市合作	《长江三角洲地区城市合作(镇江)协议》
十二	2012.4.17—18	台州	陆海联动,共赢发展——长三角城市经济合作	《长江三角洲地区城市合作(台州)协议》

续表

会议届次	会议时间	承办城市	会议主题或主要内容	主要共识
十三	2013.4.13—14	合肥	长三角城市群一体化发展新红利——创新、绿色、融合	《长三角城市合作（合肥）协议》《长三角城市环境保护合作（合肥）宣言》
十四	2014.3.29—30	盐城	新起点、新征程、新机遇——共推长三角城市转型升级	《长江三角洲地区城市合作（盐城）协议》
十五	2015.3.26—27	马鞍山	适应新常态、把握新机遇——共推长三角城市新型城镇化	《长江三角洲地区城市合作（马鞍山）协议》
十六	2016.3.24—25	金华	"互联网+"长三角城市合作与发展	《"互联网+"长三角城市合作与发展共同宣言》
十七	2017.3.30—31	淮安	加速互联互通，促进带状发展——共推长三角城市一体化	《长江三角洲地区城市合作（淮安）协议》
十八	2018.4.12—13	衢州	建设大花园，迈入新时代——协同建设绿色美丽长三角	《长江三角洲地区城市合作衢州协议》
十九	2019.10.15—16	芜湖	构筑强劲活跃增长极的长三角城市担当与作为	《长三角城市合作芜湖宣言》

资料来源：根据各政府网站整理。

依托合作协调机制，长三角地区的一体化不断深入，从最初的经济要素一体化向经济、社会、生态等多领域融合转变，为了促进城市群内人口快速流动，交通一体化在长三角内推行得较好，其城市群快速发展也正得益于其拥有由高速公路、高速铁路等现代化交通设施组成的发达、便捷的交通网络，同时拥有国际贸易中转大港、国际航空港及信息港作为城市群对外联系的枢纽。内外相连互通的交通网络是长三角城市群内外巨大规模社会经济联系的支撑系统，形成了以上海、杭州和南京等核心城市为中心的"1小时交通圈"，尤其是城市群高速铁路网的初步建成，有效提高了城市间的空间可达性，而沪通铁路、沪乍杭铁路的开通将进一步促进长三角的融合，切实加深与上海的同城化。

交通一体化方面虽然取得不错的进展,但仍然存在一些瓶颈问题。如长三角范围内的轨道交通大多为国家级铁路,而服务长三角城市群的城际铁路较少,这样导致国家级铁路发挥作用有限,有损城市群内部的可达性和便捷性。其次,部分城际轨道与上海的对接存在一定的不确定性,如北沿江城际、沪通铁路等其功能定位仍待优化等。上海相邻跨行政区域的交通对接仍不完善,以上海都市圈为服务目标的区域城际轨道覆盖不足,甚至在国省干线公路上由于行政区域的壁垒仍然存在,局部公路还存在断头路,尚未实现完全对接。最后,跨行政区域的交通规划统筹及管理体制机制协作等方面仍存在不足,交通一体化还有待优化完善。

公共服务一体化的实现相对较为复杂,进展也较为缓慢。目前长三角在积极探索教育、医疗、社保、养老等方面进行一体化发展。在教育方面,通过异地合作办学来逐步缩小地区之间教育资源的差距,同时中小城市通过举办创业大赛以及创立创业基金等方式来激励创新创业和人才引进;在医疗方面,通过与异地医疗机构的对点合作,搭建医疗联网平台,实现医疗卡消费结算和实施报销,另外积极建立医保代办服务点,为外地参保人员提供便利等;在养老一体化合作方面及户籍制度改革方面也正在不断完善。

表5-14 长三角全球城市区域交通、医疗、养老一体化

时间	事件
2015.3	长三角公路交通运输一体化合作框架协议签约仪式在上海举行,标志着长三角交通一体化迈入了新阶段。
2016.10	"长三角城市群医院协同发展战略联盟"成立。由上海市第一人民医院、江苏省人民医院、浙江省人民医院与安徽省立医院共同牵头发起的联盟如今已覆盖26个城市的112家医院,筑起"六张网"(急危重症救治网、慢病防治网、专科联盟网、异地医保结算网、远程门诊网、空中救援天网),促进了长三角区域的高质量医疗发展。
2018.6	三省一市人社厅(局)签署了《三省一市人才服务战略合作框架协议》,促进区域内人才的合理流动。
2018.10	眼科、骨科、泌尿外科等在内的15个专科联盟分别发布《长三角专科联盟白皮书》,省级医院将以此为基础带动县级医院共同发展,做到"大病不出县"。

续表

时间	事件
2019.6	长三角养老一体化合作共享，首批17个区（市）联动试点上海、江苏、浙江、安徽的民政部门在沪签署"合作备忘录"，共同促进长三角地区养老资源共享，激发养老服务市场活力。
2019.12	中共中央、国务院印发《长江三角洲区域一体化发展规划纲要》，要完善适应上海超大城市特点的户籍管理制度和南京、杭州特大城市的积分落户制度，提升中心区其他城市人口集聚能力，全面放开Ⅱ型大城市、中小城市及建制镇的落户限制，有序推动农村人口向条件较好、发展空间较大的城镇、特色小镇和中心村相对集中居住和创业发展。推动城乡人才双向流动，鼓励和引导城市人才回乡创业兴业。

资料来源：根据各政府网站整理。

城市群人口管理一体化的评价，目前尚无统一的评价指标，为评价城市群人口管理一体化程度，本书将采用AHP（层次分析法）模型对此做出评价。所谓层次分析法是T. L. Satty（1977）提出的一种多目标评价决策方法。该方法试图通过将复杂系统的评价决策思维过程数学化，其基本思路是将复杂问题分解为若干层次（目标层、准则层、方案层）和若干要素（每层所包含的对象），并在各要素间进行简单的比较、判断和计算，以获得不同要素和不同待选方案的权重，最后通过加权求和得出方案间的优劣排序，从而为最优方案的选择提供依据。

指标权重是定量表示指标体系中各层次之间，层次内部各指标之间的相对重要性和对最终结果的影响程度。采用层次分析法来确定权重，为了使权重尽量符合实际，在构造判断矩阵时，设计了权重调查表，对于指标两两比较进行分析。专家评分经平均后取整得判断矩阵，计算权重，经一致性检验，表明建立的各判断矩阵满足一致性要求。

表5-15 人口管理评价指标体系权重

一级准则层	权重	二级准则层	权重	指标层	权重
城市群人口管理的基础性差异	0.0709	人口素质	0.2140	普通高等学校毕业生数（万人）	0.1832
				获得硕士、博士学位人数（人）	0.2193

续表

一级准则层	权重	二级准则层	权重	指标层	权重
城市群人口管理的基础性差异	0.0709	人口素质	0.2140	高级职称人员数（人）	0.2292
				中级职称人员数（人）	0.1554
				初级职称人员数（人）	0.0957
				教育占财政支出比例%	0.1172
		人口规模	0.0370	人口规模	0.3203
				自然增长率	0.2470
				机械增长率	0.4327
		劳动力就业差异	0.1705	第二产业就业人数	0.4689
				第三产业就业人数	0.5302
		生活质量差异	0.3063	人均GDP	0.5150
				城市人均公共绿地(平方米)	0.2181
				医疗卫生机构床位数(万张)	0.2669
		劳动收入差异	0.2722	职工年均实际工资水平(元)	1.0000
城市群内人口联系密切程度	0.4381	人口流动	0.4089	净迁移人口（万人）	0.7302
				客运总量（万人）	0.2698
		交通网络	0.5911	城市间铁路班次	0.3155
				年末公路里程	0.3649
				城市间时间距离	0.2813
城市群人口管理政策的协作程度	0.4911	人口管理政策协作	0.5322	异地就医结算	0.6512
				养老服务补贴异地结算	0.3488
		人口管理信息系统的共享	0.4678	流动人口基础信息共享	0.4286
				人才信息共享	0.5714

在进行分析之前，可以看到以上的指标数据是从不同侧面选取，各指标的含义不同，指标值的计算方法也不同，因此各指标的量纲差异巨大，不能直接综合在一起。因此必须对每个指标进行无量纲化处理。一类是正效指标，

这类指标数值越大越好；另一类是负效指标，指标数值越小越好。为了对长三角城市群人口管理总体状况和各目标层的效果有所了解，现根据计算出的各指标权重以及利用无量纲化处理的指标数据计算2006—2018年的效果加权得分。本书分析人口管理综合指数是基于以下模型：

$$a_t = \sum_{k=1}^{s} w_k \sum_{j=1}^{m} w_j \sum_{i=1}^{n} w_i \frac{P_{it} - P_{it-1}}{P_{it-1}} \tag{5-9}$$

a_t 为 t 年人口管理综合指数，w_k、w_j、w_i 为因素、指标类、指标向上层次的权重，p 为指标值，n 为某一指标类中指标数量，m 为某一因素指标类数量，s 为影响人口管理要素数量。

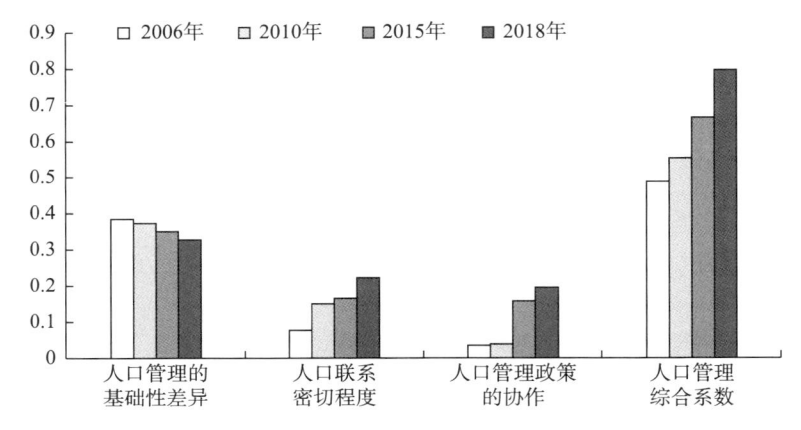

图 5-23　长三角全球城市区域人口管理各因素指数及综合指数

从2006年至2018年，一级准则层3个维度指标，明显看出有差异性的变化，人口管理的基础性差异随着长三角一体化的快速发展，其基础性差异在逐渐缩小，只是下降速度较慢。人口联系密切程度有着显著的逐步上升的态势，这可能是因为在一体化过程中，交通相比其他人口管理政策而言，不仅容易实施操作且也很易见效。相比而言，人口管理政策协作方面指数偏低，发展较为缓慢，上升较明显的也仅仅是近年来国家出台的一系列政策及地方政策的推行下才有上升趋势，表明人口管理政策的协作方面还有待增强。

人口管理政策协作方面近年来虽取得一定成效，但行政分割和制度壁垒使得人口管理政策协作推行得较慢。比如各级地方政府在进行公共产品投资决策时，也往往着眼于本地区利益，无法形成一个统一的规划，城市群的共建共享机制难以充分发挥作用。并且一些地区的合作还可能会面临行政级别不对等的尴尬，导致合作难以深化。一体化政策推行较慢的原因之一是目前的区域合作机制缺乏效力。虽然长三角目前形成了三层的区域合作机制，但需要说明的是，长三角的这种合作机制缺乏立法保障和相关法律体系支撑，区域合作和协调发展在很大程度上取决于各省市领导者对区域合作和一体化理念的偏好程度，缺少一定的权威性和稳定性，而这必然会影响对组织成员的约束力和合作协议的实施效果。从权力配置上来看，长三角区域合作组织只有对区域性公共事务的协调权，而没有决策权和监督权，这必然会造成区域政策在制定以后出现落实偏差和重形式轻内容、重协议轻实施的情况。而从组织内部的机构设置情况来看，现有合作组织的常设机构基本上只是等同于论坛或联席会议的筹备部门，缺乏执行合作协议所必需的配套机构和专门人员。

第六章　依托沪昆高铁加速上海全球城市与长江经济带的互动

第一节　高铁对经济带发展影响的理论分析和国际案例借鉴

一、理论基础：经济轴带理论

经济轴带理论是增长极理论在区域经济发展理论中的实践与发展，包括增长轴理论、点一轴理论和条带发展理论等。

20世纪50年代，法国经济学家F.佩罗克斯（F. Perroux）提出了增长极理论，初步奠定了交通经济带形成机制的基本理论基础。"核心—边缘"理论起源于美国学者波尔洛夫（Perloff H.）的相关研究，随后弗里德曼（John-Friedmann）在增长极的基础上，试图通过"核心—边缘"理论阐明在发展过程中，从最初边缘区的资金、人力等资源向核心区流动，核心与边缘发展不平衡，导致发展矛盾的紧张，随即边缘区会出现新的规模较小的核心，原来的边缘被分开，边缘逐步并入核心之中。在这个过程中，边缘区产生的次中心不断发展壮大，各种要素资源在区域内自由流动，核心与次中心联合辐射带动边缘城市发展，从而使城市之间差距逐渐缩小，大中小城市协同发展，达到相互依赖的平衡发展。"核心—边缘"理论一直受到政府和研究者的关注，这是因为"核心—边缘"理论可被用作指导城市空间和谐发展的重要依据。因为纵观世界城市化的发展轨迹来看，一直以大城市发展为核心的一种发展模式受到质疑,虽然认可大城市越大越好,因为从生产要素集聚,成本的节约角度来看确实如此,然而大城市病的问题却愈演愈烈。

以桑巴特(Werner Sombart)为代表的一些学者基于区域核心—边缘发展联系的现状,提出了"生长轴理论"。这个理论强调通过连接中心城市的重要交通干线,引导和促进经济活动沿着重要交通干线集聚和发展,形成以此为主轴的产业带。随着交通基础设施不断完善,城市与其他城市之间必然会产生更多的经济增长点,因其规模和功能不同,城市与它们的联系途径也更加复杂。波兰学者萨伦巴(Sarumba)和马利士(Malis)便在增长极理论和生长轴理论的基础之上,提出了"点—轴系统理论",将区域经济看作由点与轴共同组成的空间组织形式,以此分析如何确定重点开发轴线和建立产业带。"点—轴"系统形成的过程主要是社会经济客体从形成前的均衡无组织状态向聚集的有组织状态转变,即工业化的初期阶段即"点—轴"系统框架形成,空间结构变动幅度增大向均衡阶段发展。这一演变过程和规律是社会经济各要素长期相互作用下自组织过程的结果,也是致使区域发展成果最有效的区域开发的科学规划模式。

根据点轴系统理论发展的轴线产业带,就是指随着工业化进程的推进和运输业的发展,以交通干线为前提,大中城市及城市群为依托,以第二、三产业为主的产业体系的演变为动力的辐带状社会经济有机体和空间经济系统不断演变而形成的发展模式。依据轴线发展起来的产业带,势必会引发各种生产要素,如人口、资金、信息、产业在轴线空间上的集聚和扩散。由于城市间存在一定的差异性,在轴线上不同规模或不同等级城市受高铁影响有所不同,轴线上高铁枢纽城市对周边城市的生产要素有强大的引力和凝聚力,但随着高铁枢纽城市集聚经济发展以及周边城市高铁网络化建设,其对周边城市势必会呈现空间溢出效应。通过轴线上各个核心城市的集聚扩散,影响的空间范围将逐渐扩大,由原先点的发展逐渐扩展成片或面的发展。高铁通过其网络化建设,通过高铁将大城市、中小城市串联起来,加快沿线城市城镇化进程,优化沿线城市的资源配置,促进大城市与中小城市协同发展。这既规避了只发展大城市所带来的问题,也避免了将发展小城镇局限在模式争议上。

二、高铁产业带界定及构成要素

高铁产业带界定是基于交通经济带理论而界定。交通经济带理论吸取了区位论、增长极、都市带理论及点轴系统理论的精华，结合交通布局和运输地理学的基本原理，创立了自己的理论体系。交通经济带由张国伍于1993年首次提出，之后的学者认为，交通经济带应包括三个基本要素如交通干线、以第二、三产业为主的产业体系、城镇群。关于交通经济带国家对此也极为关注，2016年发展改革委员会发文《发挥高铁经济的支撑引领作用》提出，通过高铁通道建设，推动区域国土开发向纵深拓展；连接全国主要经济中心，吸引沿线客货流、资金流、信息流集聚，形成带状地域经济通道，培育国土开发新轴线。

高铁产业带界定为以高铁作为主要运输通道和发展轴线，依托高铁大流量、高速度、强辐射等特点，吸引各种资源在高速铁路两侧集聚并不断向外扩延，从而形成一条沿高速铁路走向的产业群体相对集中、经济发展高于周边地区和当地平均水平的带状区域（骆玲，2010）。

表6-1 高铁产业带构成要素

要素	内容
自然资源禀赋是物质基础	自然资源如地理位置、气候条件、资源类型、规模、分布等，决定了城市在区域分工中的地位和等级。
高铁通道是基本前提	高铁轴线长短及方向决定了高铁产业带空间分布的范围和方向，决定了城市分布格局及城市等级体系，以及城市间经济活动的方向，最终决定高铁产业的空间布局和组织格局。
沿线经济发展是经济基础	高铁产业带的形成和发展离不开人口、资金、信息、货物等要素的流量，城市发展需要各要素通过高铁等交通工具完成空间位移以达到要素的合理配置，沿线经济发展状况决定了各要素流量流入流出的规模及结构。
中心城市和城市群是网络的支撑点	由于区域差异，主要经济活动总是在交通便利、地理位置优越、自然条件优越、资源丰富的区域内产生和发展，形成点状的人口和产业活动集聚地——城市。这些城市的数量、分布密度、间隔距离、离散度、均匀度等空间分布特征，构成了高铁经济带空间支撑点的分布特征。
相关产业之间的相关性是驱动力	高铁产业分布可以获得高铁带来的成本优势和知识溢出。高铁集聚的产业关联度越大，集聚效应越明显，产业带的范围就越宽。

三、实践经验：日本案例

（一）日本新干线产业带

新干线将京滨、中京、阪神、北九州4大工商业地带连接起来的静冈、冈山、广岛等从南关东到北九州的一连串兴建的工业地带，形成沿太平洋发展的太平洋工业带。1955年开始强调发展以重化工业为核心的工业体系，大力发展电力、钢铁、机械、造船、汽车、石油化工等工业部门。1975年新干线从大阪进一步延伸到九州后，带动了沿线欠发达地区产业结构的调整，如冈山、广岛、大分乃至福冈、熊本等沿线地带的工业布局在新干线开通后，逐渐以汽车、机电、家用电器等加工产业和集成电路等尖端产业取代了传统的钢铁、石化产业。新干线连接的太平洋工业带不仅是日本工业、人口和国民收入最集中的地区，同时也是世界工业生产密度最高的地区。如濑户内海面积与美国五大湖中最小的安大略湖相当，而其沿岸钢铁生产能力为7000万吨，等于法国和前联邦德国的总和，炼油和乙烯生产能力与英国接近。

新干线产业带与日本国土经济布局有关。日本国土不仅存在东京一极过度极化问题，结构上也有诸多问题。例如中央和地方、内陆部和沿岸部、太平洋岸和日本海岸、东日本和西日本、大都市和中小都市、过密地区和过疏地区的不平衡关系等。东京一极极化的矫正和首都功能转移分散，可以说是21世纪左右日本政治、经济、文化的国民性课题。日本是以世界最大人口规模东京圈（1都3县）为中心，分为北关东、新泻以东的东日本和富山、长野、山梨、静冈以西的西日本。总面积相对于占国土面积3.6%的东京圈，东日本为48.1%，西日本为48.3%，结构比较均衡。但从人口来看，3.6%的东京圈集中了全国27%的人口，而东日本只不过集中了全国19.3%的人口，西日本的人口规模占全国53.7%，是东京圈的2倍。

东京圈和东日本的人口相加达到日本总人口的46.3%（面积占51.7%），日本东西关系好像是均衡的（2005年总务部国势调查）。但是换个角度来看，西日本和东京圈相加的话，51.9%面积的土地上居住着80.7%的人口，日本列岛人口分布和土地利用较向偏西方向发展。明治维新以后政治经济势力导致西日本人口规模较多，因此，日本偏西倾向可以说是日本历久以来的国土政策所导致的。

观察东京圈与东、西日本经济活动，零售业年产值东京圈占28.2%、东日本占19%，西日本占52.8%，基本与人口相对应的比例。批发业年产值东京圈以46.6%占有绝对优势，东日本不过只有11%。东京圈和西日本面积合计为51.9%，占国土一半，其批发业年产值占89%。东京圈占比较低的工业生产也是如此，东日本产值占全国18.2%，西日本61.1%占全国的1/3。东日本唯一占比较大的是农业，耕地面积尽管占全国的56.1%，但农业产出占全国41.8%，与西日本相比生产效率低。东日本的专业技术性职业从业人员比率为16.8%，西日本52.2%，东京圈只不过占31%。东日本的大学生总量在全国占11.8%，东日本人口中约一半升学到东京圈及西日本的大学。东日本社会基础设施也相对迟滞，尤其是东日本大地震中受灾害影响较大，就连一直处于优势的农业、渔业也受到很大打击，目前正迫于复兴的状态。加上受到核泄漏事故，从东日本向西日本迁移的人口就更多。为阻止这种流向，东日本再振兴的新方向不仅是东日本，也是东京重要任务。

表6-2 东京圈（1都3县）和东西日本农业、商业、工业的分布状况

	耕地面积		农业年产值		批发业年产值		零售业年产值		制造业年产值	
	千公顷	%	亿元	%	亿元	%	亿元	%	亿元	%
东日本	2578	56.1	34781	41.8	456512	11.0	256470	19.0	482257	18.2
东京圈	237	5.2	7061	8.5	1927144	46.6	379198	28.2	470126	17.7
西日本	1778	38.7	41320	49.7	1751661	42.4	711386	52.8	1700207	64.1
全国	4593	100	83162	100	4135317	100	1347054	100	2652590	100

资料来源：根据2009年日本农林水产部、经济产业部的数据计算整理。

（二）新干线给地区制造业带来的波及效果案例

1992年开通的山形新干线，是基于已有线路基础上改良的全国首开的迷你新干线，所以受到注目。以此为契机各地的迷你新干线日益高涨，1997年3月的秋田新干线开通，2000年规划山形新干线延伸到新庄。山形新干线开通后，"翼"号高铁列车的年乘客超过300万人，与开通前比较增加了约100万人（福岛—米泽间）。从这个数字看，伴随着山形新干线开通的波及效果应该很大，但在地区上并未感受到这种效果，这是因为新干线效果往往限于特定的行业、区域，其波及效果尤其体现在制造业、观光业等。制造业方面，特别是机械工业需要依存于能进行高技能部品加工的京滨工业地带，距离起

着决定性的作用,因此,一直以来,与京滨工业地带有密切联系的高科技工厂的选址也只限于北关东,而东北地方不过是利用廉价劳动力组装工厂的有利选址而已。高科技化的工厂必须与首都圈研究所等维持密切的合作关系,这在无形中强化了东京的极化进程。但是,东北纵贯道路的开通、各地高规格道路的完善使京滨工业地带的产品输送更广域化,向山形县的产品输送成为可能。再加上山形新干线的开通缩短了与首都圈的时空距离,在山形县内选址的工厂和东京总社、研究所扩大了交流。由于交通基础设施的完善,山形县内的机械工业提高了价值链,正向研发创新型工厂转变。高科技产业选址以米泽市为中心的区域集中,几乎没有工厂选址到山形市以北区域。这就表明新干线开通后与东京距离的重要性。要确保企业经济活动高效率,与东京2小时路程时间是极限。山形新干线提升了山形县的工业结构和能级,但这只限于县南部。

(三) 新干线给地区旅游业带来的波及效果案例

新干线开通后并非使得沿线城市均获益。以山形线为例,新干线缩短了与东京的时空距离,却加剧了旅游地之间的竞争。尤其温泉旅游地较多的山形新干线沿线地区,这些地区温泉旅馆间的成本竞争尤其激烈。泡沫经济的崩溃与新干线开通的叠加,使这片地区的旅馆不得不降价20%吸引游客。其结果就是中小规模的旅馆受到影响。为降低成本,中小规模的许多旅馆实施了以女性职业为主的结构化调整,但此举却降低了服务质量,陷入了入住旅客数量减少的恶性循环。高速交通基础设施的完善提高了地区的选址条件,但也使竞争加剧,这就有必要提高各旅游地经营的竞争力。

以日本上越新干线的沿线城市佐渡旅游振兴过程为例。佐渡岛位于新泻市前海,有6.3万名人口,面积为855平方公里。主要产业是农业、水产业,柿子是其代表性的农产物。旅游观光也是佐渡岛的主要产业之一。这里有很多自然资源以及佐渡金山等历史古迹。另外,由于四面环海,拥有高山和富饶平原的佐渡是集海鲜和山菜丰富的宝地,但是每年由于被冰雪覆盖,冬天很少有游客前往旅游,为使冬天也能集聚游客,以上越新干线的开通为契机,进入全年旅游是佐渡的愿望。在上越新干线开通的1982年前后,佐渡的游客规模变化如图。首先从新干线开通后的几年,如1982年大宫—新泻、1985年在上野—大宫的新干线开通后,与首都地区的交通条件大幅改善,但前往佐渡的游客却没有太大变化。也就是说,新干线开通并没有使游客迅速增加,可以说新干线对旅游振兴来说不成为充分条件。

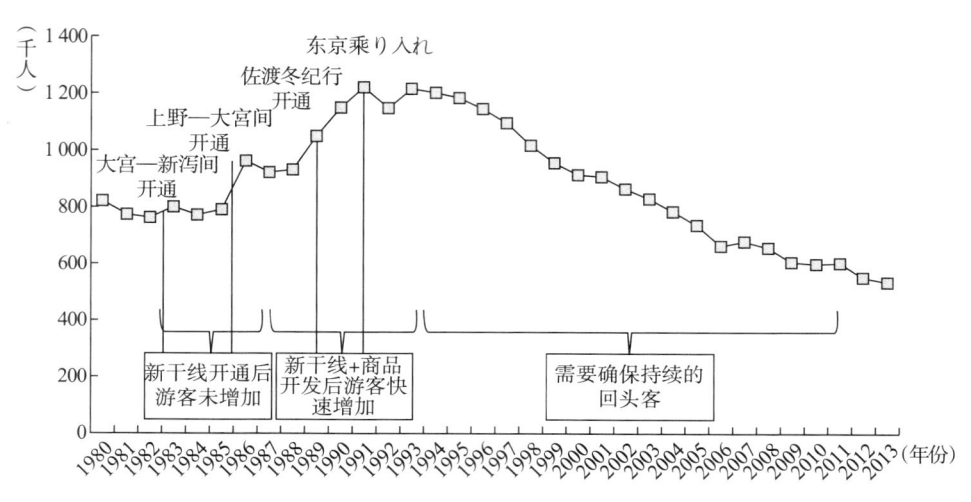

图 6-1 佐渡游客的变迁

资料来源：根据佐渡观光协会资料整理。

从1989年以后的几年来看，由于新干线开通后游客没有增加，当地的佐渡旅馆工会、新泻JR东日本、新潟交通、佐渡汽船等四方联手，开发了"佐渡冬季行2天1夜24800日元"的优质低价的旅游商品。该产品的开发，使得1989年12月—1990年3月，佐渡的游客比上年增加了20%以上。1991年的游客突破了120万人次。该产品开发成功的最大原因是，上越新干线开通缩短了时空距离，以首都圈为对象开发了1夜2日游的旅游商品。根据社团法人日本观光协会的介绍，在国内住宿旅行的50%左右人群会选择旅游时间为2日1夜。新干线开通使以往的交通条件发生变化，以首都圈为首的2日1夜旅游商品的市场得以扩大，而佐渡正因上越新干线连接，进入了首都圈2日1夜旅游圈。总而言之，新干线已经具备了振兴佐渡旅游的条件。不仅如此，当地相关人士联合一起开发的优秀旅游产品，也助推了当地旅游振兴。

佐渡游客在1991年达到峰值后开始逐年降低，最近几乎已经回到了商品开发前的水平。佐渡冬季行确实成功了，但是之后在山形新干线、秋田新干线、长野新干线等新线路开通后竞争对手也增加了。冬季游除了"佐渡"之外，还有"信州""会津""山形、庄内"等新旅游产品企划、销售。这表明要取得成功必须有很大的努力，但即使取得成功，也不稳定。在成功完成一次，达到最高水平之后，为了维持其水平并进一步发展，需要确保更多的创新能力。就像这个案例所示,只有新干线开通,部分地区是不会自然受益的,必须通过综合措施,最大限度地可持续地引导新干线发挥其影响效应。

第二节 依托高铁促进上海全球城市与长江经济带互动的战略意义

长江经济带独特的地理位置和资源禀赋使国家一直高度重视长江经济带的发展,先后印发了《长江经济带综合立体交通走廊规划(2014—2020 年)》《长江经济带发展规划纲要》等系列纲领性文件,提出了"一轴、两翼、三极、多点"的格局,这对于形成东中西区域互动合作的协调发展带、缩小地区差距具有重要意义。2018 年 4 月 26 日,习近平总书记在深入推动长江经济带发展座谈会上,明确提出要推动长江经济带经济高质量发展,对长江经济带的研究是国家政策导向所在。

党中央和国务院要求上海作为长江流域经济发展的龙头,要"当好全国改革开放排头兵和科学发展先行者",并赋予了上海"服务长三角、服务长江流域、服务全国"的重要历史使命。对上海全球城市的要求一是上海全球城市参与和带动长江经济带建设,发挥上海现代服务业和先进制造业的辐射带动作用,促进生产要素跨区域合理流动和优化配置,引导长江经济带产业转型升级和分工协作,促进流域联动发展。要求二是发挥上海产业园区建设的先行及品牌优势,采取多种形式,在长江沿岸省市共建产业园,引导上海产业向中上游地区合理有序转移。从长江沿岸省市层面看,发展"飞地"经济,引导上海产业有序转移,是与上海发展产业合作的重要方面。要求三是作为长江经济带的领军城市,对上海服务"长江经济带"战略有着新要求,不仅需要把握全球新一轮科技革命、产业变革和绿色增长机遇,大力实施创新驱动战略,还要推动长三角城市群、长江中游城市群和成渝经济区三个"板块"的产业和基础设施连接起来、要素流动起来、市场统一起来,促进产业有序转移衔接、优化升级和新型城镇集聚发展,促进长江流域联动发展,加强与兄弟省区市的合作,全面提升服务长三角地区、服务长江流域、服务全国的水平。

上海与长江经济带互动的战略意义从国际角度来看,对"一带一路"倡议国内区域的呼应和对接,对于长江下游地区,以上海为向东开放的桥头堡,充分发挥自贸试验区的示范带动作用，打造丝绸之路经济带和 21 世纪"海上丝绸之路"的战略支点。从国内角度来看，是推动国内东中西部协调均衡发展。因为长江经济带覆盖了超过 1/5 的国土，近 1/2 的人口，2017 年 GDP 总量占全国 45.2%，是全球最大的内河产业带、城市带、人口聚集地，横跨东中西三大地带，无论在地理空间还是经济发展等方面都存在着明显的地域差异，为加快长江经济带发展，交通基础设施建设无疑是促进地区经济发展、各方共赢、阻力较小、易于突破、效果显著的领域。作为 21 世纪最具革命性和创新性的交通运输方式，高铁极大缩短了城市间的时空距离，使得城市发展呈现出同城化、一体化、区域化等特征和趋势，高铁网络化建设为推动区域间的联动发展提供了基础性条件，也为长江经济带经济的发展提供了契机。上海与长江经济带的关系，其实是一种双赢效应，随着全球化深化，上海全球城市区域劳动力成本不断攀升，尽管有着集聚规模效应、人力资本优势和成熟的产业链，但在近年来国际关系紧张及疫情危机导致的外需疲软背景下，上海全球城市需要通过经济腹地的延伸加快产业升级、开发市场。

第三节　上海全球城市与长江经济带城市间高铁互动

长江经济带 2015 年末铁路营运里程达 34638 公里，较早开通高铁的城市主要集中于东部和中部，高铁的先行者主要是大城市。

长江经济带内有四个城市群，分别为长三角城市群、长江中游城市群、成渝城市群、泛黔滇中城市群。对长江经济带各城市群进行首位度分析，可以发现，长三角城市群和成渝城市群在人口和经济上的首位度均出现了一定的下降，出现了一定的分散化发展。虽然处于优势地位的长三角城市群从 2008 年到 2017 年这十年间由于周边城市迅猛发展，以上海为中心的人力资本集聚效应产生了一定的弱化，但人口首位度依然显示过度集中趋势。而长江中游城市群和泛黔滇中城市群的经济首位度出现了明显的上升，存在一城独大、过度集中的现象，而在人口首位度上结构较为协调，分布比较均匀。这在一定程度上说明了长江中上游地区整体经济水平仍然处于初级阶段，且中心城市对周边城市的辐射带动作用尚未体现。

表6-3 城市群的城市规模

城市群	大城市	中小城市
长三角城市群	上海、南京、无锡、常州、苏州、杭州、宁波、绍兴、台州、合肥、芜湖	镇江、泰州、嘉兴、湖州、金华、舟山、马鞍山、铜陵、安庆、滁州、池州、宣城、南通、扬州、盐城
长江中游城市群	武汉、长沙、南昌、株洲、衡阳、襄阳	黄石、鄂州、黄冈、孝感、咸宁、宜昌、荆州、荆门、湘潭、岳阳、益阳、常德、娄底、九江、景德镇、鹰潭、新余、宜春、萍乡、上饶、抚州、吉安
成渝城市群	重庆、成都、自贡 泸州、南充、达州	德阳、绵阳、遂宁、内江、乐山、眉山、宜宾、广安、雅安、资阳
泛黔滇中城市群	贵阳、遵义、昆明	安顺、毕节、曲靖、玉溪

资料来源：根据国务院批复的各城市群发展规划进行的整理。

注：城区常住人口50万以下的城市为小城市；城区常住人口50万以上100万以下的城市为中等城市。

表6-4 四大城市群首位度分析

城市群	人口首位度		经济首位度	
	2008年	2017年	2008年	2017年
长三角城市群	2.35	2.26	1.99	1.77
长江中游城市群	1.36	1.38	1.19	1.45
成渝城市群	2.23	1.92	1.48	1.40
泛黔滇中城市群	1.58	1.40	1.86	2.64

资料来源：根据各城市群统计年鉴数据计算。

注：首位度公式为 $S=P1/P2$。正常的二城市指数应该是2，一般认为，城市首位度小于2，表明结构正常、集中适当；大于2，则存在结构失衡、过度集中的趋势。

不仅是城市群之间，城市群内部也存在结构失衡的状态。长江经济带沿线四大城市群从2000年至2017年分四个时间段可以看出，长三角城市群和长江中游城市群在高铁开通2008年之前各城市间人均GDP差距并不大，但2008年之后人均GDP变化非常显著，东中部地区城市位序重新布局，上海人均GDP位序下降，苏州、无锡、南京、宁波的人均GDP超过了上海。而成渝和泛黔滇中城市群在2010年人均GDP的变化比较平缓，到2017年才发生显著增长。究其原因，可能是成渝城市群除成都、重庆、遂宁之外，部分城市于 2014 年及之后才陆续开通高铁，而泛黔滇中城市群中的贵阳、安顺、昆明、曲靖、玉溪基本于 2016 年才正式通车，其他城市的高铁仍处于建设当中。从图 6-2 中也可以明显看出贵阳、昆明、玉溪人均 GDP 水平远高于其他城市，因此可以考虑高铁开通之后对城市群的空间相互作用的影响。

从前面的分析来看，长江经济带沿线东部和中西部城市群之间的人均 GDP 并没有呈现差距缩小的趋势，具有先天发展基础和良好区位优势的东部城市群人均 GDP 依然处于前列。但是东、中、西城市群内部的部分中小城市存在良好发展态势的情况，为了更好地探究长江经济带中小城市的发展状况，本书将分别从四大城市群出发，研究高铁对中小城市经济发展的影响。

长江经济带整体网络密度较为发达，横贯东中西，沿线四大城市群构成多中心都市圈，从网络线路看，以沪昆高铁为骨架，武广高铁、京广高铁、昌九高铁、成贵高铁等与各节点城市相交。选定长江经济带四大城市群的节点城市上海、南京、苏州、杭州、合肥、武汉、长沙、重庆、成都、贵阳、昆明，通过 2017 年这 11 个节点城市与其他城市间的铁路班次频率来观察尤其是中小城市与这些大节点城市的交通联系密切度。

从 11 个中心节点城市的铁路交通频率来看，四大城市群都偏向于内部的交通联系。长三角城市群内部交通联系较为紧密，上海、南京、苏州、无锡、常州、杭州这些大城市彼此间互相往来的交通频率相对较高，尤其以上海和南京的同城效应显著，而中小城市中的镇江、嘉兴与中心节点城市，特别是上海的交通频率高于其他中小城市，除去地理位置毗邻外，长三角区域一体化战略的持续推进也产生了一定的效果，各城市积极主动与上海接轨，谋求协同发展。然而，长三角节点城市与中西部的联系普遍较弱。

武汉、长沙与周边城市的交通频率虽然没有非常高，但依然与长江中游其他城市保持较为均衡的联系度，中小城市的咸宁、岳阳、衡阳与武汉、长沙的交通频率较高。武广高铁拉近了鄂湘粤的距离，京广高铁又进一步紧密了鄂湘粤的联系，使武汉城市圈、长株潭城市群与珠三角经济圈以高铁为媒介有了更深的交流，而沪昆高铁的开通使长三角城市群、环鄱阳湖城市群、长株潭城市群的时间距离进一步缩短。图 6-3 明显也可以看出，南昌与杭州、

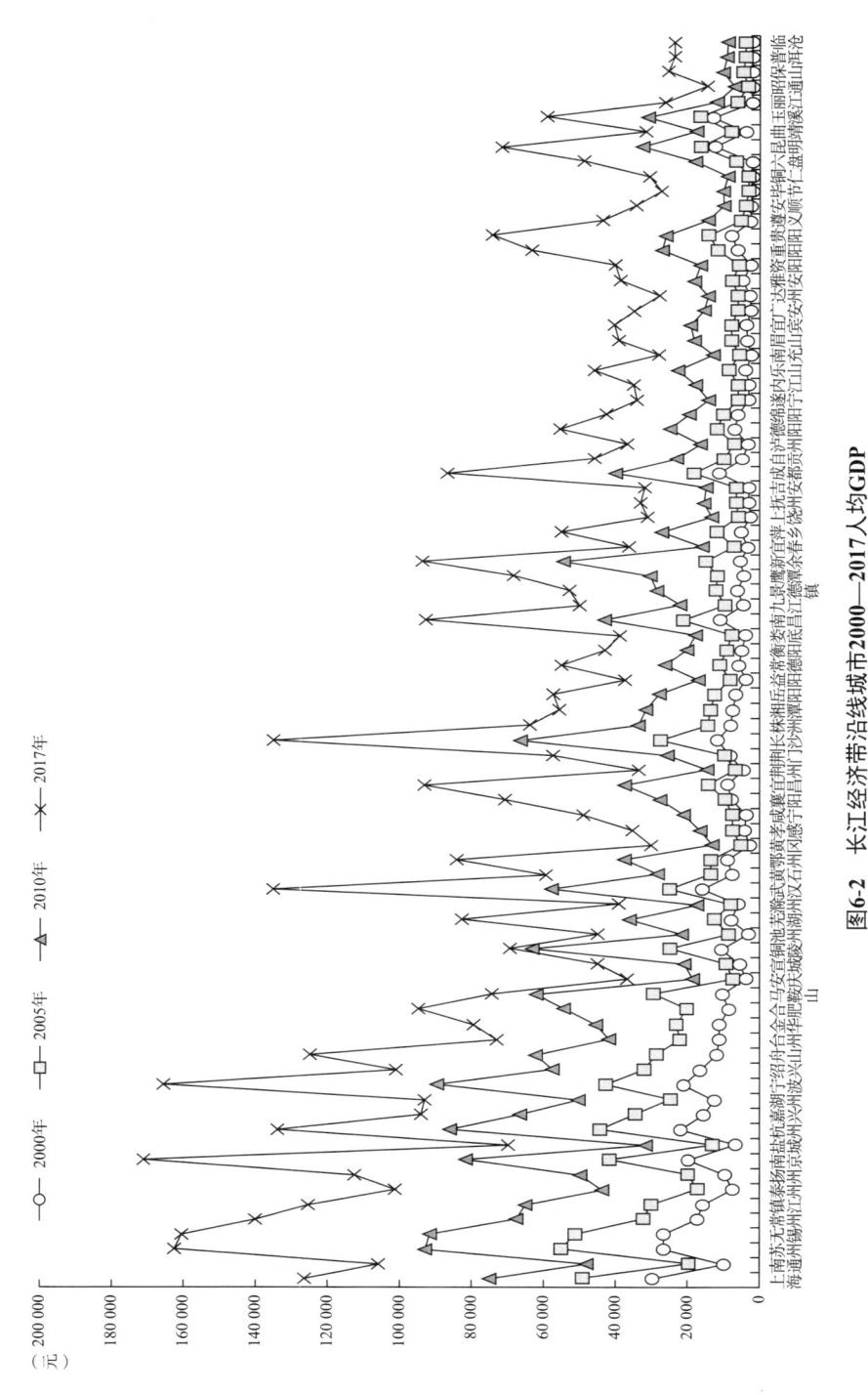

第六章 依托沪昆高铁加速上海全球城市与长江经济带的互动

图6-2 长江经济带沿线城市2000—2017人均GDP

资料来源：根据各城市2000—2017年统计年鉴数据计算。

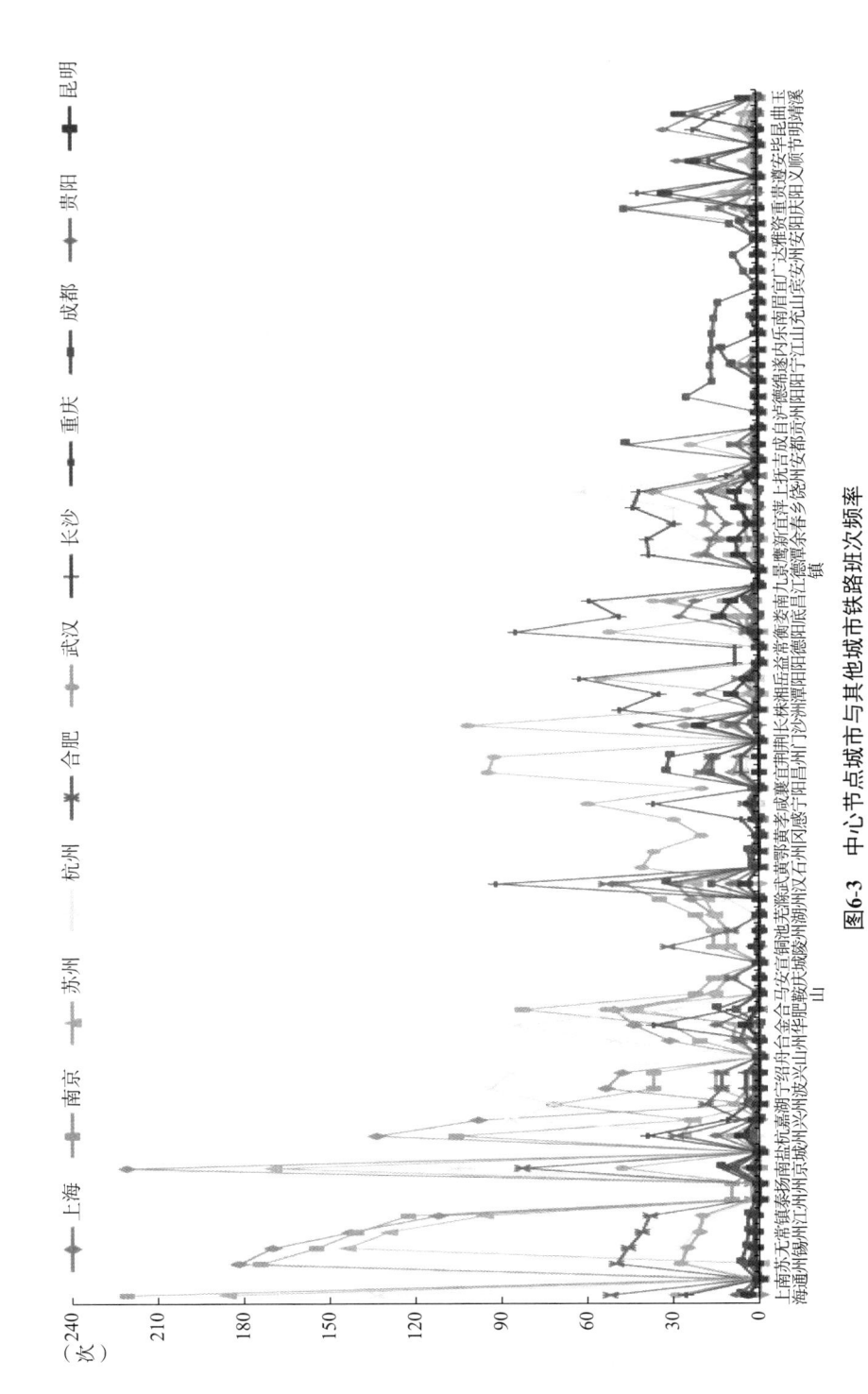

图6-3 中心节点城市与其他城市铁路班次频率

上海的交通频率相对较高，且江西段的中小城市鹰潭、上饶与长沙、杭州、上海的交通频率领先于其他城市。在南昌、长沙获益沪杭、粤港澳带来的资本、技术等之外，高铁沿线中小城市诸如咸宁、岳阳、衡阳、鹰潭、上饶等也越容易受到来自大城市的经济辐射。中部城市与西部城市的交通联系仍然以大城市武汉与成都、重庆、贵阳、昆明为主，值得注意的是，其中安顺和曲靖作为西部的中小城市与中部大城市也保持着较为良好的往来，高铁班次并没有明显低于贵阳和昆明，且这两个中小城市与省内节点城市贵阳、昆明也有着较高的交通频率。西部城市中，成渝城市群除了成都和重庆往来比较频繁之外，由于四川城际高铁方便了省内各城市，所以更偏向内部的交通往来，遂宁相比于省内其他中小城市，还与东部与中部保持着一定的联系。而贵阳、昆明在与省内其他城市交通联系较为紧密外，与长沙、湘潭、娄底、南昌的高铁班次更为频繁，侧面说明了城市的交通频率除了受距离衰减定律的影响外，还会受到其他因素的左右。中小城市发展的地理位置很重要，除了那些服务于全球需求或那些著名景点城市即使地处边陲，或者远离经济发展的中心也不会影响其发展以外。大多数中小城市如果它的服务和产品不是那么有特点的话，那么它的经济结构通常是服务于内需和当地的市场，所以距离大城市较近的中小城市才能够获得更好的外部需求和发展机会。

随着高铁网络的不断完善，劳动力就业也在发生着变化。从图6-4可以看出，2008—2017年，长江经济带城市第二、三产业就业人数总体呈上升趋势。在2008年至2012年间，就业人数变化并不明显，而在2014年相比于之前就业人数有了较为明显的变化，考虑到这些城市在2012年至2014年期间陆续开通了高铁，可以考虑高铁开通之后对长江经济带城市的影响。随着长江经济带内下游地区产业向中上游地区转移步伐加快，传统的中上游地区部分劳动力输出大省正向用工大省转变。需要大力引导劳动力就地就近转移就业，为承接产业转移提供必要的人力资源和智力支持。

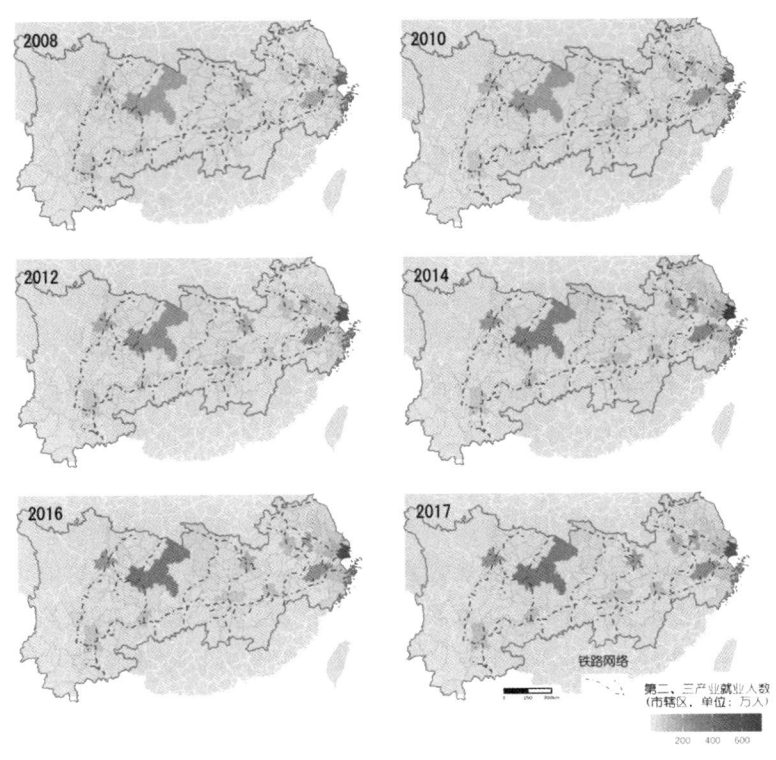

图 6-4　2008—2017 年长江经济带城市第二、三产业就业人数

数据来源：根据国研网数据（2008—2017 年）计算绘制。

第四节　依托沪昆高铁加快上海全球城市与长江经济带经济发展

沪昆高铁开始建设于 2009 年，2016 年全线正式贯通，是《中长期铁路网规划》（2016 年版）中"八纵八横"高速铁路主通道之一，是长江经济带内一条东起上海，途经浙江、江西、湖南、贵州、西至云南昆明的东西向线路里程最长、速度等级最高、经过省份最多的高速铁路，可以说是地方经济差异较大的一条贯穿东部、中部、西部的线路，线路全长 2252 公里，列车运行时速 300 公里。沪昆高铁对长江经济带沿线城市经济发展带来怎样的影响值得关注。

第六章 依托沪昆高铁加速上海全球城市与长江经济带的互动

目前国内外高铁与长江经济带发展的相关研究较少。已有研究多聚焦于长江经济带与长江航运，主要从长江航道投资、航运规模、港口等角度进行分析。研究方法定性研究的较多，叶依广等（2003）认为为缩小东中西区域经济差距，有必要从长江经济带联动发展、协同发展、协调发展体制机制等政策体制展开研究，彭智敏（2014）等认为长江经济带目前存在交通网络结构不完善，覆盖广度不够，通达深度不足等问题。沪昆高铁是长江经济带内首个连通上海全球城市贯穿东中西到昆明的线路，为测评依托沪昆高铁上海全球城市与长江经济带经济发展的互动，有必要了解沪昆高铁对长江经济带沿线城市经济增长是否有显著的促进作用。若有促进作用的话，其促进作用随时间推移有何变化？沪昆高铁对地级市间或县级市间城市经济发展影响的差异性是否存在？其影响机制如何？回答以上这些问题不仅会丰富已有文献的实证案例，也对今后推动上海全球城市与长江经济带互动，发挥高铁促进效应具有重要的实践意义。

一、模型设计、数据来源及变量选取

（一）潜力模型

为分析高铁对沿线城市经济发展的影响效应，首先采用可达性度量方法中的潜力模型，用于比较在距离的影响下城镇吸引力的大小或城市内部的区域区位条件，以及比较区域发展的优势、劣势等。潜力模型设定：

$$P_i = \sum_{j=1}^{n} \frac{M_j}{C_{ij}^a} \qquad (6-1)$$

公式中 P_i 表示节点 i 的潜力值，其值越高，潜力越大；C_{ij} 表示节点 i 点和 j 点之间的出行阻抗因子距离或时间，本文采用已开通高铁与未开通高铁的时间距离作为两地之间的出行阻抗因子。设 C 为高铁沿线城市间节点间的时间路径构成矩阵：$C = t_{ij}$，t_{ij} 为矩阵的基本元素。M_j 为节点 j 的质量，为反映在沪昆高铁影响下城市间经济社会发展水平，对节点的人口和经济要素进行集成设定，$M_j = \sqrt{GDP_j \cdot POP_j}$，$n$ 为节点个数，a 为距离摩擦系数，通常取 1。

（二）双重差分模型

为能更加准确地估计出政策效应，采用双重差分法（difference-in-differences Method，DID）的模型。将高铁对沿线城市经济发展的影响评估模型设

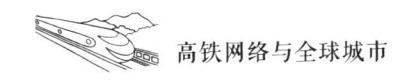

定为:

$$PY_{it} = a + \beta_1 C + \beta_2 T + \gamma(C \times T[t \geq 2008]) + \delta Z_{it} + \varepsilon_{it} \quad (6-2)$$

式 (6-2) 中, 经济发展 PY_{it} 采用人均国民生产总值为代理变量, 使用 GDP 平减指数消除价格因素影响 (2000 = 100)。$C \in \{0, 1\}$ 代表地区虚拟变量, 本书以沪昆高铁中 2008 年至 2014 年沪昆高铁中的上海至长沙段(以下简称沪长段)为实验群值为 1, 这些城市相比其他沿线城市高铁开通早, 是政府综合考虑经济能力、消费需求、交通规划等被选定的城市。对照群选择的 2015 年后相继陆续开通的沪昆高铁段中长沙至昆明段(以下简称"长昆段")的城市, 选择长昆段为对照群不仅因为长昆段沿线城市本身属于长江经济带区域内, 且属于同一条高铁线路, 与沪长段既相邻且高铁建设需求、交通连接度、交通规划等方面与沪长段相类似, 加上本书分析的数据为 2000—2015 年, 这时的长昆段还未全面开通, 为未设高铁的沿线城市, 适合作为对照群, 赋值为 0。$T \in \{0, 1\}$ 代表时间虚拟变量, 沪昆高铁 2008 年之前尚未开通(时速超过 250 公里的铁路)取值为 0, 2008 年之后开通取值为 1。本书就以 2008 年高铁开通之前公式 (2) 中交叉项 $C \times T$ 的估计系数 γ 度量高铁建设对地区经济发展的影响效果, 若其估计值显著大于 0 的话, 说明高铁促进地区经济增长。Z_{it} 为控制变量的集合。ε_{it} 是误差项。

为检验高铁对地区经济发展推动作用是否存在动态效应, 将 (6-2) 式模型改变为:

$$PY_{it} = a + \beta_1 C + \beta_2 T + \sum \gamma_k (C \cdot T^K [t \geq 2008]) + \delta Z_{it} + \varepsilon_{it} \quad (6-3)$$

其中, 交乘项 $C \times T^K$ 是高铁开通后第 K 年的虚拟变量。例如, 城市 2008 年高铁开通后第 K 年, 变量 $C \cdot T^K$ 为 1, 其余年份赋值为 0。γ_k 为度量了高铁开通后第 K 年, 高铁对地区经济增长的影响效应。

为检验高铁影响当地经济发展的机制, 构造模型如下:

$$Z = a + \gamma_j (C \times T^K [t \geq 2008]) + \varepsilon_{it} \quad (6-4)$$

(6-4) 式模型即将上述各个控制变量作为被解释变量, 依次对虚拟变量 $C \times T^K$ 进行最小二乘回归, 以此考察高铁政策对各类经济发展驱动因素的作用。

(三) 数据来源及控制变量选取

本书以沪昆高铁沿线 48 个城市 2000—2015 年的面板数据为样本, 使用的

第六章　依托沪昆高铁加速上海全球城市与长江经济带的互动

数据根据历年《中国城市统计年鉴》、《中国统计年鉴》、铁路时刻表和各城市统计年鉴计算和整理而得。

为控制其他因素的影响，选取了一系列控制变量。围绕高铁与经济发展从拉动经济增长的投资、出口、消费三驾马车的维度以及产业、交通的维度选择指标。具体如下：（1）投资，不外乎劳动力、资金投入。劳动力投入，指标反映了国家或者地区在一定时期里投入到经济生产中的劳动力人数。目前大量研究文献表明，劳动力的投入量与地区经济发展之间存在着明显的关系；资金投入是推动地区经济发展的重要动力，固定资本投入能扩大生产规模和完善基础设施，实际利用外资不仅引进资金，还会引进先进技术、知识向本国扩散，从而推动经济发展，本书将固定资产总额、实际利用外资分别占GDP的比重予以控制，其中实际利用外资数据以各年美元兑人民币年平均汇率折算成以人民币标价。（2）出口，各年出口额用各年美元兑人民币年平均汇率折算成以人民币表示，利用出口额与GDP之比表示。（3）消费，采取社会零售商品销售额与GDP之比为社会消费的代理变量，考虑到高铁刺激人口流动促进当地旅游消费的增加，故增加旅游消费及旅游流量两个变量指标来考察消费。（4）产业集聚，采取地方化经济LE（Localization Economies）与波特外部性PE（Porter Externalities）检验产业结构性因素对地区经济发展的作用。具体公式见第四章公式（4-5）和公式（4-6）。

二、沪昆高铁沿线城市经济发展潜力演变及铁路班次

（一）沪昆高铁沿线城市经济发展变化

沪昆高铁沿线48个城市受高铁影响不同，本书按照开通时间分别为沪长段（实验群）和长昆段（对照群）。图显示两个群的人均GDP，2008年高铁政策实施以后的实验群和对照群间年均人均GDP有显著扩大趋势，两个群之间偏离度也随之拉大。对两个群进行统计检验的结论也初步证实了以上论断。由此虽然直观地观察到高铁政策实施后，并没有出现期望的人均GDP差距缩小的状态，反而是在扩大的趋势，这与当今中国东部、中部、西部格局相同。长江经济带跨11省行政区域的城市集合体，地理范围较广。即使沪昆线路也跨了六省，如此大面积的区域不能仅从经济地位推断其中的关联结构，有必要从空间物理距离角度出发考虑高铁影响下的空间相互作用。

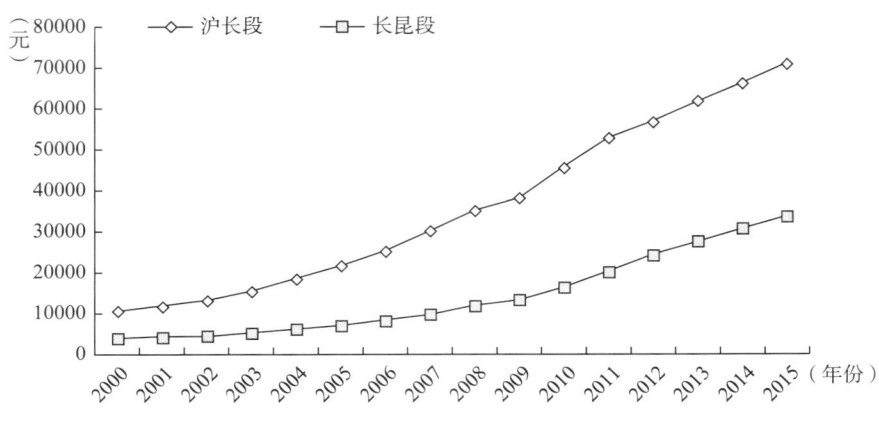

图 6-5 沪长段与长昆段的年均人均 GDP 比较
资料来源：根据各城市统计年鉴计算整理，2000—2016 年。

以沪昆高铁沿线 48 个城市从 2000—2015 年分四个时间段来看，高铁开通之前各城市间经济发展差距并不大，但 2008 年之后变化非常显著。东中部地区城市位序重新布局，如上海经济发展位序下降，义乌位序超过杭州、上海；西部地区城市位序与 2005 年之前基本保持一致，只是原本经济基础较好且经济发展较高的城市如贵阳、昆明、新余等，在 2010 年之后发展速度更快。总的来说，高铁不仅促进沪昆高铁沿线一些大城市经济快速发展，同时也促进了海宁、嘉善、桐乡等部分中小城市的经济发展，但不可否认的是，一些中小城市在高铁开通后经济发展相比其他城市仍然较为缓慢。对此进行统计检验的结论也初步证实了以上论断。

（二）沪昆高铁沿线城市经济发展潜力演变

以上的分析是在不考虑城市间相互作用影响下的简单描述，但仅从各城市的经济地位难以推断城市的关联结构，需从空间物理距离角度出发，考虑高铁对沪昆高铁沿线城市间的空间相互作用的影响。为此，分析高铁影响下沪昆高铁沿线城市经济发展潜力的演变，时间距离优于地理距离。采用 2006 年、2008 年、2012 年、2015 年的《全国铁路列车时刻表》中的原始铁路旅行时间数据，计算获得最短铁路旅行时间矩阵。将沪昆高铁沿线中的沪长段沿线城市为实验群，长昆段沿线城市为对照群计算沿线城市经济发展潜力。

从图 6-7 来看，在空间相互作用下四个年度的沪昆高铁沿线城市经济发展潜力值变化凸显，实验群沪长段中的各城市经济发展潜力值大部分高于对

第六章 依托沪昆高铁加速上海全球城市与长江经济带的互动

图6-6 沪昆高铁沿线城市经济发展

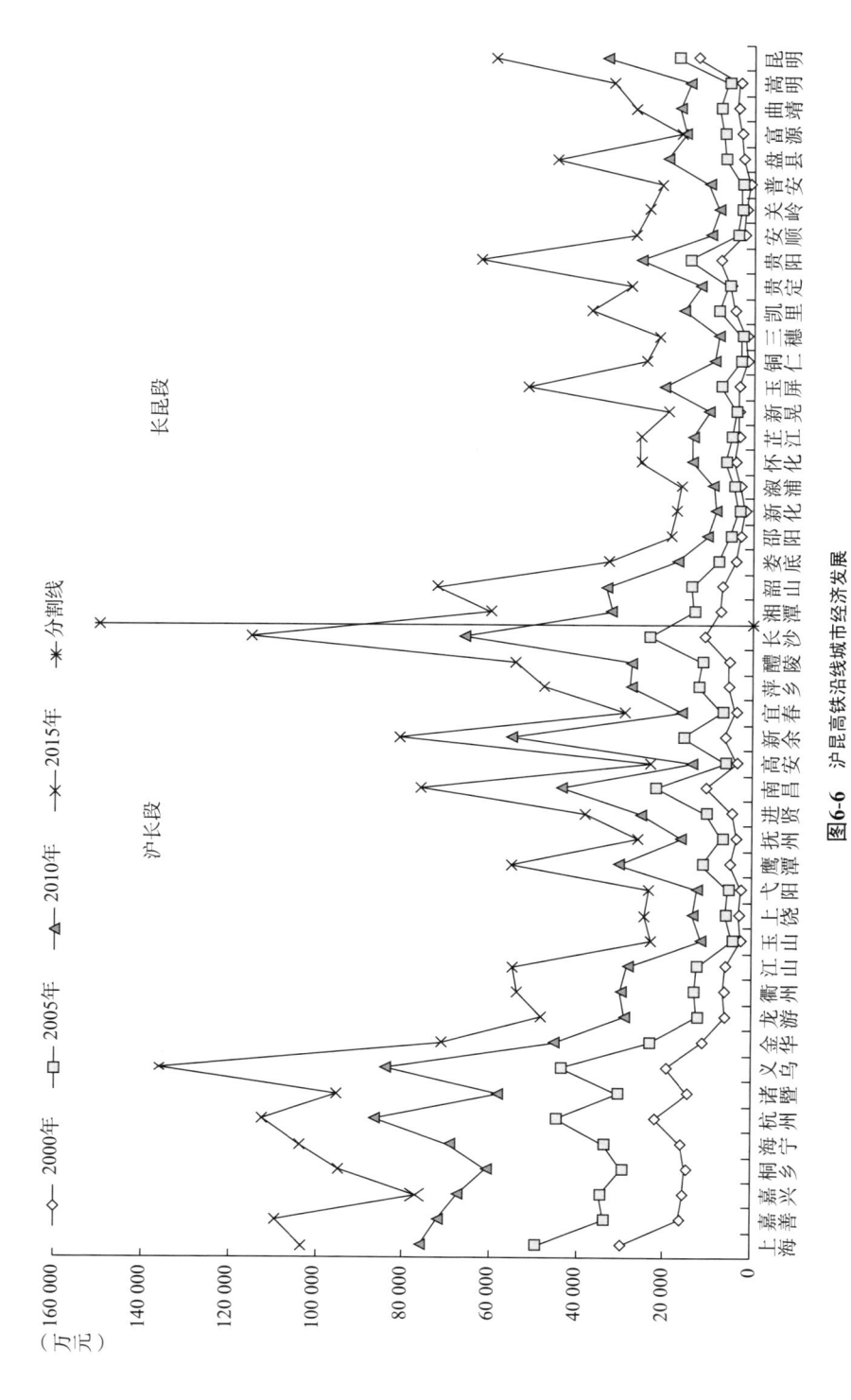

资料来源：根据各城市统计年鉴整理，2000—2015年。

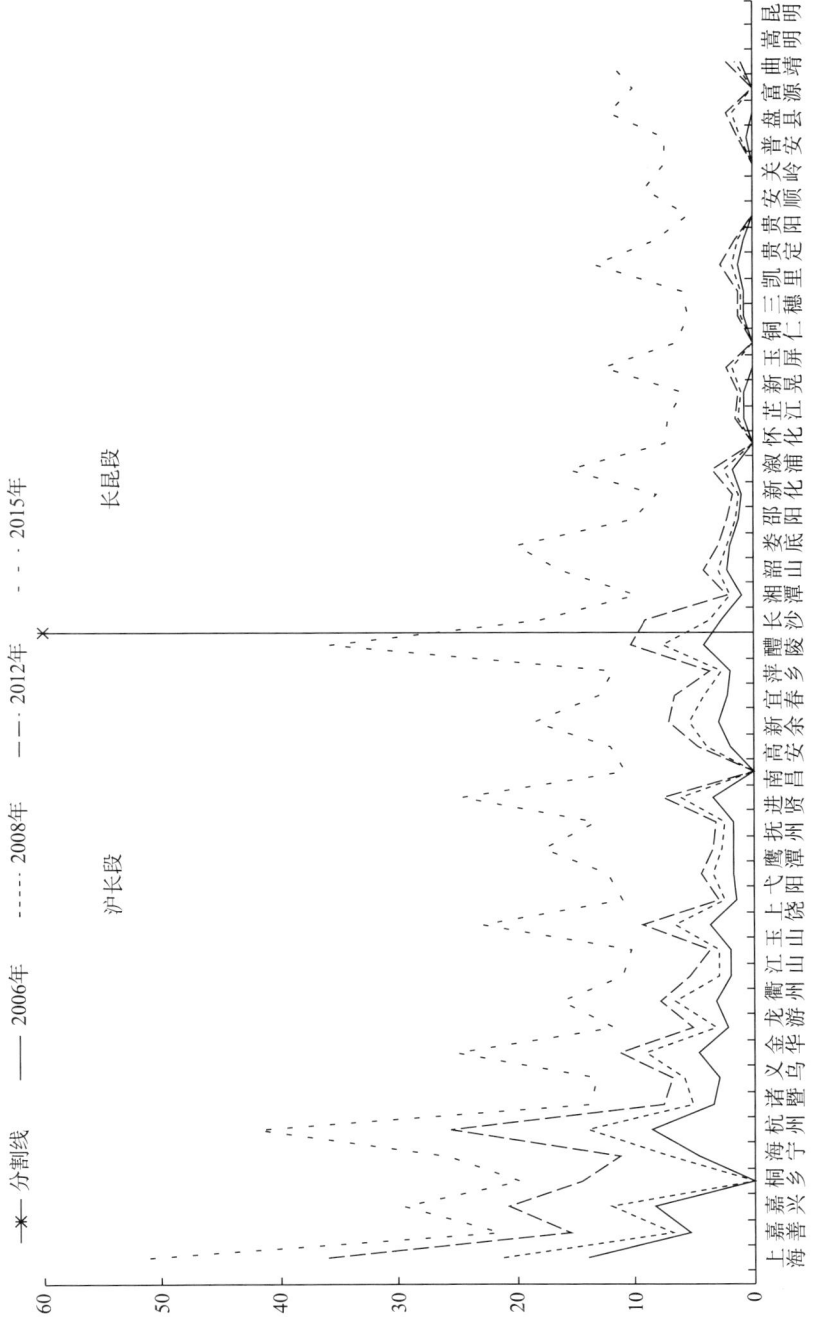

图6-7 沪昆高铁空间相互作用下经济发展潜力变化

资料来源：作者计算绘制。

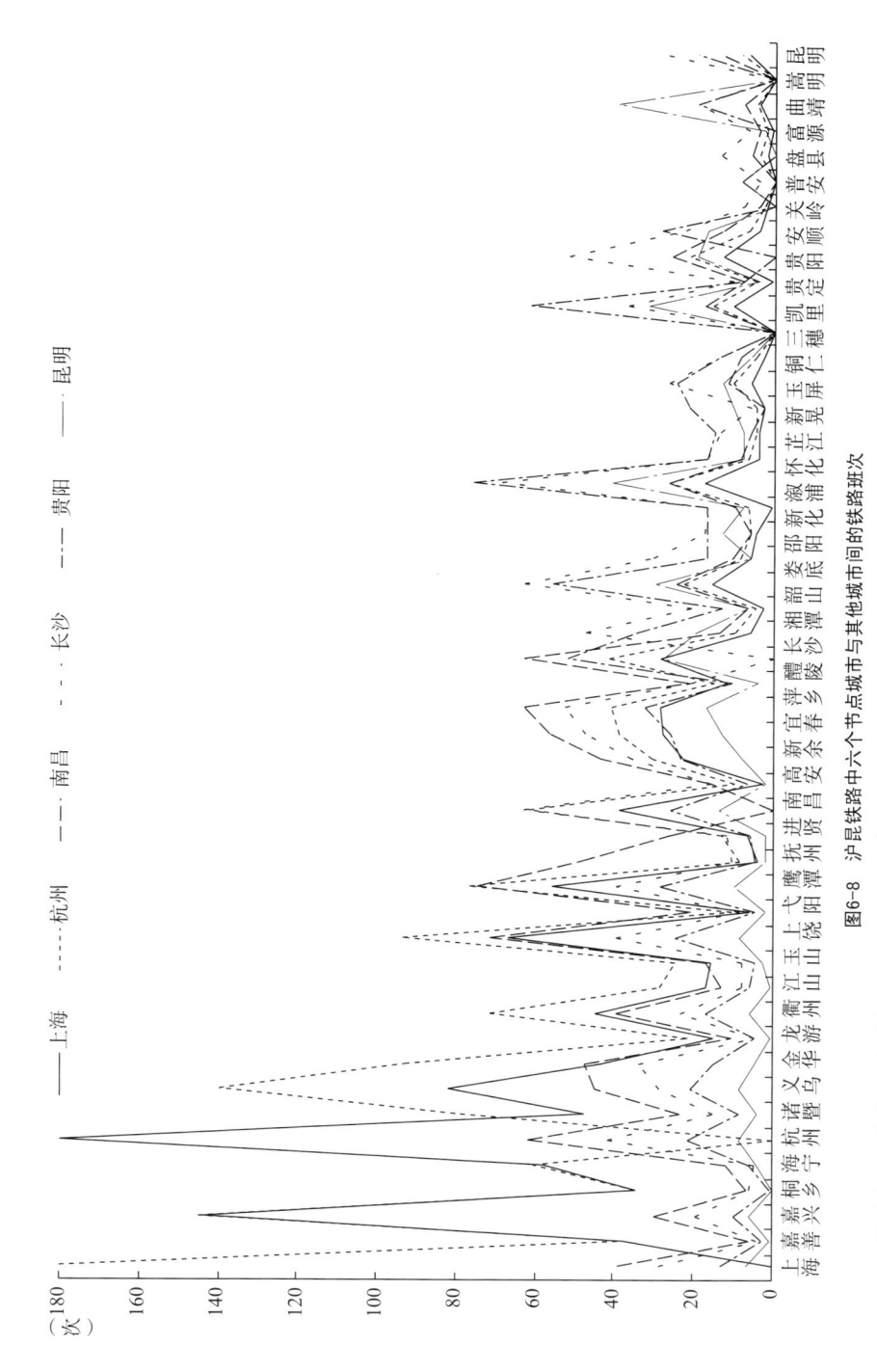

第六章 依托沪昆高铁加速上海全球城市与长江经济带的互动

图6-8 沪昆铁路中六个节点城市与其他城市间的铁路班次

资料来源：根据2015年《全国铁路列车时刻表》中的原始铁路旅行时间数据进行整理。

照群长昆段,在这四个年度比较中,发现2006年整体未通高铁,即在普通铁路的时空作用下,各城市除上海、杭州以外,可以说各城市间经济发展差距并不显著。但2008年后经济发展格局逐渐出现变化,2012年嘉善、嘉兴、海宁、金华、上饶、南昌、长沙等经济发展潜力都有所提升,直到2015年势头丝毫未减。与实验群相比,对照群经济发展潜力值的变化也极为剧烈。2015年相比2012年之前,各城市经济发展潜力值几乎都有所上升,尤其湘潭、邵阳、怀化、铜仁、贵阳、曲靖、昆明等相比其他城市上升得更为显著。

(三) 沪昆高铁节点城市与其他城市铁路班次

城市与其他城市铁路班次多少意味着两城市间交流互动频率高低。以6个中心节点城市的铁路交通频率来看,上海与长江经济带往来交流频率主要集中在沪宁—沪杭—杭甬铁路干线。杭州与上海、嘉兴、上饶、义乌、衢州等周边地区的交通频率高于其他城市,可以说是主要在长三角城市群内部的交通往来,尤其杭州与上海的同城效应越来越明显,高铁列车时刻的公交化,使得双城生活成为一种新选择,杭州的宜居与上海的宜商得到了高速连接。其次,沪昆沿线的中西部地区虽然受地理位置、经济规模等因素的制约与上海全球城市交流频率不如长三角全球城市区域内那么频繁,但依托沪昆高铁仍然能观察到上海全球城市与南昌、鹰潭、怀化、贵阳、昆明等城市有着较高的交通往来。

沪昆高铁沿线中部节点城市南昌、长沙虽然与周边地区的交通频率没有像上海、杭州那么高,但由于南昌、长沙处于中部地区,与周边其他城市的交通频率相对较均衡。随着2014沪昆高铁南昌至长沙段开通,南昌至长沙最快旅行时间从原来3.5小时缩短到1.4小时,赣湘粤咫尺相邻,环鄱阳经济圈与长株潭城市群近距离"握手",这使南昌、长沙加速驶入珠三角经济辐射圈,可以说以高铁为"媒",粤港的资本,沪杭的技术,将更加便利地集聚于长沙、南昌;贵阳、昆明的交通往来除周边地区外,与中部地区往来较为频繁。这六个城市交通频率除了受距离衰减定律所左右,也受行政边界的影响。南昌、长沙与本省圈域内其他城市联系紧密度大多都要高于省外城市。贵阳、昆明呈现双重联系,也就是说既与省域内邻近城市交通联系紧密外,也与省域外城市如长沙、娄底、怀化、宜春、南昌的铁路班次更加频繁。不可忽视的是虽然富源、盘县、关岭、普安、三穗近邻贵阳、昆明、长沙,但铁路班次相比其他城市较低。这说明城市间交通往来联系紧密程度与否不只是受距离衰减定律所左右，还受其他要素的影响。

三、沪昆高铁对沿线城市经济发展的影响效应

（一）沪昆高铁对沿线城市经济发展的平均效应

以上的分析结论来自直观的考察，为验证沪昆高铁对沿线城市经济发展的净影响效应，根据公式（6-2），采用人均国民生产总值作为被解释变量来估计沪昆高铁对沿线城市经济发展的平均效应。作为对比，下表同时报告了不控制其他经济因素时的回归结果，以及逐步分类的回归结果。

表6-5列出了6个模型的估计结果，不难发现，不管是否加入控制变量，交乘项关键系数均在5%的水平上显著为正。从关键系数值大小来看，列（1）在没有加入其他控制量时，高铁对沿线城市经济增长的作用显著，在逐步分类加入其他控制变量后，其关键系数都呈波动性上升，模型1和模型6比较来看，关键系数从0.052上升到0.1353。控制变量的回归结果表明，在地区经济发展中，固定资产投资、劳动力投入、出口、旅游消费、旅游流量、地方化经济、多样化经济、交通便利性对地区经济发展起到了明显推动作用。

表6-5　沪昆高铁对城市经济增长的平均效应检验结果

变量	模型1	模型2	模型3	模型4	模型5	模型6
T	1.1562*** (32.05)	0.7668*** (12.71)	0.7742*** (13.78)	0.4139*** (8.49)	0.3023*** (7.26)	0.2575*** (6.73)
C	0.5695*** (7.44)	0.2526*** (2.70)	0.3470*** (3.44)	0.1511 (2.42)	0.1462** (2.32)	0.0345 (0.51)
$C \cdot T$	0.0521 (0.89)	0.1220 (1.57)	0.0426 (0.51)	0.0731 (1.16)	0.0739 (1.23)	0.1353** (2.24)
Pci		0.3657*** (9.11)	0.3416*** (9.02)	0.1322*** (3.46)	0.0792** (2.32)	0.0470** (1.89)
Fdi		0.0579* (1.86)	0.0285 (1.10)	0.0163 (0.91)	0.0177 (0.91)	0.0154 (0.86)
Li		0.5963*** (5.04)	0.6014*** (4.93)	0.4964*** (5.05)	0.4356*** (5.42)	0.3815* (5.89)

续表

变量	模型 1	模型 2	模型 3	模型 4	模型 5	模型 6
Exp			0.1015*** (4.63)	0.0451** (2.17)	0.0257 (1.23)	0.0338*** (1.81)
$Rscg$				-0.3210 (-1.15)	-0.2850 (-1.25)	-0.2919 (-1.14)
Dt				0.5636** (2.93)	0.4731** (2.68)	0.3644* (2.64)
Dtr				0.2520* (2.97)	0.2421* (2.83)	0.1554* (2.55)
Le					0.0272* (1.63)	0.0604* (1.54)
Pe					-0.2448*** (-6.61)	-0.2087*** (-6.47)
Tce						0.3095*** (4.34)
常数项	8.7333*** (215.95)	5.1759*** (10.93)	5.0842*** (10.48)	7.8037*** (4.15)	7.7498*** (3.77)	5.8779*** (2.96)
样本数	833	833	833	833	833	833
R^2	0.5716	0.4793	0.4793	0.5410	0.5726	0.6354

注：括号中数值为 t 值；***、**和*分别表示在1%、5%和10%的显著水平下通过显著性检验。

（二）平行趋势检验

以上的分析结论表明除了受高铁这一因素影响以外，其他随机因素也可能导致地区经济发展产生差异。而这种差异的产生可能与高铁无关，最终导致前文的研究结论不成立。为了排除潜在的影响，借鉴刘瑞明、赵仁杰（2015）的做法，假设实验群开通高铁的年份提前2年或3年来进行反事实的平行趋势检验。具体而言，在公式（6-3）模型的基础上增加时间趋势项（$time$），2000年取1，2001年取2，以此类推，用以反映时间趋势。以高铁开通时点2008年（$Current$）为界，样本时期可以分为高铁开通之前第 k 年（$Before$）和高铁开通之后第 k 年（$After$），$C \times T^K$ 所反映的虚拟变量用 $Before$、$Current$ 和

After 代替。如果样本观测值是高铁开通前 3 年、前 2 年、前 1 年的数据,则 *Before*、*Before*、*Before* 均取 1,否则均取 0;如果样本观测值是高铁开通当年的数据,则 *Current* 取 1,否则取 0;如果样本观测值是高铁开通后第 1 年、第 2 年、第 3 年的数据,则 *After*、*After*、*After* 均取 1,否则均取 0。

表 6-6 平行趋势检验结果

变量	PY_{it}				Y_{it}			
	(1)		(2)		(3)		(4)	
Before 3	—	—	-0.0578	(-2.78)	—	—	-0.0377	(-4.14)
Before 2	-0.0150	(-0.73)	-0.0238	(-1.02)	-0.0413	(-5.23)	-0.0470	(-5.48)
Before 1	0.0295	(1.51)	0.0212	(0.97)	0.0312	(2.77)	0.02842	(2.59)
Current	0.0280	(1.37)	0.0206	(0.94)	0.0364	(3.59)	0.0337	(3.41)
After 1	0.0771***	(4.01)	0.0700***	(3.39)	0.0635***	(6.42)	0.0588***	(6.78)
After 2	0.0919***	(4.96)	0.0876***	(4.65)	0.0657***	(6.53)	0.0608**	(6.45)
After 3	0.0870***	(6.03)	0.0829***	(5.64)	0.0719***	(5.03)	0.0665***	(4.81)
time	0.1048***	(12.41)	0.1046***	(12.32)	0.1056***	(2.75)	0.1040***	(2.73)
控制变量	YES		YES		YES		YES	
常数项	9.3464***	(6.52)	9.4750***	(6.69)	11.9556*	(1.83)	12.7959**	(1.97)
样本数	833		833		833			
R^2	0.7192		0.7235		0.4341		0.4226	

注:括号中数值为 t 值;***、**和*分别表示在 1%、5% 和 10% 的显著水平下通过显著性检验。

表中(1)和(2)列为人均国民生产总值 PY_{it},为结论的稳健性,增加(3)和(4)列经济发展指标国民生产总值(Y_{it})进行平行趋势检验。(1)、(3)列假设高铁开通提前 2 年,(2)、(4)列假设高铁开通提前 3 年。无论假设高铁开通提前 2 年或 3 年,*Before* 的系数均不显著,表明高铁开通的城市相比未开通高铁的城市而言,其经济增长因高铁的影响显著受益,而非其他随机因素。实验群在高铁开通之后,*After* 的系数显著为正且不断增大,表明高铁对当地经济发展确实发挥着显著作用,即平行趋势检验得到满足,双重差分法得到的结论具有稳健性。

(三) 高铁对地级市间、县级市间城市经济增长的动态效应

高铁建设不仅压缩时空距离，也是国家意图缩小区域差距，实现区域经济社会协调发展的重要举措，其对地区经济发展的作用受到地方经济基础及配套政策的影响。随着各地方政府对高铁推动地方经济发展的认识和实践能力加强，高铁对地区经济发展的推动作用可能随着时间推移逐渐显现，为检验高铁对地区经济发展推动作用是否存在动态效应，本书利用公式（6-3）进行评估得到的回归结果如表6-7所示。

表6-7 高铁对地区经济增长的动态效应检验

变量	整体		地级市间		县级市间	
	（1）	（2）	（3）	（4）	（5）	（6）
T	0.7273*** (35.53)	0.2722*** (11.97)	0.2510*** (3.68)	0.2863*** (6.76)	0.2364*** (5.13)	0.2402*** (8.97)
C	0.2404*** (3.88)	0.0531 (1.18)	0.0650 (0.58)	0.0464 (0.77)	0.0222 (0.24)	0.0755 (1.26)
$C \times T$			0.0497** (0.55)		0.1743** (2.17)	
2008年	0.1061*** (7.64)	0.0819*** (4.48)		0.0554** (2.14)		0.0764** (2.69)
2009年	0.3122*** (17.57)	0.1824*** (7.79)		0.1331*** (4.12)		0.2042*** (5.78)
2010年	0.5000*** (24.09)	0.2469*** (8.15)		0.2072*** (4.98)		0.2870*** (8.18)
2011年	0.6449*** (24.1)	0.3188*** (9.22)		0.2620*** (5.03)		0.3792*** (8.75)
2012年	0.7563*** (24.81)	0.3678*** (8.57)		0.3257*** (5.3)		0.4225*** (8.36)
2013年	0.7145*** (19.69)	0.3901*** (6.68)		0.3365*** (4.16)		0.4384*** (6.38)
2014年	0.7982*** (20.85)	0.4303*** (6.40)		0.3843*** (4.15)		0.4666*** (6.06)
2015年	0.8684*** (25.01)	0.4352*** (5.81)		0.4054*** (3.90)		0.4482*** (5.14)

续表

变量	整体		地级市间		县级市间	
	(1)	(2)	(3)	(4)	(5)	(6)
其他控制变量	NO	YES	NO	YES	NO	YES
常数项	8.8626*** (212.04)	6.9819*** (3.59)	8.3210*** (4.38)	10.6924*** (4.29)	4.8999*** (1.78)	5.0863*** (2.38)
样本数	833	833	374	374	459	459
R^2	0.5286	0.6876	0.7706	0.7887	0.7492	0.7628

注：括号中数值为 t 值；***、**和*分别表示在1%、5%和10%的显著水平下通过显著性检验。

表的（1）和（2）列就高铁对地区经济发展推动作用进行了检验。结果表明，不管是否加入控制变量，交乘项的系数均为正，且在5%的水平上显著，说明沪昆高铁是能够促进当地经济的发展；而且随着时间的推移，交乘项的系数加大，即高铁对经济发展具有持续的促进作用。这说明，高铁开通城市相比高铁未开通城市而言，其更容易借助各种有利的政策优惠及契机，通过不断积累有利于经济发展的因素，促进当地的经济发展。

考虑到高铁是否促进城市经济发展，还取决于城市的经济社会基础。本书就以地级市、县级市的行政区划为界，重新估计地级市间或县级市间在高铁开通后是否有结构性变化。从表6-7的第（3）列和第（5）列显示了在控制变量后地级市间和县级市间的估计系数，显示出高铁均显著促进了地级市和县级市的经济发展。从系数大小来看，高铁开通后对地级市经济发展的影响比高铁未开通地级市高5%，而高铁开通后对县级市经济发展的影响比高铁未开通县级市高17.4%。再从时间推移的动态效应即第（4）列和第（6）列来看，随着时间推移，高铁对地级市和县级市经济增长均具有持续促进的作用。

四、沪昆高铁促进经济发展的机制分析

高铁能够有效且持续地促进地方经济发展，随着时间推移其促进作用逐渐加强。那么，沪昆高铁促进地方经济发展的机制是怎样的呢？本书利用公式（6-4）模型评估高铁对各类经济发展驱动因素的作用，得到的回归结果如表6-8所示。

表 6-8 控制变量双重差分模型的估计结果

地级市	PCI	FDI	LAB	EXP	RSCG	DT	DTR	LE	PE	TCE
$C \cdot T^1$	0.299*** (2.86)	0.895*** (4.75)	0.434** (1.89)	1.004*** (3.43)	0.051 (0.88)	0.709*** (2.46)	0.709*** (2.47)	0.313*** (8.95)	-0.309*** (-2.85)	0.248*** (3.49)
$C \cdot T^2$	0.292*** (2.52)	0.787*** (3.87)	0.4804*** (2.15)	1.266*** (4.63)	0.012 (0.19)	0.970*** (3.18)	0.971*** (3.16)	0.429*** (10.82)	-0.555*** (-4.50)	0.294*** (3.80)
$C \cdot T^3$	0.161** (1.62)	0.618*** (2.60)	0.496*** (2.15)	1.327*** (5.30)	-0.011 (-0.15)	1.209*** (4.25)	1.225*** (4.26)	0.406*** (11.33)	-1.101*** (-9.81)	0.302*** (4.05)
$C \cdot T^4$	0.222*** (2.13)	0.619*** (2.67)	0.511*** (2.21)	1.404*** (6.00)	0.005 (0.07)	1.378*** (4.92)	1.379*** (4.95)	0.406*** (10.00)	-1.140*** (-9.84)	0.325*** (4.63)
$C \cdot T^5$	0.269*** (2.65)	0.579*** (2.56)	0.521*** (2.21)	1.366*** (5.68)	0.051 (0.77)	1.586*** (5.89)	1.602*** (5.92)	0.429*** (6.96)	-1.171*** (-9.26)	0.356*** (5.08)
$C \cdot T^6$	0.315*** (2.87)	0.587*** (2.59)	0.542*** (2.23)	1.420*** (6.04)	0.097 (1.49)	1.824*** (6.99)	1.825*** (7.02)	0.452*** (6.78)	-1.240*** (-9.67)	0.379*** (5.94)
$C \cdot T^7$	0.361*** (3.23)	0.610*** (2.54)	0.545*** (2.27)	1.427*** (6.02)	0.120 (1.54)	2.016*** (8.33)	2.025*** (8.31)	0.413*** (5.11)	-1.178*** (-9.63)	0.402*** (6.36)
常数项	3.931*** (127.03)	0.236*** (3.21)	5.051*** (88.92)	1.404*** (15.24)	3.488 (220.84)	6.568*** (69.77)	13.475*** (143.08)	-3.013 (-110.48)	-2.914 (-65.7)	3.713 (164.52)
样本	374	374	374	374	374	374	374	374	374	374
R^2	0.594	0.634	0.532	0.1434	0.434	0.615	0.625	0.599	0.303	0.445

第六章　依托沪昆高铁加速上海全球城市与长江经济带的互动

续表

县级市	PCI	FDI	LAB	EXP	RSCG	DT	DTR	LE	PE	TCE
$C \cdot T^1$	0.272*** (2.35)	0.836 (2.79)	0.532*** (2.94)	1.941*** (5.34)	0.257*** (3.59)	1.377*** (4.69)	1.399*** (4.64)	0.342*** (8.90)	0.140 (1.02)	0.412*** (5.48)
$C \cdot T^2$	0.294*** (2.55)	0.702 (2.13)	0.577*** (3.06)	2.019*** (5.74)	0.224*** (3.29)	1.610*** (5.37)	1.632*** (5.31)	0.453*** (12.4)	-0.038 (-0.23)	0.423*** (5.15)
$C \cdot T^3$	0.172 (1.56)	0.436 (1.05)	0.577*** (3.21)	2.086*** (6.47)	0.224*** (3.13)	1.799*** (6.37)	1.832*** (6.26)	0.453*** (11.37)	-0.616*** (-4.04)	0.456*** (6.26)
$C \cdot T^4$	0.038 (0.18)	0.569 (1.74)	0.610*** (3.47)	2.152*** (6.36)	0.235*** (3.54)	1.988*** (7.23)	1.999 (7.11)	0.408*** (9.19)	-0.705*** (-5.48)	0.478*** (6.96)
$C \cdot T^5$	0.349*** (3.62)	0.347 (0.90)	0.599*** (3.45)	2.208*** (6.09)	0.235*** (4.19)	2.199*** (8.26)	2.210*** (8.39)	0.453*** (7.30)	-0.727*** (-5.03)	0.501*** (7.06)
$C \cdot T^6$	0.427*** (4.66)	0.347 (0.91)	0.610*** (3.62)	2.230*** (6.16)	0.313*** (5.43)	2.421*** (10.42)	2.421*** (10.32)	0.475*** (7.52)	-0.749*** (-5.29)	0.523*** (7.82)
$C \cdot T^7$	0.505*** (5.35)	0.358 (0.85)	0.612*** (3.76)	2.319*** (6.38)	0.357*** (5.56)	2.566*** (11.53)	2.588*** (11.4)	0.453*** (5.68)	-0.727*** (-5.06)	0.589*** (9.46)
常数项	3.784*** (90.09)	0.013*** (0.16)	3.234*** (59.78)	0.837*** (7.06)	3.409*** (179.26)	4.334*** (50.02)	11.246*** (129.57)	3.042*** (97.6)	-3.173*** (-63.18)	3.400*** (151.33)
样本	459	459	459	459	459	459	459	459	459	459
R^2	0.264	0.315	0.338	0.406	0.634	0.594	0.609	0.642	0.493	0.382

注：括号中数值为 z 值；***、**和*分别表示在1%、5%和10%的显著水平下通过显著性检验。

$C \times T^K$ 的系数代表高铁开通后第 K 年，高铁对各类经济发展驱动因素的影响。从投入和出口来看，高铁开通后，随着时间的推移，无论地级市还是县级市固定资产投资和劳动力投入不断提升，而且出口量也在增加。而实际使用外资仅在地级市有所提升。区域经济发展的另一个发动契机就是消费。从消费来看，社会消费仅在县级市显著，地级市却不显著，表明地级市刺激消费的内生动力有待加强。高铁的快速通达性诱增旅游消费的增加，无论地级市还是县级市高铁开通后，旅游经济与旅游流量不断提高，尤其相比地级市而言，县级市旅游经济和旅游流量提升更快。

从产业集聚来看，高铁开通后，随着时间的推移，地级市、县级市的地方化经济的系数均显著为正。多样化经济在地级市有持续的显著提升，而于县级市而言，是于高铁开通后第 3 年才开始有显著的持续提升。交通便利性在地级市还是县级市在高铁开通后持续得到提升。高铁主要是通过促进多样化经济并提高固定资产投资水平、劳动力投入水平、从而刺激出口的增加、加快旅游业发展、提高交通便利性促进了地级市和县级市的经济发展。

本节采用长江经济带中 2000—2015 年沪昆高铁沿线 48 个城市的面板数据，综合使用潜力模型和双重差分法，就沪昆高铁对沿线城市经济发展的影响效应进行了评估。分析结果表明：第一，高铁对地区经济发展具有显著且持续的促进作用，而且随着时间推移其促进作用不断增强；第二，高铁对地级市、县级市地区经济发展均具有显著且持续的促进作用，相比较而言，对县级市的促进效果明显强于对地级市；第三，高铁主要是通过提高交通便利性，促进产业集聚、提高固定资产投资和劳动力投入、增加出口、刺激旅游消费等，促进沿线地级、县级市的经济发展。鉴于高铁促进当地经济发展的机制，一方面，应提高当地固定资产投资水平、劳动力投入水平，扩大出口促进经济发展，推动旅游业发展促进消费；另一方面，提高交通便利性，以便通过快速的交通网络加快区域间要素流动，将区域内分散的经济社会活动有机地组织起来，提高长江经济带发展的整体性和联动性。上海要进一步加强与中西部区域经济联系的关键就是要加强与中西部都市圈中心城市的经济联系，如合肥（合肥都市圈）、南昌（昌九工业走廊）、武汉（武汉都市圈）、长沙（长株潭都市圈）以及成都和重庆（成渝都市圈）等。上海可通过政策调控、鼓励上海企业在长江经济带地区设立研发机构，扶持有条件的大企业与流域结成战略联盟开展高端技术研发合作。发挥上海海外人才高地的优势。加强对长江经济带国际科技合作专门人才的培养。发挥上海对外开放的"窗口""桥梁"作用,充分地利用国内国外两种资源、两个市场,加强与国际研发机构的合作,重点投入有利于提升长江经济带集成创新能力和原始创新能力的主导技术、共性技术和配套技术,推动长江经济带关键学科、战略性高新技术产业发展。

第五节 依托沪昆高铁促进上海全球城市与长江经济带旅游业发展

高铁建设引致的资源再配置效应首先作用于人口流入密集型的产业领域,如消费经济、旅游经济和劳动密集型的服务经济,再由城市商务活动的增长带动其他产业的发展。可以说交通基础设施成为旅游经济发展不可或缺的先决条件(Chew J.,1987),高铁压缩了时空距离,影响了旅游经济发展。2017年中国高速铁路已开通里程达2.5万公里,占到全世界高铁总里程的66.3%,旅游业正在全面迎来高铁新时代。

当前学术界关于高铁对沿线城市旅游经济发展的影响存在争议。高铁开通后究竟是大城市还是中小城市获益更多,学者们对此一直存在分歧。之所以存在分歧,是因为旅游系统本身是一个复杂系统,内部具有复杂的联系机理,系统内的各因素在不同阶段有着不同的联系及表现方式(黄金火等,2005)。而造成旅游经济差异的影响因素也较多,除客源地与目的地之间的时间距离以外,交通区位、交通网络密度、人口分布、旅游资源禀赋、服务设施接待能力、政策制度等因素都会影响旅游经济发展(方叶林等,2013;于秋阳等,2017)。高铁与旅游经济发展的关系也一直持有争议,既有观点认为高铁开通增强了出游强度或客流量,促进了高铁沿线城市旅游经济发展(Khada Rooj,Seetanah B.,2007;刘伏英,2010;吴康等,2013),也有观点认为高铁的开通虽然带动旅游客流量的增加、促进旅游市场的扩大,但同时加剧了高铁沿线城市间的激烈竞争,旅游流分布布局因高铁而正在发生巨大变化,进而对沿线城市旅游经济发展有着异质性的影响。与世界发达国家相比,中国高铁开通较晚,高铁与旅游发展相关的已有研究以定性研究为主,定量研究较少，主要从高铁对旅游客流（张文新等，2013）、旅游空间布局（汪德根等，2015）、旅游效率变化（王兆峰等，2018）、旅游一体化（黄泰等，2016）等高铁影响效应进行分析。总体而言，以往就高铁和旅游经济发展的已有研究成果为本书及今后的研究奠定了基础，但较少使用倾向得分匹配双重差分法，并且高铁影响效应分析中采用铁路频次的异质性研究较少。

一、模型构建与变量处理

（一）旅游经济引力模型

引力模型是空间相互作用模型之一，可定量比较城市间经济联系的密切程度。为测度区域城市之间的旅游经济联系度，在克朗蓬（Crampon）（1966）引力模型基础上，利用高铁网络下各城市之间的最短旅行时间，优化相关模型中的相关参数进行分析，表达式如下：

$$F_{ij} = \sum_{j=1}^{n} \frac{\sqrt{P_i \times M_i} \times \sqrt{P_j \times M_j}}{D_{ij}^a} \tag{6-7}$$

公式中，P_i、P_j 分别为 i 市和 j 市的国内旅游人数（万人次）；M_i、M_j 分别为 i 市和 j 市的国内旅游收入（亿元）；D_{ij} 为 ij 表示节点 i 点和 j 点之间的出行阻抗因子距离或时间，采用最短时间计量。a 为距离摩擦系数，反映时空阻隔对任意节点的通达关系影响程度，一般取值为 1。F_{ij} 为旅游经济引力总和，反映了城市在区域旅游经济中的地位和作用大小。

（二）倾向得分匹配——双重差分法模型构建

为检验沪昆高铁与沿线城市旅游发展之间是否存在实际因果关系。实证分析中通常采用双重差分法，这个模型的设置更加科学，能更加准确地估计出政策效应。然而，运用 DID 方法的前提条件是需满足实验群和对照群具有共同趋势这一重要前提假设，然而，在现实中受其他因素的影响，这一假定往往很可能无法满足。为此，本书先使用倾向得分对样本进行匹配，再使用双重差分法对匹配后的样本进行估计，以减少模型的选择性偏差。故本书采用倾向得分匹配双重差分法 PSM-DID（Propensity Score Matching-Difference-in-Difference）来检验高铁对城市旅游发展的净效应。

$$DTR_{it} = a_0 + a_1 R_{it} + a_2 T_{it} + a_3 (R_{it} \cdot T_{it}) + \delta Z_{it} + \varepsilon_{it} \tag{6-8}$$

第六章　依托沪昆高铁加速上海全球城市与长江经济带的互动

为了简单起见，在模型（1）中构造一个二元虚拟变量，当 R 取 1 时表示沪昆线路段中沪长段，即实验群；取 0 时表示与实验群相配对的长昆段为对照群。T 代表时间虚拟变量，沪昆高铁 2008 年之前尚未开通（时速超过 250 公里的铁路），取值为 0，2008 年之后开通取值为 1。交叉项 $R_{it} \cdot T_{it}$ 的估计系数 α3 是关键变量，如果估计得到 α3 > 0，则意味着在高铁开通前后，实验群城市的旅游发展水平的提升幅度大于对照群城市。下标 i 和 t 分别表示城市和年份，DTR 表示旅游发展水平，双重差分法估计结果可能会受遗漏变量的干扰，为稳健估计，进一步引入控制变量集合 Z_{it}，控制变量包括游览资源、旅游接待能力、当地服务业发展水平、交通通达性、网络信息投入。ε_{it} 表示随机扰动项。

考虑到高铁线路建设并非同一时间段内完成，而是根据国家区域规划逐渐增建的一个过程，且影响效果的显现也是一个渐进的过程。因此，引入被解释变量的 DTR_{it} 的一阶滞后项 DTR_{it-1}，构造成动态面板数据模型：

$$DTR_{it} = a_0 + DTR_{it-1} + a_1 R_{it} + a_2 T_{it} + a_3 (R_{it} \cdot T_{it}) + \delta Z_{it} + \varepsilon_{it} \qquad (6-9)$$

为了更深入地考察高铁与旅游经济发展之间的关系，在模型（6-3）式的基础上进一步引入铁路频次。有研究认为高铁的频次效应是影响城市经济空间的主要形式（张萌萌等，2014），高铁的频次效应使得频次增强了沿线城市空间相互作用的影响，即不同高铁频次对城市空间相互作用的影响效果有所不同（蒋华雄等，2017）。

目前关于铁路频次没有标准的划分，本书借鉴已有研究成果，依据 2008—2015 年铁路列车时刻表，将城市铁路列车实际运行的"G"字头（高铁）、"C"字头（城际动车）、"D"字头（动车）频次数据进行整理，按城市年铁路频次由小到大排序划分为 3 个等级（$Dsub_{it}^{inten-k}$，$k = 1, 2, 3$）。例如将 $Dsub_{it}^{inten-1}$ 设定为低频次的实验群，$Dsub_{it}^{inten-2}$ 和 $Dsub_{it}^{inten-3}$ 分别设定为中度频次、高频次的实验群的虚拟变量。因此，检验模型进一步拓展为：

$$DTR_{it} = a_0 + DTR_{it-1} + a_1 R_{it} + a_2 T_{it} + \sum \lambda_k Rsub_{it}^{inten-k} \cdot T_{it} + \delta Z_{it} + \varepsilon_{it} \qquad (6-10)$$

（三）变量选择

本书以沪昆高铁沿线 48 个城市 2000—2015 年的面板数据为样本，使用的数据根据历年的《中国城市统计年鉴》《中国统计年鉴》、铁路时刻表和各城市统计年鉴计算和整理而得。

被解释变量。旅游经济发展 DTR_{it} 的代理变量采用人均国内旅游经济收入的对数值,以此来衡量城市旅游经济发展水平。

核心解释变量。交乘项 $R_{it} \times T_{it}$ 为核心解释变量,其中,R_{it} 为高铁政策虚拟变量。借鉴井上宽康等(2015)采用新干线开通时间不同进行双重差分法,具体研究对象是将 1997 年高崎—长野间开通的长野新干线为实验群,对照群则是在同一线路上 2015 年延伸开通的北陆新干线。借鉴已有研究,本书将样本为 2008—2014 年沪昆高铁中的上海至长沙段(以下简称沪长段)为实验群,由于开通后经过一定的期间,统计验证方面已有一定的数据积累适合分析。赋值为 1。为避免夸大高铁政策的影响效应,对照群选择 2015 年之后陆续开通的沪昆高铁中的长沙至昆明段(以下简称"长昆段"),选择长昆段为对照群不仅因为长昆段沿线城市本身属于长江经济带区域内,又属于同一条高铁线路,与沪长段既相邻且高铁建设需求、交通连接度、交通规划等方面与沪长段相类似,加上本文分析的数据为 2000—2015 年,这时的长昆段还未全面开通,为未设高铁的沿线城市,适合作为对照群,赋值为 0。T_{it} 为实验期虚拟变量,2008 年之后赋值为 1,2008 年之前赋值为 0。利用沪昆高铁线路中的沪长段和长昆段开通时机不同,将长昆段为对照群根据 PSM-DID 研究方法分析沪长段对旅游经济的影响。交乘项 $R_{it} \cdot T_{it}$ 的估计系数 α3 就是双重差分估计量,代表了高铁对区域旅游经济发展的净影响。

表 6-9 沪昆高铁线路段开通时间

	公里	Ⅰ:2000—2007 年	Ⅱ:2008—2014 年	Ⅲ:2015 年至今
沪长段(沪杭段和杭长段)	1153	无高铁	有高铁	有高铁
长昆段	1158	无高铁	无高铁	有高铁

注:沪长段为上海、嘉善、嘉兴、桐乡、海宁、杭州、诸暨、义乌、金华、龙游、衢州、江山、上饶、弋阳、鹰潭、抚州、南昌、高安、新余、宜春、萍乡、长沙;长昆段为玉山、进贤、醴陵、湘潭、韶山、娄底、邵阳、新化、溆浦、怀化、芷江、新晃、玉屏、铜仁、三穗、凯里、贵定、贵阳、安顺、关岭、普安、盘县、富源、曲靖、嵩明、昆明。

控制变量。借鉴已有研究孙根年等(2011)、杨和费克(Yang & Fik,2014),围绕高铁与旅游经济从游览资源、服务业资源、交通信息资源三个维度选择，具体如下：（1）游览资源（TR），借鉴汪得根等（2016）的游览资源的计算公式为：

$$TR_j = \sum_{i=1}^{10} W_i T_{ij} \qquad (6-11)$$

式中：TR_j 为 j 城市的游览资源；T_{ij} 为 j 城市拥有世界遗产、国家级风景名胜区、5A 和 4A 级旅游区的数量；W_i 分别为不同等级旅游资源的权重，以各城市世界遗产、国家级风景名胜区、5A 和 4A 级旅游区分别赋予 10、6、4、2 的权重。旅游景点旅游资源数量来源于国家旅游局公布的数据，统计截至 2015 年年底。（2）服务业资源，包括旅游接待能力、服务业发展水平。旅游接待能力（TV），能否订到酒店及酒店设施质量不仅成为旅游者选择旅游地的一个重要依据，也是衡量景区是否有能力留住旅游者增加消费额的重要影响因素。考虑到资料的易得性，选择三星级、四星级、五星级酒店数量为指标，数据来源于各城市国民经济和社会发展统计公报以及携程网数据；城市服务业发展水平（SG），采用各城市服务业增加值占 GDP 比值表示。（3）交通信息资源，包括配套交通、信息网络。配套交通（TA），以公路交通线路长度与所在区域土地面积的比值表示（黄晓燕等，2011）；信息网络投入（NP），采用网络入户数来衡量，网络和自媒体为旅游业发展起了推波助澜的作用。互联网出现之前，尤其是自媒体出现之前，旅游信息传递很慢，影响的范围很小；有了网络和自媒体后，自媒体人通过自己的笔和镜头，实时地把各地旅游景点的情况呈现在网络上，可以说信息网络已成为辅助游客进行出游决策的重要工具。

（四）变量描述性分析

为进一步检验高铁对沿线城市旅游经济发展的影响效应，本书采用 PSM-DID 方法系统地评估沪昆高铁对旅游经济发展的实际影响。在进入正式的回归分析之前，先对样本进行简要的描述性分析。其中表报告主要变量的统计特征，从中可以看出，实验群的平均旅游发展水平为 8.068，略高于对照群的 0.688。为了初步考察高铁与旅游经济发展水平之间的关系，对回归前的样本进行了单变量分析，即检验实验群和对照群城市在高铁开通前后的旅游发展水平差异。

表6-10 主要变量的统计特征

变量	实验群（沪长段）				对照群（长昆段）			
	观测值	均值	中位数	标准差	观测值	均值	中位数	标准差
DTR	425	8.068	8.2	1.319	408	7.380	7.5	1.666
TR	425	3.551	3.4	1.590	408	2.247	2.1	1.603
TV	425	3.774	3.8	1.171	408	2.714	2.7	1.382
SG	425	3.566	3.5	0.228	408	3.599	3.6	0.276
TA	425	4.425	4.4	0.623	408	4.402	4.5	0.818
NP	425	2.593	2.5	1.554	408	1.533	1.1	1.272

表6-10显示，不论是实验群城市还是对照群城市，旅游经济发展水平在高铁开通之后均有不同程度的提升，但二者之间的差异在高铁开通之后出现了一些变化，例如在高铁开通前，实验群的旅游经济发展比对照群高0.525，而在高铁开通后，实验群的旅游经济发展水平比对照群高0.861，说明实验群与对照群之间的差异在高铁开通之后扩大了。

表6-11 单变量检验结果

结果变量	高铁开通之前			高铁开通之后			双重差分 (difference-in-dfference)
	对照群 control	实验群 treated	差分值 Diff(T-C)	对照群 control	实验群 treated	差分值 Diff(T-C)	
	(1)	(2)	(3) = (2)-(1)	(4)	(5)	(6) = (5)-(4)	(7) = (6)-(3)
DTR	6.345	6.870	0.525***	8.311	9.172	0.861***	0.336**
			(6.40)			(5.08)	(4.97)

注：( )内数值为t统计量；***、**、*分别表示1%、5%和10%的显著性水平。

进一步，由表6-11第（7）列可知，双重差分估计值为0.336，这种差异在5%水平上显著，这表明实验群城市在高铁开通后，其旅游经济发展水平相对于对照群城市出现了上升。当然以上结论只是初步的，因为除了高铁基础设施的影响外，旅游经济发展水平高低还受其他如旅游资源吸引力等诸多因素的影响。上述分析都是基于匹配前样本进行的，而样本选择性问题可能会给分析结果带来偏差。为此，需要采用基于倾向得分匹配的双重差分法进行严谨的计量分析。

二、沪昆高铁影响下旅游经济引力

沪昆高铁沿线城市在高铁开通前后，上海、杭州均为区域旅游经济格局的主中心城市，2008年高铁开通后，南昌、长沙、贵阳、昆明的旅游经济引力随之增强，但由于长昆段高铁开通时间短，其中的中小城市旅游经济引力系数较低。与此相反，相对开通较早的沪长段中的嘉善、嘉兴、金华、衢州、上饶、宜春等地，旅游经济引力系数有显著的提升，而沪长段的江山、玉山、诸暨、进贤等一些小城市，其旅游经济引力系数并未随着交通基础设施提高而有所增长。

这是否意味着旅游经济引力系数差异化除了受高铁压缩时空距离的影响外，也可能与沿线城市旅游资源及服务接待能力等的空间分布不均衡有关呢？上海、杭州有着数量较多、质量较高的旅游资源且服务接待能力强，可以说是有着较高的旅游吸引力；嘉兴、金华、上饶、长沙、南昌、贵阳、昆明凭借其良好的区位优势及旅游资源，在全国也有一定的知名度和良好的旅游形象；其他城市如江山、韶山、诸暨等旅游资源相对贫乏、旅游资源开发不足、旅游服务接待能力有限，导致旅游经济引力即使在高铁网络平台下也难以获得有效提升，这就有必要进一步分析高铁对沿线城市旅游经济的影响效应究竟如何。

三、沪昆高铁沿线城市旅游经济发展的实证分析

进行双重差分法估计之前，首先要对实验群与对照群进行倾向得分匹配，考虑到影响旅游经济发展的要素，主要选取了旅游资源、旅游接待能力、服务业发展水平、配套交通、网络信息投入作为匹配变量。为确保匹配结果的可靠性，进行了匹配平衡性检验，结果显示，匹配后的实验群与对照群城市的旅游资源、旅游接待能力、服务业发展水平、配套交通、网络信息投入匹配变量均不存在显著差异，匹配满足了平衡性假设，即本书对匹配变量和匹配方法的选取是合适的。

为了验证高铁对旅游经济发展影响效应，根据倾向得分匹配的结果，进行双重差分法估计。表6-12所有模型AR（2）的P值均大于0.1，故接受"扰动项ε_{it}无自相关"的原假设，这表明可以进行系统的GMM估计。从估计结果来看，在表前（4）列，其中第（1）列没有加入控制变量，第（2）至

图6-8 沪昆高铁沿线城市旅游经济引力

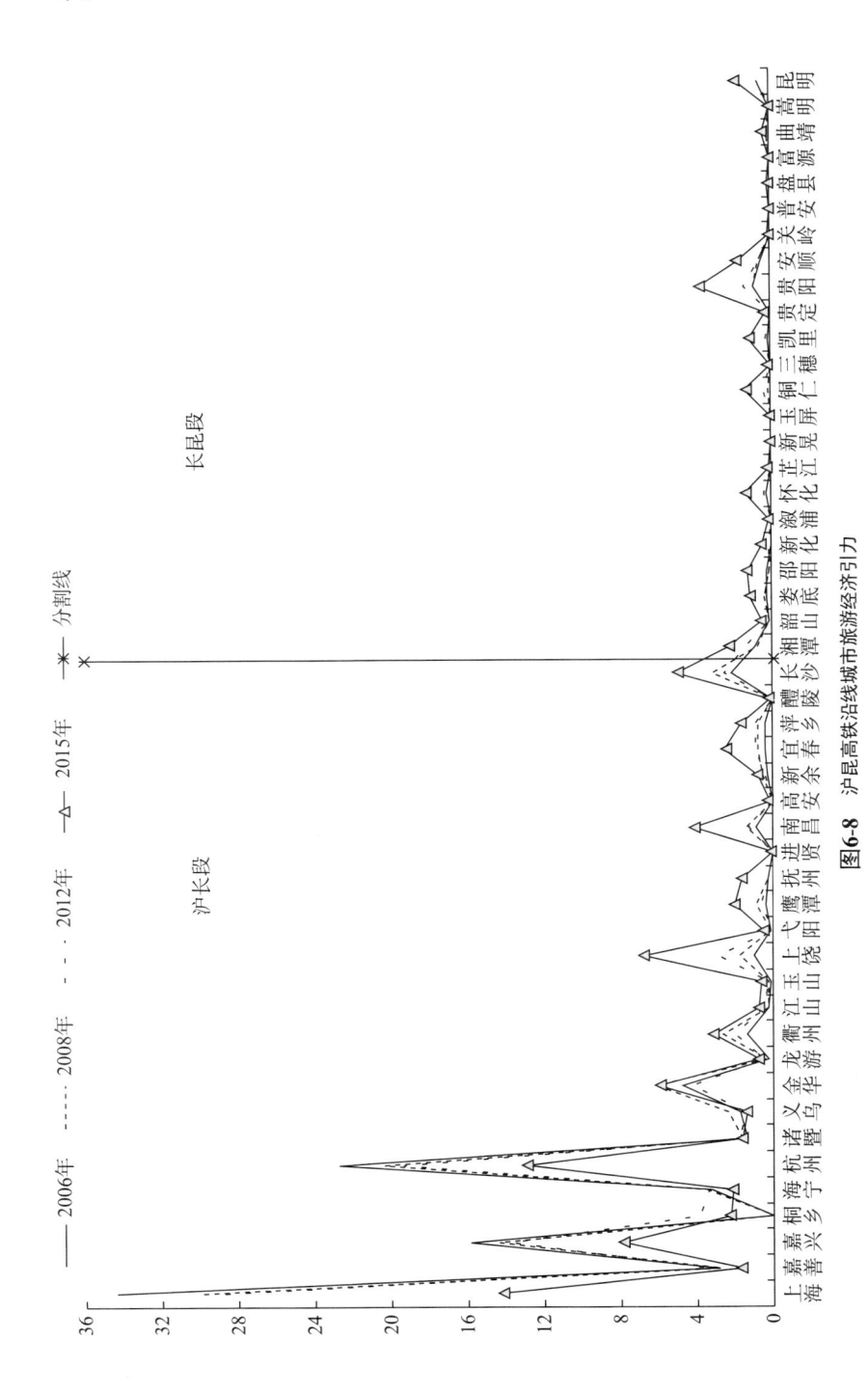

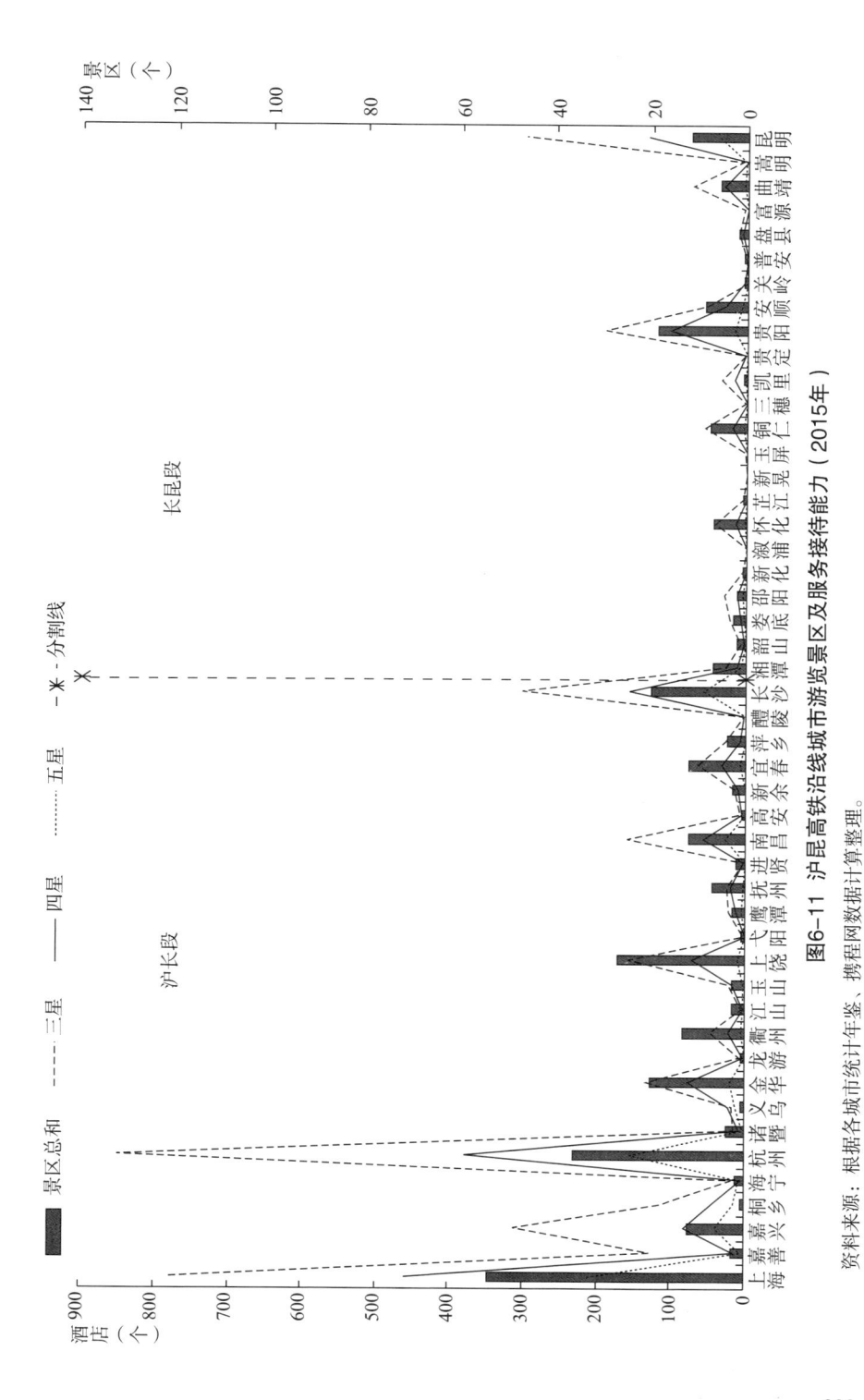

第六章 依托沪昆高铁加速上海全球城市与长江经济带的互动

图6-11 沪昆高铁沿线城市游览景区及服务接待能力（2015年）

资料来源：根据各城市统计年鉴、携程网数据计算整理。

第（4）列分类加入控制变量。从中可以看到，核心解释变量 $R_{it} \times T_{it}$ 的估计系数显著为正，表明实验群在受高铁建设这一影响前后旅游经济发展水平均高于对照群。只是随着控制变量的增加其影响系数逐渐降低，表明旅游经济发展水平还受其他因素的影响。

为了更深入地考察高铁与旅游经济发展之间的关系，在基准模型的基础上进一步引入不同铁路频次，结果在表 6-12 第（5）列至第（8）列。可以发现，核心解释变量的显著性水平有所变化，其他的均没有实质性改变，说明结果具有很好的稳健性。以下以第（8）列完整的回归结果为基础分析高铁对旅游经济发展水平的异质性影响。从中可以看到，交叉项 $Rsub_{it}^{inten-1} \times T_{it}$ 的估计系数虽为正，但不具有统计意义上的显著性，这表明，低频次高铁对旅游经济发展虽为正但并不显著。这实际上并不难理解，低频次铁路既由交通规划所致，也因城市产业发展不足、游览资源、旅游接待能力等对客流的吸引力有限所致。与此相反，交叉项 $Rsub_{it}^{inten-2} \cdot T_{it}$ 与 $Rsub_{it}^{inten-3} \cdot T_{it}$ 的估计系数为正并且通过 1% 水平的显著性检验，这表明，中度与高度的高铁频次推动了地方旅游经济发展。这可能是因为，一方面，旅游经济发展需要足够稳定的客流量，而铁路频次高有助于促进旅客流量增加；另一方面，当一定规模的旅客流入城市时，当地政府及旅游相关企业往往较高铁开通前具有更多的投资安全感和信心，而这又会进一步强化旅游相关企业、政府投资及政策偏好，提高了促进旅游经济发展的积极性，从而推动旅游经济发展。此外，在考虑其他影响地区旅游经济发展的因素时，发现游览资源、配套交通和信息网络资源对旅游经济发展的影响显著为正，而服务业发展水平对旅游经济发展却呈现显著的负影响。

表 6-12　高铁对旅游经济发展的估计结果

	(1)	(2)	(3)	(4)	(5)	(6)	(7)	(8)
DTR_{it-1}	0.976*** (677.82)	0.935*** (292.07)	0.931*** (154.49)	0.903*** (98.08)	0.979*** (599.54)	0.910*** (144.77)	0.925*** (121.41)	0.904*** (71.58)
T	0.027*** (8.0)	0.119*** (4.66)	0.005 (0.05)	0.022** (2.17)	0.021 (1.49)	0.012 (0.83)	0.016 (0.38)	0.0263 (1.07)
R	0.430*** (16.36)	1.178*** (9.74)	1.236*** (8.96)	1.030*** (6.69)	0.413*** (14.78)	0.178* (1.90)	1.206*** (8.63)	1.041*** (5.50)

续表

	(1)	(2)	(3)	(4)	(5)	(6)	(7)	(8)
$T \cdot R$	0.141*** (15.44)	0.078** (2.46)	0.089*** (7.25)	0.029* (1.84)				
$Rsub_{it}^{inten-1} \cdot T_{it}$					0.0633 (1.51)	0.223 (0.87)	0.144 (1.01)	0.0505 (0.57)
$Rsub_{it}^{inten-2} \cdot T_{it}$					0.153*** (3.66)	0.163* (1.03)	0.174*** (3.52)	0.0618* (1.74)
$Rsub_{it}^{inten-3} \cdot T_{it}$					0.133*** (5.38)	0.101*** (5.29)	0.075* (1.43)	0.029* (1.13)
TR		0.1578*** (13.51)	0.00941* (0.22)	0.00961* (0.18)		0.023** (1.89)	0.056* (1.01)	0.014 (0.17)
TV			0.277*** (5.84)	0.216*** (3.92)			0.335*** (4.54)	0.156 (1.67)
SG			0.0971*** (-3.22)	-0.124*** (-3.58)			-0.075** (-1.78)	-0.115*** (-3.27)
TA				0.018* (1.69)				0.022* (1.79)
NP				0.058*** (4.56)				0.066*** (4.67)
常数项	0.565*** (37.54)	0.621*** (4.67))	0.871*** (9.41)	1.107*** (9.32)	0.643*** (4.01)	0.955*** (5.06)	0.728*** (5.96)	1.130*** (7.13)
AR (1)	0.0010	0.0010	0.0011	0.0012	0.0011	0.0002	0.0010	0.0010
AR (2)	0.8547	0.6675	0.6700	0.6585	0.7091	0.5092	0.6574	0.5665
观测值	784	784	784	784	784	784	784	784

注：括号内数值为 t 统计量；***、**、* 分别表示1%、5%和10%的显著性水平。

通过以上的分析可知，不同频次高铁对旅游经济发展产生不同影响，相对于低频次的高铁，中高频次的铁路对旅游经济发展有显著的促进作用，为了保证回归结果的稳健性，进行了如下稳健性检验。

（一）旅游经济发展的其他衡量指标

在前文的估计中，本书使用人均旅游经济对数值来表示旅游经济发展。在既有的相关研究中还采用旅游收入增加值对数值作为旅游经济发展的衡量指标为因变量对模型重新进行估计,接下来以 DTR_1 为因变量对模型重新进行估计。从中可以看到交叉项 $Rsub_{it}^{inten-3} \cdot T_{it}$ 和 $Rsub_{it}^{inten-2} \cdot T_{it}$ 的估计系数均显著为正,而交叉项 $Rsub_{it}^{inten-1} \cdot T_{it}$ 的估计系数不具有统计意义上的显著性,再次表明中、高频次的高铁有利于地方旅游经济发展。此外,还采用旅游经济收入与服务业比值为因变量(记为 DTR_2)再进行估计,结果在表 6-12 第(2)列,可以看到,除了交叉项 $Rsub_{it}^{inten-3} \cdot T_{it}$ 的系数显著性出现下降,其余核心解释变量的系数符号和显著性水平没有发生根本性变化。以上检验表明,本书核心结论总体上不受旅游经济变量衡量方法的影响。

表 6-13 稳健性检验结果

变量	旅游经济发展的其他衡量方法		高铁频次强度的其他衡量方法	改变观测时段
	DTR_1	DTR_2		DTR_3
	(1)	(2)	(3)	(4)
DTR_{it-1}	0.867*** (66.57)	0.874*** (62.17)	0.891*** (75.23)	0.867*** (51.07)
T	0.051*** (3.83)	0.002 (0.03)	0.042** (3.21)	0.016 (0.55)
R	1.054*** (7.31)	0.402** (2.27)	0.257** (2.51)	1.270*** (7.45)
$Rsub_{it}^{inten-1} \times T_{it}$	0.017 (0.45)	0.007 (0.05)	0.002 (0.06)	0.214** (1.96)
$Rsub_{it}^{inten-2} \times T_{it}$	0.061** (2.05)	0.101* (1.70)	0.010 (0.42)	0.078** (2.20)
$Rsub_{it}^{inten-3} \times T_{it}$	0.075** (2.31)	0.003* (1.05)	0.078** (2.23)	0.024* (1.74)
TR	0.081 (1.13)	0.137** (2.58)	0.085 (1.49)	0.147** (3.92)
TV	0.151 (1.27)	0.134* (1.79)	0.139* (1.67)	0.314*** (4.15)
SG	0.002 (-0.10)	0.098*** (3.17)	0.083*** (2.64)	-0.123*** (-3.47)
TA	0.019 (1.32)	0.074*** (5.48)	0.059*** (4.79)	0.014 (1.22)

续表

变量	旅游经济发展的其他衡量方法		高铁频次强度的其他衡量方法	改变观测时段
	DTR_1	DTR_2		DTR_3
	（1）	（2）	（3）	（4）
NP	0.081***	0.099***	0.0987***	0.114***
	（6.17）	（9.30）	（11.43）	（5.01）
常数项	1.267***	0.431***	0.434***	1.287***
	（7.40）	（3.49）	（3.71）	（8.49）
AR（1）	0.001	0.001	0.001	0.001
AR（2）	0.167	0.170	0.167	0.213
观测值	784	784	784	784

注：括号内数值为 t 统计量；***、**、* 分别表示1%、5%和10%的显著性水平。

（二）铁路频次强度的其他衡量方法

在前文的研究中，主要采用铁路频次来衡量城市间铁路联系强度，为了稳健起见，这里采用旅游客流量来衡量。将旅游客流量划分为高、中、低三种类型，对公式（6-10）重新进行回归，结果如表6-13第（3）列所示，核心解释变量的系数符号没有发生变化，即再次表明，$Rsub_{it}^{inten-3} \cdot T_{it}$ 和 $Rsub_{it}^{inten-2} \cdot T_{it}$ 的估计系数均显著为正，而交叉项 $Rsub_{it}^{inten-1} \cdot T_{it}$ 的估计系数不具有统计意义上的显著性，再次表明中高度铁路频次有助于旅游经济发展。

（三）改变观测时段时间长度

以上分析在测算城市旅游经济发展水平时，是以2000—2007年为第一个观测时段，2008—2015年为第二个观测时段。那么本书的核心结果是否会因观测时段时间长度的变化而发生改变？下面我们通过改变观测时段时间长度的方式来进一步考察结论的稳健性。以2001—2007年为第一个观测时段，而2008—2014年作为第二个观测时段，改变观测时段时间长度后测算得到的旅游经济发展变量记为 DTR_3，以 DTR_3 为因变量进行估计的回归结果来看，与表6-12的第（8）列的基本估计结果相比，核心解释变量的系数符号和显著性水平没有发生实质性变化，这就再次验证了结论的可靠性。

四、沪昆高铁沿线城市旅游经济发展影响机制分析

(一) 沪昆高铁影响旅游经济发展的机制分析

本书研究的一个主要发现是,相比低频次高铁而言,中高频次高铁有利于促进旅游经济发展。这一核心结论在采用因变量及核心自变量的其他衡量方法,改变测算时段长度后依然稳健,那么随之而来的一个关键问题是,为何低频次高铁不如中高频次高铁促进旅游经济发展?其影响机制是怎样的?为此,本书利用(6-10)式模型进行评估,得到的回归结果如表6-14所示。

表6-14 影响机制检验结果

变量	(1) TR	(2) TV	(3) SD	(4) TA	(5) NP
T	0.368** (2.18)	0.354*** (2.59)	0.121*** (4.92)	0.783*** (10.75)	0.872*** (7.81)
R	1.387*** (8.28)	1.073*** (8.71)	-0.018 (-0.69)	0.008 (0.15)	0.804*** (6.28)
$Rsub_{it}^{inten-1} \cdot T_{it}$	1.204*** (6.51)	0.107*** (6.34)	0.021 (0.97)	0.594*** (6.40)	0.083 (0.76)
$Rsub_{it}^{inten-2} \cdot T_{it}$	0.130 (0.97)	0.312*** (2.33)	0.001 (0.04)	0.754*** (13.17)	1.375*** (10.59)
$Rsub_{it}^{inten-3} \cdot T_{it}$	1.905*** (10.51)	1.331*** (9.75)	0.249*** (8.21)	0.820*** (16.30)	2.647*** (16.61)
控制变量	YES	YES	YES	YES	YES
常数项	3.578*** (29.84)	3.591*** (43.64)	3.507*** (226.85)	4.017*** (107.30)	1.871*** (19.51)
R^2	0.528	0.787	0.610	0.589	0.757
观测值	784	784	784	784	784

注:*、**、***分别表示在10%、5%、1%的水平上显著;括号内数字为 t 值,采用聚类稳健标准误计算。

交互项为本书重点考察对象，其代表了不同频次的高铁对于旅游经济增长驱动要素的净影响。观察各回归结果，随着铁路班次的增加（1）列中的系数由低向高渐变，表明地区游览资源禀赋高低与高铁频次密切相关，同时也说明随着高铁频次的增加提升了地方政府对旅游经济开发的重视程度，从而加强了旅游开发强度，并通过不同地区之间旅游协作和开发提高了当地旅游经济发展。（2）列和（3）列的系数仅仅在高铁高频次层面有显著正影响，表明城市旅游接待能力及服务业发展水平与高频次高铁有显著的正相关。（4）列与（5）列中的系数为正，并且随着高铁频次增加系数不断增大，这表明高铁建设后，配套交通和信息网络基础设施的改善也不断提升，这与地区旅游经济的发展形成了良性循环。

（二）进一步分析：城市服务业等级的异质性分析

旅游经济发展提高的影响因素不仅受游览资源、旅游接待能力、配套交通、信息资源的影响，也受服务业发展水平的影响，因为城市服务业发展水平不足且资源贫乏会导致旅游产业衰退。另外，服务业发展水平不足还会无法满足高铁引发的巨大游客流的需求。在前文的分析中，服务业发展水平对旅游经济发展呈显著的负向影响，而在影响机制分析中发现，高铁频次只有增加到一定高度时，服务业发展水平系数才有显著提高。一般来说，高频次高铁站点城市往往是资源禀赋丰富、有活力且服务业发展较高的城市，那么，这是否意味着高铁只推动了服务业等级较高城市的旅游经济发展？为此，将模型设定如下：

$$DTR_{it} = a_0 + DTR_{it-1} + a_1(R_{it} \cdot citylevel) + a_2 T_{it} + (\sum \lambda_k Rsub_{it}^{inten-k} \cdot citylevel) \cdot T_{it} + \delta Z_{it} + \varepsilon_{it} \quad (6-12)$$

其中，citylevel 表示城市服务业等级虚拟变量，为了便于比较，将沪昆高铁段中的沪长段城市分为高服务业等级城市和一般城市两大类，高服务业等级城市赋值为 1，否则为 0。交互项为 $R_{it} \cdot citylevel$ 表示高铁沿线不同服务业等级城市的虚拟变量。采用 logit 回归和最近邻匹配计算倾向得分匹配，在满足"数据平衡"假设的前提下，采用 PSM-DID 法分别对沪昆高铁高行政等级城市和一般城市在开通高铁之后的旅游经济发展效果进行评估。

表 6-15　高铁对高服务业发展等级城市旅游经济发展的 PSM-DID 估计结果

结果变量	高铁开通之前			高铁开通之后			双重差分检验结果 DID (difference-in-dfference)
	对照群 control	实验群 treated	差分值 Diff(T-C)	对照群 control	实验群 treated	差分值 Diff(T-C)	
	(1)	(2)	(3) = (2) - (1)	(4)	(5)	(6) = (5) - (4)	(7) = (6) - (3)
DTR	6.782	6.873	0.095***	8.457	8.674	0.289***	0.180
t 值			(0.78)			(2.31)	(2.16)
N	222	136		252	136		

注：( ) 内数值为 t 统计量；***、**、* 分别表示 1%、5% 和 10% 的显著性水平。

在表中，高铁开通前后，高服务业等级城市中无论实验群还是对照群的旅游经济发展都有显著的提升，但二者的差异在高铁开通之后有所扩大。进一步，由表第（7）列可知，双重差分估计值为 0.180，表明高服务业等级城市中的实验群城市在高铁开通后，其旅游经济发展水平相对于对照群城市出现了明显的上升。

表 6-16　高铁对一般服务业等级城市旅游经济发展的 PSM-DID 估计结果

结果变量	高铁开通之前			高铁开通之后			双重差分检验结果 DID (difference-in-dfference)
	对照群 control	实验群 treated	差分值 Diff(T-C)	对照群 control	实验群 treated	差分值 Diff(T-C)	
	(1)	(2)	(3) = (2) - (1)	(4)	(5)	(6) = (5) - (4)	(7) = (6) - (3)
DTR	6.731	7.114	0.359**	8.478	8.759	0.327*	-0.02**
t 值			(2.65)			(1.98)	(-3.17)
N	281	64		298	80		

注：( ) 内数值为 t 统计量；***、**、* 分别表示 1%、5% 和 10% 的显著性水平。

在表 6-16 中，双重差分估计值为 -0.02，说明高铁没有推动一般城市的旅游经济发展。这可能的解释是因为一般服务业等级城市由于自身经济基础较薄弱，且旅游资源开发力度不足等问题。

可见，高铁对沿线不同等级城市的旅游经济发展的影响效果存在异质性，

第六章　依托沪昆高铁加速上海全球城市与长江经济带的互动

它能有效推动高服务业等级城市旅游经济发展，但对服务业等级一般城市旅游经济发展产生了负向的影响。发挥高铁对旅游经济发展的影响效应需要因地制宜，差异化发展，才能激发高铁对旅游经济发展的带动作用。

基于以上分析，本书主要有几点发现：（1）高铁在总体上明显提高沿线城市的旅游经济发展水平，但同时也需要关注到一些小城市的旅游经济引力系数并未随着交通基础设施提高而有所增长。（2）不同高铁频次对沿线城市旅游经济发展的影响存在显著异质性，即相比于低频率铁路班次的城市，中高频次的高铁更能促进城市旅游经济发展。这一核心结论在采用因变量的其他衡量方法、改变测算时段长度估算后依然稳健。（3）影响机制检验结果表明，游览资源、配套交通、信息资源是中高频次高铁促进旅游经济发展的重要影响渠道。（4）进一步影响机制分析发现，高铁能显著推动高服务业等级城市的旅游经济发展，而未推动一般服务业等级城市的旅游经济发展。

作为高级服务业发展等级的上海全球城市，其高等级服务业提高消费升级，2018年超过3000个国际国内品牌在上海首发，新进首发店面835家，其中中国首发店面超过300家，国际品牌首发店面占全国半壁江山，每年举办国际会议、会展、进口博览会、国际电影节、艺术节、F1等一些商务娱乐活动，吸引大量国内外游客，上海人均可支配收入6.42万元居全国之首，可以说是拥有全国最强的购买力和更高层次消费群体。高铁网络带来的旅游业发展虽然相比其他城市而言有着显著的核心地位，作为全球城市而言，其外来旅游消费的吸引力不足。上海市场商业消费额高低是由上海市常住人口、国内旅游者、境外旅游者决定。从国内旅游来看，2018年国内旅游人数约3.4亿人次，同比增长17%。其中外省市来沪旅游人数约1.6亿人次，上海市游客约1.8亿人次，旅游市场构成主要仍以本市人口为主，对国内外来消费吸引力明显不足。所以国内旅游消费基本停留在人均约1375元，比2017年略增长8.7%，相对旅游人数的增长尤显不足。除此以外，国际旅游2018年上海入境人数仅增长2.4%，入境过夜旅游人数仅增长3.2%，根据万事达卡（Mastercard）发布的全球目的地城市指数报告，2017年上海国际过夜游客数量排名第25位，为663万人，远低于2018年排在前10的巴黎（1744万人）、伦敦（1983万人）、纽约（1379万人）、东京（1293万人）等全球大城市，也落后于曼谷（2278万人）、迪拜（1593万人）、新加坡（1467万人）、安塔利亚（1241万人）等旅游目的地城市。在上海2017年国际过夜游客消费58

亿美元，排名第 26 位，远低于 2018 年排在前 10 的伦敦（198 亿美元）、巴黎（129 亿美元）、纽约（185 亿美元）和东京（135 亿美元），国际游客数量和境外消费额明显不足。作为旅游资源的上海本地老字号和中华老字号品牌数量虽多，但普遍缺乏国际国内竞争力和影响力，本土消费品牌供给产品质量、技术研发和特色创新落后于消费结构需求。

要发挥高铁对旅游经济发展的带动效应，既要因地制宜实行差异化发展，也要积极推进旅游合作一体化发展，对此提出以下几点建议。

第一，建立交通、旅游等跨部门数据共享机制，完善基础设施供给。本书的影响机制发现，游览资源、配套交通、信息资源是促进旅游经济发展的重要影响渠道。为促进当地旅游经济发展，就应将交通数据、移动数据、旅游景区数据、旅游酒店数据等在互联互通机制下统一在同一数据库平台，以便利用数据库综合分析旅客的交通、住宿及旅游消费需求，动态追踪高铁客流变化新特征及新需求，以及对高铁游客规模及高铁旅游流向进行智能化预测，基于此设计与城市旅游经济发展的现状与实际需求相挂钩的旅游基础设施的供给与配套，增设多样化列车运营方案，因地制宜地挖掘和释放铁路运力潜能。

第二，旅游开发需错位发展、错位竞争。本书的研究发现一些小城市的旅游经济引力并非随着高铁交通基础设施的改善而有显著提高。也就是说高铁对小城市来说，所带来的仅仅是便捷的交通以及潜在的客流。为吸引游客促进当地旅游客流量增加，就应从吸引游客的旅游产品及旅游服务角度出发，充分挖掘文化、生态旅游资源，错位打造沿线旅游产品，避免因同质化旅游产品出现过而不入的现象，从而打造高铁时代的品牌旅游目的地。提升城市旅游服务能级，加强旅游服务业态的创新与转型升级，才能增加对旅客的吸引力。

第三，加强区域旅游合作。旅游经济要想形成整体规划和协调机制，就必须突破沿线省市的行政壁垒，针对不同旅游者的需求，按照沿线城市旅游产品特色、旅游服务进行统一组织和协调，形成多层次多类别的旅游产品体系。为商务游、老年游、亲子游、乡村游、自驾游等不同旅游需求提供优质的旅游产品和旅游服务。结合游览资源、信息资源、交通资源等开发多元化的旅游产品，如高铁+旅游景区、高铁+租车旅游、高铁+酒店、高铁+生态游、高铁与旅游综合体结合等。这些以高铁为载体，满足游客日趋多元化

第六章　依托沪昆高铁加速上海全球城市与长江经济带的互动

旅游需求的新模式、新产品，促进了旅游业的升级转型，也为不发达地区旅游扶贫攻坚注入新动能。比如广西壮族自治区桂林市龙胜县和平乡的平安村，曾是一个不通公路、不通电的典型贫困村。随着南广、贵广高铁通车两年后，平安村贫困发生率由高铁开通前的 9.78% 下降至 1.4%。高铁不仅有利于为不发达地区带来机遇和平台，也有利于实现区域内各地旅游经济的共同发展。

第七章 高铁网络强化上海全球城市对中小城市发展辐射作用

第一节 中小城市建设高铁的必要性

2018年我国城区人口规模小于100万人的中小城市数量占比达到86.5%，集聚的人口规模比重达到38.4%。面广量大的中小城市不仅是我国城市体系金字塔的底座和基础，也是人口城市化的重要支撑。纵观世界城市化的发展轨迹来看，交通运输是影响城市化格局变迁的重要因素，也是决定城市化走向的重要支撑。关于城市化走向目前一直存在争议。既有认可大城市越大越好，因为从生产要素集聚、成本的节约角度来看确实如此，毕竟大城市的发展路线在国外甚至在国内早期，其方向基本以大城市为核心，区域发展动力极化现象突出，经济和人口要素向大城市集聚的趋势十分显著。然而大城市病的问题却愈演愈烈，同时中小城市的发展出路也处于不停探索中。如中小城市可进入都市圈，发挥自身要素成本低、发展空间大等比较优势参与都市圈产业分工与合作，大城市与中小城市共同发展可以互利互惠以达到双赢的局面。如上海全球城市产业结构调整、非核心功能疏解，需要将部分产业转移到中小城市，对于中小城市来说承接产业是个发展机遇。当前长江中上游地区正在成为承接东部沿海发达地区产业梯度转移和国际产业转移的热土，具有竞争力的优势产业和企业也在逐渐涌出，通过高铁网络平台发挥中心城市的辐射带动作用，尤其是中部地区，因为八纵八横高铁主框架几乎全部贯穿中部地区，长株潭、滇中经济区、昌九经济走廊、贵州中部经济区等区域高铁网络建设正在加快进行，这些地区中的部分中小城市凭借其相对较强的规模集聚效应和交通枢纽地位，不断放大枢纽经济活力，提升网络节点性功能。因此，"要想富先修路"被认为是中国中小城市促进地方经济社会发展的一剂良药。虽然有观点认为中小城市在高铁网络下面临着"双刃剑"，既有发展机遇也有虹吸效应的挑战。但从长期来看，中小城市还是会得益于高铁网络带来的连接优势。因为交通条件改善加速了各要素流动，时空距离对经济活动空间位置的约束性作用逐渐降低，经济活动和生活方式得以通过交通跨越空间界限而向协同化、系统化、扁平化方向发展，中小城市的功能价值得以突破和重组。因此，似乎就有了不融入高铁网，对于中小城市而言，长期必会被时代发展所抛弃。正是处于这种考虑，争夺高铁所产生的"舆论战""公关战"也此起彼伏。

第二节　大城市与中小城市依托高铁网络的经济潜力变动

选择长江经济带中小城市作为案例研究，是因为考虑到长江经济带具有较为密集的高铁网络，处于沪昆等东西铁路，以及京沪、京九、京广、包柳、兰昆等南北铁路干线交会地带。东部高铁网络相较于中西部更为密集，西部地区主要以成都、重庆、贵阳、昆明为节点城市将其余城市互相串联。另外，长江经济带高铁网络建设如火如荼，西部至今没有高铁的中小城市都处于高铁的规划建设当中。长江经济带在积极建设综合立体交通走廊，而高铁作为其中不可缺少的一环发挥着重要作用。目前，备受关注的上海至成都沿江高铁通道规划建设在加快推进，对于长江经济带而言，这将填补徐兰高铁和沪昆高铁间无横向高铁的空白，是"八纵八横"高铁中关键的"一横"，能够更好地将东、中、西三大板块串联起来，拉近长三角、长江中游和成渝城市群间的互动与联系。

考虑到本书重点在于研究高铁对不同城市规模经济发展的差异，而经济潜力指标相比于其他可达性指标更能体现各城市在空间上所受到的中心城市空间"合力"作用，侧重于节点城市与经济中心城市的相互作用。

$$P_i = \frac{M_i}{T_{ii}^a} + \sum_{j=1}^{n} \frac{M_j}{T_{ij}^\alpha} \tag{7-1}$$

其中，P_i 表示节点 i 的经济潜力水平，潜力值越高，代表其区位优势潜力越大。由于经济潜力在于自身的潜力值问题，因此设置城市内部拥堵时间来解决（蒋海兵、张文忠，2014）。M_j 表示节点的 GDP 或者人口。在可达性计算中，一般采用人口规模或 GDP 反映城市质量。为了能够更好地反映高铁对长江经济带各城市经济发展相互作用的影响，选取 GDP 和常住人口两个指标进行集成设定，即 $M_j = \sqrt{GDP_{ij} \times POP_{ij}}$ 来反映经济发展的综合水平。根据铁路线路连接下区域内各城市间的最短时间路径构成的时间距离矩阵，用 T_{ij} 表示通过某交通设施和网络从节点 i 到经济中心或活动目的地 j 所花费的时间、费用或者是途中距离等；a 为距离摩擦系数，通常取 1（Gutiérrez J.，2010）。而 T_{ii} 则表示节点 i 的内部拥堵时间，因拥挤时间与城市内人口数量相关，以此表征内部时间（Hou Q，li SM，2011），公式设定为 $T_{ii} = 3 \times \log(pop \times 10)$，$n$ 则表示区域节点城市的个数。

本书可达性中的最短时间距离铁路数据来源于 2008 年和 2017 年铁路时刻表，若城市之间利用高铁可相互直达，则选择所需时间最短的车次所用的时间作为城市间铁路交通时间，若不可相互直达，则选取距离该城市最近的可相互直达的城市为中转城市，计算中转前后的总时间作为相互不可直达城市间的高铁交通时间。从 2008 年到 2017 年两个时间节点可以发现，不同城市群之间经济潜力差异较大，且城市群内部也存在明显的核心—边缘的发展路径。

可以清晰地看出四大城市群在高铁开通后的可达性提升都非常显著。长三角城市群可达性提升幅度平均值为 1.29，没有达到平均值的只有大城市中的上海，中小城市的舟山、滁州和宣城，其他城市的可达性提升幅度均超过了平均值。其中，大城市中的南京（2.03）和中等城市的湖州（2.6）潜力值的提升幅度远超于其他城市。同时，南京在 2017 年的潜力值超过了上海，这可能是由于苏中地区的盐城、南通、扬州与南京的高铁联系度比上海更加紧密。上海至苏中几个城市间并没有开通直达的高铁，苏中地区公路相比于铁路更加发达。从 2017 年的潜力值来看，虽然大城市诸如上海、南京、苏州和无锡的潜力值依然遥遥领先，但镇江、湖州和马鞍山作为中等城市的代表，经济潜力值不输于部分大城市，而小城市中的嘉兴的潜力值也超过了半数大

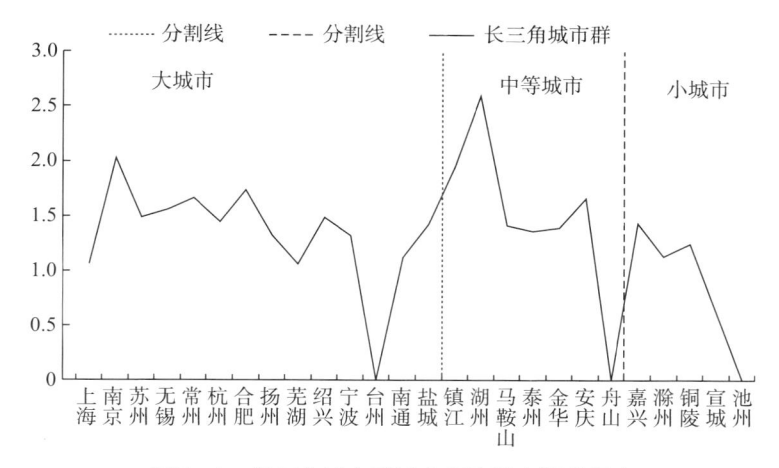

图 7-1 长三角城市群城市经济潜力提升幅度

注：1. 因舟山无火车站，所以最短时间距离为 0；2. 池州 2008 年 9 月 1 日投入使用，但因使用的是 2008 年 6 月之前的铁路时刻表，所以依旧把池州归入无火车站行列。

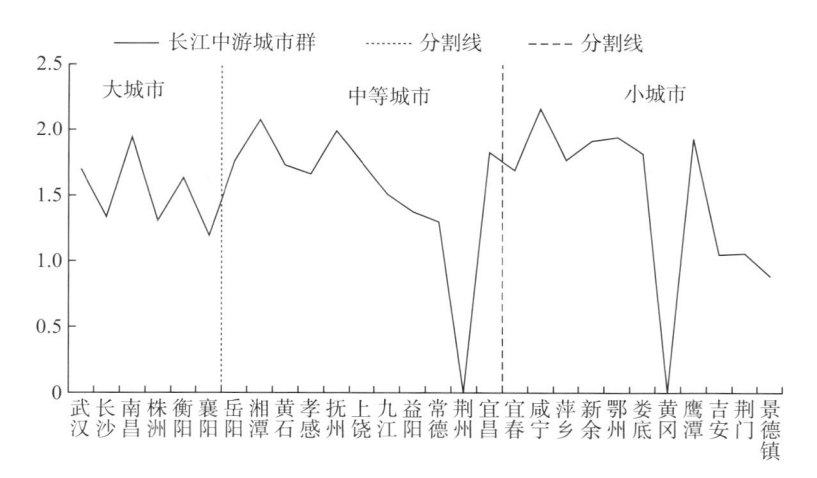

图 7-2 长江中游城市群城市经济潜力提升幅度

城市的潜力值。总体而言，长三角城市群作为重要的增长极，在高铁开通后，不同规模的城市交通网络比以往愈加发达，大大提升了可达性。

而以武汉为中心的长江中游城市群，中心地位依然稳固，潜力值仍领先于其他城市，长沙、南昌紧随其后，三大城市的潜力值处于长江中游的核心地位，其中又以南昌的提升幅度最大。整体来看，长江中游城市群可达性提升幅度平均值为 1.51，除大城市中的长沙、株洲、襄阳和中等城市中的益阳、常德，以及作为小城市的吉安、荆门、景德镇之外，其他城市均超平均值。值得注意

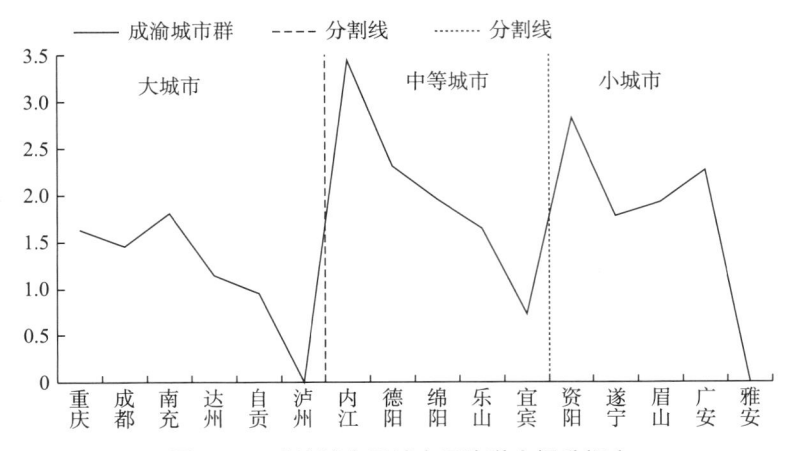

图 7-3　成渝城市群城市经济潜力提升幅度

注：泸州站目前仍处于建设当中，雅安站于 2018 年 12 月 28 日投入运营，因此并没有纳入 2017 年的数据当中。

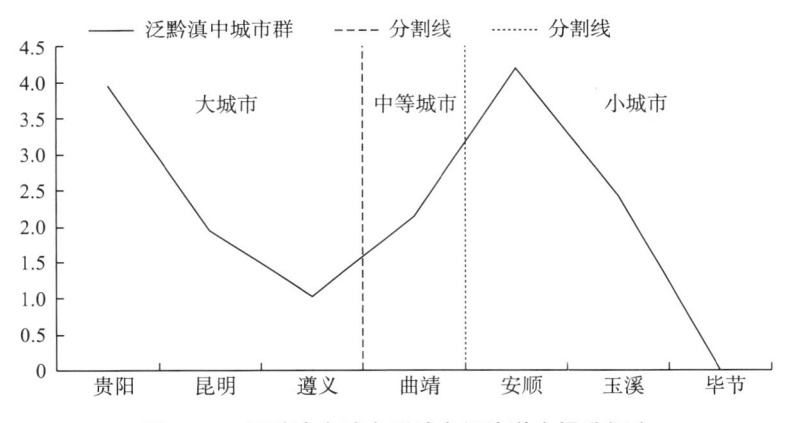

图 7-4　泛黔滇中城市群城市经济潜力提升幅度

的是，中小城市的潜力提升幅度相较于大城市更高，尤其是中小城市中的湘潭、咸宁发展势头不容忽视，可达性提升幅度均在 2 以上，甚至超过了大城市，且 2017 年的潜力值也位于前列。作为承东启西的长江中游城市群，在武汉、长沙、南昌为领先地位的大城市之外，中小城市的发展潜力也值得重视。

位于长江上游的成渝城市群主要以城际高铁为主，整体可达性提升幅度平均值为 1.62，成都、达州、自贡、泸州，中小城市的宜宾、雅安没有超过平均值。可达性提升幅度最大的反而不是大城市，而是中等城市中的内江，小城市的资阳次之。泛黔滇中城市群可达性提升幅度平均值为 2.23，除大城市昆明、遵义和小城市毕节之外，其他城市都超过平均值。其中，小城市安顺和大城市贵阳的可达性提升幅度分别以 4.18 和 3.95 位居前两位。而作为重要节点城市的昆明，其潜力值低于中小城市的曲靖和安顺。

通过不同规模城市的对比也可以发现存在经济发展潜力大的中小城市，诸如长三角的镇江、嘉兴、湖州，长江中游城市群的湘潭、咸宁，成渝城市群的内江、资阳，泛黔滇中城市群的安顺等，由此可知，中小城市是一股不容忽视的力量。为进一步比较高铁的开通是否增大或减小了中小城市的可达性差距，采用变异系数来验证可达性的均衡程度，具体如下表所示：

表 7-1　经济潜力变异系数分析　　　　　　　　　（年）

城市群	年份	大城市	中小城市	整体
长三角城市群	2008	0.39	0.48	0.45
	2017	0.29	0.43	0.38
长江中游城市群	2008	0.24	0.36	0.38
	2017	0.27	0.21	0.27
成渝城市群	2008	0.58	0.36	0.49
	2017	0.63	0.45	0.52
泛黔滇中城市群	2008	0.11	0.60	0.43
	2017	0.40	0.65	0.54

资料来源：作者计算。

整体来看，长三角城市群和长江中游城市群的潜力值差异在缩小，即均衡度在提高，而成渝城市群和泛黔滇中城市群的潜力值差异反而增大了，反映了高铁的开通加剧了中西部城市群内部发展的不平等。中小城市的差异变化与整体基本一致。长三角和长江中游城市群的中小城市变异系数均出现了下降，长江中游城市群尤为显著，潜力值的均衡度在提高，而成渝城市群与泛黔滇中城市群中小城市的潜力值差异变大，中小城市间的差距也进一步拉大。东部的中小城市在原本的区位优势下，高铁予以加乘，经济潜力的均衡度相比中西部的中小城市有了相应的提高，各中小城市以高铁为依托协同发展。从这一层面来看，高铁的开通并没有改善中西部的发展差异。但也可能是因为中西部高铁开通较晚，对经济发展的影响存在一定的滞后效应，因此潜力值的均衡度还没有得到完全的体现。

从城市空间相互作用和区域发展理论出发，以发展理论中增长极、发展社会学核心—边缘结构的思想来看，长江经济带城市群交通联系网络呈现出明显的核心—边缘结构，核心区与边缘区的网络密度差异较为明显，核心区节点城市的经济辐射能力在网络中起到主导作用。上海、南京、杭州、武汉、长沙、重庆、成都等大城市处于区域经济联系网络的核心地位。其中，长三角城市群内的一体化趋势比较突出，长江中游得益于区域经济发展战略调整和交通网络可达性水平的提高，使得交通网络联系在东中部尤为稠密。东部与西部城市群之间的交通联系频率不高，中部与西部之间也有待进一步加强。

聚焦到中小城市，长江经济带沿线的中小城市在高铁开通后，可达性基本获得了提升。虽然高铁对中西部的中小城市的发展相比于东部中小城市的发展来说影响并不显著，城市群内部的差异在增大，但其变化也在引导着城市体系的重构，部分中小城市如镇江、湘潭、内江、曲靖等在高铁下的经济潜力值较为强劲，对城市竞争力产生着潜在的影响。

第三节　高铁网络对中小城市的影响效应

一、数据来源、模型设定及变量说明

高铁通过加速人口、产业、资金的流动频率加强城市间的经济联系，为区域发展提供了新的途径。但不能忽视的是，高铁带来的可达性提升会使落后地区的生产要素向具有先发优势的发达地区聚集，从而造成落后地区的经济衰退（张学良，2010）。在高铁开通的短期时间内，往往是马太效应的加速器而不是贫富差距的均衡器。从劳动力就业分布来看中小城市的经济集聚效应，具有一定的代表性。劳动力的就业分布意味着就业结构和产业结构的变化，Marshall（1920）认为产业和劳动力在一定范围内集聚可以促进集聚经济和规模报酬递增，劳动力就业集聚是刻画劳动力与产业结合态势的核心标度。高铁网络对于中小城市究竟是提升了劳动力就业集聚，还是稀释了劳动力就业集聚？

本书以长江经济带沿线城市 1999—2017 年的面板数据为样本，使用的数

据根据历年的《中国城市统计年鉴》、《中国统计年鉴》、铁路时刻表和各城市统计年鉴计算和整理而得。高铁开通时间根据《国家中长期铁路发展规划》《中国铁道统计年鉴》及铁道部公开数据整理，采用长江经济带75个中小城市1999年至2017年的数据，在此期间国家大规模批复修建高铁，为采用双重差分法提供了一个很好的准自然实验。基于面板数据推测与检验高铁对中小城市劳动力就业集聚的影响。模型设定为：

$$EMP_{it} = a + \beta_1 T + \beta_2 R + H(T \times R[t \geq 2008]) + \delta Z_{it} + \varepsilon_{it} \qquad (7-2)$$

式中，EMP_{it}是劳动力就业集聚i的t期的观测值，T和R分别代表时间和地区虚拟变量，R是劳动力就业集聚i在高铁沿线城市为实验群取1，其他城市为对照群取0；$R[t \geq 2008]$，其间t在2008年以后，也就是说长江经济带沿线开通以后取1，之前取0的虚拟变量。Z_{it}为控制变量的集合。ε_{it}是误差项，这个公式的H系数被解释为高铁建设对劳动力就业集聚的影响效果。若其估计值显著大于0的话，说明高铁促进中小城市劳动力就业集聚。

考虑到高铁建设影响效果的显现是一个渐进的过程。因此，引入被解释变量的EMP_{it}的一阶滞后项EMP_{it-1}，构造成动态面板数据模型：

$$EMP_{it} = a_0 + a_1 EMP_{it-1} + \beta_1 T + \beta_2 R + H(T \times R[t \geq 2008]) + \delta Z_{it} + \varepsilon_{it} \qquad (7-3)$$

研究范围包括长江经济带内的G高铁、D动车组和C城际高速动车组，通过分别计算实验群和对照群的经济发展在政策实施（高铁开通）前后的变化量，然后再计算这两个变化量的差值，即倍差，来衡量高铁开通对城市劳动力就业集聚的净影响效应。

劳动力就业集聚采用长江经济带各中小城市市辖区年末第二、三产业就业人数总和与市辖区土地面积的比值来衡量。

实验群及对照群的解释，实验群是以长江经济带中2008年至2017年开通的50个中小城市为实验组取1，对照群选择的是长江经济带中2017年之后及至今未开通的23个中小城市，这些城市与实验组的高铁城市规模相近且经济发展水平类似，适合作为对照群，将其取值为0。

被解释变量，借鉴已有研究，第一类控制变量反映各城市的资本积累情况。各城市资本存量的多寡及资本增量形成的快慢能够对当地就业集聚产生重要影响。本书借鉴帕格里埃拉（Pagliara）等的做法，选取经济密度反映高铁建设影响下单位土地面积上经济活动及就业人口集聚程度，值越大经济活动及就业人口集聚程度越高。除此之外，当地的投资水平对就业的拉动作用、经济的增长作用较大，同样需要控制（于涛方，2012）；对外开放程度越高，交通可达性的提升会进一步吸引外商直接投资的进入，带来更多就业机会，吸引更多人员流入（杨成钢、曾永明，2014）；本书分别使用国内生产总值与城市市辖区的土地面积之比（yd_{it}）、固定资产投资量与非农就业人数之比、外商实际投资水平来反映经济密度、投资水平、对外开放程度。收入差距，考虑到区域间居民绝对收入变动和人口结构变化对收入差距的影响，参考王少平、欧阳志刚（2007）的方法，采用泰尔指数衡量收入差距程度。

第二类控制变量反映产业结构情况。第二、三产业对人口就业有着重要的集聚力，二产比重（isu）、三产比重（tsu）采用第二、三产业产值各占 GDP 比值衡量，预期对就业集聚有正的影响。

第三类控制变量反映城市环境引力情况。（1）政府公共服务供给引力，采用地方财政支出占 GDP 的比重表示。由于不同城市产业发展和市场偏好的差异，因而政府公共服务对劳动力等生产要素集聚的影响可能具有一定的区域异质性。（2）科技投入引力，科技支出占财政支出占比来表示政府对科技投入关注程度。（3）人力资本投入引力，教育支出与小学中学高中学生的比值来衡量。（4）交通便利性，采用加权平均旅行时间的计算公式。

二、高铁网络对中小城市的异质性影响效应

为分析各类因素的分效应和总效应，本书采用逐步纳入变量的方式共建立了 7 个模型。从模型 1 至模型 7 中可以看出，无论是否加入其他的控制变量，在以劳动力就业集聚为被解释变量时，本书的核心解释变量的回归系数基本显著为正，但随着控制变量的增加其系数出现波动性下降，说明高铁对中小城市劳动力的就业集聚有正向影响，同时也受到其他控制变量的影响。

从控制变量来看，随着城市经济密度的增加、对外开放水平的提高、投资水平的提高以及二产、三产比重的增加，对中小城市就业集聚的增加带来了显著的正向促进作用。其中对中小城市而言，相比三产，二产的就业集聚效应显然更高。另外，值得注意的是，随着长江经济带中小城市交通便利性的提升，却对劳动力就业集聚效应有着阻碍作用，这表明交通网络便利性、快捷性虽然给中小城市带来了机遇也带来了威胁，其实对中小城市来说，交通网络带来的影响其实是危机并存，且这种影响是常态化的存在。

第七章 高铁网络强化上海全球城市对中小城市发展辐射作用

表7－2 长江经济带内高铁对中小城市就业集聚的总体影响

	(1)	(2)	(3)	(4)	(5)	(6)	(7)
就业集聚滞后项	0.831*** (267.7)	0.737*** (282.0)	0.687*** (409.2)	0.692*** (205.9)	0.707*** (137.1)	0.708*** (155.0)	0.698*** (161.0)
高铁开通	0.0921*** (46.24)	-0.0276*** (-21.29)	0.0138*** (7.179)	0.0173*** (9.296)	0.00936*** (3.398)	-0.000221 (-0.108)	0.00468*** (2.813)
经济密度		0.0942*** (73.45)	0.256*** (117.2)	0.232*** (57.76)	0.200*** (44.41)	0.196*** (44.07)	0.228*** (33.86)
投资水平			0.125*** (73.51)	0.132*** (49.86)	0.133*** (40.12)	0.146*** (40.47)	0.137*** (27.09)
对外开放程度				0.0239*** (21.21)	0.0184*** (12.07)	0.0215*** (15.45)	0.0248*** (18.61)
二产比重					0.347*** (11.60)	0.346*** (16.58)	0.298*** (9.977)
三产比重					0.104*** (6.040)	0.0995*** (6.432)	0.0939*** (5.684)
政府公共服务供给						0.0579*** (16.71)	0.0530*** (13.90)

· 253 ·

续表

	(1)	(2)	(3)	(4)	(5)	(6)	(7)
交通便利性							-0.0397*** (-9.210)
常数项	0.748*** (55.76)	0.629*** (51.45)	1.320*** (123.3)	1.316*** (64.76)	-0.182 (-1.224)	-0.176 (-1.586)	-0.101 (-0.738)
样本数	1313	1313	1313	1313	1313	1313	1313
R^2	0.671	0.623	0.587	0.543	0.511	0.487	0.474

注：*** $p<0.01$，** $p<0.05$，* $p<0.1$ 分别表示变量系数通过了 1%、5%、10% 的显著性检验。

为了对中小城市发展政策做到有的放矢，就有必要探究高铁对长江经济带中小城市内部的差异性影响，为此，将其分为中等城市和小城市来进行分类比较。

表7-3　长江经济带内高铁对中等城市、小城市就业集聚的影响

	中等城市		小城市	
	（1）	（2）	（3）	（4）
就业集聚滞后项	0.900*** （124.9）	0.631*** （35.47）	0.806*** （88.73）	0.702*** （53.76）
高铁开通	0.0678*** （16.97）	0.00738* （1.322）	0.0888*** （13.23）	0.00867** （1.047）
经济密度		0.289*** （12.36）		0.211*** （14.18）
投资水平		0.177*** （10.98）		0.120*** （11.99）
对外开放程度		0.0286*** （8.326）		0.0145*** （5.187）
二产比重		0.0683*** （3.630）		0.402*** （4.644）
三产比重		-0.119 （-1.210）		0.260*** （3.659）
政府公共服务供给		0.0662*** （7.514）	0.0734*** （6.269）	
交通便利性		0.00185 （0.113）		-0.0583*** （-4.603）
常数项	0.473*** （14.10）	1.719*** （2.726）	0.804*** （19.84）	-1.113** （-2.213）
R^2	0.745	0.623	0.756	0.611
样本数	629	629	684	684

注：*** $p<0.01$，** $p<0.05$，* $p<0.1$ 分别表示变量系数通过了1%、5%、10%的显著性检验。

长江经济带的中等城市、小城市的模型中，在没有加入任何控制变量的情况下均为显著的正向就业集聚效应。但在表7-3模型（2）列中加入控制

变量后,中等城市和小城市的系数虽然显著为正,但影响程度较弱。表明高铁开通后对长江经济带沿线中小城市就业集聚作用较微弱,这可能是长江经济带内城市发展不均衡导致大城市有更明显的集聚引力,虽然中等城市也有一定的基础优势,但是很难与周边大城市在要素竞争中表现出明显的优势和更强劲的集聚力。从中小城市比较来看,高铁对小城市就业的促进作用略高于中等城市,可能的原因是长江经济带内中西部小城市居多,在高铁开通前较多处于经济社会发展较不发达区位,高铁开通对中西部小城市而言可能提供了发展机遇和竞争的平台,凭借在土地等生产要素价格上的优势,空间竞争相比中等城市更小,借助政府政策倾斜及地方政府努力,因高铁获得发展的小城市相比原本而言,会较大幅度地促进地区经济发展和就业集聚。

表7-4 中小城市按劳动力就业增长率分类

中等城市		小城市	
劳动力降低型城市	劳动力增长型城市	劳动力降低型城市	劳动力增长型城市
镇江、连云港、淮北、蚌埠、九江、抚州、邵阳、德阳	泰州、湖州、阜阳、宿州、十堰、荆州	咸宁、资阳	丽水、衢州、宣城、滁州、吉安、宜春、鄂州、荆门、永州、张家界、广元、昭通、保山

以高铁冲击的2014年为节点,将2014年之后就业集聚增长率均为正数的城市定义为劳动力增长型城市,就业集聚增长率均为负数的定义为劳动力降低型城市。高铁的虹吸效应在中等城市和小城市都在发生,劳动力资源存在外流现象,影响着中小城市的就业集聚。

三、高铁网络对中小城市的产业异质性影响效应

以上研究结论认为高铁开通后对小城市就业集聚的促进效应高于中等城市,那么是什么产业导致了中等城市和小城市间的差异性影响?本书从第二产业和第三产业选取了14个行业进行比较分析。

高铁开通后,带来的客流会直接影响城市第三产业中的交通运输仓储业、批发零售业、租赁商业服务业、住宿餐饮业,这些服务业无论对中等城市还是小城市的就业集聚均有着促进作用。金融业和信息技术服务业对中等城市和小城市就业集聚均未发挥影响效应。值得注意的是科研技术服务业、教育

业的小城市就业集聚效应有显著的增加，但对中等城市却起着显著阻碍作用，可能的解释就是小城市原有的科研技术服务业、教育业相对较低，在高铁开通后，为地方经济发展等因素的考虑，政府的政策倾向及政府规划当地小城市未来的发展开始向科研创新、教育的方向引导。但相对而言，中等城市科研技术服务业、教育业本身发展基础较好，不过在邻近周边大城市引力的竞争下，这类高科技创新行业、教育业极可能被大城市争夺，从而影响此类产业在当地发展，高铁网络可能加速了本地此类产业的流失。

制造业、建筑业、房地产业对中等城市、小城市的影响差异性明显。从长江经济带的小城市研究结论发现，制造业、建筑业、房地产业并没有促进当地就业集聚效应的提高，反而有显著的负向影响。与此相反，中等城市制造业、建筑业、房地产业的就业集聚效应有着显著正向作用。可能的解释为高铁开通后中等城市不仅利用其原有的基础优势及交通便利性吸引了制造业入驻，也承接了大城市转移出来的制造业，并且随着投资机会及城市规划的政策取向，带动了建筑业、房地产业，从而促进了城市就业集聚。相反，小城市制造业、建筑业、房地产业就业集聚下降的原因可能是高铁的虹吸效应所致，即在与中等城市竞争中，制造业转移及入驻可能被中等城市截留，由于中等城市还未产生较大的溢出效应时，制造业很难流向小城市，另外由于小城市土地资源及人口规模还未集聚到一定规模时，房地产业和建筑业就远不能如中等城市那样集聚性开发和经营。

表 7-5　长江经济带中等城市高铁的就业集聚效应

	（1）科研技术服务	（2）交通运输仓储	（3）批发零售	（4）租赁商业服务	（5）住宿餐饮	（6）金融	（7）教育
就业集聚滞后项	0.838*** (61.49)	0.714*** (73.51)	1.176*** (110.8)	0.658*** (76.86)	0.816*** (97.88)	0.781*** (37.90)	0.790*** (16.91)
高铁开通	-0.012** (-2.55)	0.053*** (2.72)	0.406*** (9.13)	0.030*** (2.94)	0.136*** (16.14)	0.0047 (0.45)	-0.069*** (-7.19)
控制变量	控制	控制	控制	控制	控制	控制	控制
常数项	0.440** (2.51)	-2.598 (-1.28)	-5.926 (-1.63)	0.0324 (0.04)	1.709** (2.42)	0.844 (0.74)	0.764 (0.70)

续表

	（1）科研技术服务	（2）交通运输仓储	（3）批发零售	（4）租赁商业服务	（5）住宿餐饮	（6）金融	（7）教育
R^2	0.423	0.512	0.378	0.489	0.527	0.671	0.426
样本	629	627	629	629	627	629	629

	（8）信息技术服务	（9）居民服务	（10）卫生社保	（11）文体娱乐	（12）制造	（13）建筑	（14）房地产
就业集聚滞后项	0.377*** (23.19)	1.075*** (86.01)	1.101*** (86.15)	0.804*** (58.50)	0.698*** (37.60)	0.785*** (52.57)	0.778*** (37.20)
高铁开通	-0.0025 (-0.50)	-0.011* (-1.934)	0.046*** (4.369)	0.017*** (5.378)	0.226** (2.270)	0.244*** (2.736)	0.060*** (4.140)
控制变量	控制	控制	控制	控制	控制	控制	控制
常数项	-0.398 (-0.98)	0.785*** (5.024)	-0.318 (-0.450)	0.651*** (4.618)	0.662 (0.0634)	2.296 (0.260)	0.104 (0.122)
R^2	0.548	0.561	0.674	0.632	0.549	0.430	0.472
样本	626	625	629	629	629	629	628

注：*** $p<0.01$，** $p<0.05$，* $p<0.1$ 分别表示变量系数通过了1%、5%、10%的显著性检验。

无论中等城市还是小城市均面临被虹吸效应的威胁，为此，中小城市应该设法对产业定位，发展特色产业以保持在高铁网络下的产业分工中的竞争力。例如以旅游资源为主的城市如玉山、婺源等地区，高铁网络加快了其特色资源的有效发挥。城市发展规律本是先集聚再分散，从长期来看，中小城市还是会得益于高铁网络带来的连接优势。此外，从全盘范围来看，整个区域内的资源配置效率也会因高铁开通而提高。因此，不融入高铁网，长期而言肯定会被时代的发展所抛弃。正是由此考虑，众多中小城市争夺高铁的声音此起彼伏。如果说中等城市考虑的是如何让通过的高铁线路更多更密集、争的是怎样在众多枢纽中地位更强，那么小城市苦苦追求的就是高铁能在当地设置一个站点。中小城市对高铁的争夺是完全可以理解的，但要注意的是，不要只是为了争高铁而争高铁，还要有更多的考虑。

表 7-6 长江经济带小城市高铁的就业集聚效应

	(1) 科研技术服务	(2) 交通运输仓储	(3) 批发零售	(4) 租赁商业服务	(5) 住宿餐饮	(6) 金融	(7) 教育
就业集聚滞后项	0.942*** (96.03)	1.104*** (457.4)	0.759*** (193.2)	0.895*** (146.1)	0.731*** (115.6)	0.937*** (85.42)	1.019*** (97.83)
高铁开通	0.0223*** (6.592)	0.168*** (8.415)	0.156*** (4.862)	0.118*** (13.91)	0.333*** (11.93)	0.0686 (15.33)	0.0196** (2.264)
控制变量	控制	控制	控制	控制	控制	控制	控制
常数项	0.336*** (4.395)	-5.069*** (-5.030)	-19.17*** (-9.420)	0.0306 (0.130)	-5.324*** (-4.602)	-0.478*** (-2.986)	1.215** (2.381)
R^2	0.543	0.562	0.470	0.323	0.455	0.612	0.573
样本	684	682	684	677	675	684	684
	(8) 信息技术服务	(9) 居民服务	(10) 卫生社保	(11) 文体娱乐	(12) 制造	(13) 建筑	(14) 房地产
就业集聚滞后项	0.598*** (20.37)	0.847*** (276.1)	0.979*** (141.1)	0.802*** (143.7)	0.663*** (99.85)	0.541*** (169.8)	0.741*** (43.33)
高铁开通	0.00741 (1.409)	0.358*** (30.59)	0.0610*** (5.495)	0.0354*** (5.819)	-0.899*** (-13.18)	-0.240*** (-10.45)	-0.0241*** (-5.987)
控制变量	控制	控制	控制	控制	控制	控制	控制
常数项	-0.577*** (-3.280)	0.123 (0.169)	-2.275*** (-5.181)	-0.644*** (-4.007)	-81.51*** (-29.95)	5.429** (2.365)	-0.191* (-1.938)
R^2	0.588	0.457	0.439	0.549	0.373	0.479	0.623
样本	684	621	684	684	684	683	681

注：***$p<0.01$，**$p<0.05$，*$p<0.1$ 分别表示变量系数通过了 1%、5%、10% 的显著性检验。

第四节 高铁影响下中小城市个案分析

高铁增加连通性，高铁的网络效应反过来又成为社会经济影响的驱动因素（Givoni，2006）。在高铁以内的交通基础设施不断完善的基础上，各城市间必然会产生新的经济增长点，不同规模和不同功能定位的城市间的联系会更加多样。而作为发展共同体的城市与区域，核心与边缘城市之间的互动联合来促进协同发展变得尤为重要。高铁只是一种媒介，有高铁的城市不会自动受益，必须利用高铁可达性带来的新机遇蓬勃发展当地经济。虽然在高铁影响下，长江经济带各城市间的互联互通显著增强，但借鉴发展理论的思想，中小城市想要更好地寻求发展，需要抓住国家打造长江经济带，推动沿线联动发展的发展机遇，尤其是长三角城市群、长江中游城市群、成渝城市群和泛黔滇中城市群，更要注重高铁的重要作用，依托交通基础设施加强中小城市与大城市经济发展相互作用和合作关系。

中小城市的发展从来都不是孤立发展，都市区化与全球城市区域构建，交通条件改善及后工业社会消费经济兴起等构成推动中小城市的主要外部要素，它们与中小城市自身的发展、资源禀赋的结合将决定中小城市未来的发展趋势，其发展路径也呈现多样化。中小城市发展的资源禀赋归纳起来主要为两个方面：区位和发展基础。区位指的是中小城市在区域内部中所处的位置，具体可分为紧密圈层和边缘圈层。所谓紧密圈层意指中小城市受到城市区域内部核心城市的辐射影响较大，未来是与核心城市一体化发展的重要区域，这一类型的城市称为都市区一体化型。而边缘圈层的中小城市发展会因距离核心城市的远近及交通条件完善度不同而大致分为两种类型，一类是虽距离核心城市较远，但交通便捷，在区域增长的轴线上为轴线联动型；另一类是距离区域发展轴线较远，再加上城市可依托区域资源相对不足，但若集中发展特色经济，将有可能形成规模不大但有特色的空间聚落为边缘据点型。

为更清楚地比较东部中小城市和西部中小城市的发展差异以及中小城市的未来发展，选取东部的嘉兴、中部的鹰潭和西部的曲靖作为代表性的城市来进行个案分析。选取原因：嘉兴作为长三角乃至长江经济带处于发展前列的城市，其本身的发展便值得其他中小城市借鉴。此外，处于沪杭之间的嘉兴，在受到大城市资金、管理、技术等溢出影响的同时，也面临着两座大城市产生的"虹吸效应"，嘉兴保持住了高质量的发展而不是走向衰落。这对在长江经济带高铁等交通网络密度不断增大，高铁时代的城市合作为主流的当下，中小城市在借力大城市发展的同时，警惕、避免大城市的"虹吸效应"提供了一定的思考意义；中部地区的鹰潭具有良好的地理位置，因铁路而兴，却也因高铁而面临没落的危险，这意味着高铁的发展并非带来了均等的机会，

第七章　高铁网络强化上海全球城市对中小城市发展辐射作用

原来以交通枢纽发展起来的鹰潭随着中西部高铁网络的完善而失去区位优势，其如何实现逆转？鹰潭未来的发展转变之路具有一定的研究意义；西部的曲靖从边缘化华丽转身成为发展势头迅猛的云南第二大经济强市，交通基础设施的完善助力曲靖发展，沪昆高铁的开通进一步为其创造了新的经济增长点，对曲靖的发展以及规划进行分析，有利于为其他中小城市更好地抓住高铁机遇提供新的探索之路。

一、"都市区一体化型"——上海全球城市强化中小城市的发展

高铁带来的人才、信息、资本等要素的快速流通，使得创新资源更容易在高铁枢纽型城市集聚，从而在"科教—科研—中试—产品—企业—产业生态"的技术创新链中抢占先机。特别是超大城市、特大城市周边的中小城市，借助同城效应等高铁带动的创新资源流动，更容易积聚技术转化和应用创新等产业功能。邻近上海的嘉兴就是较好的案例。嘉兴区位上属于典型的"夹心"城市，处于两大一线城市沪杭中间，北临苏州，属于"都市区一体化型"，早在2010年沪杭高铁开通时嘉兴就已搭上了这班列车，在长江经济带中小城市经济发展中处于领先的核心地位，在长江经济带中小城市中，嘉兴以较小的土地面积，十年来GDP总量位居第一。经济发展，交通先行，依托高铁嘉兴不断密切与上海、杭州的交流联系。但与此同时，率先搭上高铁的嘉兴在与沪杭互联互通的同时也面临着"虹吸效应"。嘉兴下属县市集聚效果不尽如人意，离心力大于向心力，桐乡、海宁往杭州靠拢，建设临杭产业区，紧邻上海的嘉善、平湖则打造临沪产业区，内部资源难以整合，市域中心城市难以形成。目前，在"一带一路"和长江经济带的大背景下，长三角一体化上升为国家战略，G60科创走廊也随之成为落实战略的重要平台，新的政策动力带给了嘉兴新的变化，使其更加深度地融入长三角城市分工体系。

高质量发展一是人口。人口是城市吸引力的象征，是发展的持续动力。尤其在产业转型时期，众多城市转向以先进制造业和服务业为主体的产业体系，产业的升级扩大了对人才的需求，而人才的流入又将可持续性地推动产业结构的优化。嘉兴不断推出人才引进政策，在吸引人才方面做出了卓越的成效，在2017年第三季度到2018年第四季度间，嘉兴作为小城市挤入了全国中高端人才净流入率排行榜第4名。嘉兴的人口机械增长率总体也呈上升趋势，人口净流入量逐年递增，嘉兴核心中小城市的地位愈加稳固，新的经

济增长点也在出现并迅猛发展。高质量发展二是创新，嘉兴积极建设科创之城，政府大力扶持高新技术企业，高新技术企业数量2018年增幅排名位居全省第二。创新成果显著，"嘉兴制造"往中高端转变，专利授权量走在长三角前列。

1. 嘉兴高铁新城提升产业转型升级

嘉兴商务园位于长三角区域中心、嘉兴市的主城区，依托沪杭高铁开发建设，发挥与沪杭同城化的区位优势，聚焦发展总部经济、金融商贸、商务会展、科技服务、文化创意等产业。依托高铁核心区开发，重点发展商务会展、企业总部等业态，打造高铁枢纽门户；推进金融广场建设，重点发展对接上海、服务嘉兴经济的金融服务业，打造商贸金融新地标；通过现代服务业集聚和门户形象塑造，重点吸引文化创意、科技创新、电子信息等产业，打造区域科创商贸区。嘉兴虽为小城市，也在逐渐形成区域中心城市，核心地位愈加凸显，增强区域辐射作用和影响力，带动周边其他中小城市协同发展。

2. G60科创走廊助推嘉兴发展

2016年G60科创走廊的提出，到2017年沪、嘉、杭签订战略合作协议共同建设，再到2018年沪苏浙皖九城联动，使之从城市战略上升至国家战略。嘉兴作为最早加入G60科创走廊的成员之一，零距离承接着上海科创资源辐射和溢出。创造良好的营商环境是吸引企业落户嘉兴的关键一步。嘉兴开展"营商环境建设年"、建设"掌上办事之城"等从各方位优化营商环境，让嘉兴的高新产业发展势头猛烈，政府对高新技术企业极大的支持力度，如出台的"育苗造林"计划，科技企业双倍增等行动也让高新技术企业成为嘉兴最活跃的创新主体，全市高新技术企业数量实现两年翻一番于2018年已达1265家。另外，建设中的张江长三角科技城作为中国唯一一个跨城市开发的科技城，这使嘉兴在产业结构中成为上海密不可分的一部分，更好地接轨上海，承接上海辐射。

3. 立足特色，明确功能定位

从嘉兴规划的转变中可以看出，新的城市规划更加强调了文化，城市全域旅游等内容。嘉兴历来以旅游城市闻名，坐拥南湖、乌镇、西塘三个5A级景区，旅游业一直是嘉兴的重点产业。除此之外，面临重大战略机遇的嘉兴，立足自身特色，明确功能定位，与沪杭等大城市实现错位发展，突出城市性质，促进全面发展和协同发展。

表7-7 嘉兴城市总体规划城市性质变化

前一轮城市总体规划定位	新一轮城市总体规划定位
长三角的经济重镇、上海南翼的港口新市、江南水乡的文化名城	国家历史文化名城，具有江南水乡风格的旅游城市

表7-8 城市功能定位下嘉兴发展状况

主要功能定位	发展状况
区域物流枢纽	普洛斯、沃尔玛、安博等大型物流企业进驻嘉兴；苏宁入驻嘉兴，打造华东电商产业园
创新创业强市	浙江清华长三角研究院、浙江中科院应用技术研究院、上海交大嘉兴科技园、中关村长三角创新园、北航科技园嘉兴分院、乌镇世界互联网大会永久会址、嘉兴科技城云创小镇、嘉兴学院G60科创走廊产业与创新研究院、网易联合创新中心
江南水乡田园城市	网络田园城市建设

资料来源：由《嘉兴城市总体规划（2003—2020）》（2017年修订）和政府文件整理。

嘉兴明确自身功能定位，依托G60科创走廊，以"一核两翼"的空间布局谋划与上海、杭州等核心大城市的深度融合。嘉兴得天独厚的地理位置也使其成为区域物流枢纽提供了良好的基础条件。嘉兴民营品牌突出，海宁皮革城是中国最大的皮革交易市场；茧丝绸市场承接网上交易平台；传统制造向时尚智造转变的嘉兴毛衫城等产业集聚地初具规模，诸多专业市场的存在催生了强大的物流需求，是嘉兴物流产业发展的强大力量。同时，嘉兴的特色产业和相对低廉的土地成本也与上海、杭州的特色产业错位，避免了同质化竞争，有效实现发展成果最大化。

二、"轴线联动型"——边缘—核心中小城市的发展

如果说传统工业时代发展取决于发展基础与经济起步的先后的话，那么后来者居上的可能性相对较小，但当今正处于后工业化时代，新的机遇意味着相对平等的起点。西南边陲城市的曲靖，从一穷二白一跃成为云南省第二大经济体、云南第一大工业城市，在中小城市发展中不容小觑，以绿色经济为主要功能定位的曲靖，它的成功可以给予其他具有类似功能定位的中心城市以很好的

示范作用。在西部高铁网如火如荼展开的当下,曲靖随着沪昆高铁的建设开通,以高铁为抓手,在积极融入滇中城市群1小时交通圈,昆明—曲靖城际铁路的建设也为昆曲同城化发展提供了支撑,这类是典型的"轴线联动型"。

从地理区位来看,曲靖位于云南省东部,处珠江源头,是全国主体功能区规划、泛珠三角区域合作的叠加区、长江经济带的重点开发区之一,是滇中城市经济圈的核心区域,这既是曲靖发展的机遇也是挑战。随着沪昆高铁的建设开通,曲靖以此为跳板,紧密与长三角、珠三角和长江中游城市群的连接,由内陆腹地城市向对外开放合作的门户城市转变,承接发达区域的产业转移,促进资源型城市传统产业进一步优化升级。同时积极打造互联互通的基础设施网络,规划建成全国区域级流通节点城市,利用高铁网络建设重要物流中心。

曲靖构建第一、二、三产业融合发展的现代产业体系,发展六大优势产业,促进产业集聚,打造昆曲绿色经济示范带,以高铁为抓手,紧密与长三角、珠三角和长江中游城市群的连接,由内陆腹地城市向对外开放合作的门户城市转变,承接发达区域的产业转移,促进资源型城市传统产业进一步优化升级。曲靖坚持把城市建设和城市品质提升作为发展的突破口,以产业集聚打造品牌效应,在2019年更是荣登中国品牌城市百强榜。

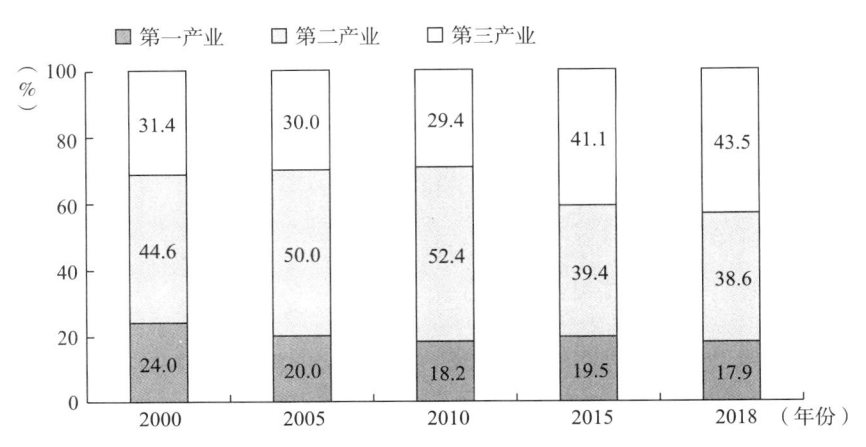

图7-5 曲靖三次产业结构比(2000—2018年)

资料来源:根据曲靖统计公报、统计年鉴计算整理。

产业结构日趋优化。2015年是曲靖产业结构转型关键的一年,2015年及之前第二产业占据主要比例,自2015年第三产业比重首次超过第二产业,经济发展的全面性和协调性不断增强。规模大、竞争力强的龙头企业如红云红河集团、一汽红塔汽车制造有限公司、滇东能源有限责任公司以及汇源集团食用菌田园综合体等项目也纷纷落户曲靖。商贸物流业依托交通基础设施的完善更加蓬勃发展。积极响应区域级流通节点的规划和六大产业，沿贵昆铁路布局工业园区，发展物流集散、中转服务的物流功能拓展区，形成流通产业发展轴，推进物流工业园区建设，坚持招商引资，将工业园区打造成产业发展的平台、对外开放的窗口。

高铁时代，最先受益的其实是旅游业，城市间可达性的大幅度提升拉近了曲靖与其他城市的时间距离，使省外城市来曲靖的周末旅游成为了可能。"珠江源—曲靖号"的昆明至深圳 G2924 次高铁文化旅游列车的首发、高原特色农产品进高铁推介会等，都以高铁为媒介，发挥高铁的作用使曲靖文化、产品等向外推出。曲靖脱贫攻坚取得显著成效，全市贫困发生率降至 5.07%，常住人口处于稳定低幅度增长，2018 年常住人口达 615.54 万人，城镇化率达到 48.48%，全年城镇常住居民人均可支配收入 34423 元，与省会城市昆明的差距在渐渐缩小，高铁影响下的昆曲一体化发展让作为中等城市的曲靖从中获益，与玉溪、楚雄等中小城市统筹联动，协同发展。

三、"边缘据点型"——边缘—边缘中小城市的发展

鹰潭，是一座典型的受铁路影响较大的城市。位于江西省东北部的鹰潭，面向长江、闽南、珠江三个"三角洲"，且处于海西经济区范围，是东南沿海发达地区进入内陆的门户和我国东西区域交流的咽喉，是交通重要节点城市。国家计委早在《2000 年全国城市发展战略重点》中，就把鹰潭确立为"沿铁路干线重点城市之一"。城市以此依托于铁路而发展，鹰潭火车站为全国少数的特等到达站之一。铁路系统承包了近 4 万名员工在铁路系统就业，铁路用地占城市建设用地的 30%，铁路枢纽促进城市发展在鹰潭得到了很好的体现。沪昆高铁的开通也让鹰潭成为沪昆、鹰厦、皖赣铁路干线的交会点，是沪昆和京九铁路发展主轴带上赣东北地区的区域中心城市。

然而，鹰潭因铁路而兴，却也因铁路在高铁时代面临着尴尬的境地。曾经作为铁路枢纽的鹰潭在宏观区域交通体系发展的当下，随着昌福铁路、合福高铁等铁路网的不断完善，新的高铁站点的出现，鹰潭铁路枢纽地位随之下降，逐渐失去区位优势，因原有中转作用带来的人流、信息流、物流、资

金流也在减少,面临着愈加边缘化的危险。而高速公路网络密度的增加也对其交通枢纽地位造成了冲击。交通成本的下降和交通选择的多样化、便利性让鹰潭失去了赖以发展的交通优势。同时,铁路线路将城市空间严重分割,造成城市内部联系不便,加大了中心城区建设用地跨越铁路的拓展难度。

截至2018年,鹰潭在江西省11个地级市中,GDP总值十年来一直为倒数第一。其实,鹰潭矿产资源丰富,尤以铜原料资源量为全国领先。江铜冶炼基地是亚洲最大、世界前三强的铜工业生产基地,同时也是重要的黄金、白银原料产地。此外,鹰潭旅游资源丰厚,自然风光和道教文化全国闻名,在旅游资源规模、资源种类、资源文化等方面可开发性大,旅游业发展潜力巨大。然而,优越的地理位置、丰富的各类资源却没有给鹰潭的发展带来腾飞,坐拥的区位、资源优势反而在一定程度上限制了发展。首先,鹰潭工业产业结构较为单一,2018年规模以上铜产业实现收入占工业主营业务收入的90.8%,工业主营业务收入几乎依靠铜产业。这种单一的结构导致同质化竞争严重,无法适应愈加复杂多变的社会经济环境,且存在大量粗加工的企业,产品附加值较低。其次,服务业相对落后,虽然旅游资源丰富,但是支撑旅游业发展的相关产业发展缓慢,旅游业经济总量不大,对GDP的贡献率不高。那在高铁时代下,逐渐边缘化的鹰潭应如何实现社会经济的发展和人口集聚?

在江西省政府着力打造"一圈引领、两轴驱动、三区协同"新格局的发展新目标下,处于横轴的沪昆高铁段的鹰潭,与上饶、景德镇共同组成赣东北开放合作发展区,三区协同合作,对鹰潭来说是发展的新机遇。赣东北三市签订构建旅游一体化平台的合作协议,致力于发展赣浙闽皖边际旅游黄金走廊。在现有的高铁网络下,鹰潭到上饶最短高铁时间仅需0.42小时,到景德镇也只需2小时,从上饶到景德镇也在1小时之内,高铁的开通使赣东北三市一体化进程加快,有利于构建旅游圈和挖掘新的游览线路,增加旅游的吸引力。然而,鹰潭整体发展的倒数情况并没有发生改变,虽然开通高铁但并未成为流动人口集聚地,旅游产业对经济的贡献率依然较低,近年来旅游收入增速也在放缓。存在的主要原因如传统旅游方式遭遇瓶颈,且部分旅游产品同质化、低质化;旅游公共服务配套设施不完善;旅游业与其他产业融合度不够。如何摆脱目前边缘化的困境,实现高质量发展是鹰潭亟须攻克的难题。从鹰潭市2015—2030年的总体规划中也可以看出,鹰潭市政府在不断探索区域协同发展的新路径,立足自身优势,致力于打造中华道都、世界铜都和智慧新城。

第七章　高铁网络强化上海全球城市对中小城市发展辐射作用

表 7-9　鹰潭发展状况

	重点项目	成果
中华道都	大上清宫遗址公园、道学院、正一观改扩建、仙人城改造提升、天师林等项目	推出特色旅游产品：研学旅行、修道养生等体验类项目，建成道院道局等精品民宿；旅游品牌营销效果显著：成功举办道文化国际旅游节、旅游峰会、文化论坛、道教界迎春联谊会等；智慧旅游建设成果：全域旅游平台与电子商务地图、智慧停车场、应用型旅游产品等
世界铜都	江西省铜产业大数据中心；红旗铜业三期铜精深加工项目；瑞鑫铜业微细铜线技改项目	"八位一体"铜产业体系日益完善；与高校产学研合作，成立江西先进铜产业研究院；与江铜集团一体化合作事项达33项
智慧新城	物联网："03 专项"试点示范基地；智联小镇；中临鹰智能装备产业园；中车智慧旅游交通装备；欧菲炬能模组制造基地；沃得尔汽车传感器、普华鹰眼无人机基地；物流业：物流公共信息平台、鹰潭林安智慧物流园	国内首个实现中、低两种不同速率的移动物联网全域覆盖城市；全国5G双试点城市；建成使用移动物联网产业园、智慧新城云中心、鹰潭（江西）物联网平台、产业云平台等相继开通；获批国家物流枢纽陆港承载城市，鹰潭现代物流园成为全省唯一的国家级示范物流园区

资料来源：根据鹰潭市政府工作报告和统计资料整理。

　　鹰潭在"两都一城"建设上不断加码，不仅体现在旅游业上以不同形式的文化活动推动龙虎山道教文化的大众化和体验化，创设以道家养生和文化旅游为主的全域旅游新格局，使鹰潭旅游的美誉度、知名度和影响力大幅度提升；也体现在绿色工业转型中，充分深化与江铜集团的协商合作，与各高校开展产学研合作，实施"创新"和"倍增"攻坚行动提升铜深加工、精加工、高检测能力；同时，在智慧新城建设上，发挥其引领作用，实施"物联鹰潭"战略，加快建设国家科技重大专项成果转移核心区和全国5G试点平台，进一步凸显了物联网产业集聚效应。

　　鹰潭的功能定位主要是旅游城市，它的探索之路其实也为相似定位的中小城市能够提供借鉴经验，如利用交通基础设施推进全域旅游精品化、深入化；打造交通沿线旅游新景新线；深度发掘自身文化内涵，通过互联网、电

· 267 ·

子商务等形式推出各类活动，推出体验先行模式。虽然高铁时代下上饶、九江等城市的兴起让鹰潭不再是独大的中转站点城市，印证了区域发展理论中的"极化"效应，但不能否认的是其交通区位优势。高铁网的完善确实对鹰潭提出了新的挑战，但与此同时，也是难得的从边缘化逆转的机会。

高铁时代的来临增加了城市间互联互通的便利性，提升了各中小城市在交通地理区位上的节点优势，同城化效应、发展轴效应等影响下中小城市迎来新的发展。通过对高铁影响效应下各中小城市功能定位和规划战略的观察可以发现，核心中小城市和边缘中小城市各自的规划政策对其经济社会发展及人口集聚起到了重要的协调和指导作用。以高铁效应更优实现为出发点，区域发展理论中极化效应与扩散效应存在相互转化的现象。高铁人口集聚效应很大程度上会受到城市功能定位、产业结构及规划政策的影响，边缘中小城市可以在城市总体规划下适应交通网络带来的变化，抓住发展机遇实现到核心的转变，从而促进人口集聚，但部分边缘中小城市可能会错失高铁带来的机遇，仍在边缘徘徊。而核心中小城市在高铁时代并不是高枕无忧，如何更好地形成独特的城市优势，以良好基础实现更加核心的中心城市的转变是其面临的主要问题。

通过三个个案的分析可以发现，中小城市发展既要尊重自下而上和市场配置要素的力量，也要重视自上而下、公共政策与规划的引导。不管如何转型发展，在总体规划中的共性都是特色化发展。中小城市的区位和发展基础差异是客观存在的，基于客观差异的路径选择差异发展是中小城市在高铁时代背景下的理性选择，只有形成独特的不可替代的特色经济，才能与大城市进行更好的互动合作，实现与中心大城市的资源融合，通过区域发展的科学规划更好地处理集中与分散、公平与效益的关系，为资源要素的跨区域流动奠定基础，实现高质量发展和人才集聚。而特色发展需要中小城市寻找适合自身的特色功能，如嘉兴强调对接沪杭，以错位发展来突出"高品质低成本"的特色化竞争优势；曲靖强调对接滇中城市群，促进同城化发展，突出六大特色产业形成竞争优势。对于产业衰退型城市与欠发达的中小城市而言，应尊重市场规律、摒弃"城市必须增长"的惯性思维，直面人口流失乃至局部地区空心化的客观现实。引导人口和产业等城市发展要素向城区集中，通过空间集聚和功能优化等措施，保持城市发展活力，走"小而强""小而精""小而美"的精致化发展之路。差别化竞争，彰显城市特色是中小城市实现公平统筹、协同发展的正确选择。

除此之外,根据研究会关注到由于城市规模不同以及选址过远、基础设施配套不足、规划雷同等因素影响,部分高铁新城开发效果不佳的现象频频出现,具体如下:

(1)高铁规划超前,脱离了当地经济发展的客观实际情况。截至2018年5月,全国高铁站已超过700余个,基本覆盖了主要人口聚集区。有的地方高铁站设在城市边缘地区,力图塑造城市新的增长点,高铁经济为中国城市化建设所注入的动能是显而易见的。但仍然存在高铁规划超前,脱离了当地经济发展的客观实际情况,尤其是小城镇需要预防借高铁概念过度发展房地产业。此类现象在我国已不少,但需注意的是小城镇发展优势低于发达地区,其吸引力有限,若小城镇的高铁新城开发规模过大、产业发展模式单一,加上政府基础设施综合配套不完善,会使高铁新城呈现鬼城现象。

(2)高铁新城站点较远,便利性不足。国外研究表明,高铁站要带动周边发展,需要充分考虑其便捷性和可达性,最好在周边形成"核心区—拓展区—商业区"的功能圈层。整个规模控制在4—9平方公里,交通枢纽在步行5—10分钟内可达地铁、公交。然而,我国国内较多高铁新城普遍存在高铁站距离中心城区较远,与现有产业、城市远景规划的关联度较低,导致即使高铁开远运营,新城或新区依旧迟迟无法与城市产生联动效应。很多地方政府都想将高铁站作为拉大城市框架的支点,为做大城市格局而预留空间,但却损害了其最基本的便利性。便利性差会导致新城或新区难以得到有效发展,毕竟能否成为高铁新城或新区主要还是依其客流量和城市人口体量来决定,若不能有效产生人流集聚效应,新城也将难以得到发展。还有一些高铁新站虽地处郊县,却用地级市而非所在县作为站名,结果出现了孝感北站不在孝感,铜仁南站不在铜仁的奇葩现象。

(3)部分高铁新城基础设施、公共服务配套不足,呈现新城为空城。由于部分高铁新城缺乏学校、医院、商贸中心等配套的基础设施,居住的便捷性不足,导致刚需购房者较少,投机炒房客居多,造成即使买了房子也不愿意过去居住。除此之外,大部分高铁新城都定位于城市的副中心,并由此再衍生出商务金融、文化休闲与娱乐、居住、行政办公等功能,因而多数高铁新城的功能和业态同质化严重,没有地方特色。

高铁网络建设对于城市发展虽然起着助推作用,但高铁并非城市化建设的"万灵丹"。过于功利，远离中心城区成为"飞地"高铁站拉动作用注定是有限的，借助高铁成为吸引投资或投机炒房是需要注意的。正因如此，国家发展改革委、自然资源部、住房城乡建设部、中国铁路总公司联合下发《关于推进高铁站周边区域合理开发建设的指导意见》，其中明确，"合理确定高铁车站周边用地规模、结构、布局及土地开发和供应时序，坚决防控单纯房地产化倾向"。所以，地方政府还需考虑大高铁建设给城市带来的不仅是机遇，还有挑战，若一味功利，只着眼于短期利益，高铁带来的将不是机遇，而是挑战。所以地方政府应考虑长远，科学规划，完善车站周边公共服务体系和配套设施，营造宜居宜业的环境，让高铁产生人口与产业集聚效应，与城市发展形成良性循环才是目标。

第八章 高铁影响城市发展趋势及政策建议

第一节 高铁发展趋势展望

一、国际高铁发展及对城市发展的影响展望

从铁路运输技术发展来看,在可以预见的将来,铁路在陆上运输中仍将发挥着骨干作用,其发展的共同趋势是高速度、大密度、网络化、舒适化、绿色化。目前,德国、法国、日本和中国等高铁大国都在对创新性高铁新技术进行持续不断的探索,现在还没有成熟的革命性的技术突破。但可以预见的是,人工智能、云计算、物联网、大数据、卫星定位、5G通信等先进技术将与高速铁路技术融合,全面提升高铁智能建造、装备和运营智能技术水平,使高铁更加安全高效、绿色环保和便捷舒适。

(一)未来高铁建设的主战场主要集中在亚洲国家

国际上主要高铁国家高铁建设与发展的影响因素很多,其对人口流动的影响非常复杂,既有工业化、城市化发展阶段和人口流动的需求推动,也有国土面积、人口规模以及建设资金、管理水平的限制,甚至受制于土地所有权的不同法律规定、中央地方管理体制和对环保的重视程度等。在亚洲,国际上传统的高铁强国日本正在建设的重点项目是东京至大阪的磁悬浮中央新干线,设计时速505公里,一期工程东京至名古屋段于2014年底开工,预计2025年建成,行驶时间为40分钟。二期工程名古屋至大阪段预计2045年建

成,未来东京至大阪仅用1小时,这条线路将打通日本三大城市群的界限形成1小时圈的超级城市群,这条线路的建成将包括东京、横滨、川崎、埼玉、名古屋、京都、大阪和神户八座人口超百万的大型城市和众多中小城市,在集聚日本60%人口,以仅占日本国土面积21.4%的城市群将会创造更高的GDP和附加值。韩国作为"亚洲四小龙"之一,经济发达但国土面积有限,不可能建设大规模的高铁网络。韩国高速铁路(KTX)只有一条主线,也是韩国主要的城际交通工具。直到2004年4月,韩国第一条从首都首尔至南部沿海第二大城市釜山的京釜线高铁才开始投入运营。首都首尔与釜山间的运行时间从此从长达4个半小时缩短到2小时40分钟。2010年后韩国陆续开通运营了庆全线(在庆州和全州之间,主要连接全罗道和庆尚道)以及全罗线。5年后韩国开通了湖南线(从首尔到木浦)。2016年年底,韩国又开通使用了SRT(Super Rapid Train,超级快速列车),从首尔水西至釜山市、从水西至木浦的高铁线路。目前,韩国规划推动湖南线高铁二期建设,推动京釜高铁线二期改造升级,对道坛—永川等普通铁路进行复线改造,并加快推动首都经济圈城际高速铁路建设。在南亚地区,随着经济增长提速,近年来世界人口第二大国印度城市轨道交通发展迅速。目前,德里、孟买、加尔各答、班加罗尔、金奈等中心城市都有运营或在建的地铁或城际铁路,其中德里—阿格拉线运营时速达160公里的"半高速"列车已经于2016年4月正式开通运营。由德里开往瓦拉纳西的印度高铁,也就是被称为印度最快列车的"致敬印度"号列车,已经在2019年2月投入运营。与此同时,欧洲由于债务影响、老龄化上升、疫情影响和英国脱欧带来的冲击,短期内在高铁建设方面也未有显著的线路规划。在客运方面,美国铁路普遍速度较慢。目前最快的铁路线路是美国东北部波士顿—纽约—华盛顿特区一线,最高设计时速也仅为150英里。2009年奥巴马政府曾提出建设高速铁路计划,计划在全国范围内修建城市高铁,此事已经讨论多年,近期也未见明显的进展,未来受政治等因素影响存在高度不确定性。此外,东欧国家、非洲国家、拉美国家等,也是高铁建设的潜在市场。

(二)中国高铁走出去将成为世界高铁建设的主要推动力,正在推动亚非拉和东欧等新兴国家的城乡人口流动带来显著影响

中国是世界第二大经济体和世界最大制造业中心,具备建设高铁的技术、

装备、资金、工程施工能力和政策推动等综合优势。在推动中国铁路走出去方面，媒体上广泛报道的非洲蒙内铁路是东非国家肯尼亚一个世纪以来首个采用中国标准建设的新型铁路。内马铁路是中国继蒙内铁路之后，在肯尼亚参与建设的第二条全中国标准铁路项目。这两条线路都是东非铁路网的重要干线铁路。在东南亚，2016年年初，印尼雅加达市至万隆市的雅万高铁开工建设，这是中国高铁全产业链走出去的第一个项目，也是整个东南亚的第一条高速铁路。中老铁路始于中老边境磨憨、磨丁口岸，南行至老挝首都万象，全长达400余公里，全部线路都采用中国管理和技术标准建设。线路于2016年12月全线开工，规划2021年12月建成通车后，"陆锁国"老挝将实现向"陆联国"的根本转变。在东欧，匈塞铁路始于匈牙利首都布达佩斯，终到塞尔维亚首都贝尔格莱德，线路全长350公里。该线路设计为电气化客货混线铁路，最高设计时速200公里。中外代表已经就项目合作达成共识，各项推进工作正在加快。始于俄罗斯莫斯科终到俄罗斯喀山市的高铁项目是俄罗斯《2030年运输发展战略规划》中的重大项目，铁路线全长770公里，最高设计时速达400公里。中俄双方相关企业已经签署建设合作意向书。目前中国力推从云南到达新加坡等泛亚高铁建设，对带动东南亚地区的高铁发展意义重大。未来，中国将是世界高铁建设的主要推动者。亚洲地区正处在快速的工业化和城市化阶段，加上人口密度高，泰国、印尼、印度等国家正在加紧规划建设高速铁路，主要采取和中国、日本进行资金和技术合作的方式进行。日本新干线开通早、运营安全记录好，在国际上有较高知名度。近年来日本政府采取措施加大新干线装备、技术等的出口力度，其中对泰国等东南亚各国的基础设施建设最感兴趣。此外，日本政府还通过ODA援助等方式支持日本企业参与东南亚新兴市场国家基础设施建设项目竞标，加快促进新干线等装备技术出口，未来可能成为中国高铁走出去的有力竞争者。

二、国内高铁发展趋势及对城市发展的影响展望

（一）中国建成世界级高铁网络将极大提升跨区域人口流动便利度

根据国家发展改革委员会等部门2016年7月印发的《中长期铁路网规划》和中国铁路建设"十三五规划"等文件，到"十三五规划"末期，中国铁路网规模将长达15万公里，其中高速铁路长度达到3万公里，将覆盖中国

80%以上的大城市。规划到2025年，中国铁路网规模将达到17.5万公里，其中高速铁路将达到3.8万公里左右，网络覆盖范围进一步扩大，铁路网络结构更加优化，对经济社会发展的保障作用进一步提升。规划到2030年，将基本实现内外互联互通、区际多路畅通、省会高铁连通、地市快速通达、县域基本覆盖的全国铁路网络。我国将建成世界上规模最大、现代化水平最高的高速铁路网络，连接长三角、珠三角等主要城市群，基本连接所有省会城市和其他50万人口以上大中城市，最终形成以北京、上海、广州、武汉、成都、西安等特大城市为中心覆盖全国、以各个省会城市为支点覆盖周边的高速铁路网络。实现相邻大中城市之间1—4小时交通圈，各城市群内0.5—2小时交通圈。我国将打造一体化的高铁综合交通枢纽，与公路、航空等交通方式高效衔接，形成系统配套、一体便捷、站城融合的综合铁路枢纽，真正实现客运"零距离"换乘、物流"无缝化"衔接、运输"一体化"服务等目标。

在高速铁路网建设方面，将形成以"八纵八横"高铁主通道为骨架、区域连接线衔接、城际铁路补充的高速铁路网络，实现省会城市之间高速铁路通达、主要经济区际之间高效便捷相连的现代化交通格局。正在建设中的"八纵八横"高速铁路主通道中的"八纵"，包括了从东部沿海大连到西部内陆兰州、大致呈南北走向的沿海通道，京沪通道、京港（台）通道、京哈—京港澳通道、呼南通道、京昆通道、包（银）海通道、兰（西）广通道等，构成联系中国疆域南北的快速大通道。"八横"通道包括北起内蒙古满洲里南至广西北部湾、云南滇中等城市群、大致呈东西走向的绥满通道、京兰通道、青银通道、沿江通道、沪昆通道、厦渝通道、广昆通道等，构成联系中国东中西部的大通道。"八纵"与"八横"交织成网，形成覆盖中国绝大部分人口的世界级现代化高速铁路网，为我国区域间人口快速流动提供了物质基础。

中国高铁要发挥最大的运输效益，需要进一步放大高速铁路"八纵八横"主通道、主框架的联结效能，需要头部规划建设区域连接线，进一步完善路网、扩大覆盖面，真正形成一张网的效应。规划建设的联结线可以将东部地区、东北地区、中部地区、西部地区的主要人口都纳入"八纵八横"主通道的覆盖范围，东面到绥芬河、西面到兰州、西南面到云南都将被一张巨大的高铁网络覆盖。随着我国城市群战略的深入推进，在主要城市群中大力发展城际客运铁路是提升城市群交通能级的有效措施。比如长三角城市群地区，将在优先利用现有高速铁路线、普速铁路线开行城际列车服务城际功能的同时，进一步规划建设支撑和引领新型城镇化发展、有效连接城市群内部大中城市与中心城镇、主要服务城市群通勤功能的城际客运铁路。通过"八纵八横"主通道将分散在全国的一个个城市群区域网络联结在一起，织成一个覆盖中国绝大部分人口集中区域的超级城市群，实现整个国家经济和人口布局的最优化。根据规划，我国京津冀、长三角、珠三角等较大规模城市群，将建成城际铁路网；对于海峡西岸、哈尔滨—长春等中等规模城市群，将建成城际铁路骨架网并留有余力；对于滇中、黔中、天山北坡、宁夏沿黄、呼包鄂榆等目前发展中的城市群，将建成城际铁路骨干通道。此外，我国在建设高铁网络的同时，并没有停止发展一般铁路和货运铁路，相反，我国正在大力修建普速铁路网，已经建成世界上最大的公路网，正在大力发展航空、海运、内河运输等多种运输方式，加快构造综合立体化交通格局，在一定程度上放大了高速铁路的综合运输效益。

（二）城市群轨道网建设使得城市群内不同城市之间人口交流更加密切

为了更好地支撑引领区域人口经济空间布局调整，加快建设一体衔接的城际交通运输网络，推进城际交通快速化、通勤交通便捷化和城乡交通一体化，推动中心城市与周边城镇之间形成更加合理的层级结构，实现交通运输与城镇形态、人口布局协调融合发展。根据国家高速铁路网发展规划和主要城市群建设规划，我国将重点在京津冀、长三角、珠三角等城市群建成城际铁路网，形成轨道上的城市群格局。

在长三角区域，根据国家发展改革委员会等部门2020年4月印发的《长江三角洲地区交通运输更高质量一体化发展规划》，到"十四五"末年，长三角将形成区域一体化交通基础设施网络，对外运输大通道、城际交通主骨架道路、都市圈通勤网等都将高效联通运营，基本建成"轨道上的长三角"，其中铁路密度规划达到507公里/万平方公里。整个区域一体化运输服务能力将大幅提升，长三角中心城市之间享受1—1.5小时同城化客运服务，上海大都市圈以及南京、杭州、合肥、苏锡常、宁波等长三角主要都市圈内都将享受1小时公交化模式通勤客运服务。规划到2035年，以更高质量发展为重点，供需能力精准匹配、服务品质国际一流、资源集约高效利用的长三角地区现代化综合交通运输体系将全面建成，与国土空间开发、产业布局优化、人口要素流动、生态环境保护良性互动的发展格局将加快形成，届时，以上海为龙头的国际门户枢纽影响力将辐射全球，长三角以智能绿色为导向的交通科技创新水平将领先世界，同时运输规则、标准规范、交通一体化管理体制机制将引领国际水平。规划建设的重点是构建快捷高效的城际交通网，实现区域内部城际快速直连，打造长三角都市圈1小时通勤圈。

在京津冀地区，根据国家2016年11月批复的京津冀地区城际铁路网规划，京津冀地区城际铁路建设将以"京津、京保石、京唐秦"三大通道为运输主轴，加快构建由国家干线铁路、快速城际铁路、现代市郊铁路、主要城市地铁等四层轨道交通网络构成的综合网络。规划到2020年年底将连接京津冀所有地级及以上城市，基本实现北京、天津、石家庄等中心城区与周边城镇0.5—1小时通勤圈，北京、天津、保定0.5—1小时交通圈，有效支撑和引导京津冀区域城镇、产业和人口空间布局调整。远期目标是到2030年基本形成京津冀地区以"四纵四横一环"为交通骨架的城际铁路网络。

根据中共中央、国务院2019年印发的《粤港澳大湾区发展规划纲要》，将完善大湾区经粤东西北至周边省区的综合运输通道。推进赣州至深圳、广州至汕尾、深圳至茂名、岑溪至罗定等铁路项目建设，适时开展广州经茂名、湛江至海安铁路和柳州至肇庆铁路等区域性通道项目前期工作，研究广州至清远铁路进一步延伸的可行性。加快构建以广州、深圳为枢纽，高速公路、高速铁路和快速铁路等广东出省通道为骨干，连接泛珠三角区域和东盟国家的陆路国际大通道。以连通内地与港澳以及珠江口东西两岸为重点，构建以高速铁路、城际铁路和高等级公路为主体的城际快速交通网络，力争实现大湾区主要城市间1小时通达。编制粤港澳大湾区城际（铁路）建设规划，完善大湾区铁路骨干网络，加快城际铁路建设，有序规划珠三角主要城市的城市轨道交通项目，促进人员、物资高效便捷流动。

（三）中国高铁网络影响人口移动的中长期趋势

展望未来，快速拓展的高铁对中国人口流动产生复杂而长期的深远影响，人口流动的范围、深度和模式将发生新的变化。一是从高铁网络影响经济布局来看，高铁建设将进一步加快东部沿海地区制造业向中西部转移，传统的从中西部流向东部的就业人口流动格局将发生调整；在便利高铁交通和同城化加速的推动下，高端服务业及其相应的白领就业将进一步向城市群中心城市集聚，而蓝领就业将在全国范围内分布更加均衡。二是从高铁网络影响城镇化格局来看，"八纵八横"主干高铁网与城市群城际铁路网共同作用，更好支撑中国城市群发展战略实施，城市群内就业、就学、就医、旅游等带来的人口流动将更加频繁，人口流动的特点将发生新的改变，城市群内的一些小城市将更加便利地享受中心城市带来的产业、人才和公共服务便利，典型的如江苏昆山、常熟、太仓、浙江嘉善等县级市、昆山花桥等乡镇和上海发展的融合将进一步加深。三是随着高铁速度、舒适度和5G等信息通信技术等加速融合，乘坐高铁移动办公、移动会议、移动购物、移动学习和娱乐等将成为人们的日常生活方式。总体来看，随着我国世界级高速铁路网等建成，随着我国经济结构调整和区域发展战略布局等加快推进，随着我国城市群发展格局等日益成熟，高铁对人口移动的影响将更加深入，影响的途径、范围、程度将进一步复杂化，但总的来看，日益完善的高铁网络对我国产业布局、城市格局和人们经济行为和出行方式的影响将更加深入、全面、持久，在人类发展史上也是空前的。

（四）全球城市区域未来经济发展及劳动力资源对高铁网络的新展望

据国务院发展研究中心和世界银行在2014年联合发布的《中国：推进高效、包容、可持续的城镇化》报告的预测，到2030年，中国大约会有10亿人生活在城市里，城市化率预计将达到70%左右。按照这一估计，未来15年中国仍将新增近2.5亿的城镇人口。未来30年中国区域经济的发展格局将基本由城市群主导，长三角城市群将建成以上海为核心的世界级全球城市区域。全球城市区域内各城市保持人口适度规模和较高质量的人口集聚，是全球城市区域未来发展的一个重要前提，在加快发展先进制造业和现代服务业的过程中，需要引入大量具有较高素质的各类人才和从业人员。随着城市人口老龄化、家庭小型化的快速发展，对外来从业人员需求量将进一步增加。与此同时，产业结构升级以及高于中西部城市生活成本，将抑制人口流入或滞留长三角城市群。通过对就业弹性系数的分析，预测在新经济形势下的全球城市区域未来经济增长、劳动力规模及相应人口容量的变化。

通过就业弹性系数公式来计算未来一段时期内的从业人口数，到2035年，根据预测，长三角各城市群GDP增长总量将大大增加，劳动力资源的需求也均有所上升，这意味着未来人口流动规模将不断扩大，流动速度将不断增强。借鉴美国2050年展望中提出的五项核心目标之一就是通过交通基础设施投资增强区域经济动力，提高弹性和保险性，通过更加便捷化的人流、货物流推动巨型区域合作。参照世界全球城市区域交通建设，未来全球城市区域无论是城市内轨道交通，还是城市间的轨道交通，都还需要大量的投入，形成高铁、城际轨道交通等以轨道交通为主导的交通出行方式。在此基础上，各个城市之间的经济联系和多边互动将更为密切，资本、人才、信息、商品等要素的流量与流速都将得到极大提升，通勤就业和人口居住的同城化趋势将更加明显，"跨城就业的常态化"将得以实现，上海全球城市的人口和住房压力将得到极大缓解。与之相配套，基础设施和公共服务的同城化也将逐步实现，交通和通信基础设施的共建共享和城际衔接将更加深化，跨区域一体化的公共服务体系将初步建成，公共资源在不同城市之间以及城乡之间的差距将进一步缩小。

然而，未来全球城市区域发展也将面临一些发展桎梏。首先是人口老龄化的挑战，未来上海全球城市、长三角全球城市区域乃至中国的人口红利都将逐渐消失，人口老龄化将成为一个重要的经济和社会问题，各城市也正在对此加紧提出对策及解决办法，如吸引人口集聚来稀释未来老龄人口的增加，尤其对老龄化严重的上海全球城市来说更是如此。其次是城市治理的挑战，随着经济外向性的提高和城市化的不断推进，如何实现本土文化和国际文化的融合，如何吸引外来人口使外来人口融入本地，城市交通、安全等问题将成为全球城市区域能否健康有序运行的重要因素。最后是地方本位主义导致的行政分割是制约全球城市区域走向融合的最主要因素，也是全球城市区域未来协同发展迫切要解决的最主要问题。

表8－1　全球城市区域未来经济增长预测　　（单位：年；亿元）

	上海市	南京市	无锡市	常州市	苏州市	南通市	盐城市	扬州市	镇江市
2017	30633	11715	10512	6618	17320	7735	5083	5065	4010
2020	39235	16525	13902	9444	23712	11130	7244	7371	5584
2025	55287	26519	20001	15796	35221	19148	11322	12966	8320
2030	74337	42035	28404	25533	53056	31397	18267	21674	12898

续表

	上海市	南京市	无锡市	常州市	苏州市	南通市	盐城市	扬州市	镇江市
2035	95327	63646	38490	39431	76307	49194	28154	34624	19097
	泰州市	杭州市	宁波市	嘉兴市	湖州市	绍兴市	金华市	舟山市	台州市
2017	4745	12603	9842	4381	2476	5078	3849	1220	4388
2020	6994	17221	13243	5804	3791	6601	5190	1680	5703
2025	12758	27078	19164	8709	6877	9110	8027	2527	8230
2030	21799	40653	28026	12408	12534	12562	11783	3848	11345
2035	35604	58273	39121	16868	21851	16524	16510	5593	14919
	合肥市	芜湖市	马鞍山市	铜陵市	安庆市	滁州市	池州市	宣城市	
2017	6274	2699	1494	957	1531	1423	589	1058	
2020	9913	4193	2034	1398	2019	1954	856	1445	
2025	19217	7652	3082	2404	2823	3134	1394	2256	
2030	36955	14296	4601	4041	3989	4745	2324	3387	
2035	68000	25549	6557	6494	5379	6860	3704	4855	

资料来源：作者预测。

表 8-2　全球城市区域未来经济增长的劳动力资源需求预测　单位：年；万人

	上海市	南京市	无锡市	常州市	苏州市	南通市	盐城市	扬州市	镇江市
2017	1373	458	388	282	692	456	442	319	195
2020	1417	491	408	294	726	456	444	337	204
2025	1481	541	434	313	771	456	448	367	216
2030	1539	594	461	331	820	457	452	397	230
2035	1588	647	486	349	866	457	455	425	243
	泰州市	杭州市	宁波市	嘉兴市	湖州市	绍兴市	金华市	舟山市	台州市
2017	279	681	532	332	189	348	349	75	407
2020	283	735	558	347	195	363	356	79	420
2025	289	820	591	369	204	382	367	85	438
2030	295	905	627	390	213	401	376	91	455

续表

	上海市	南京市	无锡市	常州市	苏州市	南通市	盐城市	扬州市	镇江市
2035	300	987	661	409	222	419	384	97	470

	合肥市	芜湖市	马鞍山市	铜陵市	安庆市	滁州市	池州市	宣城市
2017	538	221	141	52	334	292	115	204
2020	602	251	156	53	342	306	117	211
2025	706	299	177	54	352	329	121	221
2030	827	358	201	56	362	350	125	231
2035	958	424	224	57	371	369	129	240

资料来源：作者预测。

第二节　政策完善与建议

　　高铁建设的目标是希望在压缩时空距离带来出行便利的同时，给沿线城市经济社会带来发展机遇，依托快捷的高铁运输方式将沿线城市连接起来，实现人员、资金、物质等生产要素的更加合理配置，最终实现城市间的协调发展。高铁只是为人口流动提供了便利，其对人口流动规模、流向的影响是中性的。高铁有助于加快城市间生产要素的流通速度，强化要素和发展的良性互动，但其作用效果并不均衡。世界主要高铁国家建设实践经验表明，交通基础设施是全球城市区域的重要支撑，其作为中间投入品可以降低生产活动的生产成本，不仅提高区域通达性，降低企业运输成本和提高运输效率，促进知识溢出和扩散，也会成为全球城市发展的延伸和支撑。要促进全球城市发展，就要加快脚步建设全球城市区域，增强国内的引领作用和辐射力，提升国际上的竞争力。本节立足于促进全球城市发展和建设和谐社会的目标，同时借鉴国内外既有成果与成功经验，从优化城市群高铁网络发展和空间结构优化策略、高铁站点规划与城市内部空间结构优化策略、高铁建设与人口流动的跨区域及城市内协调机制、高铁票价制定、高铁服务管理创新等多方面进行综合探讨。

第八章　高铁影响城市发展趋势及政策建议

一、推进城市群高铁网络发展和空间结构优化

通过推进城市群高铁网络发展和空间结构优化，以城市群内高速铁路、城际铁路及其他快速交通通道为依托，引领和支撑城市群内城镇、产业、人口等进行合理布局，大力促进高铁沿线区域内生产要素的密切交流合作和资源优化配置，有利于加速产业梯度转移和促进经济转型升级。特别是在当前国内外形势复杂多变、国际发展环境充满不确定性的情况下，培育壮大高铁经济新业态，打造高铁沿线高端产业快速发展带，有利于促进我国区域经济和城市群建设高质量发展，加快培育发展新动能。

（一）推动城市群轨道交通规划对接

将当前以中心城为核心的放射型轨道交通体系转变为环状"井"字形结构，有利于支撑构建诸如"一小时都市圈"模式的城市群发展格局，在提高核心城市与周边城市的交通通达性的同时，也提高周边城市之间的联通性。以东京都市圈为例，东京都市圈轨道交通系统主要包括 JR 铁路和私营铁路等轨道系统，服务于都市圈内各城市以及东京中心城区与远郊区的交通联系。根据都市圈空间内的土地开发强度、经济社会联系紧密程度，规划运行不同的轨道交通系统。轨道交通结构呈现出多环状和放射状的双重特征，实现了与东京市区内城市轨道的无缝多线换乘，使得东京都市圈内形成了同城化区域。都市圈内各城镇交通通达性的提高有助于各城市承接核心城市的溢出效应，辐射带动整体区域发展。此外，方便的区域轨道交通还有助于城际通勤人员的快速流动。因此，中国大都市圈应积极推进区域性轨道交通建设，并且加强与次级城市间的城际轨道交通建设，为人口向远郊和周边城市疏散提供便利的交通条件。

（二）推进标准制度对接，不断完善高铁产业带建设的软硬环境

打造城市群产业集群需要依托城市群整个铁路运输系统（包括高铁、城际铁路、市郊铁路、普通铁路等线路）和各个城市轨道交通系统（包括地铁、轻轨、有轨电车等）来共同承担和相互配合。我国大型城市群如长三角城市群，其内部的轨道交通系统往往存在多个投资主体和运营主体，导致城市群不同轨道交通系统的管理、运营标准存在差异。常常存在跨地区、跨部门规

划建设和运营管理统筹协调力度不够，各种信息难以共享、政策不兼容、标准不统一等限制因素。在城市群轨道交通建设中需要完善符合区域轨道交通一体化发展要求的组织架构，建立统一、高效的公共交通管理体制和法治监督框架。同时建立交通一体化协同推进机制，强化综合统筹力度，建立协同推进机制，有效协调解决跨区域重大交通基础设施规划、建设、运营等关键问题，做到优化轨道交通网络一体化布局，更好统筹推进长三角轨道交通一体化发展。可以研究探索成立长三角城际铁路建设运营公司，统一负责长三角城际铁路投资建设，参与长三角城际轨道交通运营，逐步实现长三角区域城际铁路运营一体化。推进长三角轨道交通设计技术标准、建设时序、合作模式、路网联通、运营管理等协调统一。珠三角、京津冀等城市群城际铁路建设也要注重建立一体化协同推进机制，加快技术标准和运营管理的协调统一。软环境方面上海与长三角可借鉴2019年广东省深圳与广州之间开通的"广深城际通"智能程序，此程序可绑定在人们已熟练运用的支付宝、微信中便于城际购票，能够做到"随到随走"的城际公交化流动。

（三）规划核心城市周边城市功能，推动城市间协同发展

通过规划细分城市产业结构，以产业结构调整引导产业人口合理流动，同时促进中心城市优质公共服务资源外迁，提升周边公共服务供给水平，引导人口居住产业合理配置。从日本2017年推出的最新规划《都市营造的宏伟设计——东京2040》来看，这个新规划强调不但要将经济与产业的核心功能聚集区定位为东京周边各级城市中心，更要鼓励城市各区域拥有均衡的发展机会，立足城市发展的自组织规律，推进形成富有"地区特色"的城市空间，从而形成相对均衡的空间发展格局。日本在制订规划之前，其实早在20世纪60年代便已开始了建设副都心和新城，这些副都心和新城对东京而言，不仅起到了疏解城市非核心功能，也缓解了城市拥挤。与此类似，韩国制订的《第三次首都圈整备规划（2006—2020）》，推进首尔都市圈从以首尔为中心的"单核"空间构造加快向"多核连接型"空间构造转化，从而分摊首尔一极化所带来的城市发展压力。因此，在高铁网络下，中心城市应与周边城市合作，发掘城市的优势资源，明确自身的产业定位，促进公共服务资源的一体化，引导产居空间人口流动合理配置。

二、科学规划、建设和运营高铁站点并优化与主城的交通衔接

（一）根据城市规模和特色布局，不能大小城市"一刀切"发展

高铁对各城市的影响效果不同，自然对各城市新建的高铁新城发展的推动也各不相同，不是每个高铁城市都适宜发展高铁新城或新区。高铁新城或新区建设之前需要先行规划，如对高铁站点与产业局、高铁与其他交通基础设施的联系等进行多角度、多层面评价，可按城市引力来确定明确高铁新城的阶段性发展功能与目标。比如大城市因经济、资源、人口集聚等优势，高铁站周边开发潜力较大，可以规划建设高铁新城。而一些小城市要素集聚不足，高铁站周边开发潜力有限，可规划为较小的城市功能区或单纯的交通枢纽。

高铁带来的不仅仅是效率。铁路建设既要追求经济效益，又要追求社会效益，其最终目标是促进区域经济和社会的协调发展。例如，中国工程院和中国轨道交通专家认为高速铁路的展线系数一般是 1.1—1.2，也就是说，两个地方之间的直线距离是 100 公里，铁路的长度应该限制在 110—120 公里。为了满足高速铁路的速度要求，高速铁路尽量走短距离的直线。但高铁建设不仅要考虑技术，还要考虑经济效益和社会效益，即客流。一般来说，只有 50 万人口才能建立高铁车站。但在日益激烈的高铁争夺战中，相关决策部门也在原车站的目标上进行了重新考虑。由于高铁建设模式是由省政府和铁路局共同出资决定的，在几个中小城市之间进行选址时，应考虑到带动落后地区发展的作用。因此，在湖北沿江西段的线路布局中，湖北最终选择了尚未接入高铁的荆门，而不是紧邻的荆州。争建的郑万高铁新野、邓州站，也是兼顾"南水北调库区移民城市"的战略，选择邓州东站，这个车站距离新叶县 14 公里，距离邓州 16 公里。

（二）高铁站点应注意科学选址，完善配套基础设施

高铁站不应距离城市中心过远，否则有损便利性，不同城市高铁选址可有不同布局，应从城市、站点功用定位出发去布局站点，车站选址要做到站区—城区—园区衔接。具体来看，大城市高铁站点应布局在城市组团或片区之间，中小城市高铁站点宜布局在城市边缘。除高铁选址以外，高铁站点基

础设施应完善配套，尤其对中小城市而言更是如此，因为中小城市资源要素集聚引力不同于大城市，容易产生虹吸效应，应加强高铁站点城市的基础设施建设和公共服务投入，引导人口向中小城市合理流动。

(三) 改善高铁车站与市内交通衔接问题

(1) 提高高铁车站的交通可达性。加强高铁车站的交通配套建设，尤其是以地铁和地面公交为主的公共交通，切实解决高铁旅客的市内交通问题。结合高铁车站的地理位置，调整城市轨道交通网络布局，增加衔接的城市轨道线路。(2) 促进高铁与公共交通的运营协调。综合协调高铁与地铁、公交车时刻表，确保在到发时间上的衔接，解决高铁车站夜间乘坐公交难的问题；针对高铁列车晚点等突发的大客流事件，做好应急保障措施，实现高铁与城市地铁、地面公交联动，及时疏解客流。(3) 完善与高铁车站配套的出租车、私家车停靠设施建设。出租车作为高铁车站市内交通衔接的一个重要组成部分，在高收入、商务/工作类旅客的中短途市内交通中占有较高比例，完善相关的设施建设，旨在解决高铁旅客乘车难和出租车停靠难、停靠乱、换乘距离长等问题。随着私家车数量的增加，选择停车换乘方式衔接高铁城际出行的需求必然增长，有必要完善高铁车站的停车换乘设施。(4) 研究地铁安检与高铁车站安检一体化机制。针对目前地铁和高铁车站衔接过程中多次安检的现状，整合有关安检体系，实施地铁—高铁安检一体化，节省乘客出行时间。

积极谋划新线路、新站点，补齐交通配套短板。上海全球城市中心区、真如副中心、徐家汇副中心、松江新城分别通过上海站、西站、南站、松江南站等与城际高铁连接，支撑城市中心、副中心、新城的建设。安亭、南翔和枫泾等有望通过高铁站点与长三角其他城市加强联系。广大的浦东地区特别是临港、奉贤、宝山、青浦等新城目前还没有与高铁建立便捷联系，浦东上海东站、青浦练塘站尚在规划和前期工作准备中，宝山、崇明还没有规划相应的站点。应抓住国家高铁网络、长三角城际铁路、上海市域铁路建设机遇，切实补上短板，特别是中心城连接郊区新城、中心镇的市域轨道交通和上海连接长三角近沪地区的城际交通建设刻不容缓。进一步完善交通配套，比如，加快建设连接上海虹桥枢纽和浦东机场的两场快线，保证两大机场枢纽之间30分钟左右到达，既方便两大机场之间的乘客换乘，也容易依托高铁网络为两大机场集聚长三角客源,提高航运中心整体竞争力。两场快线可以在人民广场、陆家嘴、世博园、迪斯尼等主要功能区留下快速出入口,有利于加强两大关键枢纽门户与上海核心功能区的便利连接,更好发挥上海主要功能区对长三角区域的辐射带动作用。同时,这样做也有利于为虹桥、浦东两大枢纽商务区带来人流和物流,有利于两大枢纽整体做大做强,良性循环发展。可借鉴东京急行电铁开发多摩田园都市经验,吸引民营企业建设辐射郊区和周边城市的通勤铁路放射线,不仅解决都市圈通勤往来的需求,也带动铁路与沿线新城、大型住宅区和休闲购物商圈的联动开发。

(四)加强铁路规划与城市规划的衔接,根据自身特色准确定位

目前,我国部分地方铁路网规划存在的问题包括:城市外围地区铁路走廊建设与公路走廊、城镇走廊衔接不密切,产业区布局、城镇规划与交通布局不协调,主要是由规划不同步造成的,缺乏各类规划动态协调和联动修编机制。促进铁路建设和周边规划的良性互动,需要发挥市场机制的作用,防止走铁路建设完成之后再围绕铁路站区建新区、新区主要发展房地产的老路。不同规模城市需要依据城市特色和未来发展战略来规划高铁建设。

以上海为例,"上海总规2040"提出的"主城区—新城—新市镇—乡村"的市域城乡体系和以新城、新市镇为引领的城镇圈发展战略。这个战略重点是依托交通网络加强新城、核心镇等与主城区联动。目前上海市域范围内的大部分中小城镇整体发展远远落后于中心城,甚至落后于周边苏浙地区,交通基础设施建设落后、交通管理精细化水平有待提高等问题。如洞泾镇,其位于上海市西南、松江区东北部,是上海与长三角各地区相通的西南门户。根据"上海总规2040"提出洞泾镇将与泗泾镇、九亭镇、新桥镇等组成城镇圈,但其交通出行以镇域内部出行为主,对外出行以中心城、松江新城方向联系为主,与主城区轨道联系效率不高,需要增加市郊铁路、轨道快线、中运量公交构建快捷便利的交通网络。

还有就是高铁已在远离松江新城既有建设区的南部设置了站点,高铁站点与城镇空间布局之间的衔接尚处于起步状态,需要从战略层面谋划好上海松江南站枢纽与松江南部新城建设之间的关系,更好支撑G60科创走廊和松江长三角综合性节点城市建设。除此之外,提升金山北站、安亭站等高铁站综合利用水平,强化与新城中心的联系,加强对人流和经济活动的引导,促

进与特色镇建设和区域发展联动，打造高品质高铁特色经济集聚区等。同时，也要加快中心城内部和周边地区存量铁路线路、站点资源的二次开发，积极承担中心城区通勤功能。

（五）建议虹桥枢纽商务区创新和引领打造国家高铁站点现代服务业集聚发展示范区

充分利用长三角地区现有高铁商务区建设基础。目前，在虹桥枢纽商务区规划示范效应影响下，长三角城市群中的南京、杭州、合肥以及苏州、无锡、常州、镇江等城市，都在对本地的高铁枢纽站点进行综合性开发，在硬件设施方面已经积累了相当庞大的资产规模。南京、杭州、合肥、苏州、无锡、丹阳、昆山等地都在加快高铁新城、高铁新区的综合开发，综合交通配套、商业办公、生态居住等设施也日益完备，日益成为当地经济转型和新型城镇化的引擎，打造长三角高铁经济带的基础不断夯实。

推动虹桥商务区高质量招商。虹桥商务区核心区规划的商业办公面积体量庞大，加上周围青浦徐泾、闵行华漕、嘉定江桥、长宁国家航空经济实验区等商务楼宇的完工上市，在国家经济发展整体步入新常态的背景下，对高质量的招商工作提出更高要求。虹桥管委会、申虹公司等投资主体应主动加强与长三角各高铁站点商务区地方政府、行业管理部门以及铁路之间的合作，探索三方协调推进、行之有效的一体化高铁商务区投资、建设、管理新模式。

创新合作模式，积累高铁经济带建设经验。通过PPP和特许经营等方式，吸引社会资金投入，打造"铁路城镇综合体"，既有利于构建铁路投资盈利模式，又能通过沿线土地综合开发和城市总体规划的融合，推动高铁沿线城镇化建设，服务地方经济发展，更为虹桥商务区进一步发展拓展空间。通过不断积累经验，为将来浦东机场—上海东站—浦东航空城发挥对长三角的辐射作用积累经验。

各区县产业要做好与浦东"三港三区""世博园区""大虹桥商务区"的联动发展，充分利用全市发展面临的良好机遇。大力推进园区、社区、学区"三区融合"，积极推进与大型国企、高校、科研机构的联动发展。郊区县要做好产业、城市建设和交通的联动发展，利用新城建设大力发展现代服务业，尤其是生产性服务业，发展"地铁上盖经济"，促进现代都市农业与城市化、工业化发展的联动融合。

加强金融中心建设"一城"、"一带"与"一片"之间的联动，加强贸易中心建设中的"大虹桥商务区"、浦东"三港三区"、"世博园区"和各区县商务区之间的联动，加强航运中心建设中的浦东"三港三区"、"北外滩"、陆家嘴、外滩航运服务业之间的联动作用，提升四个中心建设的能级。

三、加强高铁建设与全球城市区域的跨区域协调

城市之间的双向流动沿着高速铁路变得越来越频繁，应加强高铁建设和人口政策的协调。例如，扩大"远程医疗保险结算"覆盖面，积极推进社会保险费的延续，探索建立社会保险费支付机制和社会福利共享互利三方机制。也可以逐步统一高铁经济带内的人才市场准入标准，建立程序和操作规程，建立公共区域人才公平竞争的法律环境和生态环境，促进互认资格，实现人才交流、教育、培训和考试资源共享，最终形成统一的公共人才服务体系，以便更有效地发挥高铁在促进人口流动等方面的作用。

（一）人口流动管理需要跨区域协同治理

在高铁带动生产要素快速跨区域流动的背景下，人口流动管理中的跨区域协同治理是亟待解决的问题。伦敦都市圈的协同治理可以借鉴。2015年在伦敦召开的伦敦都市圈地方政府首脑会议上，伦敦都市圈政治领导小组宣告成立。会议讨论并通过了关于伦敦都市圈协调治理的四个综合工作机制，在城市群跨区域管理方面迈进了一大步。中国完善区域人口流动管理需要加强跨域管理的业务沟通和协调能力，要率先实现户籍准入年限同城化累计互认。在不同城市之间的居住年限未来可以累加，然后放宽除个别超大城市外的城市落户限制，试行以经常居住地登记户口制度，在公共服务方面要推动公共服务和常住人口挂钩，推动公共资源按常住人口规模配置，通过建立一个整体管理机构来协调流动人口管理问题。究竟要推动哪些关键点呢？从积分制调查就发现教育是流动人口最关心的焦点问题。中央财政主要通过转移支付支持欠发达地区，但这些资源无法跟着人流入到其他城市，十几年前，中国早已有学者如杨东平等提出过"教育券"的思路，但由于人口流动"跨区域外部性"的存在，"教育券"难以实施。但目前中国发展除了实施一贯的均衡发展，也强调追求生产要素的合理流动和高效集聚，这种理念在实践层面上，就与教育资源可携带、公共服务资源跟人口流动一致。并且，不同城市可

以探讨地方人口治理的困境，交流经验，共同制订人口管理规划并实施相关政策和方案。

（二）建构统一大数据平台，实现数据共享

人口流动是一个不断变化的动态过程，流动人口的动态信息管控工作是流动人口管理的一项基础性工作。流动人口的流动情况、年龄结构、婚育信息、就业分布、受教育水平等信息直接决定了政府在流动人口管理工作上的政策制定和调整。因此，流动人口管理需要打破各城市间以及各机构部门的数据壁垒，通过建构大数据平台，获取流动人口的详细信息，各城市各部门依据流动人口的结构特征采取相关的管理措施。在这一方面，美国纽约市已有先例可循。2013年4月，纽约市创立了数据分析市长办公室（MODA），推出了"数据桥"项目，并搭建纽约市的数据管理和共享平台。该机构可以收集和分析所有市政部门的数据，通过大量数据的深度分析，从而更好地确定城市管理的风险点，提高市政服务的质量和效率，并增加政府透明度。

（三）打造城际多方式出行资源优化配置与协同管控

长三角密集高铁网络下还存在局部交通网络与出行需求不匹配等问题，这就有必要制定具有长三角城市群特色、符合各城市实际及出行者自身特点的综合交通智能化管控策略。交通大数据虽然在长三角城市群得到一定应用，但个人身份信息数据不畅通，难以精确管控。在人口流动数据方面可搭建出行即服务 MaaS（Mobility-as-a-Service）平台，这个平台是整合各种交通方式出行服务，进行信息共享，通过此平台可给出行者提供交通出行预定、路径规划甚至支付等功能，基于出行者信息及出行偏好提供相应的交通方案，推出跨交通方式优惠组合套餐，提供长三角城际定制出行门到门服务，以满足其个性化出行需求。

（四）促进社会协同管理，构建统一的服务管理体系

通过政府主导下的社会协作管理，政府机构、非政府组织、社会团体和社区之间的协调与合作，建立流动人口援助安全系统，加强技能培训，完善多层次的服务管理体系，实现集成的公共服务和社会保障流动人口的统一管理。明确不同领域、不同级别的政府，以及不同组织之间的责任。整合资源，建立相应机构，致力于构建区域间横向联系的公共服务体系。

（五）推进长三角全球城市区域公共服务一体化

近年来在长三角一体化进程中，高铁、城际铁路、跨市域的地铁建设，以及打通跨省断头路，使得长三角城市群基础设施建设取得比较大的进展。以特大城市为核心的城市群或城市绵延带将成为我国人口空间分布的主要集聚区，加速人口向都市圈和城市群中心聚集的趋势将持续，未来五年，围绕在城区常住人口在500万人以上城市为中心的都市圈建设还将成为政策制定的重点。城市群交通网络化加速人口在城市群内部随着经济活动空间分工和要素成本的变化而出现人口居住空间、就业空间和公共服务空间的分离，由此对跨行政区的交通、公共服务产生更大的需求。调整公共服务和基础设施的数量、结构和布局来适应人口增长带来的有效需求，加快长三角城市群社会保障和公共服务一体化进程。根据来沪人员主体来自"泛长三角"的状况，结合长三角一体化发展机遇，加强区域内教育、公安、劳动就业等信息和管理的一体化建设。建立人口、产业、交通、公共服务设施等规划信息的共享与沟通机制，促进不同区域之间经济社会、城市发展等领域规划的有效对接和相互兼容。

四、促进城市高铁站点与人口流动的良性互动

改革开放以来，随着我国开启人类历史上最大规模的城市化、工业化进程以来，在世界上最大人口国家也出现了空前规模的人口流动，并与我国铁路特别是高速铁路的发展史相互交织、相互影响、共同发展。从早期的流动人口向上海、广东、北京等沿海大城市流动，到近年来涌向这些城市的人才流等，高铁站点城市与人口流动的政策优化在这些区域更具有典型性，这里以高铁时代上海人口管理为例，窥一斑而见全貌。

（一）优化人口流动服务的总体思路

对我国高铁枢纽城市来说，如何促进高铁站点城市与人口流动的良性互动是一个新课题，对于北京、上海、广州、深圳等超大型城市来说更是如此。以上海为例，建设具有全球影响力的科技创新中心是中央赋予上海的一个重要战略任务。要求上海建设成为科技创新基础设施和服务体系高度完善的科技创新中心，力争成为全球创新网络中的重要枢纽节点和高新技术产业核心

策源地之一。依据旧金山湾区、硅谷的经验，全球科技创新中心最关键的是吸引世界上高端人才集聚，全球创新网络的关键节点往往与全球人才中心重合。它决定一个城市能否成为全球网络的重要枢纽节点，进而影响创新、创业和创新人才的流动和流量，引领潮流，决定着一个具有全球影响力的科技创新中心的建设水平。

将上海所需的劳动力和人才引进上海、稳定在上海的总体思路是，以全球视野和开放战略嵌入全球人才网络。促进人力资源特别是人才的开放交流；立足自身基础，聚焦重点群体，突出竞争优势；以全球城市建设和创新驱动发展为重点，实施更加开放的人才政策，既引进各地人才，又不拘一格地使用人才。提供有竞争力的发展机会，营造宜居、动感、快乐的发展环境。在上海最成为矛盾焦点的问题，是建设用地指标和建设用地规模，随着人口增长，对土地的需求越来越多，解决此矛盾可以在国家政策层面，超大城市的建设用地都可以通过购入欠发达地区的建设用地指标来解决。从上海本地政策来讲，积分落户的制度要逐渐地淡化教育水平这样的落户条件，相应地增加廉租房、公租房逐渐覆盖到长期在本地稳定居住的外来人口。加强引进国外人才制度和机制建设，对有突出贡献的人才实行表彰和奖励，让有来华发展意愿的人才"来、留、用、流"好，使他们的专业知识与中国发展需要紧密结合。虽然城市发展需要大量的人才，尤其是重点领域和工作岗位急需的优秀人才。户籍人口老龄化是一个严重的问题，也需要引进一定数量的年轻人进行稀释。因此，有必要以户籍制度改革为突破，合理设置条件，尤其需要地方政府依照 2020 年国务院发布的《关于新时代加快完善社会主义市场经济体制的意见》中关于推动公共资源由按城市行政等级配置向按实际服务管理人口规模配置转变的方向制定具体政策，以使公共资源逐渐做到"随人走"，这样不仅可以使人口流入城市提供更多与常住人口数量相匹配的公共资源，为人口流入城市"缓解压力"，同时也让流动人口在大城市获得了新的就业机会，加快推进基本公共服务均等化为核心，消除歧视，使得流动人口尽快安定下来，促进流动人口分享发展的成果。

(二) 深化户籍制度改革为人口流动创造更有利的政策环境

户籍人口和常住人口的城市化率相差较大，户籍制度改革滞后是原因之一。"七普"数据显示出人户分离现象加剧。中国有 5 亿人户分离人口、1.17

亿市区内人户分离人口和 3.76 亿流动人口，相比"六普"分别多出了 2 亿人户分离人口（增速 88.5%）、0.77 亿市辖区内人户分离人口（增速 192.7%）和 1.55 亿流动人口（增速 69.7%）。当前我国城区常住人口 500 万以下城市已全面放开，建议加快 500 万以上大城市户籍制度改革，重点针对在当地长期稳定居住、就业及入户意愿强烈的流动人口。

上海应为人口流动创造有利的政策环境，就要实现城市管理和公共服务的实有人口全覆盖，弱化户籍制度担负的福利待遇，从户籍管理服务转向居住管理服务，明确基层政府和部门对辖区内的实有人口负有管理和服务的责任。在管理手段上，要有高效的、全覆盖的信息管理平台，对流动人口信息进行采集、维护和实时动态更新。在服务策略上，以常住人口规模为依据进行城市基础设施和基本公共服务规划，分阶段、分类别提供公共服务。对于最基础性的需求，如基本医疗、疫苗接种服务需求、基础教育需求可以在居住证的初期就给予，而关于低保、救助、政府保障性住房等福利性的需求，在居住证的最高阶段再给予。上海应在统筹解决户籍人员和本市人户分离人员社会福利的基础上，将来沪人员管理向居民化管理转变，以"合法居住、合法就业"为前提，进一步分类、细化积分制度，叠加个人征信情况，按照梯度赋权的原则，享受相应的医疗、教育等社会保障服务。强调居住和社会保障缴纳时间，不应过于强调教育水平。逐步解决学历不高、收入不高、长时间在沪工作等中低端产业从业人员群体的社会管理难题。同时，考虑到上海流动人口大多居住在非核心区，所以应平衡公共服务资源在城市空间中的布局。以公共部门改革推进公共服务均等化，如将上海市内不同区域医疗教育等公共服务硬件设施、人员配置的均等化程度纳入行业主管部门核心考核指标，推动中心城区的中小学名校、大医院等优质资源向郊区、远郊区转移的力度，缩小中心城区与周边区域在医疗、教育、养老等规模和质量方面的差距。以公共服务资源的疏解和分散为先导，吸引人口、产业、商业等资源在多中心实现平衡配置。

（三）构建有效的财政平衡机制缓解人口流出地流入地的财政压力

在优化不同层级政府间的财政支出责任基础上建立有效的财政平衡机制。财政转移支付应由按户籍人口转向按常住人口进行补贴的政策。人口流出地应允许流出人口跨地区携带原地按户籍人口进行的财政转移支付。尤其"教育券"的携带，用"教育券"抵消在人口流入地上学的一部分学费，这样可以有效缓解人口流入地的公共服务。考虑到社会保险统筹的趋势，可规定流出地与上海市的保障水平差距由个人自行补差，以促进社会保险可携带。关于养老、医疗、义务教育等可转移的财政支出可建立全国统一社会保障体系，从根本上解决流出地提供基本公共服务而流出地又不愿提供服务的矛盾。除此之外，可通过基金会行业、慈善行业以及社会各种捐助的力量来弥补政府财政的不足，提高对于外来人口市民化的相关公共服务，特别是子女教育的投入。

上海应提高公共服务统筹层次，提高转移支付财政资金比例，按照常住人口配置市级转移支付财政资金，在市级财政转移支付中加入人口流动因素，理顺利益关系，提高郊区为流动人口提供均等化服务的积极性。基于上海目前大量流动人口居住在郊区、工作在中心城区，而流动人口公共服务主要由居住地提供的状况，在统筹时应考虑流动人口对其就业区域的经济贡献，在分配时应考虑各区实际发生的流动人口公共服务量。上海可以确定一个比例，对各区财政收入进行统筹，专项用于流动人口的基本公共服务。在各区间分配时，则以各区居住的流动人口数量为标准，按比例分配，从而平衡全市各区的流动人口公共服务费。

（四）提高上海新城和郊区建设水平构建多中心人口分布格局，提高城市承载力

上海从人口结构看，如果没有外来人口持续流入，将会出现更严重的老龄化和劳动力短缺。因此，应在不牺牲经济增长和社会和谐的情况下，从供给侧加大改进公共服务和基础设施数量、质量、结构和布局，逐步淡化大城市行政管辖范围内的人口控制指标。关于人地紧张问题，可通过调整上海都市圈内部土地利用类型，增加住宅用地比例，实施工业用地转住宅用地、增加容积率等措施提高都市圈内部的土地利用效率和经济密度。

目前上海正在大力推进嘉定、青浦、松江、奉贤、南汇五个新城建设，按照《上海市城市总体规划（2017—2035年）》的规划目标，至2025年，五个新城常住人口总规模达到360万人左右，至2035年，五个新城各集聚100万名常住人口，基本建成长三角地区具有辐射带动作用的综合性节点城市。从"七普"来看，嘉定、青浦、松江、奉贤因新城建设以城市区域性功能定

位吸引人口占全市比重从22.7%上升到24.8%。建议因"地"制"宜"，配合郊区新城的建设及相关产业发展规划，制定一些地区性优惠政策，降低甚至取消一些控制性门槛，吸引和接纳更多的"常住化"外来人口，引导外来人口主要向郊区以及五大新城集中。

提高产城融合水平，促进新城达到就业—居住功能平衡。首先，出台优惠政策引导人口和产业向新城转移。加大科研院所、大专院校、医疗机构迁入新城或在新城建立分部，提高公共资源配置质量；对郊区迁移至新城的工厂企业发放低息贷款，减免税收，给予迁厂补助金等；向搬迁到新城的企业职工支付搬迁费、交通补贴等；为新城人口提供低利率的住房抵押贷款；引导开发商在新城要建设相当数量的经济住房；积分制落户政策中适当放宽进入新城的户籍限制等。其次，因地制宜，分类构建多层次的立体产业体系和人口导入机制。重视人口和就业同步疏解，新城之间、与中心城之间的功能错位。将部分偏重实体经济的总部经济向有中下游产业链基础的郊区新城整体迁移，同时加大郊区的普通商品房建设用地、保障建设用地供应比例，推动人口既能在郊区就业也能在郊区定居。近郊新城的人口导入主要以居住驱动型为主，远郊新城的人口导入主要以就业驱动型为主。积极建立健全多层次的立体产业体系，一方面能够有效实现不同产业之间的"高低配"；另一方面还能够为新城不同层次的实有人口提供更多的选择机会，进一步推进产城融合。此外，新城和郊区建设需要根据常住人口规模动态调整行政层级。这样既能授予常住人口规模较大基层行政区域的政府相应的行政权力和资源，也能增强基层政府主动吸纳人口的动力。

（五）适应人口结构变动来加强大城市住房供求管理

人口流入地往往面临人多地少，建设用地供应不足造成房价高涨。上海已基本形成了以廉租房、经济适用房、公共租赁房和动迁安置房"四位一体"的保障性住房体系。为促进保障性住房建设持续协调发展，需进一步完善保障性住房体系的制度设计。统筹规划保障性住房的建设规模，科学确定各类保障性住房比例及保障性住房转换机制，尤其上海亟须分类优化存量住房。通过减免税收、将居民闲置住房纳入廉租房或公共租赁住房房源进行集中租赁和出租，鼓励和引导一部分可供出租的住房进入租赁市场；可通过征收空置税等手段，让一部分长期空置的待售房进入二手房交易市场，满足一部分人的住房刚性需求；推动老年住房的调整置换，推动老年住房的倒按揭体制，使老年人口可能将部分多余的住房流转到市场上进行销售和租赁。发挥长三角同城效应为解决上海地区的住房形成机遇。在长三角地区由于交通设施一体化以后，长三角城市的同城化效应越来越强，通过轨道交通通勤的人口比例逐渐增加。上海可以在长三角同城化的视野下解决居住问题。给在上海以外居住的人口提供住房补贴，用这种住房补贴的办法加强上海住房建设解决其居住问题，对于上海的财政投入来说更加经济。而对于劳动者而言，其居住在上海以外，而到上海工作，可能由于房价和地价更低，另外，为了鼓励人口向新城发展，上海可以为居住在新城的人口提供交通补贴，可以更好地促进人口向周边新城集中，并通过新城发展增强容积率来更好地解决人口分布和人口居住的问题。

五、完善人口流动的高铁票价定价机制

中国高铁目前采用固定价格模式运营，即以建设和运营成本为基础进行人口经济学测算和指定的成本定价法。采用这种定价方法的优势在于可以帮助稳定市场物价，促进地区间人员和物资交流，但其弊端也随之表现出来。首先，从出行时间上分析。出行时间可以分为出行日期与出行时间点。不同日期的高铁需求主要受民众出行需求的影响，如暑运、春运、小长假的供不应求，与统一票价的关系不大，故不予讨论。而在出行时间点上，消费者总是想用同样的价钱买到最好的产品，这就使得在统一票价的情况下，舒适时段的列车需求量远大于其他时间段，导致同一天同一线路在不同时间存在明显的供求差异。

从列车耗时上分析。在成本定价法下，同一线路的不同班次列车的票价是相同的，但是不同班次列车所耗时间却是不同的，以郑州到上海的列车为例，列车耗时在 4 小时 2 分钟到 5 小时 15 分钟之间，耗时最短的列车与耗时最长的列车存在 1 个多小时的时间差。那么耗时多的列车必将增加旅客因时间产生的隐形成本，所以在票价一定的情况下，当受出行时间点影响较小时，人们更倾向于选择耗时较短的列车，减少时间成本的消耗。

从出行方式上分析，人们的收入水平直接影响其选择最佳的出行方式。乘客对于出行方式选择的主要影响因素是车票价格、乘坐时间和舒适度等方面，而基于多样的出行方式和频繁的出行班次，在此对时间变量忽略不计。

高收入者对出行方式的选择主要关注舒适度,所以高铁票价对其影响不大;中等收入者兼顾价格与舒适度,在开放的运输市场下,航空公司提供的票价有着订票提前时间越长、优惠越大的规律,而且在某些线路上,统一票价下的高铁票甚至贵于飞机票(曾锦浩,2018),在这种价格与舒适度的竞争中,必然有部分中等收入者选择飞机出行。而低收入者主要关注价格而不是时间和舒适度,还有不少低收入者的支付水平与高铁客运票价存在较大差距(朱艳,2012),所以低收入者一般选择特快车,但特快车一票难求,再加上铁路总公司为了提高高铁上座率,停开了部分普通列车,造成部分收入低者只得被动地多花费几百元坐高铁,使他们产生"被高速"的无奈感。

从消费者出行目的上进行分析,消费者的出行目的也同样会影响其出行方式的选择。乘客出行目的一般分为公务出行、通勤出行以及旅游出行等。在中国,公务出行群体往往处于社会中上层,收入水平较高,除此之外,公务出行往往有额外的出差补助,所以公务出行群体的出行方式选择与高等收入者基本符合,受统一票价的影响较小。通勤出行由于工作需要,对时间点的要求比较高,也就是前面讨论的出行时间问题,造成高峰时段的列车空座率低于非高峰期的空座率。而旅游出行重视路途所耗时间和舒适度,而且一般会较早订票,与中等收入者的出行选择类似,同时也与上文讨论的列车耗时有关。上述原因造成了"旺季更旺""热线更热""高空座率"与"一票难求"的并存现象,降低了高铁的竞争力,直接影响了高铁的供求平衡,造成高铁客源流失、客源萎缩,加剧高铁入不敷出的现状,阻碍高铁经济进一步发展。

随着成本定价法的弊端日益显露,推行高铁定价改革的呼声也越来越高。在市场化的大环境中,当前中国高铁迫切需要灵活定价模式,利用三级价格歧视中的峰值定价法,根据需求弹性,利用价格机制把不同时段、不同车次具有不同需求弹性的消费者区分出来,施行"一车一价、一日一价"。在出行时间方面,峰值定价法采取降低非高峰期票价、增加高峰期票价的措施,可以在一定程度上通过价格调节促进供求趋向平衡。在列车耗时方面,将时间成本转换成经济成本,并将其表现在票价上,让耗时长的列车的票价低于耗时短的列车,从而在耗时不同的情况下,缩小消费者的成本差距,调节在列车选择上的供求失衡。在出行方式方面,高铁灵活定价之后,航空因其价格灵活变动而带来的优势将不复存在,高铁的竞争力增强。在出行目的方面,高铁灵活定价可以利用非高峰期较低的票价吸引消费者淡季旅游，增加游客对高铁的需求，同时缓解小长假、黄金周等节假日的旅游压力。而对于通勤出行，灵活定价虽然可以在一定程度上缓解供求失衡，但除此之外，还需要通过增加班车数量、完善公共交通等方式，来促使其供求平衡。这种峰值定价法其实就是根据消费者对高铁的需求弹性来给高铁灵活定价，通过不同的价格，分散高峰期的需求，增加非高峰期的需求，缓解成本定价法下的供求矛盾，尽可能减少"一票难求"和"高空座率"并存而导致的资源浪费，促使高铁的供给与需求处于平衡状态。

同时，这种峰值定价法具有多赢的效果。对消费者来说，可以缓解高峰期乘客的出行压力，提出高峰期高铁出行的舒适度，同时，非高峰期较低的票价可以减少乘客的出行成本，并且让不同收入水平的人都可以享受到高铁发展的成果，减少"被高铁化"的现象，增加消费者对高铁的需求。同时，较低的票价可以吸引更多的人淡季旅游，降低旅游花销，而对于旅游业而言，既促进了旅游产业的发展，又缓解了旅游景区旺季的人流压力。而对于高铁自身而言，峰值定价法无疑可以促进高铁资源的合理配置，减少非高峰期因需求不足而引起的资源浪费，缓解多条线路入不敷出的现状。而且峰值定价法让高铁在原有速度快、舒适性高、正点性强、靠近市中心的优势下，又增加了票价灵活的优点，增强了高铁在众多客运方式中的竞争力。那么在资源合理配置和竞争力提高的情况下，必将增加高铁公司的收益，为高铁中长期规划的"八横八纵"保驾护航。

参考文献

一、中文文献

［德］沃尔特·克里斯塔勒：《德国南部中心地原理》，常正文译，商务印书馆1998年版。

［德］约翰·冯·杜能：《孤立国同农业和国民经济的关系》，吴衡康译，商务印书馆1986年版。

［美］约翰·奈斯比特、［奥］多丽丝·奈斯比特：《大变革：南环经济带将如何重塑我们的世界》，张岩、梁济丰、迟志娟译，中华工商联合出版社2015年版。

［挪威］乔根·兰德斯：《2052：未来四十年的中国与世界》，秦雪征、谭静、叶硕译，译林出版社2013年版。

曾玉华、陈俊：《高铁开通对站点城市旅游发展的异质性影响——基于双重差分方法的研究》，《旅游科学》2018年第4期。

陈丰龙、徐康宁、王美昌：《高铁发展与城乡居民收入差距：来自中国城市的证据》，《经济评论》2018年第2期。

陈建军、余盈克：《中国交通基础设施与城市就业增长时空演变研究》，《东南大学学报》（哲学社会科学版）2019年第2期。

崔莉、厉新建、张芳芳：《郑西高铁乘客行为偏好与旅游发展分析》，《地域研究与开发》2014年第2期。

戴学珍、徐敏、李杰：《京沪高速铁路对沿线城市效率和空间公平的影响》，《经济地理》2016年第3期。

邓明：《中国城市交通基础设施与就业密度的关系——内生关系与空间溢出效

应》,《经济管理》2014 年第 1 期。

邓涛涛、王丹丹、程少勇:《高速铁路对城市服务业集聚的影响》,《财经研究》2017 年第 7 期。

邓涛涛、赵磊、马木兰:《长三角高速铁路网对城市旅游业发展的影响研究》,《经济管理》2016 年第 1 期。

丁杰、李仲飞:《开发商行为、土地管制与住房供给的动态调整》,《当代财经》2014 年第 9 期。

董艳梅、朱英明:《高铁建设的就业效应研究——基于中国 285 个城市倾向匹配倍差法的证据》,《经济管理》2016 年第 11 期。

董艳梅、朱英明:《高铁建设能否重塑中国的经济空间布局——基于就业、工资和经济增长的区域异质性视角》,《中国工业经济》2016 年第 10 期。

杜兴强、彭妙薇:《高铁开通会促进企业高级人才的流动吗?》,《经济管理》2017 年第 12 期。

段成荣:《省际人口迁移迁入地选择的影响因素分析》,《人口研究》2001 年第 1 期。

段平忠、刘传江:《人口流动对经济增长地区差距的影响》,《中国软科学》2005 年第 12 期。

范剑勇:《产业集聚与地区间劳动生产率差异》,《经济研究》2006 年第 11 期。

方叶林、黄震方:《中国市域旅游经济空间差异及机理研究》,《地理与地理信息科学》2013 年第 6 期。

冯长春、丰学兵、刘思君:《高速铁路对中国省际可达性的影响》,《地理科学进展》2013 年第 8 期。

高波、陈健、邹琳华:《区域房价差异、劳动力流动与产业升级》,《经济研究》2012 年第 1 期。

辜胜阻、李华、易善策:《均衡城镇化:大都市与中小城市协调共进》,《人口研究》2010 年第 5 期。

郭建科、王绍博、王辉等:《哈大高铁对东北城市旅游供需市场的空间效应研究——基于景点可达性的分析》,《地理科学进展》2016 年第 4 期。

郭进、白俊红:《高速铁路建设如何带动企业的创新发展——基于 Face-to-Face 理论的实证检验》,《经济理论与经济管理》2019 年第 5 期。

韩增林、杨荫凯、张文尝等：《交通经济带的基础理论及其生命周期模式研究》，《地理科学》2000年第4期。

侯雪、刘苏、张文新等：《高铁影响下的京津城际出行行为研究》，《经济地理》2011年第9期。

胡鞍钢、刘生龙：《交通运输经济增长及溢出效益——基于中国省际数据空间经济计量结果》，《中国工业经济》2009年第5期。

胡天军、申金升：《京沪高速铁路对沿线经济发展的影响分析》，《经济地理》1999年第5期。

黄爱莲：《高速铁路对区域旅游发展的影响研究——以武广高铁为例》，《华东经济管理》2011年第10期。

黄金火、吴必虎：《区域旅游系统空间结构的模式与优化——以西安地区为例》，《地理科学进展》2005年第1期。

黄苏萍、朱咏：《高铁重塑中国经济地理》，中国社会科学出版社2016年版。

黄苏萍、朱咏：《全球城市2030产业规划导向、发展举措及对上海的战略启示》，《城市规划学刊》2011年第5期。

黄苏萍、朱咏：《如何提升虹桥商务区辐射能级》，《东方早报》2016年4月5日第3版。

黄苏萍、朱咏：《上海如何引领长三角高铁经济带》，《东方早报》2016年8月3日第6版。

黄苏萍：《高铁网络与人口流动》，社科文献出版社2015年版。

黄苏萍：《建设全区城市的人口战略重构与人口制度完善——基于上海的系列实证研究》，中国社会科学出版社2014年版。

黄泰：《长三角城市群旅游流潜力格局演变及其影响因素》，《资源科学》2016年第2期。

黄叶芳、梁怡、沈建法：《全球化与城市国际化：国际城市的一项实证研究》，《城市规划学刊》2007年第5期。

蒋海兵、徐建刚、祁毅：《京沪高速铁路对区域中心城市陆路可达性影响》，《地理学报》2010年第10期。

蒋海兵：《可达性视角下中国高铁线路空间效率与供需关系研究》，《长江流域资源与环境》2019年第10期。

蒋华雄、蔡宏钰、孟晓晨：《高速铁路对中国城市产业结构的影响研究》，《人文地理》2017 年第 5 期。

蒋华雄、孟晓晨:《京沪高铁对沿线城市间空间相互作用影响研究》,《北京大学学报》(自然科学版) 2017 年第 5 期。

康凯:《技术创新扩散理论与模型》,天津大学出版社 2004 年版,第 52—55 页。

赖永剑:《基础设施建设与企业创新绩效》,《贵州财经大学学报》2013 年第 3 期。

李传成:《中国高铁新城发展报告》,中国发展出版社 2015 年版。

李红昌、Linda Tjia、胡顺香:《中国高铁对沿线城市经济集聚与均等化的影响》,《数量经济技术经济研究》2016 年第 11 期。

李佳洺、张文忠、马仁峰等:《城市创新空间潜力分析框架及应用》,《经济地理》2016 年第 12 期。

李强:《影响中国城乡流动人口的推力和拉力因素分析》,《中国社会科学》2003 年第 1 期。

李涛、曹小曙、黄晓燕:《珠江三角洲交通通达性空间格局与人口变化关系》,《地理研究》2012 年第 9 期。

李涛、刘国燕:《基于系统动力学的高速铁路影响城市创新模拟仿真研究》,《学术论坛》2020 年第 3 期。

李祥妹、刘亚洲、曹丽萍:《高速铁路建设对人口流动空间的影响研究》,《中国人口·资源与环境》2014 年第 6 期。

李新光、黄安民:《高铁对县域经济增长溢出效应的影响研究——以福建省为例》,《地理科学》2018 年第 2 期。

李震、于涛:《基于城市政体理论的小城市高铁新城发展机制研究——以山东省滕州市为例》,《现代城市研究》2020 年第 9 期。

梁双陆、梁巧玲:《交通基础设施的产业创新效应研究——基于中国省域空间面板模型的分析》,《山西财经大学学报》2016 年第 7 期。

林晓言、石中和、罗燊等:《高速铁路对城市人才吸引力的影响分析》,《北京交通大学学报》(社会科学版) 2015 年第 3 期。

刘秉镰、武鹏、刘玉海:《交通基础设施与中国全要素生产率增长——基于省域数据的空间面板计量分析》,《中国工业经济》2010 年第 3 期。

刘芳:《高速铁路、知识溢出与城市创新发展——来自 278 个城市的证据》,《财贸研究》2019 年第 4 期。

刘伏英：《快旅时代旅游消费需求变化研究——以武广高速铁路鄂湘粤地区为例》，《学术论坛》2010年第2期。

刘瑞明、赵仁杰：《国家高新区推动了地区经济发展吗？——基于双重差分方法的验证》，《管理世界》2015年第8期。

刘生龙、郑世林：《交通基础设施跨区域的溢出效应研究——来自中国省级面板数据的实证证据》，《产业经济研究》2013年第4期。

刘秀光：《"驱赶效应"对产业结构调整的影响——基于房价持续上涨的视角》，《甘肃理论学刊》2011年第5期。

刘勇：《交通基础设施投资、区域经济增长及空间溢出作用——基于公路、水运交通的面板数据分析》，《经济评论》2010年第12期。

陆大道：《关于"点—轴"空间结构系统的形成机理分析》，《地理科学》2002年第1期。

罗鹏飞、徐逸伦、张楠楠：《高速铁路对区域可达性的影响研究——以沪宁地区为例》，《经济地理》2004年第3期。

骆玲、曹洪：《高速铁路的区域经济效应研究》，西南交通大学出版社2010年版。

马明：《网络基础设施对区域创新能力影响的实证检验》，《统计与决策》2015年第3期。

马伟、王亚华、刘生龙：《交通基础设施与中国人口迁徙：基于引力模型分析》，《中国软科学》2012年第3期。

欧杰、Richard Bullock、金鹰等：《中国高速铁路：运量分析》，《世界银行研究报告》2014，https://www.doc88.com/p-9082698451387.html。

潘芳、田爽：《美国东北部大西洋沿岸城市群发展的经验与启示》，《前线》2018年第2期。

彭希哲、郭秀云：《权利回归与制度重构——对城市流动人口管理模式创新的思考》，《人口研究》2007年第4期。

彭智敏：《长江经济带综合立体交通走廊的架构》，《改革》2014年第6期。

戚伟、刘盛和、赵美风：《"胡焕庸线"的稳定性及其两侧人口集疏模式差异》，《地理学报》2015年第4期。

钱志鸿、陈亮、郝秋江：《高铁重塑我国区域发展版图》，《经济体制改革》2016年第3期。

秦放鸣、张宇、刘泽楠：《高铁开通推动地区人力资本提升了吗？——基于双重差分模型的实证检验》，《上海经济研究》2019年第11期。

史官清、李银海、林碧扬：《高铁新城对完善城镇体系的作用》，《沈阳大学学报》（社会科学版）2016年第3期。

宋文杰、朱青、朱月梅等：《高铁对不同规模城市发展的影响》，《经济地理》2015年第10期。

苏红键、魏后凯：《密度效应、最优城市人口密度与集约型城镇化》，《中国工业经济》2013年第10期。

孙斌栋：《世界大城市交通发展策略的规律探讨与启示》，《城市发展研究》2008年第2期。

孙根年、张毓、薛佳：《资源—区位—贸易三大因素对日本游客入境旅游目的地选择的影响》，《地理研究》2011年第6期。

覃成林、郑海燕：《武广高铁对粤湘鄂沿线区域旅游发展影响分析》，《经济问题探索》2013年第3期。

汤庆园、徐伟、艾福利：《基于地理加权回归的上海市房价空间分异及其影响因子研究》，《经济地理》2012年第2期。

陶希东：《高铁时代中国大都市圈发展战略重建研究》，《现代城市研究》2010年第6期。

汪德根：《旅游地国内客源市场空间结构的高铁效应》，《地理科学》2013年第7期。

汪建丰、翟帅：《高铁经济效应对区域发展机制转型的影响研究》，《华东经济管理》2015年第11期。

王春杨、吴小文：《高铁建设对区域创新空间结构的影响——基于长江经济带的实证分析》，《重庆交通大学学报》（社会科学版）2018年第1期。

王春杨、张超：《地理集聚与空间依赖——中国区域创新的时空演进模式》，《科学研究》2013年第5期。

王圭、年猛：《高速铁路带动了区域经济发展吗？》，《上海经济研究》2014年第2期。

王缉宪、林辰辉：《高铁对城市空间演变的影响：基于中国特征的分析思路》，《国际城市规划》2011年第1期。

王姣娥、焦敬娟、金凤君：《高铁对中国城市空间相互作用强度的影响》，《地理学报》2014 年第 12 期。

王克强、贺俊刚、刘红梅：《户籍堤坝效应与东部城市就业吸引力研究》，《中国人口科学》2014 年第 6 期。

王丽、曹有挥、姚士谋：《高铁对城市空间影响研究述评》，《长江流域资源与环境》2012 年第 9 期。

王鹏、李彦：《高铁对城市群经济集聚演化的影响——以中国三大城市群为例》，《城市问题》2018 年第 5 期。

王少平、欧阳志刚：《我国城乡收入差距的度量及其对经济增长的效应》，《经济研究》2007 年第 10 期。

王巍、马慧：《高速铁路网络、劳动力转移与产业空间集聚》，《当代经济管理》2019 年第 12 期。

王垚、年猛：《高速铁路带动了区域经济发展吗》，《上海经济研究》2014 年第 2 期。

王雨飞、倪鹏飞、王光辉：《中国城市群体系空间结构及多中心演变研究》，《江淮论坛》2019 年第 3 期。

王兆峰、杨显：《基于 DEA-Malmquist 模型的中部城市群旅游产业效率评价研究》，《旅游科学》2018 年第 3 期。

魏下海：《基础设施、空间溢出与区域经济增长》，《经济评论》2010 年第 4 期。

吴康、方创琳、赵渺希：《京津城际高速铁路影响下的跨城流动空间特征》，《地理学报》2013 年第 2 期。

夏怡然、陆铭：《跨越世纪的城市人力资本足迹——历史遗产、政策冲击和劳动力流动》，《经济研究》2019 年第 1 期。

徐玉萍、陈涛：《我国高铁票价动态管理研究——基于运输需求时点弹性的分析》，《价格理论与实践》2020 年第 7 期。

徐罂、欧国立：《交通基础设施对区域间制造业分工的影响——基于制造业细分行业数据的实证研究》，《经济问题探索》2016 年第 8 期。

许春晓、姜漫：《城市居民出游的高铁选乘行为意向的形成机理：以长沙市为例》，《人文地理》2014 年第 1 期。

颜色、朱国钟：《"房奴效应"还是"财富效应"？——房价上涨对国民消费影响的一个理论分析》，《管理世界》2013 年第 3 期。

杨维凤:《京沪高速铁路对我国区域经济发展的影响》,《生态经济》2011年第7期。

杨秀云、赵勍、安磊:《高铁开通对中国城市房价的影响研究》,《西安交通大学学报》(社会科学版)2019年第2期。

杨荫凯、韩增林:《交通经济带的基本理论探讨》,《人文地理》1999年第2期。

姚士谋、陈振光、叶高斌等:《中国城市群基本概念的再认知》,《现代城市》2015年第2期。

叶楠、施卫东:《国外交通发展资源优化配置的经验及启示》,《综合运输》2008年第1期。

叶依广、史嵘、孙林:《加强长江流域东西部经济协作与协调发展的思考》,《长江流域资源与环境》2003年第1期。

易千枫、张京祥:《全球城市区域及其发展策略》,《国际城市规划》2007年第5期。

殷平:《高速铁路与区域旅游新格局构建——以郑西高铁为例》,《旅游学刊》2012年第12期。

尹冰、吕成文、赵晨:《高铁对城市发展的影响研究》,《铁道经济研究》2010年第4期。

于秋阳、杨思涵:《高铁枢纽城市旅游产业供给水平评价研究——以西安市为例》,《人文地理》2017年第1期。

于潇、毛雅萍:《长三角地区人力资本对经济增长影响的比较研究》,《人口学刊》2015年第3期。

袁立科、张宗益:《创新系统的区域可达性研究》,《科研管理》2007年第1期。

湛泳、田知敏慧:《高速铁路对居民消费的空间溢出效应研究》,《消费经济》2020年第2期。

张锦鹏:《增长极理论与不发达地区区域经济发展战略探索》,《当代经济科学》1999年第6期。

张克中、陶东杰:《交通基础设施的经济分布效应——来自高铁开通的证据》,《经济学动态》2016年第6期。

张萌萌、孟晓晨:《高速铁路对中国城市市场潜力的影响——基于铁路客运可达性的分析》,《地理科学进展》2014 年第 12 期。

张明志、余东华、孙媛媛:《高铁开通对城市人口分布格局的重塑效应研究》,《中国人口科学》2018 年第 5 期。

张铭洪、张清源、梁若冰:《高铁对城市房价的非线性及异质性影响研究》,《当代财经》2017 年第 9 期。

张平、张鹏鹏:《房价、劳动力异质性与产业结构升级》,《当代经济科学》2016 年第 2 期。

张文尝、金凤君、樊杰主编:《交通经济带》,科学出版社 2002 年版。

张学良、聂清凯:《高速铁路建设与中国区域经济一体化发展》,《现代城市研究》2010 年第 6 期。

张学良:《中国交通基础设施促进了区域经济增长吗?——兼论交通基础设施的空间溢出效应》,《中国社会科学》2012 年第 3 期。

张云鹏、晏燕、王久梗:《郑西高速铁路沿线城市空间产业结构调整的影响研究》,《铁道运输与经济》2014 年第 7 期。

张在冉:《基于城市基础设施的劳动力流入空间溢出效应研究》,《广东财经大学学报》2018 年第 2 期。

张召华、王昕:《高铁建设对劳动力资源配置效果检验——来自产业—就业结构偏差的解释》,《软科学》2019 年第 4 期。

赵丹、张京祥:《高速铁路影响下的长三角城市群可达性空间格局演变》,《长江流域资源与环境》2012 年第 4 期。

赵守谅、陈婷婷:《面向旅游者与居民的城市——"时空压缩"背景下城市旅游与休闲的趋势、影响及对策》,《城市规划》2015 年第 2 期。

赵文、陈云峰:《高铁的区域分配效应:基于理论与实证的研究》,《经济社会体制比较》2018 年第 3 期。

郑德高、陈勇、季辰晔:《长江经济带区域经济空间重塑研究》,《城市规划学刊》2015 年第 3 期。

郑也夫:《城市社会学》,中信出版集团 2001 年版。

中华人民共和国交通运输部:《铁路"十二五"发展规划》,http://www.nra.gov.cn/ghfz/。

中华人民共和国交通运输部:《中长期铁路网规划》(2008 年调整),http://www.nra.gov.cn/ghfz/。

周浩、郑筱婷:《基础设施质量与经济增长:来自中国铁路提速的证据》,《世界经济》2012 年第 1 期。

朱文涛、顾乃华、谭周令:《高铁建设对中间站点城市服务业就业的影响——基于地区和行业异质性视角》,《当代财经》2018 年第 7 期。

踪家峰、李静:《中国的基础设施发展与经济增长的实证分析》,《统计研究》2006 年第 7 期。

二、外文文献

戸所隆:"東京の一極集中問題と首都機能の分散",《地学雑誌》, Vol. 123, No. 4, 2014。

井上寛康、中島賢太郎、齊藤(梅野)有希子:《高速鉄道による時間距離短縮がイノベーション促進に果たす役割について》,日本国土政策研究支援事業, 1/34, 2005。

林和眞、城所哲夫:"日本の共同発明特許におけるイノベーション・ネットワークの空間的特徴に関する研究",《都市計画論文集》, Vol. 48, No. 3, 2013。

清水哲夫:"東京都市圏の交通計画—その過去・現在・近未来",《地学雑誌》, Vol. 123, No. 4, 2014。

山村崇、後藤春彦:"東京大都市圏における知識産業集積の形成メカニズム",《日本建築学会計画系論文集》, Vol. 78, No. 689, 2013。

水野真彦:《イノベーションの経済空間》,京都大学学術出版会, 2011。

Albalate D., Fageda X., "High-Technology Employment and Transportation: Evidence from the European Regions", *Regional Studies*, Vol. 50, No. 9, 2016.

Alicia H. Munnell, "Policy Watch: Infrastructure Investment and Economic Growth", *Journal of Economic Perspectives*, Vol. 6, No. 4, 1992.

Amos P., Bullock D., Sondhi J., *High-Speed Rail: the Fast Track to Economic Development*, The World Bank, 2010.

Asakura T., Ohkohchi N., Katoh H., et al., "Doppler Ultrasonography in Living-related Liver Transplantation", *Transplantation Proceedings*, Vol. 30, No. 7, 1998.

Ashish Verma, H. S. Sudhira, Sujaya Rathi, Robin King, Nibedita Dash. "Sustainable urbanization using high speed rail (HSR) in Karnataka, India", *Research in Transportation Economics*, Vol. 38, No. 1, 2013.

Blum U., Haynes K. E., Karlsson C., "The regional and urban effects of high-speed trains", *The Annals of Regional Science*, No. 31, 1997.

Boarnet, M. G., "Spillovers and the Locational Effects of Public Infrastructure", *Journal of Regional Science*, No. 38, 1998.

Bonnafous A., "The regional impact of the TGV", *Transportation*, Vol. 14, No. 2, 1987.

Brakman S., H. Garretsen and M. Schramm, "The Spatial Distribution of Wages and Employment: Estimating the Helpman-Hanson Model for Germany", *Journal of Regional Science*, Vol. 44, No. 3, 2004.

Chen C. L., "Reshaping Chinese space-economy through high speed trains: opportunities and challenges", *Journal of Transport Geography*, No. 22, 2012.

Chen C. L. Vickerman R., "Can transport infrastructure change regions' economic fortunes? Some evidence from Europe and China", *Regional Studies*, Vol. 51, No. 1, 2017.

Chen Z., Haynes K. E., "Impact of high-speed rail on regional economic disparity in China", *Journal of transport geography*, No. 65, 2017.

Chew J., "Transport and tourism in the year 2000", *Tourism Management*, No. 2, 1987.

Chia-Lin Chen, "Reshaping Chinese space-economy through high-speed trains: opportunities and challenges", *Journal of Transport Geography*, No. 22, 2012.

Dai N., Hatoko M., "Reevaluation of Japanese High-Speed Rail Construction: Recent Situation of the North Corridor Shinkansen and its Way to Completion", *Transport Policy*, Vol. 14, No. 2, 2007.

David B. Audretsch, Maryann P. Feldman, "Chapter 61 – Knowledge spillovers and the Geography of Innovation", *Handbook of Regional and Urban Economics*, No. 4, 2004.

Demurger S., Sachs J. D., W. T. Woo, S. Bao, G. Chang and A. Mellinger, *Geography, Economic Policy, and Regional Development in China*, NBER Working Paper, 146/197, 2002.

Deng T., Wang D., Yang Y., Yang H., "Shrinking cities in growing China: Did high speed rail further aggravate urban shrinkage?" *Cities*, No. 86, 2019.

Douglas Holtz Eakin, "Public-Sector Capital and the Productivity Puzzle", *Review of Economics and Statistics*, Vol. 76, No. 86, 1994.

Dueker K. J., Bianeo M. J., "Light Rail Transit Impacts in Portland: The First Ten Years", *Transportation Research Record*, Vol. 1685, No. 1, 1999.

Duffy-Deno, K. T., "Retail price asymmetries in local gasoline markets", *Energy Economics*, No. 18, 1996.

Dundon-Smith D. M., Gibb R. A., "The Channel Tunnel and regional economic development", *Journal of Transport Geography*, Vol. 2, No. 3, 1994.

Edward L. Glaeser, Hedi D. Kallal, José A. Scheinkman, Andrei Shleifer, "Growth in Cities", *Journal of Political Economy*, Vol. 100, No. 6, 1992.

Elhorst J. P., Oosterhaven J., "Integral cost-benefit analysis of maglev rail projects under market imperfections", *The Journal of Transport and Land Use*, No. 1, 2008.

Ellison, G., E. Glaeser, W. Kerr, "What Causes Industry Agglomeration", *American Economic Review*, Vol. 100, No. 3, 2010.

Emilio Ortega, Elena López, Andrés Monzón, "Territorial cohesion impacts of high-speed rail at different planning levels", *Journal of Transport Geography*, No. 24, 2012.

Evens Peter eds., *Dependent Development*, Princeton: Princeton University Press, 1979.

Feliu. J., "High-Speed Rail in European Medium-Sized Cities: Stakeholders and Urban Development", *Journal of Urban Planning and Development*, Vol. 138, No. 4, 2012.

Florida R., "The rise of the creative class", *The Washington Monthly*, Vol. 34, No. 5, 2002.

Forrest D., "The Impact of a Light Rail System on the Structure of House Prices: A Hedonic Longitudinal Study", *Journal of Transport Economics and Policy*, Vol. 30, No. 1, 1996.

François Bavaud, "Models for Spatial Weights: a Systematic Look", *Geographical Analysis*, Vol. 30, No. 2, 1998.

Friedman, eds., *Regional Development Policy: A Case Study of Venezuela*, Cambridge: MIT Press, 1996.

Froidh O., "Perspectives for a future high-speed train in the Swedish domestic travel market", *Journal of Transport Geography*, No. 4, 2008.

Gannon, C. A., Liu, Z., *Poverty and Transport, Discussion Paper*, 1997, Washington: World Bank (TWU Papers n30), 1997.

Garmendia M., Urena J. M, Coronado J. M., "Long-distance Trips in a Sparsely Populated Region: The Impact of High-Speed Infrastructures", *Journal of Transport Geography*, No. 4, 2011.

Giuseppe Mazzeo, "Impact of the High Speed Train on the European Cities Hierarchy", *Te MALab Journal of Mobility, Land Use and Environment*, No. 3, 2010.

Givoni M., "Development and Impact of the Modern High Speed Train: A Review", *Transport Reviews*, No. 5, 2006.

Glaser E. L., Kalla H. D., Scheinkman J. A., et al., "Growth in cities", *National Bureau of Economic Research*, Vol. 100, No. 6, 1992.

Gutiérrez J., Condeço-Melhorado A., Martín J. C., "Using accessibility indicators and GIS to assess spatial spillovers of transport infrastructure investment", *Journal of Transport Geography*, Vol. 18, No. 1, 2010.

Gutierrez J., "Measuring Regional Cohesion Effects of Large-scale Transport Infrastructure Investments: An Accessibility Approach", *European Planning Studies*, Vol. 16, No. 2, 2008.

Hall P., "Magic Carpets and Seamless Webs: Opportunities and Constraints for High-Speed Trains in Europe", *Built Environment*, Vol. 35, No. 1, 2009.

Haynes and Kingsley, "Labormarket Sand Regional Transportation Improvements; the Case of High-speed Trains: An Introduction and Review", *Annals of Regional Science*, Vol. 31, No. 1, 1997.

Hensher D. A., Ellison R. B., Mulley C., "Assessing the Employment Agglomeration and Social Accessibility Impacts of High Speed Rail in Eastern Australia", *Transportation*, Vol. 41, No. 3, 2014.

Holl A., "Twenty years of accessibility improvements: The case of the Spanish motorway building programme", *Journal of Transport Geography*, Vol. 15,

No. 4, 2007.

Hou Q., li S. M., "Transport infrastructure development and changing spatial accessibility in the Greater Pearl River Delta, China, 1990 – 2020", *Journal of Transport Geography*, Vol. 19, No. 6, 2011.

J. Friedman eds., *Regional Development Policy: A Case Study of Venezuela*, Cambridge: MIT Press, 1996.

Jacobs J. eds., *The economy of cities*, New York: Vintage Books, 1969.

Javier Gutierrez, "Location, economic potential and daily accessibility: An analysis of the accessibility impact of the high-speed line Madrid-Barcelona-French border", *Journal of Transport Geography*, No. 9, 2001.

Ji Han, Yoshitsugu Hayashi, Peng Jia, Quan Yuan, "Economic Effect of High-Speed Rail: Empirical Analysis of Shinkansen's Impact on Industrial Location", *Journal of Transportation Engineering*, Vol. 138, No. 12, 2012.

Jiwattana kulpaisarna P., Noland R. B., Graham D. J., "Causal linkages between highways and sector-level employment", *Transportation Research Part A*, No. 44, 2010.

John Preston, Graham Wall, "The Ex-ante and Ex-post Economic and Social Impacts of the Introduction of High-speed Trains in South East England", *Planning Practice & Research*, Vol. 23, No. 3, 2008.

Khadaroo J., Seetanah B., "Transport infrastructure and tourism development", *Annals of Tourism Research*, No. 4, 2007.

Kim K. S., "High-speed Rail Developments and Spatial Restructuring: A Case Study of the Capital Region in South Korea1", *Cities*, Vol. 17, No. 4, 2000.

Kingsley E. Haynes, "Labor markets and regional transportation improvementsahe case of high-speed trains", *the annals of regional of science*, No. 31, 1997.

Kobayashi K., Okumura M., "The growth of city systems with high-speed railway systems", *Annals of Regional Science*, Vol. 31, No. 1, 1997.

Komei Sasaki, Tadahiro Ohashi, Asao Ando, "High-speed rail transit impact on regional systems: does the Shinkansen contribute to dispersion?" *The Annals of Regional Science*, No. 31, 1997.

Kotavaara O., Antikainen H., Rusanen J., "Population Change and Accessibility by Road and Rail Networks: GIS and Statistical Approach to Finland 1970 – 2007", *Journal of Transport Geography*, Vol. 19, No. 4, 2011.

Latif E., "Immigration and Housing Rents in Canada: A Panel Data Analysis", *Economic Issues Journal Articles*, Vol. 20, No. 1, 2015.

Lin Yatang, "Travel costs and urban specialization patterns: Evidence from China's high speed railway system", *Journal of Urban Economics*, No. 98, 2017.

Liu S., Kesteloot C., "High-Speed Rail and Rural Livelihood: The Wuhan-Guangzhou Line and Qiya Village", *Tijdschrift Voor Economischeen Sociale Geografie*, Vol. 107, No. 4, 2016.

Marlon G. Boarnet, "Spillovers and the Locational Effects of Public Infrastructure", *Journal of Regional Science*, Vol. 38, No. 3, 1998.

Marshall A., eds., *Principles of Economics*, Macmillan, London, 1920.

Martin F., "Justifying a high-speed rail project: Social value vs. regional growth", *The Annals of Regional Science*, Vol. 31, No. 2, 1997.

Martínez H., Givoni M., "The accessibility impact of a new High-speed Rail line in the UK-A preliminary analysis of winners and losers", *Journal of Transport Geography*, No. 25, 2012.

Masson S., Petiot R., "Can the High Speed Rail Reinforce Tourism Attractiveness? The Case of the High Speed Rail between Perpignan (France) and Barcelona (Spain)", *Technovation*, No. 9, 2009.

Murata Y., R. Nakajima, R. Okamoto and R. Tamura, "Localized Knowledge Spillovers and Patent Citations: A Distance-based Approach", *Review of Economics and Statistics*, Vol. 96, No. 5, 2014.

Nakamura H., Ueda T., "The impacts of Shinkansin on regional development", *Proceedings of Fifth World Conference on Transport Research*, No. 3, 1989.

Okada H., "Features and economic and social effects of the Shinkansen", *Japan Railway & Transport Review*, Vol. 10, No. 3, 1994.

Oosterhaven J., Romp W. E., "Indirect economic effects of new infrastructure: a comparison of Dutch high speed rail variants", *Tijdschrift Voor Economische en Sociale Geografie*, Vol. 94, No. 4, 2003.

Pol Peter M. J., "The Economic Impact of the High-speed Train on Urban Regions", *EESA Conference Paper from European Regional Science Association*, No. 9, 2003.

Richard Sharmer et al., "urban Hierachy or Local Buzz High-Order producer service and knowledge intensive business service location in canada, 1991 – 2001", *The professional Geographer*, Vol. 60, No. 3, 2008.

Rizov M., Oskam A., Walsh P., "Is There a Limit to Agglomeration? Evidence from Productivity of Dutch Firms", *Regional Science and Urban Economics*, Vol. 42, No. 4, 2011.

Roger Vickerman, "High-speed rail in Europe: experience and issues for future development", *the nnals of regional of science*, No. 31, 1997.

Rosenbaum P., Rubin D., "Constructing a control group using multivariate matched sampling methods that incorporate the propensity score", *American Statistician*, Vol. 39, No. 1, 1985.

Rosenthal, S., W. Strange, "The Determinants of Agglomeration", *Journal of Urban Economics*, Vol. 50, No. 2, 2001.

Saiz A., "Immigration and Housing Rents in American Cities", *Journal of Urban Economics*, Vol. 61, No. 2, 2007.

Sassen S., *The Global City*, Princeton: Princeton University Press, 1991.

Scott A. J., *Global City-Regions: Trends, Theory, Policy*, Oxford University Press, 2001.

Shaw, Fang, Lu, RanTao, "Impacts of high speed rail on railroad network accessibility in China", *Journal of Transport Geography*, No. 40, 2014.

Terry G., "Bankruptcy to billions: how the Indian railways transformed", *Business History*, No. 6, 2009.

U. Blum, K. Haynes, Carlson C., "Introduction to the Special Issue: The Regional and Urban Effects of High Speed Trains", *The Annals of Regional Science*, Vol. 31, No. 1, 1997.

Ureña M. José, Philippe Menerault, Maddi Garmendia, "The High-speed Rail Cha-llenge for Big Intermediate Cities: a national, regional and local perspective", *Cities*, Vol. 26, No. 5, 2009.

Van den Berg, L. and Pol P, *The European high-peed train network and urban de-*

velopment, Paper presented at the European Regional Science Association 37th European Congress, Rome, Italy, 1997.

Vickerman R., "High-speed rail in Europe: experience and issues for future development", *The Annals of Regional Science*, Vol. 31, No. 1, 1997.

Vickerman R., "Indirect and wider economic impacts of High-Speed Rail", *Economic Analysis of High Speed Rail in Europe*, Vol. 23, No. 3, 2006.

Vickerman R., "High-speed rail and regional development: The case of intermediate stations", *Journal of Transport Geography*, No. 42, 2015.

Wang L., Duan X., "High-speed rail network development and winner and loser cities in megaregions: the case study of Yangtze River Delta, China", *Cities*, No. 83, 2018.

Xu, Hangtian, K. Nakajima, "Highways and Industrial Development in the Peripheral Regions of China", *Papers in Regional Science*, forthcoming, Vol. 96, No. 2, 2017.

Yang Y., Fik T., "Spatial Effects in Regional Tourism Growth", *Annals of Tourism Research*, No. 3, 2014.

Zhang, Nian, Lyu, "A multimodal approach to assessing accessibility of a high-speed railway station", *Journal of Transport Geography*, No. 54, 2016.

Zheng S., Kahn M. E., "China's bullet trains facilitate market integration and mitigate the cost of megacity growth", *Proceedings of National Academy of Science*, Vol. 110, No. 14, 2013.

后　记

作为中国核心高铁枢纽城市之一，上海承担着诸多国家战略任务：建设国际经济、金融、航运、贸易中心，建设具有国际影响力的科创中心，发挥长三角城市群核心城市作用并辐射带动长江经济带发展，担当"一带一路"国家战略桥头堡，加快自贸区对外开放改革试验，争做国家创新发展先行者、改革开放排头兵，等等。同时上海的发展又面临土地、人口和生态红线的强约束，因此，依托国家高铁网络，进一步强化高铁中心城市作用，在进一步融入国家和区域发展中寻找新的发展机遇和空间，对推动当前上海转型发展具有很强的现实意义和紧迫性，也是实现国家战略的客观要求。本书立足高铁网络影响城市发展的三个途径（产业布局、城镇分布、人口移动），面向全球城市三个战略目标（加快自身转型升级、打造国际枢纽节点、引领区域高质量发展），重点从三个区域层面（长三角一体化、长江经济带建设和"一带一路"战略），突出三大核心要素（高铁新城、高铁网络、制度优化），围绕"促进高铁网络与沿线区域发展良性互动"这一主线，研究我国加速扩容的高铁网络对上海全球城市建设的影响趋势及伴随的机遇与挑战，提出制度创新和政策建议。

本书获得了上海市浦江人才计划基金项目"高铁网络对上海全球城市建设的影响及对策"（18PJC055）资助。同时，获得上海高校社会学E-研究院、高水平地方高校建设项目的支持和资助。

感谢中国社会科学院、上海市人民政府上海研究院第一副院长李友梅教授给予的大力指导和帮助。

感谢上海大学社会学院各位领导、前辈、同人的支持和帮助。

感谢中国社会科学出版社王莎莎编辑对本书的大力指导。

后　记

感谢上海大学社会学院研究生闫东方、杨晨露、吴晓阳、骆巧立等的积极参与。

最后，感谢年迈的父亲、亲爱的姐姐与弟弟一直以来对我的鼓励和帮助，使我能全身心地投入并享受工作和研究生活。感谢我的丈夫朱咏博士和可爱的儿子朱嘉黄（亮亮），他们在研究过程中给予我的鼓励和支持。正是家人对我无私的爱和多年的奉献支撑着我的工作和学习，使我能静心研究，得以顺利完成本书的写作。对这份浓浓亲情，谨以本书作为感谢！

由于种种主客观原因，本书不免有错误遗漏、主观、片面之处，还要敬请学界前辈与同人不吝赐教。

黄苏萍
2022 年于上海大学社会学院